Michael Feuser • (

Ein spirituelles

Dein glückliches Jahr

Impulse zu den Lektionen von *Ein Kurs in Wundern*®

Teil II

EIN SPIRITUELLES WILLKOMMEN

Dein glückliches Jahr

Impulse zu den Lektionen von *Ein Kurs in Wundern*®
Teil II

Michael Feuser • Gregor Geißmann

Bibliografische Information der Deutschen Nationalbibliothek: Die Deutsche Nationalbibliothek verzeichnet diese Publikation in der Deutschen Nationalbibliografie; detaillierte bibliografische Daten sind im Internet über dnb.dnb.de abrufbar.

1. Auflage 2024
© 2024 Michael Feuser und Gregor Geißmann

Verlag: BoD • Books on Demand GmbH, In de Tarpen 42, 22848 Norderstedt
Druck: Libri Plureos GmbH, Friedensallee 273, 22763 Hamburg

Umschlagmotiv: »Die Sonne behütet die Blüte«, Wet-on-Wet Watercolour, Cäcilie Müller, Ahrensburg 2018

Gesetzt in EB Garamond, © 2017 The EB Garamond Project Authors, licensed under the SIL Open Font License, Version 1.1.

ISBN: 978-3-7597-5123-2

Wir setzen Glauben in die Erfahrung, die von der Übung kommt, nicht in die Mittel, die wir verwenden. Wir warten auf die Erfahrung und begreifen, dass Überzeugungskraft nur hierin liegen kann. Wir wenden die Worte an und versuchen immer wieder, über sie hinaus zu ihrer Bedeutung zu gelangen, die weit jenseits ihres Klanges liegt.

(Ein Kurs in Wundern: Übungsbuch,
Fünfte Wiederholung, Einleitung, 12. Absatz)

Inhaltsübersicht

Das ausführliche Inhaltsverzeichnis befindet sich auf Seite 395.

Ein spirituelles Willkommen

Wir sind im *zweiten Teil* des Übungsbuches von *Ein Kurs in Wundern* angekommen, in dem es um die Aneignung der »wahren Wahrnehmung« geht, dem »[...] Heilmittel mit vielen Namen. Vergebung, Erlösung, SÜHNE, wahre Wahrnehmung – sie sind alle eins.«[1] Nach dem *ersten Teil*, dem Aufheben, Aussortieren und Aufgeben der Art und Weise, wie du die Welt, dich selbst und alle Lebewesen oder »Brüder« siehst, suchen wir jetzt alleine die direkte Erfahrung der Wahrheit.[2]

Welche »Erfahrungsqualitäten« bietet dir die wahre Wahrnehmung – in dieser Welt? Kennst du noch die wunderbare »Zusammenfassung« aus dem ersten Teil des Übungsbuches (siehe Lektion 122)? Nun geht es also um die Aneignung. Stelle dir daher einmal diese Fragen: Will ich Frieden, bedingungsloses Glück und eine »grundlose«, tiefe Ruhe erfahren? Will ich die Gewissheit von Sinn und Zweck und ein Gefühl von Wert und Schönheit erleben, die alle einschränkenden Kategorien dieser Welt übersteigen? Möchte ich immerwährende Fürsorge, Geborgenheit und vollkommene Sicherheit als mein unbestreitbares Erbe empfinden? Will ich in der Stille eines solchen unerschütterlichen Friedens verweilen, in einem grundlegenden Wohlbefinden, in unverletzlicher Milde, nie verletzender Sanftmut und steter Gelassenheit?[3]

Lass uns gemeinsam diesen Weg gehen: mit Michaels Hinweisen und Erläuterungen zu den Lektionen und Gregors übergreifenden Praxisvorschlägen mit Ausrichtung auf die universelle Erfahrung als Angebot der Begleitung, Inspiration und Hilfe.

---

[1] *Ein Kurs in Wundern: Handbuch, 14. Aufl., Freiburg, Br: Greuthof, 2019, Begriffsbestimmung, Kapitel 4, Absatz 3, Sätze 5 bis 6 (B-4.3:5-6)*
[2] *Vgl. ebd., Einleitung Übungsbuch Teil II, Absatz 1, Satz 3, (Ü-II.Einl.1:3)*
[3] *Vgl. ebd., Übungsbuch Teil I, Lektion 122, Absatz 1, Sätze 2 bis 6 (Ü-I.122.1:2-6)*

Hinweise zur Zitierweise aus dem Kurs[1]

Stellen aus *»Ein Kurs in Wundern«* und *»Die Ergänzungen zu Ein Kurs in Wundern«* werden im weiteren Verlauf in folgender Weise zitiert:

Ein Kurs in Wundern

T-26.IV.4:7 → Textbuch, 26. Kapitel, Abschnitt IV, 4. Absatz, 7. Satz

Ü-I.169.5:2 → Übungsbuch, Teil I, Lektion 169, 5. Absatz, 2. Satz

H-13.3:2 → Handbuch für Lehrer, Frage 13, 3. Absatz, 2. Satz

B-4.6:7 → Begriffsbestimmung, Begriff 4, 6. Absatz, 7. Satz

Die Ergänzungen zu *Ein Kurs in Wundern*

P-2.VI.5:1 → Psychotherapie, 2. Kapitel, Abschnitt VI, 5. Absatz, 1. Satz

L-2.II.7:7 → Das Lied des Gebets, 2. Kapitel, Abschnitt II, 7. Absatz, 7. Satz

Abkürzungen:

T: Textbuch

Ü: Übungsbuch

H: Handbuch für Lehrer

B: Begriffsbestimmung

Einl.: Einleitung

Wdh.: Wiederholung (im Übungsbuch)

LL: Letzte Lektionen (im Übungsbuch)

Ep.: Epilog

P: »Psychotherapie: Zweck, Prozess und Praxis«

L: »Das Lied des Gebets: Gebet, Vergebung, Heilung«

---

[1] *Vgl. https://www.greuthof.de/zitatangaben.php*

Die Autoren

Michael Feuser

Den Kurs »lehren« kann nur einer, nämlich unser gemeinsamer, geeinter Geist, den der Kurs »HEILIGER GEIST« nennt, und SEINE »Belehrung« ist nichts anderes als die Erinnerung daran, dass wir, unser eigentliches SELBST, dieser GEEINTE GEIST sind. Dabei ist die »Korrektur« unseres Geistes immer höchst individuell, während sie uns eben von dem Irrtum heilt, der Geist sei etwas Individuelles, Persönliches. Die 365 Lektionen sind so etwas wie die Achse eines größeren Ganzen, das v.a. als Textbuch den Kurs inhaltlich ausmacht. Wer sich längere Zeit mit dem Kurs beschäftigt, wird die vollkommene Harmonie der einzelnen Teile dieses Werkes entdecken und das Wunder einer unfassbaren Weisheit auch an diesem äußeren Aspekt bestaunen: Jedes Wort fällt wie ein Lot durch das Ganze.

Was also bewegt mich, diese Lektionen aus meiner begrenzten Wahrnehmung heraus und im Bewusstsein, dass ich immer nur meinen persönlichen Weg beschreiben kann, zu kommentieren und diese Kommentare auch noch zu veröffentlichen?

Viele Jahre habe ich den Kurs jetzt studiert und natürlich auf genau so vielen Plattformen meinen unmaßgeblichen Senf dazu gegeben. Als wäre das nicht genug, schreibe ich obendrein zusammen mit Gregor seit drei Jahren Bücher, in denen der Kurs eine zentrale Rolle spielt. In diesem Jahr hat sich bei mir das erfreuliche Gefühl eingestellt, mit dem Kurs in einem heiteren und friedvollen Einklang zu sein, speziell was seine Bitte angeht, dass wir einander Inspiration für seine heilsamen Botschaften sein mögen. Ein – wie ich finde – guter Moment, an diesem Buch mitzuschreiben.

Ich denke, die entscheidende Station in meinem Kurslernen war die Begegnung mit Herrn Q., den ich eine Reihe von Jahren in seiner Demenz und schließlich in seinem Sterben als Betreuer begleitet habe. Er war ganz sicher mein wichtigster äußerer Lehrer, indem er mich dazu gebracht hat, den Gedanken der Solidarität sowohl in unserem Irrtum darüber, was wir sind, als auch in unserem gemeinsamen SEIN endgültig ernstzunehmen. Jedes Expertentum, jeder scheinbare Vorsprung, jedes Von-oben-Herab sind in seiner Anwesenheit einfach nur wirkungslos oder kontraproduktiv gewesen. Dagegen haben Augenhöhe, Würdigung, Respekt und vor allem vorbehaltlose geistige Offenheit zu hundert Prozent Wirkung gezeigt, die ich oft genug nur noch als »Wunder« habe bezeichnen können. Geholfen hat die Liebe zwischen uns – aber das ist ja nur ein anderes Wort für »geistige Offenheit«.

Der Kurs, den ich zu dieser Zeit schon seit zwanzig Jahren studiert hatte, ist vor mir noch einmal ganz neu aufgegangen und viele noch verschlossene Knospen der Einsicht haben sich zu weiteren Blüten des inneren Friedensbaumes geöffnet.

Ich habe alles wiedererkannt: *Das* war der Kurs – seine *Anwendung* in radikaler Solidarität. Die Wunder, die ich erleben durfte, haben mir vor allem gezeigt, dass wir hier tatsächlich als »Wunderwirkende« zueinander gesandt sind, um die Welt und alle Beziehungen in ihr als Lehreinrichtung begreifen und nutzen zu lernen. Ich habe auch wiedererkannt, dass es niemals primär um die »Effekte« geht, welche von den Wundern als äußere Hilfestellungen hervorgebracht werden, sondern vielmehr um die Erinnerung an unsere IDENTITÄT in der LIEBE.

Das Wunder ersetzt Lernen, das möglicherweise Tausende von Jahren in Anspruch genommen hätte. Das tut es durch die ihm zugrunde liegende Einsicht in die vollkommene Gleichheit des Gebenden und des Empfangenden, auf der das Wunder beruht.[1]

Mein Kommentieren der Lektionen ist nichts anderes als ein Anwenden der Lektionen in dieser speziellen, schriftlichen Form. Ich möchte also – mit dir kommunizierend – nichts Geringeres als das Wunder der Wirksamkeit dieser Übungen erfahren, und das heißt noch unbescheidener: Ich will dich einladen, mit mir gemeinsam die Wunder zu wirken, die uns der Erinnerung

---

[1] *Kurs 2019, T-1.II.6:7-8*

an unsere gemeinsame IDENTITÄT näherbringen – als Gebende und Empfangende, ohne die Blockaden einer Hierarchie des Lernens oder der Lehrer. Und das in vorbehaltloser Akzeptanz unseres gemeinsamen INNE-REN LEHRERS, den ich gerne unseren GROßEN BRUDER nenne.

Über die Frage, wer dieser INNERE LEHRER denn eigentlich ganz genau ist, und damit auch darüber, wer als Autor von »Ein Kurs in Wundern« gelten kann, wird noch einiges gesagt werden. Da dies mehr umschrieben werden muss als direkt benannt werden zu können, und weil für mich der Inhalt des Kursbuchs und sein »Autor« schlichtweg untrennbar sind, erlaube ich mir, »den Kurs« zu mir sprechen zu lassen und nur, wenn der »Autor« in der »Ich-Form« schreibt, ihn auch beim Namen »Jesus« zu nennen.

Von sich selbst spricht der »Autor« beispielsweise so:

Wenn du meinen Unwillen teilst, den Irrtum in dir und in anderen zu akzeptieren, musst du dich dem großen Kreuzzug zu seiner Berichtigung anschließen; höre auf meine Stimme, lerne den Irrtum aufzuheben und handle, um ihn zu berichtigen. Die Macht, Wunder zu wirken, ist dein. Ich werde die Gelegenheiten zur Verfügung stellen, sie zu tun, du aber musst bereit und willens sein. Sie zu wirken wird dich von der Fähigkeit überzeugen, weil die Überzeugung aus dem Vollbringen erwächst.[1]

Dich einem »Kreuzzug« anzuschließen, hattest du wahrscheinlich nicht vor, als du dieses Buch aufgeschlagen hast. Aber das »Kreuz« des Konflikts, des Mangels, der Depression und des Schmerzes zu befrieden und zu transzendieren mit dem Licht der Liebe, das wäre doch ein Ziel, dem wir uns gemeinsam annähern könnten! Lassen wir uns überzeugen, indem wir miteinander Wunder vollbringen.

Schön, dass du da bist!

---

[1] *Kurs 2019, T-1.III.1:6-9*

Gregor Geißmann

Mitten in den 90ern tauchte ein blaues Buch auf, das ich bis heute nicht aus der Hand gelegt habe: *Ein Kurs in Wundern*. Es war nicht mein Einstieg in die »Welt der Spiritualität« und anfangs schien mir der Kurs eine Art »Zwischenstation« zu sein, verglichen mit den vorhergehenden »Perioden«: der »katholischen« Jugendzeit, der jahrelangen Zen-Periode und der anschließenden allmählichen Rückkehr in die christliche »Figurenwelt«, eingeschlossen eine etwas naserümpfende Akzeptanz der Phänomene »Channeling« und »Inneres Diktat«.

Drei für mich ganz besondere Besonderheiten dieses blauen Buches waren wohl ausschlaggebend dafür, dass der Kurs meine »spirituelle Karriere« bereits länger als die Hälfte der gesamten Zeit begleitet – die immerhin irgendwann im 17. Lebensjahr begann. Da ist zum einen die »Weigerung« dieses Schmökers, sich meinem bis dahin üblichen »schwedischen« Lesestil zu beugen: Ein Buch, einmal aufgeschlagen, wird erst aus der Hand gelegt, wenn es zu Ende gelesen ist. Es ging irgendwann auf einmal nicht mehr, Ende und aus, das Lesen des Textbuches war nach etwa der Hälfte vorerst beendet. Und das nicht, weil mir tief in der Nacht die Augen zugefallen wären, denn die folgende Pause dauerte ein paar Wochen. Und nein, die Schweden lesen nicht so, das verwende ich nur als Analogie: Ich kenne es als schöne Sitte von meinen Lapplandreisen, dass eine einmal entkorkte Flasche nicht wieder verschlossen wird …

Die zweite Besonderheit hatte ebenfalls etwas mit alten Gewohnheiten zu tun: Bücher mit Aufgaben, Lektionen oder Übungen zu *lesen*   nicht *anzuwenden*. Der Verstand weiß schließlich, was zielführend ist: Wissen ist Macht. Aber diesmal begann ich mit dem Übungsbuch in den schottischen Highlands nicht als Urlaubslektüre, sondern so, wie in der Einleitung beschrieben: Anwenden statt nur zu lesen. Nach ca. eineinhalb Jahren war ich damit fertig. Die eine oder andere Lektion dauerte wohl etwas länger.

Und wie ging's weiter? Einfach im »Geiste« der letzten Lektionen, eine komplette Wiederholung des Übungsbuches erschien mir abwegig.

Und die dritte Besonderheit? Das war mit Abstand die wichtigste und ausschlaggebende: Nach drei Jahren Kurspraxis offenbarte sich eine Erfahrung, die ich damals einfach nur als »Wow!« bezeichnen konnte. Ich befand mich gerade in einer ganz besonderen Stresssituation, saß zu Hause und vertiefte mich intensiv in eine individuelle Mantraversion der Entscheidungsregeln (T-30.I), bis etwas innere Beruhigung einkehrte. Und ca. eine Stunde später beim Abendessen geschah es einfach: »Wow!« Umwerfend, wie aus heiterem Himmel. Die heutige wissenschaftliche Fachwelt nennt es u.a. kurz und bündig PCE: Pure Consciousness Experience (reine Bewusstseinserfahrung). Das ist keine moderne Bezeichnung für Erleuchtung, Erwachen oder Schau CHRISTI, wie ich heute weiß. Es handelt sich vielmehr im Gegensatz zu »Erleuchtungserfahrungen« um ein temporäres *universelles Phänomen*, unabhängig von kultureller Prägung, Herkunft oder sozialem Umfeld, das für alle Menschen oder vielleicht sogar für alle Lebewesen identisch ist. Einmal erlebt, vergisst du es nicht wieder. Ich versuchte natürlich (erfolglos), das Erleben zu wiederholen, um es zu »behalten«. Schließlich »wusste« ich ja, wie »ich« es herbeigeführt hatte – und so wurde das zuvor »erfolgreich« praktizierte Vorgehen zunehmend zum Ritual und der »Heilige Geist« unmerklich zum »externen Erfüllungsgehilfen«. Heute weiß ich es besser, welchen enormen Nutzen eine PCE für die Erfahrungsausrichtung im Sinne des Kurses hat, aber vielleicht war es damals noch zu früh, um meinen »Ego-Schwerpunkt« des »Ich weiß Bescheid!« endlich als morschen Sandstein zu entlarven.

Immerhin hat das aber auch zu einem fast zwanzig Jahre lang aktiven Internet-Forum mit regem Austausch geführt, und damit u.a. zur virtuellen Begegnung mit Michael. Die physische Begegnung fand erst statt, nachdem wir bereits drei Bücher gemeinsam geschrieben hatten. Und es führte 2008 zu dem, was heute weit verbreitet zu sein scheint: dem Kommentieren von Lektionen des Übungsbuches. Bei meinem einzigen Durchgang durch das spezifische Curriculum des Übungsbuches als Vorbereitung auf SEIN »Curriculum« hatte ich genau denselben Bedarf, den offenbar viele Kursschüler haben: »Kann mir vielleicht mal jemand ein paar Hinweise zu der einen oder andern Lektion geben, um sie besser zu verstehen?« Vor ca. dreißig Jahren waren die Möglichkeiten »etwas« spärlicher gesät als heute, aber – ich war ja schon drin! Im Internet nämlich. So fand ich die ausführlichen Kommentare zu jeder einzelnen Lektion von Allen Watson, einem der Gründungsmitglieder des Circle of Atonement aus Sedona, USA. Bis ich mich dann, wie bereits erwähnt, selbst berufen fühlte, zu kommentieren. Die Originalkommentare sowie die 2013 überarbeitete Version mit Gudrun Stammler sind immer noch im Internet verfügbar[1].

Allerdings – das vorliegende Werk ist nicht meine dritte Version der Lektionskommentare. Die direkten Impulse zu den Lektionen sind ausschließlich die Domäne von Michael. Betrachte meine übergreifenden Hinweise und Methoden nach jeweils 10 Lektionen einfach als zusätzliche Praxisvorschläge, die meinem aktuellen »Credo« folgen:

Eine universelle Theologie ist unmöglich, aber eine universelle Erfahrung ist nicht nur möglich, sondern nötig. Diese Erfahrung ist es, auf die dieser Kurs abzielt.[2]

Es steht dir natürlich vollkommen frei, wie du die Vorschläge verwendest: als Ergänzung zu deinem Verständnis über die spezifischen Inhalte der Lektionen hinaus oder als zusätzliche Möglichkeit, einen »Hauch unmittelbaren Erlebens« dessen zu bekommen, was der Kurs als »universelle Erfahrung« bezeichnet:

Wir warten auf die Erfahrung und begreifen, dass Überzeugungskraft nur hierin liegen kann.[3]

---

[1] *http://ggeissmann.de/wunderstudien/kommentare*
[2] *Kurs 2019, B-Einl.2:5-6*
[3] *Ebd., Ü-I.5.Wdh.Einl.12:3*

17

Impulse

Die Reise endet

Die »Aneignung der wahren Wahrnehmung« beginnt – oder lass es uns poetisch ausdrücken: Du erntest nun die Früchte der Läuterung, der Aufhebung deiner bisherigen Sichtweise. Es ist der Beginn der »direkten Erfahrung der Wahrheit.« (Vgl. Ü-II.Einl.1:3) Vor dem Einstieg in Michaels Impulse und Kommentare zu den ersten Lektionen lass mich bitte etwas näher auf die Hintergründe und das Wesen meiner gelegentlichen Übungs- oder Praxismethoden im Lichte des zweiten Teils des Übungsbuches eingehen, denn die *Aneignung der wahren Wahrnehmung* wie die *wahre Wahrnehmung selbst* sind eine sehr »weltliche« Angelegenheit – beides findet im Bewusstsein statt, das bekanntlich die Domäne des Ego ist (vgl. T-3.IV.2:2).

*Das **Bewusstsein** ist der Empfangsmechanismus, der Botschaften von oben oder unten empfängt – vom HEILIGEN GEIST oder vom Ego. Das Bewusstsein hat Ebenen, und das Gewahrsein kann ziemlich drastisch wechseln, aber es kann den Wahrnehmungsbereich nicht transzendieren. Höchstenfalls wird es der wirklichen Welt gewahr, und es kann darin geschult werden, dies immer mehr zu tun. (B-1.7:3-5).*

Zur »direkten Erfahrung der Wahrheit« bedient sich der Kurs ausgiebig dieser höchst unterschiedlichen Ebenen, die ich im weiteren Verlauf in Anlehnung an aktuelle wissenschaftliche Forschungsergebnisse und zur Vermeidung von Verwechslungen als »Erfahrungs*schichten* des Bewusstseins«[1] bezeichne. Die Ebenen bzw. Schichten werden ja im Kurs nicht näher definiert, lassen sich aber anhand unterschiedlicher »Erfahrungsqualitäten« erkennen. Sie sind seit Jahrhunderten in verschiedenen »geistigen Erfahrungswegen« verwendet und beschrieben worden – sei es in der christlichen

---

[1] Vgl. *Center for the Study of Non-Symbolic Consciousness: Layers of Depth in Fundamental Wellbeing*, https://www.nonsymbolic.org/layers-of-depth-in-fundamental-wellbeing/ (abgerufen am 07.01.2024)

Mystik, dem Buddhismus, dem Advaita Vedanta oder auch in säkularen Wegen. Die jeweiligen *Mittel* und *Konzepte* dieser »Wege« mögen sich deutlich unterscheiden oder sogar unvereinbar erscheinen, die Ziele jedoch nicht: »Alle diese Versuche werden letztlich von Erfolg gekrönt sein, um ihres Zieles willen.« (T-18.VII.4:10)

Bereits die Einleitung zum Übungsbuch Teil II ist eine wunderbare praxisorientierte Quelle. Zusammen mit weiteren Einleitungen aus dem Übungsbuch (z.B. zur 5. und 6. Wiederholung) sowie Erläuterungen aus »einschlägigen« Lektionen (z.B. 189) lassen sich die heute bekannten »Tiefenschichten der Wahrnehmung« erkennen – von der »narrativen« Wahrnehmung (*Alltagsbewusstsein*) zur Nicht-Anhaftung (*Leerheit* oder *Leere*), dann zur *Fülle* oder alles durchdringenden *Präsenz*, bis zur reinen Existenz (»*Das*«) – und darüber hinaus: Satori, Nirvana, Unio Mystica, und was man sonst noch aus der einschlägigen Begriffswelt kennt und im Kurs als integratives »Gesamtkunstwerk« in einem eigenen Sprachrahmen wiederfindet.

Das Spannende daran ist: Alle diese »Wahrnehmungsschichten« sind ständig existent und verfügbar – sie müssen nicht »erreicht« werden. Eine meiner Lieblingsstellen im Kurs drückt es so aus: »... wenn das Ziel schließlich von irgendjemandem erreicht wird – dann geht es stets mit nur der einen glücklichen Einsicht einher: ›Ich brauche nichts zu tun.‹« (T-18.VII.5:7) Du hast es bestimmt schon einmal erlebt, wie kurz auch immer: Sei es die Erfahrung (nicht Denken!) von grenzenloser »stiller Weite«, von grundlegender Geborgenheit und Sicherheit oder der Verbindung mit etwas »Höherem« oder »Allumfassendem«. Ein Merkmal der »tieferen« Schichten ist eine zunehmende »Stille«, verbunden mit Freiheit und Frieden.

Betrachte einfach die folgenden Impulse und Kommentare zu den einzelnen Lektionen sowie die lektionsübergreifenden Hinweise und Methoden im Zusammenspiel als Hinwendung an »die Idee deiner selbst« – wie der HEILIGE GEIST im Kurs auch genannt wird (vgl. T-5.III.2:1-4).

Worte der Stille

»Worte werden jetzt wenig bedeuten« heißt es in der Einleitung zu diesem zweiten Teil des Übungsbuchs, und: »Denn jetzt suchen wir allein die direkte Erfahrung der Wahrheit.« (Ü-II.Einl.1:1,3)

Das ist eine starke Ansage, die allerdings nicht die »Entwertung« von Worten meint, genauso, wie auch »die Welt« und »der Körper« vom Kurs nicht entwertet, sondern lediglich in die rechte Perspektive gerückt werden. Alle Dinge dieser Welt spiegeln unsere Gedanken, also auch unsere Worte, und sie sind nur solange »bedeutungslos«, wie sie die BEDEUTUNG leugnen, die in ihnen allen als Wahrheit ewig anwesend ist.

»Freiheit von den Worten« ist daher eine Unabhängigkeitserklärung, keine weitere Spielart der Trennung. In die richtige Perspektive gerückt, sind Worte hilfreich wie alles in der Welt, auch wenn sie nicht notwendig für die Kommunikation der LIEBE mit SICH SELBST sind.

Die »direkte Erfahrung« der Wahrheit, wie wir sie im heiligen Augenblick erleben, lässt die Worte wie alle Elemente der Wahrnehmung zum Kanal für die Wahrheit werden, und spricht ihnen damit ab, die Wahrheit »bezeichnen« oder »benennen« zu können. Wenn sich die Formen der Kommunikation für das LICHT öffnen, wenn sie transzendent werden, lässt der gespaltene Geist die Kommunikation mit der WAHRHEIT wieder zu. Dann haben Worte die Bedeutung verloren, die wir ihnen im Dienst der Leugnung gegeben haben, und sind zu Hilfsmitteln der Erlösung geworden.

Dann habe ich die Macht zurückgewonnen, »meine« Worte still werden zu lassen und in SEINEN Dienst zu stellen.

Die Wahrheit dessen, was wir sind, ist nicht in Worten auszudrücken oder zu beschreiben. Doch kann unsere Funktion hier uns klar werden, und Worte können davon sprechen und sie auch lehren, wenn wir die Worte in uns durch das Beispiel belegen.[1]

Sprich nicht allein. Tu nichts allein. Das zu können, war dein Wahn. Tritt zurück. Schweige, lass deine urteilenden Worte und Gedanken still werden, im Vertrauen, dass du von IHM gelenkt und behütet bist, DER dir offensichtlich werden lässt, was du denken, sprechen oder tun sollst.

Tu also nichts, und lass dir von der Vergebung zeigen, was du tun sollst, durch IHN, DER dein FÜHRER, dein ERLÖSER und BESCHÜTZER ist, stark in der Hoffnung und deines letztendlichen Erfolgs gewiss.[2]

Dann, in dieser wundergesinnten Geisteshaltung, wenn du erlaubst, dass alle deine Fähigkeiten, dein Wahrnehmen, Denken und Sprechen zum Kanal für SEINEN FRIEDEN werden, wird es wirklich still. Jesus verspricht, dabei zu sein: »GOTT ist hier, weil wir gemeinsam warten.« (Ü-II.221.2:2)

Und dann IST Kommunikation:

Statt Worten brauchen wir nur SEINE LIEBE zu verspüren. Anstelle von Gebeten brauchen wir nur SEINEN NAMEN anzurufen. Statt zu urteilen, brauchen wir bloß still zu sein und alle Dinge geheilt werden zu lassen. Wir wollen die Art, wie der Plan GOTTES enden wird, akzeptieren, so wie wir die Art, wie er begann, empfingen.[3]

Seien wir also einen Moment lang still miteinander. Willkommen, Bruder!

---

[1] *Kurs 2019, Ü-II.14.2:4-5*
[2] *Ebd., 1.5:1*
[3] *Ebd., Ü-II.Einl.10:3-6*

Tag 222

Bewegungsübung

Ich bewege mich in IHM. Das ist einer der Aussagen, die mich jedes Mal, wenn ich ihr begegne, voll erwischt. Kennst du das? Es gibt diesen Moment vor der Reflexion, in dem du noch »weißt«. Du weißt, dass du da gerade der »ganzen Wahrheit« begegnest, der nichts mehr hinzugefügt werden muss, damit sie wahr ist.

Und dann willst du es »genau« wissen, dann bist du es selbst, der dieser Wahrheit etwas hinzufügt, was sie vollständig machen soll: Du denkst dir »die Sache« mit deinen »privaten Gedanken«. Und bist sozusagen weg vom Fenster. Die Unmittelbarkeit ist wie ausgelöscht.

Der Kurs gibt uns mit dieser und allen anderen seiner kernigen Aussagen über die Wahrheit nichts zu bedenken, sondern erinnert uns an TAT-SACHEN. Das heißt, er hilft uns, in diesem »ersten Moment« zu bleiben oder in ihn zurückzukehren, in den Moment, in dem wir »wissen«.

Alles Erleben bedeutet auch »Bewegung«. Schau mal, was für ein Berg von trennenden Gedanken allein auf dem Aspekt der körperlichen Bewegung liegt, die allesamt behaupten, dass du dich eben nicht »in und aus GOTT« bewegst.

Bewegt habe ich mich schon im Mutterleib, nach der Geburt wurde erst das Krabbeln geübt, dann das Laufen, das Gehen, Rennen, Fahrradfahren, auf Bäume klettern, mit dem geklauten Apfel durch das Zaunloch den Verfolgern entkommen. Durch Bewegung bin ich unabhängig geworden, habe die Eltern verlassen, mein eigenes Leben begonnen zu leben. Und mit jedem dieser Schritte habe ich mich gelehrt und begierig gelernt, dass »ich mich bewege«. Das ist immer eine »Selbstverständlichkeit« gewesen. Der, der mich bewegt, das bin ich selbst.

GOTT hat derweil auch hinter jeder selbstdefinierten Ziellinie, die ich als Erster, Zweiter oder Letzter überquert habe, nicht mit einer anderen Meinung, sondern mit einer TATSACHE auf mich gewartet: Du bewegst dich aus und in MIR, und nur so ist Bewegung möglich.

Was im Wettrennen oder in der ganz normalen beruflichen Konkurrenz, im Vergleichen mit anderen oder beim Überholen auf der Autobahn so harmlos wirkt, ist doch in der Tiefe unserer geistigen Wirklichkeit immer derselbe Amoklauf:

Ein unversöhnlicher Gedanke tut vieles. In fieberhafter Aktion verfolgt er sein Ziel, wobei er das verdreht und umstößt, was er als Behinderung seines auserwählten Weges sieht. Verzerrung ist sein Zweck und ebenso das Mittel, wodurch er ihn erreichen möchte. Er unternimmt seine wütenden Versuche, die Wirklichkeit zu zerschlagen, ohne sich um irgendetwas zu kümmern, was einen Widerspruch zu seinem Standpunkt darzulegen schiene.[1]

Das ist wirklich einer der tiefsitzenden »unversöhnlichen Gedanken«: Ich bewege mich.

Alle »Bewegung« kommt aus IHM, in dem »Bewegung« keine Rolle mehr spielt. SEINE RUHE aber bleibt die Quelle der Bewegung, die nur »Rückkehr zu IHM« bedeuten kann, Hingabe, Vergebung, Erinnerung. Und genau das empfinde ich in diesem erstaunlichen ersten Moment, wenn ich den heutigen Leitsatz lese.

Dass ich »mich selbst« bewege, war der einfache Irrtum, dass ich mich von IHM weg und ohne IHN bewegen kann – wie alle meine Brüder. In SEINEM LICHT erfahre ich mit jeder Bewegung, die ich wahrnehme, Vergebung dieses Irrtums und die Erinnerung an den »ersten Moment«, als ich noch »wusste«, dass wir uns als der EINE in IHM bewegen. In SEINER unbewegten STILLE.

---

[1] *Kurs 2019, Ü-II.1.3:1-4*

Friedensraum

Weißt du noch, wie wir in Lektion 107 gebeten worden sind, uns an einen Moment unseres Lebens zu erinnern, in dem wir uns »in Frieden« gefühlt haben?

Versuche dich an eine Zeit zu erinnern – vielleicht war es nur eine Minute oder weniger –, als nichts kam, um deinen Frieden zu stören, als du gewiss warst, geliebt zu werden und in Sicherheit zu sein. Versuche daraufhin, dir vorzustellen, wie es wäre, wenn dieser Augenblick sich bis zum Ende der Zeit und in die Ewigkeit ausdehnte. Lass darauf das Gefühl der Ruhe, das du spürtest, hundertmal vervielfacht werden und dann nochmals weitere hundertmal.[1]

Vor dem Hintergrund dieses Gefühls tiefen Friedens, das wir ganz sicher alle kennengelernt haben – vielleicht nur in kurzen Momenten – entfaltet sich die Aussicht auf eine weitere Dimension des Friedensraumes:

Jetzt hast du eine kleine Ahnung – nicht mehr als nur die schwächste Andeutung – des Zustands, in dem dein Geist ruhen wird, wenn die Wahrheit gekommen ist.[2]

Heute, nur 100 Lektionen später, werden wir aufgefordert, diesen Raum zu betreten, in dem »die Wahrheit gekommen ist«: »GOTT ist mein Leben. Ich habe kein Leben außer SEINEM.« (Ü-II.223)

Und das geht so einfach? Sicher, wir SIND ja immer in diesem Raum, wir haben ihn nie verlassen. Ihn zu »betreten« heißt also lediglich, die Erinnerung an diese Tatsache zuzulassen. Und das darf Schritt für Schritt und allmählich geschehen, ganz nach meiner Bereitschaft und Offenheit für die HILFE unseres gemeinsamen Willens. Es muss uns also auch nicht irritieren,

---

[1] *Kurs 2019, Ü-I.107.2:3-5*
[2] *Ebd., 3:1*

wenn beim Ausloten der Tiefe unseres Friedensgefühls Zweifel aufkommen, ob wir schon in der angepeilten Dimension angekommen sind. Wir sind auf jeden Fall schon DA!

Wie sieht die Welt aus, in der ich vollständig erinnere, dass ich nur in GOTT lebe? Was sehe ich, wenn ich mich in diesem Geisteszustand umschaue?

Da wird der Kurs immer wieder – auch heute – sehr eindeutig: In meinem alten Sehen bin ich vollständig blind, aus meinem gewohnten Denken kann ich Erfahrungen immer nur wieder in den alten Rahmen der Trennung einordnen, selbst wenn sie wunderbar sind. Der einzige Weg, zu tragfähigen Wundererfahrungen zu kommen, ist, die Hilfe des GEEINTEN GEISTES anzunehmen und dabei ein wesentliches Prinzip der Lektionen anzuwenden: Geben, um zu erfahren, dass ich habe – die Schau »riskieren«:

> *Es ist nicht nötig, sich vorzustellen, wie die Welt aussehen muss. Sie muss gesehen werden, bevor du sie als das siehst, was sie ist. Du kannst dir zeigen lassen, welche Türen offen stehen, und du kannst sehen, wo die Sicherheit liegt und welcher Weg zur Dunkelheit, welcher zum Licht führt. Das Urteil wird dir immer eine falsche Richtung weisen, die Schau hingegen zeigt dir, wohin du gehen musst. Warum solltest du raten?[1] (Aus dem Abschnitt: »Der vergessene Gesang«)*

Also machen wir doch einfach jetzt gemeinsam einen Schritt durch das torlose Tor der Erinnerung, indem wir einander den Frieden geben, den wir als Gewissheit in uns finden, den wir »schauen« wollen:

GOTT ist dein Leben, Bruder, du hast kein Leben außer SEINEM (vgl. Ü-II.223).

Dass wir gemeinsam gehen, lässt uns die Tür in den grenzenlosen Raum des Friedens erst sehen, und gleichzeitig sind wir damit schon durch. Das ist das Wunder und unsere wahre »Normalität«. Kannst du das spüren? Kannst du den »vergessenen Gesang« wieder hören?

---

[1] *Kurs 2019, T-21.I.2:2-6*

Tag 224

Vertikalathmen

Wir sind geliebt. Jeder so, wie er ist, ohne Forderung, ohne Bedingung. Es gibt eine QUELLE der Liebe, die sie als die LIEBE begründet, die keine Unterschiede kennt und uns als EINS liebt. Der Kurs sagt für die Betrachtung aus unserer Perspektive dazu: Der VATER liebt SEINEN SOHN.

Hier in der Welt unserer Wahrnehmung erleben wir die Liebe in arg engen Grenzen. Sie ist immer bedroht davon, versagt, ausgenutzt, unterbrochen, verraten und schließlich beendet zu werden. Es gibt hier nichts ohne Verlust und Ende. Fast hätten wir uns daran gewöhnt, aber eben nur fast!

»In GOTT«, im Gewahrsein der ewigen Verbundenheit mit allem und allen, im Zulassen der GEGENWART, die weder Raum noch Zeit braucht, um zu SEIN, sind wir die ewig Geliebten und Liebenden. Nur ein Unterschied zwischen uns und GOTT bleibt, der Ursache und Wirkung wieder auf die Füße stellt: Nicht wir bringen die QUELLE hervor, sondern SIE uns. In IHR sind wir der EINE. Der »Unterschied« bleibt, weil er nicht trennt, sondern nur noch eint.

Wenn wir darüber hinausdenken wollen, in die Wahrheit der unterschiedslosen EINHEIT, stoßen wir auf eine scheinbar unüberwindliche Hürde: Alles Denken, das »von mir« ausgeht, braucht Zeit und Raum, es gibt hier in der Welt der Wahrnehmung schlicht und ergreifend nichts, was sich »von sich aus« außerhalb dieses Raum-Zeit-Rahmens positionieren könnte. Da sind wir bei dem legendären letzten Schritt, denn GOTT auf uns zu tut (vgl. Kurs 2019, Vorwort »Was er besagt«, letzter Satz). Diese Beschränkung bleibt also »bis zuletzt«, und wir sind gebeten, nicht zu versuchen »selbst« über sie hinauszugehen. Was nichts anderes heißt, GOTT als QUELLE und neuen Bezugsrahmen zu akzeptieren.

GOTT ist die Vertikalachse der Gegenwart, die wir uns als Körper-Geist in die Horizontale zwischen Vergangenheit und Zukunft »denken« – die wir uns als Zeit und Raum erträumen. Der Weg, diese Vertikalachse nicht mehr in alter Gewohnheit abzuwehren, sondern als Inspiration in unsere Wahrnehmung einzuladen, geht über die Hilfe des »Vermittlers«, des HEILIGEN GEISTES, als dessen Repräsentanten sich Jesus im Kurs sieht:

> *»Niemand kommt zum VATER denn durch mich« bedeutet nicht, dass ich in irgendeiner Weise von dir getrennt oder anders bin außer in der Zeit, und die Zeit existiert nicht wirklich. Diese Aussage hat mehr Bedeutung, wenn man sie auf eine senkrechte statt eine waagrechte Achse bezieht. Du stehst unter mir, und ich stehe unter GOTT. Im Prozess des »Aufstiegs« stehe ich höher, weil ohne mich die Entfernung zwischen GOTT und Mensch zu groß wäre, als dass du sie umfassen könntest. Ich überbrücke die Entfernung einerseits als dein älterer Bruder und andererseits als SOHN GOTTES.[1]*

Wie erleichternd, diese »Zwischenposition« zwischen mir und GOTT dem »älteren Bruder« überlassen zu können. ER ist kontinuierlich für alle Brüder da. Ich bin nur gebeten, meinen Teil zu tun.

> *Meine Hingabe an meine Brüder hat mir die Obhut über die SOHNSCHAFT übertragen, die ich vollständig mache, weil ich an ihr teilhabe. Das mag der Aussage »Ich und der VATER sind eins« zu widersprechen scheinen, aber die Aussage besteht aus zwei Teilen, in Anerkennung dessen, dass der VATER größer ist.[2]*

Selbst für Jesus ist dieser transzendente Unterschied noch geblieben. Er ist auch ein Bekenntnis zu unserer gemeinsamen QUELLE. Daraus und mit meinem Großen Bruder Jesus nehme ich einen langen Athemzug der Akzeptanz und der Freude. Vertikalathmen durch alles hindurch.

---

[1] *Kurs 2019, T-1.II.4:1-5*
[2] *Ebd., 4:6-7*

Love in action

Kennst du das? Du beobachtest ganz zufällig in einiger Entfernung von dir zwei Liebende, die sich offensichtlich verabredet haben und jetzt voller Freude aufeinander zulaufen, sich in den Arm nehmen, sich küssen, dann Stirn an Stirn in inniger Nähe leise miteinander reden ... und plötzlich merkst du, wie du unverschämt zuschauend übers ganze Gesicht strahlst. Du hast dich völlig verloren in dem Anblick und freust dich einfach mit, als gelte die Liebe dir. Schon mal so erlebt? Im ersten Moment nach deinem Gewahrwerden dessen, was du da tust, hast du gewusst: »Ist ja richtig, die Liebe gilt ja auch mir«, stimmt's? Und als du weitergegangen bist, wie lange hat dieses »Wissen« angehalten?

Was haben wir uns für ein sonderbares Ziel gesetzt mit unseren »privaten« Gedanken, dass wir uns mit ihnen immer wieder von diesem »störenden« Wissen abschneiden? Die LIEBE gilt mir! Ununterbrochen, immer, in jeder Situation.

Vor »meinem« Edeka steht seit ein paar Wochen eine neue Verkäuferin von »Hinz und Kunzt« – einer Zeitschrift, die von Obdachlosen gestaltet und verkauft wird. Jedesmal, wenn ich an der zierlichen Frau vorbeikomme, weht mich ein wundersam warmherziger Wind an. Da ist nicht der leiseste Hauch darin, der vermitteln würde, dass sie etwas von mir will, Geld vielleicht, dass ich die Zeitung kaufe, irgend eine Art von Aufmerksamkeit – nichts davon. Sie will offensichtlich einfach nur da sein und ihre Warmherzigkeit verbreiten. Manchmal wünscht sie den Leuten, die an ihr vorbeikommen, einen »netten Montag« oder ein »zauberhaftes Wochenende«. Irgendwann spreche ich sie an und sage einfach: »Sie sind so unglaublich freundlich!«, und dann erzählt sie ihre Geschichte, die so gar nicht passt zu ihrem Lächeln. Auch ihre eigene Bewertung ihrer schicksalhaften Lebensereignisse ist nicht unbedingt die eines Engels.

Und dennoch ist der ENGEL da, weißt du, was ich meine? Die Liebe gilt DIR, sagt ER mir, und nichts anderes sagt ER. Die »Gegenliebe«, die heute von mir erbeten wird, hält meine Gedanken bei ihrer QUELLE und lässt mich »wundergesinnt« sein, mit IHM schauend:

CHRISTI Schau ist der heilige Boden, in dem die Lilien der Vergebung ihre Wurzeln schlagen. Das ist ihr Zuhause. Von hier können sie in die Welt zurückgebracht werden, aber in deren unfruchtbarem und flachem Boden können sie niemals wachsen. Sie brauchen das Licht und die Wärme und die umsichtige Pflege, mit denen CHRISTI Barmherzigkeit sie versieht. Sie brauchen die Liebe, mit welcher ER sie anblickt. Und sie werden zu SEINEN Boten, die geben, wie sie empfangen haben.[1]

Wie »schaffe« ich das? Wie halte ich meine Gedanken in der NÄHE ihrer QUELLE, wenn beispielsweise die plötzlich anklagende Rede der Hinz-und-Kuntz-Verkäuferin einen scharfen Schnitt zu machen scheint mitten durch das Gefühl der fraglosen, brüderlichen Verbundenheit? Mein »Geschenk« an GOTT, meine Gegenliebe, ist sicher eine gute Antwort. Und wie könnte sich meine fraglose Liebe zu IHM in der Welt besser ausdrücken als so:

Die Nächstenliebe ist eine Art, einen anderen so anzusehen, als sei er schon weit über das hinausgegangen, was er in der Zeit tatsächlich erreicht hat. [...] Ich sagte bereits, dass nur die Offenbarung über die Zeit hinausgeht. Das Wunder – als ein Ausdruck der Nächstenliebe – kann sie nur verkürzen. Es gilt jedoch zu verstehen, dass du jedesmal, wenn du einem anderen ein Wunder schenkst, euer beider Leiden verkürzt. Diese Berichtigung ist sowohl rückwirkend wie auch vorgreifend wirksam.[2]

Und ER, der uns nur als den Einen liebt, lächelt zurück.

---

[1] *Kurs 2019, Ü-I.159.8:1-6*
[2] *Ebd., T-2.V.10:1;5-8*

Wähle das Wunder

Wie liest sich die Lektion heute für dich? Ich weiß noch, wie ich anfangs zornig wurde über die vermeintliche »Zumutung«, die Welt und all ihre Aspekte ablehnen zu sollen. Natürlich – das war mein Irrtum: Nicht Ablehnung der Welt wird hier gepredigt, sondern lediglich eine »neue Sicht« auf sie, die »Schau«.

Allerdings ist diese neue Sicht nur möglich, wenn ich die Welt verlasse, von ihr scheide, wie es heute heißt. Und da wird's ja dann doch wieder spannend.

Das riecht nach Sterben und Tod, aber eben nur für das Ego, keineswegs für mich. Und mit diesem Unterschied habe ich die Welt bereits verlassen. Jedenfalls habe ich einen Fuß vor ihre Tür gesetzt.

Wenn ich es so beschließe, kann ich von dieser Welt ganz scheiden. Es ist nicht der Tod, der dies ermöglicht, sondern eine Geistesänderung über Sinn und Zweck der Welt.[1]

Der Kurs muss das Ziel drastisch benennen, damit er es überhaupt aufzeigen kann: Das Ziel ist das komplette Loslassen der Welt in der Erkenntnis, dass ich sie einfach nicht benötige zur Kommunikation dessen, was ich BIN. Die »offenen Arme des Vaters« werden mich in meinem neuen Zuhause empfangen, wenn ich »hineile« (vgl. Ü-II.226).

Kein Zögern und Zaudern ist nötig, das vermittelt sich mir in diesem Angebot, und gleichzeitig: Du hast dennoch hier, in deiner Wahrnehmung und deiner sich lockernden Identifikation mit dem Körper-Geist, die Funktion, das HIMMELREICH dem HIMMELREICH beizubringen (vgl. T-7.XI.4). Also bleibe, wo du bist, und wende dich eben nicht ab von der Welt, sondern wende dich ihr zu mit einem neuen Ziel.

---

[1] *Kurs 2019, Ü-II.226.1:1-2*

Woran wir zweifellos am meisten hängen in der Welt, ist der eigene Körper. Auch dazu gibt es drastische Worte im Kurs:

Das Licht der Wahrheit ist in uns, da, wohin GOTT es stellte. Es ist der Körper, der außerhalb von uns ist und uns nichts angeht. Ohne Körper zu sein heißt, in unserem natürlichen Zustand zu sein. Das Licht der Wahrheit in uns wiederzuerkennen heißt, uns wiederzuerkennen, wie wir sind.[1]

Reine Kommunikation der LIEBE mit SICH SELBST benötigt keine Welt und keine Körper. Diese »Information« brauchen wir sozusagen als Leitstern, um damit einverstanden sein zu können, unsere Sicht wunderbar verändern zu lassen, ohne in Konflikt mit dem alten Ziel der Aufrechterhaltung einer »Welt in Trennung« zu geraten.

Wir dürfen getrost hierbleiben, das »Hineilen« geschieht auf einer Reise, die schon vorbei ist. Aber mit dem Einverständnis, in diesem Sinn die »Welt verlassen« zu wollen, bin ich endlich frei, die Wunder der Heilung nicht mehr zu fürchten, sondern mit Freude einzuladen:

Das Wunder ist dem Körper insofern sehr ähnlich, als beides Lernhilfen sind, die einen Zustand fördern, in dem sie überflüssig werden. Wenn der ursprüngliche Zustand des reinen Geistes – die direkte Kommunikation – erlangt ist, dienen weder der Körper noch das Wunder mehr irgendeinem Zweck. Solange du jedoch in einem Körper zu sein glaubst, kannst du zwischen lieblosen und wunderbaren Ausdruckskanälen wählen.[2]

Nur darum geht es: Wähle das Wunder. Alles andere wird sich uns im Licht der eingeladenen LIEBE zeigen.

---

[1] *Kurs 2019, Ü-I.72.9.1-4*
[2] *Ebd., T-1.V.1:1-3*

33

Jetzt ist immer

Höre die heutige Aussage über dich doch mal als die Feststellung einer unumstößlichen Tatsache, und weniger als eine Voraussage, wie dein Tag heute wahrscheinlich verlaufen wird: »Dies ist mein heiliger Augenblick der Befreiung.« (Ü-II.227)

Wann ist dieser Augenblick? Am Anfang meiner Frage oder am Ende? Schon ist er wieder vorbei! Vielleicht kommt er gleich noch, ich sollte aufhören zu reden, und still werden, damit ich ihn nicht verpasse. Funktioniert auch nicht so richtig – jedenfalls kann ich nicht sagen, dass ich meine totale Befreiung dabei empfinde, sie wird irgendwie nicht »wahr« für mich.

Was für mich »wahr« ist, ist das, was ich mit dir teile. Es gibt keine »nicht geteilte«, also »objektive« Wahrheit. Was ein Baum »ist«, darauf müssen wir uns einigen. Und dass eins und eins »zwei« ergibt, ist ebenso eine Übereinkunft zwischen uns, keine »Wahrheit«.

Auch GOTT – die WAHRHEIT SELBST – ist alles andere als »objektiv« und muss von uns als Idee miteinander und mit IHM SELBST geteilt werden, um erfahrbar zu werden, um »wahr« zu sein. Was also teile ich mit dir, wenn ich über die Frage nachdenke, wann der Zeitpunkt des Momentes meiner Befreiung heute denn eintreten wird? Wohl erstmal dasselbe wie in all meinen Gedanken, mit denen ich meine »private Welt« aufgebaut habe, die nur scheinbar von deiner getrennt ist:

Sogar die verrückte Idee der Trennung musste miteinander geteilt werden, bevor sie die Grundlage der Welt, die ich sehe, bilden konnte. Doch dieses Miteinanderteilen war ein Teilen von nichts. Ich kann mich auch an meine wirklichen Gedanken wenden, die alles mit jedem teilen.[1]

---

[1] *Kurs 2019, Ü-I.54.3:3-5*

Hier ist also die neue Wahl, die ich treffen muss, bevor ich die Tatsache meiner Befreiung in diesem Moment annehmen kann. Was will ich mit dir teilen? Die Wahrheit, dass nur dieser Moment existiert und immer mit uns geht, was auch immer wir denken und was auch immer wir auf der Grundlage dieses Denkens als unsere Welt sehen? Oder die »Wahrheit« der Trennung, die den Moment der Befreiung immer nur in einer Zukunft erwarten kann, die auf meinen Erfahrungen aus der Vergangenheit beruht?

Was will ich mit dir teilen? Auf welcher Wahl beruht meine Erwartung, diesen »heiligen Moment« auch tatsächlich zu erleben?

Kann ich ihn als Tatsache akzeptieren, die ausschließlich von meinen eigenen trennenden Gedanken interpretiert und verschleiert werden kann? Kann ich diesen Moment mit mir mitgehen lassen und mit dir, was auch immer du denkst, sagst oder tust? Und kann ich ehrlich bleiben und meine Gedanken und Gefühle – alle Aspekte meiner Wahrnehmung, die von etwas anderem sprechen wollen als der Wahrheit unserer Geeintheit, vor dieser WAHRHEIT niederlegen? Kann ich akzeptieren, dass ich ebenso, wie ich darauf angewiesen war, dass du den Gedanken der Trennung mit mir teilst, jetzt darauf angewiesen bin, dass GOTT die WAHRHEIT mit uns teilt?

Das ist meine Heilung. Und es ist plötzlich kein Problem mehr, auch in Zeiten übelster »Rückfälle« ins Egodenken und -empfinden aus ganzem Herzen zu sagen: »Dies ist mein heiliger Augenblick der Befreiung«.

Doch nichts, was ich getrennt von DIR dachte, existiert. Und ich bin frei, weil ich im Irrtum war und meine eigene Wirklichkeit mit meinen Illusionen keineswegs berührte. Jetzt gebe ich sie auf und lege sie vor der Wahrheit Füßen nieder, auf dass sie auf ewig aus meinem Geist entfernt werden.[1]

Der Augenblick der Befreiung ist immer JETZT und er geht mit uns auch in die tiefste Dunkelheit.

---

[1] *Kurs 2019, Ü-II.227.1:3-5*

Der Rahmen macht das Bild

Manchmal können extreme Beispiele nützlich sein: Eine wirklich bizarre neuzeitliche Blüte der vom Kurs ja ausführlich beschriebenen »schlechten Angewohnheit«, unsere Identität und alle Dinge unserer Wahrnehmung mit unseren »privaten« Gedanken zu definieren und zu umrahmen, ist eine aggressive Variante des »Framing«.

»Framing« meint eigentlich erst einmal ganz harmlos, um einen Informationsinhalt einen Deutungsrahmen zu legen, etwas, das sowieso immer geschieht, wenn wir kommunizieren. Das »Umrahmen« an sich ist also völlig normal, aber es kann eben auch – sowohl in positiver als auch in negativer Richtung – die Dinge in einem bestimmten Licht erscheinen lassen, um auf den Empfänger der »Information« in manipulativer Absicht eine bestimmte Wirkung auszuüben. Also die Krebswarnung samt grauslichem Bild auf Zigarettenschachteln zum Beispiel. Das ist mehr als nur »Information«, das ist bewusste Manipulation in der Absicht, vom Rauchen abzuhalten, deswegen auch »negatives Framing«.

In den abgedriftetsten Formen wird eine solches negatives Framing z.B. als gendernder Rahmen um einen Shakespeare-Text gelegt, um ihn zu »interpretieren«. Das Ergebnis ist eine Art Sinnschreddern, bei dem jedenfalls keine Literatur übrigbleibt.

In diesen überzogenen Formen unseres »ganz normalen« deutenden »Einrahmens« der Dinge dieser Welt wird ein Wesensmerkmal aller selbstgemachten Beurteilungen deutlich: Das Abgrenzen hat immer die Tendenz zum Ausgrenzen und Verurteilen. Der Gedanke des Mangels und der Schuld ist das, was meine private, von mir selbst »erdeutete« Welt im Innersten zusammenhält und die Dinge für meine Wahrnehmung voneinander abhebt.

Und heute höre ich vom »Wissen GOTTES« über mich. Wo soll ich dieses Wissen um meine »Heiligkeit« einordnen in meinem »Verstehen«, das sich immer selbst den Rahmen setzt? Ich ahne und spüre: Das sind keine leeren Worte von IHM, aber wohin damit?

Soll ich SEIN Wissen leugnen und an das glauben, was durch SEIN Wissen unmöglich wird? Soll ich als wahr akzeptieren, was ER als falsch verkündet?[1]

In meiner Akzeptanz also ist der »Ort«, wo ich SEIN Wissen in mir ruhig werden lassen kann. Und dann kann ich den Gedanken zulassen, dass mein gesamter Rahmen, in dem ich wahrnehme, auf einer falschen Annahme beruht – dass er nämlich auch die QUELLE in sich fasst, auch SIE einrahmt. Das einfach mal niederlegen, es still werden lassen und der WAHRHEIT übergeben: Die QUELLE ist die QUELLE ist die QUELLE.

*GOTT kennt dich **jetzt**. ER erinnert sich an nichts und hat dich immer genauso gekannt, wie ER dich jetzt kennt. Der heilige Augenblick spiegelt SEINE Erkenntnis wider, indem er jede Wahrnehmung aus der Vergangenheit herausholt und so den Bezugsrahmen beseitigt, den du aufgebaut hast und dem zufolge du deine Brüder beurteilst. Ist dieser erst einmal fort, ersetzt der HEILIGE GEIST ihn durch SEINEN Bezugsrahmen. SEIN Bezugsrahmen ist einfach GOTT.[2]*

Spürst du das auch? *Dieser* RAHMEN wird nicht von dir oder mir um Aspekte unserer Wahrnehmung gelegt. Das ist *spürbar* der RAHMEN, der um uns beide und um alles und jedes gelegt IST, in diesem und in jedem Augenblick, für alle Ewigkeit. Auch mein selbstherrliches »Rahmen« meines Weltbildes, auch mein aggressives »Framing« kann nicht so negativ werden, dass es nicht von IHM gerahmt bleibt. In aller Stille. Jetzt.

---

[1] *Kurs 2019, Ü-II.228.1:2-3*
[2] *Ebd, T-15.V.9:1-5*

Jeder ein Sieger

So ganz zufrieden war wohl noch niemand mit dem, was er als sein »Ich« bezeichnet hat, und vielleicht könnte das als kleinster gemeinsamer Nenner der menschlichen Sinnsuche gelten: Wir sind auf der Suche nach unserer wahren Identität, die sich stabil, glücklich, angstfrei, friedlich, liebend und geliebt anfühlen sollte.

Für uns Kursbewegte ist heute diese Suche vorbei, besser gesagt: Sie ist JETZT vorbei:

Jetzt muss ich nicht mehr suchen. Die LIEBE hat obsiegt. So still hat sie darauf gewartet, dass ich nach Hause komme, dass ich mich nicht länger vom heiligen Antlitz CHRISTI abwenden will. Und das, worauf ich schaue, bezeugt die Wahrheit der IDENTITÄT, DIE ich zu verlieren suchte, doch DIE mein VATER sicher für mich aufbewahrte.[1]

Die Suche ist vorbei für diejenigen, die bereit sind, sie in allen Suchenden zu beenden, indem sie das JETZT der Erlösung in jedem sehen. Wir sind mit anderen Worten gebeten, uns nicht mehr abzuwenden vom »Antlitz CHRISTI«.

Gestern war das, »auf das ich schaute« und das mir die »Wahrheit der IDENTITÄT bezeugte, die ich zu verlieren suchte«, eine erstaunliche Situation im Park, wo ich mich zum Tischtennis verabredet hatte. An beiden Tischen, die dort aufgestellt sind, wurde gespielt, und ich setzte mich auf eine der Bänke, um auf meinen Mitspieler und das Freiwerden einer der Tische zu warten.

Am mir nähergelegenen vorderen Tisch spielten drei Männer und eine Frau sehr gemütlich miteinander, eher so eine Art Ping-Pong. Aus ihrer Unterhaltung konnte ich entnehmen, dass sie Patienten der nahegelegenen Uniklinik

---

[1] *Kurs 2019, Ü-II.229.1:2-5*

waren. Sie sprachen über ihre Langzeittherapie in der Psychiatrischen Abteilung, über ihre Therapeuten, die Gemeinschaftsaktivitäten, Ausflüge, über das Essen und andere Aspekte ihres Lebens in einem therapeutischen Umfeld.

Das Erstaunliche waren für mich zwei Dinge: Einmal gingen die vier Spieler mit einem unglaublichen Feingefühl miteinander um. Jeder wirkte wie urvertraut mit den anderen, das »Gewinnen« schien keinerlei Rolle zu spielen, ich sah ein Spiel der wohlwollendsten und achtsamsten Kommunikation. Etwas unendlich Zartes umgab diese Gruppe.

Gleichzeitig schienen mich die vier Spieler überhaupt nicht wahrzunehmen, antworteten auch nur mit abwehrender Knappheit auf meine dezenten Versuche, mich irgendwie an dem Gespräch zu beteiligen. Immerhin saß ich durch die Nähe der Bank zum Spieltisch quasi mittendrin in der Szene. Da war so etwas wie eine trennende Glaswand zwischen mir und ihnen.

Aber ich sah dieses Zarte, und für mich war es in diesem Moment das »Antlitz CHRISTI«, das auf uns als den EINEN Bruder schaut.

Und mir wurde klar, dass ich vor Augen hatte, dass ES immer DA ist, dass ES auch – wie bei den vier Spielern – immer die Essenz der Kommunikation ist und bleibt. Und dass nur unsere eigenen Angstgedanken der Isolation und des trennenden Willens uns davon abhalten können, ganz und gar in das hineinzuvertrauen, was ewig unsere IDENTITÄT ist, und dadurch verhindern, SIE auf alles und jeden auszudehnen.

VATER, mein Dank sei DIR für das, was ich bin; dafür, dass DU meine IDENTITÄT unberührt und sündenlos bewahrt hast, inmitten aller Gedanken der Sünde, die mein törichter Geist erfunden hat.[1]

---

[1] *Kurs 2019, Ü-II.229.2:1*

Gewahrsein und Schau

Alle Begriffe, die versuchen, das Erleben unserer wahren IDENTITÄT zu umschreiben, können nur auf eine direkte Erfahrung deuten, wenn dies wahr ist:

Mir ist es nicht gegeben, mein SELBST zu ändern.[1]

Es ist das UNVERÄNDERLICHE ins uns, das wir suchen und auf ganz verschiedenen Wegen finden. Am Ende aber begegnen wir uns in derselben WAHRHEIT.

Bei vielen gibt es aus verständliche Gründen das Bedürfnis, ohne die christliche Terminologie, wie sie auch der Kurs benutzt, auszukommen. Auch das *muss* funktionieren wegen der Einheit des Ziels.

Begriffe beleuchten lediglich verschiedene Aspekte des Weges. Auf das Ziel, das keine Aspekte hat, können sie lediglich hindeuten. Beispielsweise wirft der folgende Kurssatz ein Licht darauf, dass das Gewahrwerden des Friedens unserer wahren IDENTITÄT kein »Wahrnehmen« von »etwas« ist, sondern ein direktes Sich-Teilen in die WAHRHEIT mit der Gesamtheit des »SOHNES«, also allen Lebens. Es ist ein Sehen im Licht der QUELLE.

Der Frieden, in dem DEIN SOHN in DEINEN GEIST geboren wurde, leuchtet dort unverändert.[2]

Diesen Frieden überall zu sehen, unabhängig von der Form des wahrgenommenen Geschehens, dazu sagt der Kurs »Schau«.

Zu dem Erleben eines solchen inneren Friedens kann man beispielsweise auch »Gewahrsein« sagen. Nichts spricht dagegen. Das »Unveränderliche« direkt in sich aufzusuchen und zu finden, jenseits der selbstbenannten Inhalte der Wahrnehmung, ist eine der »Methoden«, den Ort des Friedens

---

[1] *Kurs 2019, Ü-II.230.1:3*
[2] *Ebd., 2:3*

in sich zu finden, die ohne ein einziges christliches Wort auskommen. An vielen Stellen fordert uns auch der Kurs dazu auf, genau das zu tun, nämlich an den »privaten Gedanken« vorbei zum Ort des Friedens zu gelangen.

Warum also »Schau«? Ein spezifischer Aspekt des Weges, den der Kurs vorschlägt, ist die vehemente Betonung der Vergebung für den Irrtum, die QUELLE des Geistes in eine selbsterdachte Welt verlegt zu haben. Ich mache seit langer Zeit tatsächlich die Erfahrung, dass das Gewahrsein des »Friedensraumes« in mir keine Konstanz und keine Perspektive in die Ausdehnung auf alle Bereiche meiner Wahrnehmung hat ohne eine permanente Vergebungshaltung. Der mitschwingende Hinweis auf die wahre QUELLE ist der Aspekt, der die »Schau« vom »Gewahrsein« unterscheidet.

Denn Vergebung ist das einzige Mittel, durch welches die Schau CHRISTI zu mir kommt. Lass mich akzeptieren, was SEINE Sicht mir als die simple Wahrheit zeigt, dann bin ich vollständig geheilt.[1]

Meine unveränderliche IDENTITÄT teile ich mit dir – mit dem CHRISTUS in dir. In meiner Welt von Verlust, Mangel, Gewalt, Krieg, Krankheit und dem unausweichlichen Sterben bin ich heilfroh, mich mit meinem gespaltenen Geist, in dem der Gedanke der Schuld so tief verwurzelt ist, an IHN wenden zu können, der als unser gemeinsames SELBST in der Gewissheit unserer Herkunft ruht. Und in Jesus finde ich einen konkreten Bruder, der bereits in dieser Gewissheit angekommen ist. Er kann mir helfen, das Gewahrsein meines inneren Friedens zu stützen und in die unendliche Ausdehnung zu allen Aspekten des Lebens zu öffnen. Mit diesem Bruder an der Seite wird meine Vergebung still und sicher vor meinem Vergessen und das Gewahrsein meines Inneren Friedens bleibt in der Ausdehnung der QUELLE. Danke dafür, Jesus.

---

[1] *Kurs 2019, Ü-II.247.1:3-4*

Kraft meines Willens

Mich »an GOTTES LIEBE erinnern« – heute geht es also direkt um die QUELLE. Ist das wirklich »mein eigentlicher Wille«? Die Lektion behauptet genau das, und Jesus spricht klare Worte dazu:

> *Dies, mein Bruder, ist dein Wille. Und du teilst diesen Willen mit mir und auch mit dem EINEN, DER unser VATER ist.*[1]

Wieder eine dieser Informationen, die zunächst schwer nachvollziehbar sind: Ich kann ja eine Menge Dinge aufzählen, die ich »will«, Geschehnisse, auf die sich mein Wille in ganz bestimmter Absicht richtet, »Basics« wie Gesundheit, Auskommen, Frieden. Die »Erinnerung an GOTT« wäre mir so für diese Liste erstmal nicht eingefallen.

Aber auch das ist wieder eine Information über eine Tatsache, die nicht darauf angewiesen ist, dass sie mir einfällt oder von mir als würdig befunden wird, in die Liste meiner Willensziele aufgenommen zu werden: Ich WILL mich an GOTT erinnern. So IST es.

»Gott« ist die Kommunikation der LIEBE mit SICH SELBST, und darin ist mein »privater« Wille transzendiert, also aufgehoben, ohne dabei verloren zu gehen. Ein »Willensziel«, das immer schon erreicht ist.

Mich an GOTT zu erinnern, heißt also, mir dieser eigentlichen Kommunikation wieder gewahr zu werden, an der ich ewig teilhabe kraft meines wahren Willens.

Ausgangslage ist aber natürlich mein selbstgewähltes Leben in Wahrnehmung, das der Kurs in der folgenden Textstelle »Existenz« im Unterschied zum »Sein« nennt:

> *Die Existenz wie auch das Sein beruhen auf Kommunikation. Die Existenz jedoch legt in konkreter Weise fest, wie, worüber und mit wem die*

---

[1] *Kurs 2019, Ü-II.231.2:1-2*

Kommunikation sich lohnt. Das Sein ist völlig bar dieser Unterscheidungen.[1]

Der Kern meines privaten Willens ist mein Glaube, ein »zweiter Wille« neben GOTTES Wille sei möglich. Sein »Grundimpuls« ist also eine die »Existenz« meines Selbst- und Weltbildes erhaltende aktive Abwehr der WAHRHEIT. Und damit glaube ich auch, die Kommunikation mit der LIEBE unterbrechen zu müssen und zu können. Das und nur das kann Unfrieden in mein Leben bringen:

*Die Trennung war kein Verlust der Vollkommenheit, sondern ein Versagen der Kommunikation. Eine schroffe und schrille Form der Kommunikation entstand als Stimme des Ego. Sie konnte den Frieden GOTTES nicht zerschlagen, wohl aber den **deinen**.*[2]

Wie wahr, wie wahr! Aber die Erinnerung ist jederzeit möglich, GOTT sei Dank! GOTT ist nicht nur der Friede, den ich gelegentlich fühle, sondern auch der WILLE, diesen Frieden über alles und jeden auszudehnen, um zur wahren Kommunikation mit »mir« zurückzuführen.

Mach doch einfach mal:

Schau auf einen Bruder, zu dem du ein durchwachsenes Verhältnis hast. Licht und Schatten, vielleicht dein Chef oder deine Kollegin. Mach dich frei von all deinen Gedanken um ihn, lass ihn sein, was er ist, und verzichte darauf, es zu definieren. Und dann, wenn dir das gelingt, lass die gesamte LIEBE GOTTES auf ihn schauen mit IHREM unbeirrbaren WILLEN, diesen Bruder zu erkennen als Teil von IHR.

Schau mal nach: Wo ist jetzt »dein Wille«? Kann es sein, dass du gerade nur diese Kommunikation aufrechterhalten »willst«? Spürst du den Fluss?

---

[1] *Kurs 2019, T-4.VII.4:1-3*
[2] *Ebd., T-6.IV.12:5-7*

43

Tag 232

Immer schon angekommen

In einem Frieden zu leben, der nicht störbar ist, der unabhängig ist von allen äußeren Erscheinungen, welche von der Wahrnehmung in Zeit hervorgebracht werden – von dieser Vorstellung kann ich sicher sagen, dass ich sie »will«, aber halte ich auch ihre Umsetzung in meine erlebte Wirklichkeit für realistisch?

Das Gebet der heutigen Lektion ist wunderschön, es spricht mir leise die Wahrheit zu, dass GOTT meinen endgültigen Frieden nicht nur für möglich hält, sondern als bereits gegeben sieht. Ich ruhe in der Gewissheit SEINER LIEBE – für IHN ist das bereits eine Tatsache.

In diese Gewissheit muss ich freilich aus meinem Traum vom Uneinssein erst erwachen. Mein Traum aber ist kein isolierter Zustand (obwohl ich genau das träume): Ich träume den Traum mitten in der WAHRHEIT. Und das bedeutet, dass ich von jedem träumenden Gedanken aus in diese WAHRHEIT zurückkehren kann:

Der Gedanke des Friedens wurde GOTTES SOHN in jenem Augenblick gegeben, als sein Geist an Krieg gedacht hat.[1]

Mit diesem Gedanken schließt sich mir allmählich der Raum auf, in dem ich GOTT in meinem Geist als dessen QUELLE finde und wo ich wohne – in der LIEBE. Mit jeder konkreten Wahl für Vergebung statt Urteil, Liebe statt Angst, dehnt sich dieser Raum aus, bis er mich ganz ausmacht:

Sei in meinem Geist, mein Vater, wenn ich erwache, und leuchte den ganzen Tag hindurch auf mich. Lass jede Minute eine Zeit sein, in der ich bei dir wohne.[2]

---

[1] *Kurs 2019, Ü-II.2.2:1*
[2] *Ebd., Ü-II.232.1:1-2*

44

Der »Gedanke an Krieg« wird durch die Vergebung in all seinen Facetten einfach aufgehoben, indem sie seine Wahrheit nicht weiter bestätigt und ihm damit die Kraft nimmt, die wir ihm im wahrsten Sinne des Wortes »verliehen« hatten:

Erlösung ist Aufheben in dem Sinne, dass sie nichts tut und die Welt der Träume und der Bosheit nicht unterstützt. Auf diese Weise lässt sie Illusionen los. Indem sie sie nicht unterstützt, lässt sie sie einfach still zu Staub zerfallen.[1]

Vergebung also ist der Weg, und ist das praktische Mittel, das die Erlösung herbeiführt. Sie ist das Wunder, das ich erfahre, wenn ich es all dem gebe, in das ich meine Angst- und Schuldgedanken hineinprojiziert habe. Meine Welt ordnet sich neu:

Das Wunder schafft das Bedürfnis nach Belangen niederer Ordnung ab. Da es ein Zeitabschnitt außerhalb des normalen zeitlichen Musters ist, gelten die gewöhnlichen Überlegungen von Zeit und Raum nicht. Wenn du ein Wunder wirkst, werde ich sowohl Zeit als Raum so arrangieren, dass sie sich ihm anpassen.[2]

Der unbegrenzte Raum der Zeitlosigkeit, in dem ich »bei GOTT wohne«, öffnet sich mir jetzt schon immer wieder durch die Wunder der Vergebung und im heiligen Augenblick des geeinten Willens. Das hat nur eine mögliche Richtung, und darauf lässt sich mein Vertrauen gründen.

Es ist unser gemeinsames Zurückkehren, und beide Aspekte der Erlösung stehen dabei ohne Konkurrenz in ihrer Bedeutung nebeneinander und lassen den Weg gangbar und das Ziel im besten Sinne »realistisch« sein:

In der Zeit existieren wir füreinander und miteinander. In der Zeitlosigkeit existieren wir gemeinsam mit GOTT.[3]

---

[1] *Kurs 2019, Ü-II.2.3:1-3*
[2] *Ebd., T-2.V.A.11:1-3*
[3] *Ebd., 17:6-7*

Tag 233

Vakuum oder Fülle?

Mein Leben ganz »GOTT geben«, das klingt nach dem Frieden und der Geborgenheit, von denen auch in dem schönen Gebet gestern die Rede war. Wo ich Mangel, Verlust und Schuld gesehen und meine eigene »Bedeutungslosigkeit« gefürchtet habe, da hat meine zunehmende geistige Offenheit mehr und mehr erlaubt, dass die Gedanken GOTTES in diesen »leeren Raum« haben einströmen und ihn mit der Fülle ihrer stillen Wahrheit beseelen können.

Weißt du noch, wie wir zu dieser Offenheit für den »leeren Raum« geführt wurden? Das begann schon in der ersten Lektion und hatte einen ersten Höhepunkt in Lektion dreizehn:

Das Erkennen der Bedeutungslosigkeit ruft in allen Getrennten intensive Angst hervor. Es stellt eine Situation dar, in der sich GOTT und das Ego gegenseitig im Hinblick darauf »herausfordern«, wessen Bedeutung in den leeren Raum geschrieben werden soll, den die Bedeutungslosigkeit zur Verfügung stellt. Das Ego stürmt wie wild geworden hinein, um dort seine eigenen Ideen zu begründen, voller Angst, die Leere werde womöglich sonst dazu benutzt, seine eigene Machtlosigkeit und Unwirklichkeit aufzuzeigen. Nur in dieser einen Hinsicht hat es Recht.[1]

Wir leben und denken aus der Grundvoraussetzung des Mangels heraus, den wir ständig ausgleichen müssen, um kleine Zeitinseln der vergänglichen Fülle verteidigen zu können. Unser Leben ist eine Art Patchwork solcher Zeitinseln der Sinnhaftigkeit, das wir mühsam zusammenhalten.

Und wir leben ständig mit einer zumindest lauernden, gelegentlich aber auch offen spürbaren Angst davor, dass uns dieser Zusammenhalt über der

---

[1] *Kurs 2019, Ü-I.13.2:1-4*

»Wahrheit« des Mangels und der Schuld nicht mehr gelingt und wir eben wieder da landen, wo wir nie hinwollten: im Gefühl der Bedeutungslosigkeit.

Inzwischen haben wir viele Schritte gemacht, unserem Gefühl drohender Bedeutungslosigkeit gegenüber zunächst einmal eine geistige Offenheit aufzubringen und zu halten, ohne sofort reflexhaft mit dem Ego zu reagieren und dessen Bedeutungen »hineinzuschreiben«. Und wir haben mehr und mehr gute Erfahrungen gemacht mit dem »leeren Raum«, der jetzt zum Beispiel mit »Frieden« und »Stille« verbunden werden kann.

Hier wird auch die besondere Bedeutung der »Vergebung« offensichtlich, denn »Schuld«, wo und in welcher Form auch immer sie gesehen wird, erzeugt besonders effektiv ein Gefühl des Vakuums, das vehement danach verlangt, mit »Bedeutung« gefüllt zu werden.

Das kennst du, oder? Dir ist eine Ungerechtigkeit angetan worden, du bist glatt ignoriert worden, und die Situation war vorbei, bevor du das besprechen und klären konntest. Sie war auch zu subtil, als dass die Klärung im Nachhinein noch möglich gewesen wäre. Du schluckst: Gelegenheit verpasst, wenn du Pech hast, entwickelst du ein Krankheitssymptom als »Vakuumfüller«. Bekannt?

Heute bietet sich erneut GOTT SELBST an als die FÜLLE, in der kein Vakuum je existieren kann. Und wir werden »lediglich« gebeten, in SEIN Angebot einzuwilligen, Fülle statt Bedeutungslosigkeit, athmende Ausdehnung statt Vakuum und SEINE LIEBE statt unserer Angst zu akzeptieren.

Nichts kann gegen einen SOHN GOTTES obsiegen, der seinen Geist in die HÄNDE seines VATERS befiehlt. Indem er dies tut, erwacht der Geist aus seinem Schlaf und erinnert sich seines SCHÖPFERS. Jedes Gefühl der Trennung verschwindet.[1]

Danke für diese unfassbar freundliche Perspektive!

---

[1] *Kurs 2019, T-3.II.5:1-3*

Tag 234
Friede sei (ist) mit dir!

Hier liegt der wesentliche Unterschied zwischen unserer »normalen« Sicht und der »Schau«: Der gespaltene Geist sucht einen persönlichen Frieden in einer Zukunft, die auf vergangenen Erfahrungen beruht, die Schau sieht einen ewigen Frieden über dem Traum der Welt liegen als die Kraft, die diesen Traum in die Wachheit ruft.

Wachheit ist Erkenntnis, von welcher der Kurs immer wieder sagt, dass sie nicht das Ziel ist, das wir mit ihm ansteuern. »Wahre Wahrnehmung« – wie die »Schau« auch genannt wird – ist das Ziel, das im dritten Kapitel beschrieben und begründet wird:

Mit der Schau bringen wir die Wahrnehmung in Ordnung (vgl. T-3.III.1:2). Bevor Erkenntnis möglich wird, überführen wir unsere falsche Wahrnehmung durch die Vergebung in die »wahre Wahrnehmung«:

Wahrnehmung ist etwas Vorübergehendes. Als ein Attribut des Glaubens an Raum und Zeit ist sie entweder der Angst oder der Liebe unterworfen.[1]

Die Schau ist also das, was wir mit dem Kurs »erlernen«. Schauen in Liebe statt in Angst, könnte man sagen. Oder: Vergeben.

Dennoch ist der Kurs auch sehr klar darin, das dieses »erlernbare Ziel« nicht das »Eigentliche« ist – die Erkenntnis:

Alle deine Schwierigkeiten rühren von der Tatsache her, dass du weder dich selber noch deinen Bruder oder GOTT wiedererkennst. Wiedererkennen heißt »wieder erkennen« – was implizit besagt, dass du einst erkanntest.[2]

---

[1] *Kurs 2019, T-3.III.1:6-7*
[2] *Ebd., 2:1-2*

Die »Zeit des Lernens« ist wichtig und unumgänglich, aber nur sinnvoll mit der Aussicht, diese Zeit letztendlich dafür zu nutzen, sie überflüssig zu machen. Dass dies nichts anderes heißt, als uns an unser wahres SELBST zu erinnern, DAS wir immer waren, jetzt in diesem Augenblick sind und immer sein werden, davon spricht heute die Lektion in Worten, die im wahrsten Sinne des Wortes berühren:

Nur ein winzig kleiner Augenblick ist zwischen Ewigkeit und Zeitlosigkeit verstrichen. So kurz ist diese Spanne, dass es keine Unterbrechung in der Kontinuität gab und auch keinen Bruch in den Gedanken, die auf ewig als eins geeint sind. Nichts ist jemals geschehen, den Frieden GOTTES des VATERS und des SOHNES zu stören.[1]

Wunderschön, findest du nicht auch? Ein wirklich klar strahlender Leitstern, von dem wir unser Lernen führen lassen können. Wahrnehmen heißt fragen. Das Wunder die Antwort sein zu lassen, ist die Schau, die uns letztlich für die Erkenntnis öffnet: Nichts ist geschehen.

Wahre Schau ist die natürliche Wahrnehmung der geistigen Sicht, aber sie ist noch immer eine Berichtigung und keine Tatsache. Die geistige Sicht ist symbolisch und daher keine Einrichtung zur Erkenntnis. Sie ist jedoch ein Mittel der richtigen Wahrnehmung, was sie in die dem Wunder eigene Domäne bringt.[2]

Wir sind schon DA. Das klingt immer wieder durch. »Friede ist mit dir!« Es wirkt Wunder, das zu jedem still zu sagen, der mir heute begegnet!

---

[1] *Kurs 2019, Ü-II.234.1:2-4*
[2] *Ebd., T-3.III.4:1-3*

Alle Wunden heilen

Wie sind denn so deine Erfahrungen hiermit?:

Ich brauche nur auf alle Dinge, die mich zu verletzen scheinen, zu schauen und mir mit vollkommener Gewissheit zu versichern: »GOTT will, dass ich davon erlöst bin«, um sie einfach verschwinden zu sehen.[1]

Wie weit geht dein »Ja« dazu? Ich für meinen Teil fand lange Zeit, dass sich mit einer Art Vertrauenskredit, den ich GOTTES allumfassender Barmherzigkeit einräumen konnte, viele positive, die Aussage bestätigende Erfahrungen machen ließen, auch ganz unmittelbar: Negative Einstellungen, Stress, schlechte Laune, Perspektivlosigkeit, Bedrohungsgefühle, Ängste ... vieles ließ sich tatsächlich sofort heilen mit der einfachen Selbstermutigung, mich an DEN zu erinnern, DER mit mir geht und auf mich als heil schaut.

Aber diese Erfahrungen blieben begrenzt und waren scheinbar nicht auf »alle Dinge, die mich verletzen« auszuweiten. Insbesondere offenkundige Verletzungen wie Schmerzen, Krankheiten und der Verlust geliebter Menschen, und eher subtile, schwer zu »beweisende« Verletzungen in der Kommunikation mit anderen, schienen diese zweifellos tief tröstenden Aussagen über GOTTES Barmherzigkeit dennoch zu widerlegen.

Im Laufe der Jahre hat sich das sehr gelockert. Mir wurde klar, dass nicht die Aussage fragwürdig ist, sondern dass ich noch nicht die »vollkommene Gewissheit« aufbringe, um ihre Wahrheit zu erkennen.

Dass GOTT nur mein Glück will und deshalb »[...] einzig Glück zu mir gekommen ist« (Ü-II.235.1:2), ist im Falle beispielsweise einer schweren, vielleicht auch schmerzhaften Erkrankung für das Ego ein Zynismus. Für unsere hörenden Ohren darf es mehr und mehr die Erinnerung sein, dass

---

[1] *Kurs 2019, Ü-II.235.1:1*

alle Wahrnehmung eine Frage ist, die in ein konkretes Bild gekleidete immer-selbe Frage: »Konnte ich meinen zweiten Willen wahr machen?«

GOTTES »Nein« dazu ist seine Barmherzigkeit und mein Glück, und das gilt auch für jede Krankheit. Sie ist ein Bild in meinem Geist, mit dem ich die einzige wahrhaftige Frage stelle, die mein träumender Geist jemals stellt.

Die größte Hilfe, des Ego Hohn über unsere Wunderwirksamkeit zu ent-kräften, ist aber für mich die Erinnerung am Ende des ersten Absatzes. GOTTES Barmherzigkeit richtet sich auf den ganzen, den EINEN SOHN, also auf dich und mich immer im selben Moment. Oh ja, das hatte ich wirklich so nicht gesehen in meinem Wunsch, persönlich »heil« zu werden.

Licht ist jetzt da, wo zuvor die harte Kante der Begrenzung des Wunders war. Die »vollkommene Gewissheit«, dass wahr ist, was mir hier gesagt wird, stellt sich ein, wenn ich die volle Verantwortung für meine Wahrneh-mung übernehme:

Diese Welt ist voller Wunder. Sie stehen in leuchtendem Schweigen neben jedem Traum von Schmerz und Leiden, von Sünde und von Schuld. Sie sind des Traums Alternative, die Wahl, Träumer zu sein, statt die aktive Rolle bei der Erfindung des Traumes zu verleugnen. Sie sind die frohen Wirkungen davon, dass die Folge der Krankheit auf ihre Ursache zurückgeführt wird. Der Körper wird befreit, weil der Geist anerkennt: »Das wird nicht mir getan, sondern ich tue das.« Nun ist der Geist frei, stattdessen eine andere Wahl zu treffen.[1]

Als Figur in meinem Traum muss ich die Wunder abwehren. Im selben Moment, in dem ich mich als den Träumenden wahrnehme und akzeptiere, kann ich mich von den Wundern berühren und heilen lassen, die aus der Barmherzigkeit GOTTES, meiner QUELLE kommen und die Gewissheit, mit dir der EINE SOHN zu sein, als Geschenk für uns mit sich bringen.

---

[1] *Kurs 2019, 28.II.12:1-6*

Uralte Erfahrungen

Die Verwendung der Leitgedanken wie auch »hinweisende Aussagen«, Willensbekundungen und Zielbeschreibungen nutzen das ganz normale »Alltagsbewusstsein«, das »Tor zur Welt«: »Ich bin glücklich, friedlich, liebevoll und zufrieden [...] Ich bin ruhig, still, zuversichtlich und vertrauensvoll.« (Ü-I.40.3:5,8) Viele Kursanwender verbleiben gerne in dieser Bewusstseinsschicht, denn sie »funktioniert« – es stellt sich zumindest vorübergehend oder gelegentlich auf Abruf eine Art Frieden ein, eine »Phase des Zur-Ruhe-Kommens« (Vgl. H-4.I.A.6). Der Kurs geht aber immer wieder darüber hinaus, und das schon recht früh im Übungsbuch:

> *Versuche [...], dich in deinen Geist zu versenken und jede Art der Ablenkung und Störung loszulassen, indem du dich an ihnen vorbei ruhig weiterversenkst.*[1]

»Jenseits« des Alltagsbewusstseins geht es um *Stille*, die Erfahrung der alles enthaltenden Weite und Leere oder Leerheit, um den »Ort«, an dem die Aktivität des Körpers keine Aufmerksamkeit mehr von dir erfordert, dem »Ort«, an dem der HEILIGE GEIST weilt (vgl. T-18.VII.7). Und von dort tauchst du ein in die Schicht des Erlebens SEINER allumfassenden Fülle. »Öffne IHM deinen Geist. Sei still und ruhe.« (Ü-I.128.7:7-8)

Ich behaupte (wieder) ganz kühn: Wer mit entsprechender Intention etwas tiefer in *»Ein Kurs in Wundern«* oder in andere »Wege« mit der Zielsetzung der »universellen Erfahrung« eingetaucht ist, wird bestimmt Momente einer »ganz anderen« Erfahrung im oben zitierten Sinne – wie kurz auch immer – erlebt haben. Und damit versenkst du dich in eine der Tiefenschichten des Bewusstseins, von denen die *Ausprägung* und *Tiefe* der »universellen Erfahrung« bestimmt wird. Diese »Schichten des Erlebens« sind ja keine Entdeckung der Neuzeit oder moderne Konzepte der Hirnfor-

[1] *Kurs 2019, Ü-I.44.7:2*

schung, sondern seit alten Zeiten, sogar seit Jahrtausenden, bekannt – nicht als »Geheimwissenschaften«, sondern breit diskutiert und dokumentiert. Du findest sie in den einschlägigen Schriften des Buddhismus, der Advaita Vedanta, der Mystik und Kontemplation des Christentums und anderen religiösen, spirituellen und philosophischen Traditionen.

Auch der Kurs spricht diese Tiefenschichten an – das wirst du leicht erkennen, wenn du ihn nicht als einzigartige Besonderheit auf einem Sockel platzierst, der ihn über alle einschlägigen Traditionen der Menschheit stellt. »Es gibt viele Tausende von anderen Formen [des universellen Kurses, Anm. von mir], und alle führen zum selben Ergebnis.« (H-1.4:2) Die *Mittel* von *»Ein Kurs in Wundern«* sind teilweise anders, nicht die Ziele und Ergebnisse.

Es ist bemerkenswert, dass der Kurs zwei bekannte, aber scheinbar gegensätzliche Erfahrungsschichten integriert: Auf der einen Seite ist da die vor allem aus dem Buddhismus bekannte »Leere« oder Weite (»Alles Dasein ist in seinem Wesen Leere, es gibt in ihm weder Geburt noch Vergehen, weder Reinheit noch Beschmutzung, weder Zunahme noch Abnahme«, wie es in dem Herz-Sutra heißt). Sie umfasst – und ist – alle Formen (»Form ist Leere, Leere ist Form.« Ebd.). Diese Erfahrung ist besser bekannt als Nondualität (Nicht-Zweiheit). Auf der anderen Seite ist da die hauptsächlich im christlichen Umfeld seit Jahrhunderten bekannte allumfassende Fülle, die Unio Mystica oder Vereinigung mit dem Göttlichen – als »mystische Hochzeit« in einem dualistischen Sinn.

Die »Integration« dieser beiden scheinbar nicht zu vereinbarenden Arten des Erlebens oder Erfahrens, Leere und/oder Fülle, hat mit *Stille* zu tun: »Wir wollen still sein einen Augenblick, alles vergessen, was wir je gelernt, alle Gedanken, die wir je gedacht, und jedes Vorurteil, das wir gehegt von allen Dingen und von ihrem Zweck.« (Aus dem Video »Der vergessene Gesang«, vgl. T-31.I.12). Du befreist den Geist von allen »Dingen«, also allem, was du wahrnehmen kannst: Sinneswahrnehmungen, Vorstellungen, Meinungen, Gedanken, körperliche Empfindungen oder Gefühle. Du hältst

53

den Geist als »Leere«, als »Nicht-Ding«, als »Reines Gewahrsein, frei von Dingen« aufrecht: »Sei ohne Urteil und dir nicht bewusst des leisesten Gedankens, weder gut noch bös, der irgendwann und über irgendwen in dir entstand.« (Aus dem o.g. Video, vgl. T-31.I.13). Vorstellungen über GOTT, Konzepte über die Welt, »wahr« und »falsch«, würdig und unwürdig, Ideen aus der Vergangenheit und jegliche erlernte Überzeugungen (dieses bekannte blaue Buch eingeschlossen, wie hieß das doch gleich?) hast du abgelegt – um mit völlig leeren Händen zu deinem GOTT zu kommen (vgl. Ü-I.189.7). In manchen non-dualistischen Traditionen ist diese Erfahrungs-schicht das Ziel, die »Erleuchtung«, das »Erwachen«.

Im Kurs ist es ein *Aspekt* der »Schau«, der »wahren Wahrnehmung«, also Mittel zum Zweck: Die Leere, der »Raum, in dem alles auftaucht und ver-geht«, die »leere Leinwand des Geistes«, das »Gewahrsein als ›Container‹« zieht die Fülle zu sich, hat das Bedürfnis, gefüllt zu werden. Wir ruhen in einem offenen Erwarten ohne jedes Bemühen: »Denn wir harren in stiller Erwartung auf unseren GOTT und VATER.« (Ü-II.Einl.2:2), auf die Fülle und die *Präsenz*.

Und dann sind wir am Ziel dieses Kurses? Nein, denn die »tiefste« bekannte Bewusstseinsschicht der Erfahrung ist auch dem Kurs nicht fremd: das Erleben der Existenz, der Wirklichkeit an sich. Dabei handelt es sich nicht um Erkenntnis im Sinne des Kurses, denn »undifferenzierte Exis-tenz« bewegt sich immer noch in der Domäne des Bewusstseins – wobei es sich nicht mehr um »Erfahrung« im Sinne des Wortes handelt. Die Tren-nung ist aufgehoben – soweit das in der Welt des Traums möglich ist.

Das »Auftauchen« der »wahren Wahrnehmung«, der »wirklichen Welt«, also das *unmittelbare* Ziel des Kurses, hat nichts mit der Anhäufung von besonderen Erlebnissen und Erfahrungen, von Einsichten, von Erklärungen, von Übungszeiten, von Techniken oder Methoden zu tun. Es gibt keinerlei »quantitativen Aspekt«. Nicht den geringsten. Aber irgendwie fällt es schwer, dieses Verständnis aufzugeben. Was auch immer du auf dem Weg tust, sei es als »Kursteilnehmer« oder als Wanderer einer anderen Tradition oder Philosophie mit demselben Ziel – unabhängig, mit welcher Vokabel diese benannt wird: Kultiviere nur Hingabe und die Bereitschaft für die Möglichkeit der vollständigen »Offenbarung« – während du darauf wartest, dass sie zu ihrer eigenen Zeit kommt, ohne deinen Versuch, sie zu kontrollieren. »Die Zeit ist schon bestimmt.« (Ü-I.158.3:1)

Und nun warten wir in Schweigen, ohne Angst und DEINES Kommens sicher.[1]

Und dabei spielen wir »Einladung der Offenbarung«. Wie spielen wir das? Mit praktischen Vorgehensweisen, Methoden und Techniken. Benutze irgendeine oder keine, es ist *dein* Spiel. Aber lasse dich von der »Resonanz« leiten, dem kleinen Funken der Begeisterung, sich auf dieses eine zu konzentrieren, fast so, als würdest du dich ein wenig verlieben. »Statt Worten brauchen wir nur SEINE LIEBE zu verspüren.« (Ü-II.Einl.10:3)

Wenn dich eine Vorgehensweise, Methode oder Technik kalt lässt, ist sie in diesem Moment nutzlos für dich. Vielleicht ändert sich das mal, aber spiele eine Weile mit derjenigen, die »Resonanz« erzeugt. Und wenn sie nach einer gewissen Zeit »kalt« wird – lass sie fallen, statt bis in alle Ewigkeit einem Rezept zu folgen, obwohl dir die »Mahlzeit« nicht mehr schmeckt.

Die »fortschrittlichste« Praxis in diesem Spiel ist die – die keine ist. »Von nun an höre nur die STIMME für GOTT und für dein SELBST, wenn du dich von der Welt zurückziehst, um statt ihrer die Wirklichkeit zu suchen.« (Ü-II.Ep.3:2)

Die »Anleitung« dazu könnte lauten: »Vergiss jede Vorgehensweise, Methode oder Technik, lass jede ›Form‹ los, die du der STIMME gibst. Warte einfach mit offenem Geist in Schweigen.« Vermutlich dauert es gerade mal eine Minute – und du bist verloren in Gedanken. Du denkst, ohne es auch nur zu bemerken. Deine »inneren Bilder« werden zunehmend wichtiger als alles andere.

---

[1] *Kurs 2019, Ü-II.Einl.7:1*

Du glaubst das nicht? Echt jetzt? Es ist der Zustand, in dem du die meiste Zeit im Leben verbringst! Du bist gedankenverloren auf der Straße unterwegs – insbesondere, wenn du zu den Smartphone-Zombies gehörst. Die üblichen Routineaufgaben erledigst du meistens völlig gedankenverloren und: Sogar das eine oder andere Gespräch führst du gedankenverloren.

Nun warte also in Schweigen. Einfach so. Was für eine wunderbare Herausforderung! Ohne jede Anstrengung, ohne Anwendung von »Techniken«, kein Lenken oder Fixieren der Aufmerksamkeit, kein »unbeteiligtes Beobachten«, kein Versuch, mit »dem zu sein, was ist« – und ohne in Gedanken zu versinken. Es gibt nichts zu »tun«.

Diese »Nicht-Praxis« ist weder neu noch spezifisch für den Kurs, du findest sie in der christlichen passiven Kontemplation, der Sōtō-Tradition des Zen-Buddhismus (Shikantaza) oder dem tibetischen Buddhismus (Dzogchen) – um nur einige zu nennen. Es gibt sogar eine »moderne« Anleitung von Shinzen Young[1], einem bekannten jüdisch-amerikanischen Mindfulness-Lehrer mit buddhistischem Hintergrund, dem nach dreijähriger Praxis in Japan der Name »Shinzen« verliehen wurde. Shinzen fasst diese Praxis des »Do Nothing« in zwei grundlegenden Anweisungen zusammen:

- Was auch immer geschieht: Lasse es geschehen.
- Wann immer du dir einer Absicht gewahr bist, deine Aufmerksamkeit zu kontrollieren, lass diese Absicht fallen.

Leider steckt der Teufel im Detail. Und vielleicht fällt dir etwas auf: Es bedarf offenbar vieler Worte, um das Nicht-Tun bzw. die Nicht-Praxis zu beschreiben. Das liegt an einer bekannten Tatsache: Es ist zu einfach, der Verstand mischt sich sofort ein, um die fehlende Komplexität zu kompensieren. Und so paradox es klingen mag: Es gibt tatsächlich etwas zu tun, um das Nicht-Tun zu praktizieren. Dieses scheinbare Paradoxon kennst du bestimmt, ich hatte oben bereits aus der einschlägigen Kursstelle zitiert: »Tu

---

[1] *Young, Shinzen: Five Ways to Know Yourself, 2011-2023,*
https://www.shinzen.org/wp-content/uploads/2016/08/FiveWaystoKnowYour-
self_ver1.6.pdf, S. 40 [abgerufen 14.01.2024]

einfach dies: [...] Vergiss diese Welt, vergiss diesen Kurs, und komm mit völlig leeren Händen zu deinem GOTT.« (Ü-I.189.7) Kannst du das »tun«?

Wenn du diese »Praxis« versuchst – was ich nur empfehlen kann – wirst du entweder feststellen, dass Erfahrungen einfach geschehen *oder* dass du bewusst versuchst, dein Erleben zu steuern, indem du beispielsweise die Aufmerksamkeit auf ein körperliches Empfinden oder ein Geräusch richtest oder indem du versuchst, sie von deinen Gedanken oder Gefühlen abzuziehen. Und das besagt die zweite Anweisung: Wenn du bemerkst, dass du die Aufmerksamkeit absichtlich lenkst, lass die Absicht, das zu tun, fallen. Wohlgemerkt lasse *die Absicht* fallen, *nicht* den Gegenstand der Aufmerksamkeit! Es geht *niemals* darum, eine *Erfahrung* aufzugeben, sondern nur das absichtliche Lenken der Aufmerksamkeit. Und das auch nur, wenn du es zufällig bemerkst. Es heißt *nicht*, dass du ständig prüfen sollst, ob du gerade absichtlich das Gewahrsein steuerst.

Im Laufe der Zeit wirst du vermutlich feststellen, dass diese »Praxis der Nicht-Praxis« mehr und mehr zum Standard wird – je mehr du beim Spiel in die tieferen Schichten der Erfahrung eintauchst. Das Ziel wirft seine Schatten voraus: »[...] wenn das Ziel schließlich von irgendjemandem erreicht wird – dann geht es stets mit nur der einen glücklichen Einsicht einher: ›Ich brauche nichts zu tun‹«. (T-18.VII.5:7)

Es gibt aber keinen Grund, diese »Nicht-Praxis« aufzuschieben, bis du in die Erfahrungsschicht der undifferenzierten Existenz ohne jegliches Gefühl der Trennung »abgetaucht« bist. Eine Minute »Warten in Schweigen« hier und da ist vielmehr eine wunderbare Idee.

Tag 236

Geist-Reich

Mein Geist – große Ruhe geht von diesem Wort für mich aus. »Mein Geist«, da bin ich noch nicht abgebogen in »mein Denken«. Spürst du, wie viel flacher das ist, was »mein Denken« meint? Irgendwie zweidimensional, fast künstlich wirkt es auf mich im Vergleich zu »mein Geist«.

Der Geist ist eine Tatsache, er braucht keine Geburt, kein Wachsen, keine Bildung oder Ausbildung und kein mühsames Zusammenhalten wie das Denken.

Er kann auch nicht gekränkt werden oder krank sein, kann nicht schwach werden oder verletzlich sein, er zerbricht nicht am Leid und verlöscht nicht wie das Denken.

Diesen Unterschied konnte ich mit Demenzerkrankten erleben: Der Geist ist stets da, spürbar als immer derselbe in seiner Unangreifbarkeit, was auch immer das Denken behauptet. Der Geist bleibt eine Wahrheit, in der »Denken« eine natürliche Bewegungsform ist, die nicht am Konflikt scheitert und sich in ihm spaltet. Und er speist sich aus der QUELLE, DIE deinen und meinen Geist verbunden hält. In Momenten solcher Begegnungen war die »Demenz« einfach nicht wahr.

Mein Geist. Darin ist die Ruhe, die das »reine Gewahrsein« erlebt. Nicht an Raum und Zeit gebunden, nicht zu verorten, und dennoch vollkommen unzweifelhaft DA.

Heute heißt dieser Ort »mein Königreich«.

Und da wird es wirklich spannend: Obwohl in vollem Ernst von »meinem Königreich« gesprochen wird, in dem allein ich herrsche, ist »mein Geist« dennoch etwas, das mir »gegeben« ist, um mit ihm zu »dienen«.

In »meinem Königreich« herrsche ich nicht »selbstherrlich«, sondern so oder so diene ich einer grundsätzlichen Idee: Welcher Sinn und Zweck soll über meinem Königreich geschrieben stehen? Das zu entscheiden ist meine eigentliche Macht als sein »König« und Herrscher, auch wenn unsere alten Erfahrungen das »Reich meines Geistes« eher verhöhnen:

Es scheint zu triumphieren über mich und mir zu sagen, was ich denke und was ich tun und fühlen soll. Und dennoch ist es mir gegeben worden, um dem Sinn und Zweck zu dienen, den ich auch immer in ihm wahrnehme. Mein Geist kann nur dienen.[1]

Das haben wir alle nicht gemerkt: Unser Geist hat lange, lange Zeit vollkommen unbewusst dem Ego gedient. Das Ego ist die Idee, dass die Trennung tatsächlich vollzogen wurde und also wahr geworden ist. Dass wir dieser irrigen Annahme gewohnheitsmäßig hinterherlaufen, liegt auf der Hand.

Auch da haben wir also schon »geherrscht« über unseren Geist, indem wir ihn dem Zweck der Aufrechterhaltung der Trennung unterstellt haben. Das hat sofort das Gefühl eines »einheitlichen Königreichs« vernebelt, und uns scheinbar zum Spielball der unzähligen »Könige« dieser Welt, zu denen wir uns auch selbst zählten, herabgewürdigt. Milliarden von verschiedenen Einzelwillen scheinen sich in dieser Welt zu kreuzen, zu bekriegen, Kompromisse zu schließen und alles zu tun, um »sich selbst« zu bewahren.

Und jetzt? Jetzt wählen wir erstmals bewusst, und wählen neu, WER uns den Sinn und Zweck vorgeben soll, dem »mein Königreich« dienen soll – mein Geist, der weiter in SICH ruht und sich dennoch so oder so »bewegt«: die Trennung behauptend und betreibend, oder die Ruhe, die Stille, das DASEIN ausdehnend über alles und jedes, das sich der Wahrnehmung zeigt. Ohne IHN oder mit IHM, in Leugnung der QUELLE oder in IHRER Akzeptanz. Die neue Wahl erwartet das Wunder, aus IHR heraus geführt zu werden, DEREN WILLE keinen anderen kreuzt, kränkt oder herabwürdigt, sondern jeden Willen als den IHREN erkennt.

---

[1] *Kurs 2019, Ü-II.236.1:3-5*

Was ist wirklich?

Kannst du dich erinnern? In Lektion 110 wurde uns schon angekündigt, dass ein spezieller Gedanke immer mal wieder auftauchen würde, weil er den Kurs definitiv auf den Punkt bringt: »Ich bin, wie GOTT mich schuf«:

Wir werden den heutigen Gedanken von Zeit zu Zeit wiederholen. Denn dieser eine Gedanke würde reichen, dich und die Welt zu erlösen, wenn du nur glaubtest, dass er wahr ist. Seine Wahrheit würde bedeuten, dass du keine Veränderungen in dir vorgenommen hast, die Wirklichkeit besitzen, und dass du auch das Universum nicht verändert hast, um das, was GOTT schuf, durch Angst und Böses, durch Elend und durch Tod zu ersetzen. Wenn du so bleibst, wie GOTT dich schuf, hat deine Angst keine Bedeutung, das Böse ist nicht wirklich, und Elend und Tod existieren nicht.[1]

Jeder unserer Gedanken ist ein Stern, der mit dem Licht des EINEN in sich etwas Besonderes unter einem dunklen Himmelszelt sein wollte. Unsere Gedanken haben diese Welt gemacht, in der jeder einen »eigenen Geist« zu haben scheint und in welcher der Konflikt, das Leid und der Tod die alles umgebende Dunkelheit unseres »Himmels« spiegeln.

Aber was ist nun, wenn dieses »Wollen« der separaten Gedanken tatsächlich keinerlei Wirkungen haben konnte, weil die einzige URSACHE immer GOTT geblieben ist?

Gestern haben wir gelernt, unseren »Geist« als eine Tatsache zu sehen, die uns geschenkt ist als ewige Gabe, als unser »Königreich«. Und dass wir ihn jederzeit der weiteren Bestätigung unserer Getrenntheit »dienen« lassen können oder eben der Aufhebung der Täuschung, unsere Wirklichkeit unter dem »dunklen Himmel« sei jemals wahr geworden.

---

[1] *Kurs 2019, Ü-I.110.1*

Also akzeptieren wir doch einfach diese Wahrheit. Es ist nichts geschehen. Nichts, was ich in meiner Welt als konflikthaft erlebe, konnte jemals »Wirklichkeit« haben, ich konnte es nur träumen. Und nur in dem Maße, in dem ich das Licht des EINEN von mir ferngehalten habe, schien mir der Traum einer zersplitterten Welt meine alternativlose Wirklichkeit zu sein.

Aber sind denn meine Lieben nicht gestorben? Habe ich nicht jede Menge arges Leid und Krankheit erlebt? Sind Dinge nicht gründlich schiefgegangen und tun das immer noch? Nähert sich mein Leben nicht unaufhaltsam seinem Ende? Gibt es nicht Schuld, Gewalt und Willkür?

Gedanken, die sich ihre Getrenntheit permanent selbst bestätigen. Daraus ist kein Entkommen. Aber ich kann das LICHT hinter ihnen wieder aufgehen lassen, DAS davon spricht, dass ihr verzweifelter Impuls, die »Wahrheit der Trennung« aufrechtzuerhalten, jetzt endlich zur Ruhe kommen darf vor der Barmherzigkeit und Gnade GOTTES, ihrer wahren URSACHE.

Und dann schaue ich auf meine Welt, genau so, wie sie sich mir präsentiert, und sehe dieses LICHT als ewiges Angebot auf ihr liegen. Und möchte nicht mehr anders sein und auf die Welt blicken als so, wie GOTT mich schuf und in diesem Moment SIEHT.

CHRISTUS ist heute meine Augen, und ER ist die Ohren, die heute GOTTES STIMME lauschen.[1]

---

[1] *Kurs 2019, Ü-II.237.2:1*

Tag 238

Bist du würdig?

Gibt es jemanden unter uns, der sich nicht schon mal als »unwürdig« erlebt und seinen ganzen Hass auf sich selbst gerichtet hat?

Stell dir doch mal den Himmel über dir vor als deine unwiderrufliche geistige Herkunft, den ewigen Rahmen der LIEBE, in dem du dein Leben versuchst zu gestalten. Wie auch immer du über dich und andere denkst, er bleibt das »Dach«, unter dem du lebst und dich bewegst. Und er bleibt auch der Bezug, der den Dingen, die du wahrnimmst, ihre wahre Bedeutung gibt, so sehr du dich auch bemühen magst, andere »Rahmenbedingungen« zu definieren, die eine gemeinsame Herkunft aller Aspekte der Wahrnehmung leugnen.

Stell dir diesen »Rahmen« als das grenzenlose LEBEN SELBST vor, in DEM deine begrenzenden Gedanken und Gestaltungen als Bilder auftauchen wie kurze Fragen, die gleich wieder sanft in ihre ANTWORT vergehen.

Stell dir vor, dieser lebendige Rahmen wäre das einzige, was dich definieren kann. Dann weißt du, dass dein Gefühl der »Unwürdigkeit« lediglich deine Erinnerung wecken will:

VATER, dein Vertrauen in mich ist so groß gewesen, dass ich würdig sein muss.[1]

Und wenn du dich jetzt sehenden Auges unter diesen HIMMEL stellst, dankbar, dass keins deiner vernichtenden Urteile über dich selbst jemals eine Wirkung haben konnte auf das, was du BIST, siehst du eine weitere »Selbstverständlichkeit«: Der »Bezugsrahmen«, der dich als »würdig« SIEHT, gilt gleichermaßen für alles um dich herum. Derselbe HIMMEL schaut auch auf alle Dinge und alle deine Brüder und bleibt ewig das Einzige, das erkennen kann, was sie SIND.

---

[1] *Kurs 2019, Ü-II.238.1:1*

Kannst du dir vorstellen, dass du mir, der ich vielleicht grade an mir zweifle, jetzt in diesem Moment diese Sicherheit schenken kannst, nur indem du so an mich denkst? Ich meine wirklich, tatsächlich, praktisch und genau jetzt anwendbar?

Ich muss auch standhaft sein in Heiligkeit, dass DU mir DEINEN SOHN gibst, in der Gewissheit, dass er sicher ist, DER noch immer Teil von DIR ist und dennoch mein, weil ER mein SELBST ist.[1]

Und kannst du dir vorstellen, dieselbe Sicherheit jedem Wurm und jedem Grashalm geben zu können, weil du begreifst, wer SEIN SOHN ist? Verrückt oder praktikabel? Gedankenspiel oder wunderwirksam?

Kannst du also in deinem Geist deinen Bruder vom HIMMEL berühren lassen? Denkst du mal an mich? Jetzt?

Vergebung ist die Heilung der Wahrnehmung der Trennung. Deinen Bruder richtig wahrzunehmen ist notwendig, weil jeder Geist beschlossen hat, sich als getrennt vom andern zu sehen. Der reine Geist erkennt GOTT vollständig.[2]

Du bist würdig. Ist das schon eine Gewissheit in dir?

GOTT und SEIN Wunder sind unzertrennlich. Wie schön sind wahrlich die GEDANKEN GOTTES, die in SEINEM Lichte leben! Dein Wert liegt jenseits der Wahrnehmung, weil er jenseits des Zweifels liegt. Nimm dich selbst nicht in einem immer wieder anderen Licht wahr. Erkenne dich selbst in dem EINEN LICHT, in dem das Wunder, das du bist, vollkommen klar ist.[3]

---

[1] *Kurs 2019, Ü-II.238.1:5*
[2] *Ebd., T-3.V.9:1-3*
[3] *Ebd., 10:5-9*

Tag 239

Wer hat's geschrieben?

In dem Café, in dem ich gerade sitze, gibt es eine Verkäuferin, die ihre Kunden nie anschaut, während sie mit ihnen spricht, und ihnen das Gefühl vermittelt, dass die notwendige Kommunikation mit ihnen eine lästige Nebensache sei. Ihr Interesse scheint immer irgendwo anders hinzugehen, zur Kollegin, zum Handy, in ihre Phantasie. Sie ist im wahrsten Sinne des Wortes nicht »da« für ihre Kunden. So ging's mir grade auch mit ihr und ich sitze jetzt erstmal etwas perplex hinter meinem Kaffee.

Können wir in denen, mit denen ER SEINE Herrlichkeit teilt, irgendeine Spur von Sünde und von Schuld erblicken?[1]

Wie ist es mit der Verkäuferin? Wenn ER SEINE Herrlichkeit mit ihr teilt, dann entkräftet das meine Einwände gegen die Kommunikationsverweigerung der jungen Frau. ER kommuniziert ja weiter mit ihr, und auf dieser Ebene bleiben wir miteinander verbunden.

Schön und gut. Die Frage ist, welche praktische Relevanz eine solche Einsicht für mich hat. Verbessert sich dadurch die Kommunikation zwischen uns? Wird meine Einstellung ihr gegenüber milder, einsichtiger? Was tut sich da wirklich, wenn ich in diesem Sinne »vergebe«?

Die Betonung des Kurses, die er darauf legt, dass wir einen VATER haben, eine QUELLE, spiegelt seinen unermüdlichen Versuch, uns klarzumachen, dass wir uns selbst für die Schöpfer des Lebens halten und daraus aller Konflikt kommt. Wir »schreiben« mit unserem gespaltenen Geist alle Bedeutungen auf die »leere Tafel des Geistes« und treten damit in eine Art Krieg der Bedeutungen und Interpretationen von Ursache und Wirkung ein, die nur mit Hilfe von »Schuld« und »Opfer« zu organisieren sind. Das hier

---

[1] *Kurs 2019, Ü-II.239.1:3*

alles »bezahlt« werden muss, ist ein fundamentaler Glaube, kannst du das auch in dir finden?

Der Kurs nennt das Problem, das wir uns selbst aufhalsen, wenn wir der »heimliche Autor« des Lebens sein wollen, den »Autoritätskonflikt«:

> *Das Problem der Autorität ist in Wirklichkeit eine Frage der Autorschaft. Wenn du ein Autoritätsproblem hast, dann immer deshalb, weil du glaubst, du seist der Autor deiner selbst, und deinen Wahn auf andere projizierst. Du nimmst die Situation dann so wahr, dass andere buchstäblich mit dir um deine Autorschaft kämpfen. Das ist der fundamentale Irrtum all jener, die glauben, sie hätten GOTTES Macht usurpiert.[1]*

Das LICHT der QUELLE schreibt ohne Unterbrechung deinen Namen auf die leere Tafel des Geistes, der auch meiner ist. Nur das zu akzeptieren, diesen Anfang von allem, lässt den ganzen Krieg, den wir offen oder heimlich um die »Autorschaft« miteinander führen, in sich zusammenfallen.

Dann kann ich zunächst mit der Verkäuferin auf dieser Ebene solidarisch sein: Das ist unser aller uralter Kampf.

Und ich sehe jetzt wie selbstverständlich, dass sich auch durch ihre kantige Kommunikation SEINE Lichtspur zieht und uns Geschwister nennt. Dann bewegt sich auch ihr Abwenden auf MICH zu, und wir begegnen einander als die, die wir SIND. Es reicht, wenn einer von uns beiden das so sieht, um beide mit SEINER »Herrlichkeit« und Liebe zu berühren.

Ist das nun praktisch oder nicht?

---

[1] *Kurs 2019, T-3.VI.8:1-4*

Angstkontrolle

Die Lektionen gehen jetzt sehr konsequent mit uns an die Wurzel der Angst. Der Glaube, uns selbst erschaffen zu haben, ist tief in uns verborgen, wie wir gestern schon gesehen haben, und solche Wahrheiten wie die folgende rütteln diesen Glauben gründlich durch:

> *Nicht ein Ding in dieser Welt ist wahr. Die Form spielt keine Rolle, in welcher es erscheinen mag. Es legt nur Zeugnis ab für deine eigenen Illusionen über dich.[1]*

Der Kurs ist die behutsame Vorbereitung darauf, solche Wahrheiten in Zuversicht annehmen zu können statt sie in Angst abzulehnen. Er lehrt uns durch die überzeugenden Erfahrungen, die wir mit der Anwendung seiner Gedanken machen, dass die Wahrheit unsere Welt keineswegs – wie wir befürchten – vor unseren Augen vernichten und uns selbst ins Nichts stürzen will. Er lehrt uns ganz im Gegenteil, alles erst einmal so anzunehmen, wie es vor uns auftaucht, und es dann mit IHM lediglich ins rechte Licht zu rücken, es zu vergeben. Der Vorgang ist der einer Heilung, nicht der einer Zerstörung. Einer Heilung, die von der LIEBE SELBST gelenkt wird.

Dass dem so ist, dafür müssen wir unser Vertrauen nähren durch die Wunder, die wir wirken, und es stark werden lassen.

Da wir zum Zusammenhalt unseres Weltbildes die Angst »mit eingekauft« haben, ist ein wesentlicher Aspekt der Heilung unser Umgang mit der Angst. In einer sehr erhellenden Textstelle führt Jesus den Begriff der »Kontrolle« ein und wendet ihn auf die Angst an. Er zeigt exakt auf, was SEINE Kontrolle, die er uns anbietet, von dem unterscheidet, was *wir* unter »Kontrolle« verstehen, und wie wir die Angst mit IHM heilen:

---

[1] *Kurs 2019, Ü-II.240.1:3-5*

Angst haben scheint etwas Unwillkürliches zu sein, etwas, das jenseits deiner eigenen Kontrolle liegt. Doch sagte ich bereits, dass allein konstruktive Handlungen unwillkürlich sein sollten. Alles Unwichtige kann meiner Kontrolle überlassen werden, während alles Wichtige von meiner Führung gelenkt werden kann, wenn du das willst. Die Angst kann nicht von mir kontrolliert werden, aber sie kann von dir selbst kontrolliert werden. Die Angst hindert mich daran, dir meine Kontrolle zu geben.[1]

»Kontrolle« ist hier transzendiert zu einem »IHM-Überlassen« der Lenkung dessen, was geschieht, und einem Einwilligen in SEINE Führung dann, wenn unsere Verantwortung in der Welt aktive Beteiligung und Entscheidungen erfordert. Das ist die »Kontrolle« der LIEBE, DER ich meine Angst nicht überlassen kann, weil SIE sie nicht kennt. Ich kann IHR aber meine Angstgedanken (»Körpergedanken«) zur Kontrolle überlassen, weil SIE *mich* kennt und die QUELLE meines Denkens. Mein Anteil am »Vergeben der Angst« ist also, meine Angst selbst auf ganz neue Weise zu kontrollieren. Und zwar, indem ich mich gegen die Angst und für die LIEBE als mein Bezugssystem entscheide. Damit willige ich ein in eine transzendente, angstfreie Kontrolle über mein Leben.

Die Gegenwart der Angst zeigt an, dass du Körpergedanken auf die Ebene des Geistes gehoben hast. Das entzieht sie meiner Kontrolle und führt dazu, dass du dich persönlich für sie verantwortlich fühlst. Das ist eine offensichtliche Verwechslung der Ebenen.[2]

Jedes »muss«, »ist so«, »geht nicht«, »ist unheilbar«, »darf nicht« oder alles, was einem Ding in der Welt »Wahrheit« zuspricht, ist solch ein Ebenenverwechsler. Lassen wir IHN doch einfach machen, oder lassen SIE strahlen vor Freude, dass wir jetzt die andere Art der Kontrolle gewählt haben! Wo ist jetzt die Angst?

---

[1] *Kurs 2019, T-2.VI.1:1-5*
[2] *Ebd., 1:6-8*

Freiheit für die Welt

Gestern haben wir von »Körpergedanken« gehört, die auf die Ebene des Geistes angehoben werden und dadurch zur Quelle der Angst werden. Sie beanspruchen »Wahrheit« für sich, also tatsächlich, allgemeingültig, unhinterfagbar und ewig gültig zu sein und werden dadurch zur Quelle der Angst, weil sie permanent die Wahrheit ihrer tatsächlichen Bedingtheit, zeitlichen Begrenztheit und Veränderlichkeit von sich fernhalten müssen.

Ein wirklich beeindruckend plastisches Beispiel eines solchen »Körpergedankens« – so etwas wie die Mutter aller dieser magischen Gedanken – ist die Idee des »Todes«, der das einzige zu sein scheint, das für uns alle gilt, der keine Ausnahmen macht und unabhängig von sämtlichen Bemühungen in Zeit und Raum alles erwischt, was da kreucht und fleucht. Der Tod scheint einer »absoluten Wahrheit« schon ganz schön nahezukommen – aber er kommt doch nicht hin. Da war doch noch was? Ah ja: das Leben!

Mit ihrer penetranten Anwesenheit verschattet die Idee des Todes auch den eigentlich schönen »Drehbuchgedanken«, der besagt, dass der Geist den Zeitpunkt der Erlösung festgesetzt hat (vgl. z.B. Ü-I.158.4). Der gespaltene Geist kann die »Erlösung« nicht erfassen. Er siedelt den »Zeitpunkt«, wann sie eintritt, innerhalb der Zeit an, und damit gibt er ihr klammheimlich den Namen »Tod«. Den Tod als Erlösung zu erwarten, das finden wir auch direkt in unserm Erleben als eine Möglichkeit. Der PLAN unserer Erlösung aber läuft als Wunder hinter den Erscheinungen der Zeit ab, ER bedient sich der Zeit, aber er nährt sich aus der Erkenntnis ihrer illusionären Natur. Der PLAN der Erlösung geht mit uns mit, ohne unseren Glauben anzugreifen, der Zeitpunkt unserer Erlösung läge in einer Zukunft. Im Mitgehen lehrt ER uns wundergebenderweise, diesen »Punkt« nicht weiter auf der Zeitlinie und nicht als den »Tod« zu sehen, sondern als die Wahrheit unserer ewigen GEGENWART.

Dabei geht ER mit uns an all unseren »Festsetzungen« vorbei, unseren Glaubenssätzen, Götzen und Körpergedanken, und hilft uns, sie wieder aus dem HIMMEL, in DEN wir sie als spiegelnde Reflektoren unseres Körper-Geist-Selbst- und Weltbildes gesetzt haben, zurückzunehmen in unsere einfache Wahrnehmung. Wir lernen zu sehen, dass wir die Bilder der Welt mit magischen Gedanken auf die leere Tafel des Geistes gemalt haben – dass wir unseren eigenen »Himmel« erträumt haben, unter dem wir »die Welt« sehen.

Der Gedanke des Todes ist die Mutter aller Körpergedanken und heute lassen wir ihn nicht mehr den Zeitpunkt unserer Erlösung festsetzen, sondern lassen uns von IHM sagen, dass dieser Zeitpunkt JETZT ist: der ewig offene Raum unseres Geistes.

Denn das Heute hält der verdunkelten Welt den für ihre Befreiung festgesetzten Augenblick entgegen. Der Tag ist gekommen, an dem der Kummer abfällt und der Schmerz vergangen ist. Die Herrlichkeit der Erlösung dämmert heute einer freigegebenen Welt.[1]

Damit ist die Welt »freigegeben« von unseren »Körpergedanken«. Jetzt hält unser »Heute« dieser Welt eine andere Idee vom »Zeitpunkt ihrer Erlösung« entgegen, die wir wahr machen, indem wir sie miteinander teilen. Jetzt sehen wir die Welt, auf der die Vergebung ruht, und die ruhig und nach SEINEM PLAN in die WAHRHEIT zurückkehrt. Und wir sehen, dass es nie wirklich eine andere Richtung gegeben hat für die Zeit als ihre Aufhebung.

Wir wollen nicht eher zufrieden ruhen, als bis die Welt sich unserer veränderten Wahrnehmung angeschlossen hat. Wir wollen nicht zufrieden sein, ehe die Vergebung nicht vollständig geworden ist. Und lass uns nicht versuchen, unsere Funktion zu ändern.[2]

---

[1] *Kurs 2019, Ü-II.241.1:3-5*
[2] *Ebd., Ü-II.5:1-3*

Tag 242
Sie haben Ihr Ziel erreicht

Wie bewegen wir uns als Kursler durch den Tag? Wir haben wahrscheinlich alle schon die naheliegende »Methode« ausprobiert, den HEILIGEN GEIST als Navi unserer gefühlt Millionen Entscheidungen zu benutzen, wie das ja vom Kurs auch ausdrücklich empfohlen wird:

Was möchtest du, dass ich tue? Wohin möchtest du, dass ich gehe? Was möchtest du, dass ich sage, und zu wem?[1]

Soll ich hier rechts gehen oder links? Soll ich tief einatmen oder eher flach? Lächle ich den da an oder schau ich an ihm vorbei? Ruf ich in der Zahnarztpraxis an wegen eines Termins oder doch lieber erst morgen? Mal ehrlich: Hat nicht funktioniert, oder? Obwohl: Ich kenne einige, die von sich sagen, die »Führung« so konkret zu erleben, erstaunlich. Wie ist das bei dir? Also ich bekenne mich mal als in diesem Punkt tiefenenttäuscht vom heiligen Navi: Ob ich einen zweiten Kaffee trinken soll? Keine Antwort!

Andererseits vertraue ich dem Kurs zutiefst. Und wenn er mir sagt, dass ich mich mit allem um Antwort an den HEILIGEN GEIST wenden kann, dann bleibt nur eine Möglichkeit: Ich muss mich irren, wenn ich glaube, keine konkreten Antworten zu bekommen. Wie geht das zusammen?

Kann es sein, dass ich oft einfach vergesse, das tatsächliche Ziel im Navi einzugeben und mich dann beklage, dass es mir den Weg nicht zeigt?

Der »Weg«, sagt mir die Lektion heute, ist die Reise zu GOTT. Das ist ja schon ein sehr spezielles Reiseziel und es kann schon sein, dass ich gewohnheitsmäßig meine Wunschziele eingetippt habe und die Tipps zum Abbiegen, die auf ein ganz anderes Ziel ausgerichtet gewesen sind, deshalb nicht wahrgenommen habe.

---

[1] *Kurs 2019, Ü-I.71.9:3-5*

70

Der erste Satz der dritten Frage (»Was ist die Welt?«) im zweiten Teil des Übungsbuchs macht sozusagen den Urknall rückgängig, das mag meine Tüddeligkeit bezüglich des Reiseziels verständlich machen: Die Welt ist gar nicht »entstanden«, schon gar nicht mit einem Knall, sie ist einfach nur in meinem Traum aufgetaucht, als ich dummerweise eingeschlafen bin. Reiseziel also: aufwachen! Das konnte ja keiner ahnen.

Die Welt ist falsche Wahrnehmung. Sie ist aus dem Irrtum geboren und hat ihre Quelle nicht verlassen.[1]

Der gesamte Kurs entfaltet sich darin, indem er die Wahrnehmung des von Trennung Träumenden als das aufzeigt, was die Welt verursacht hat. Sie (die Welt) hat ihre Quelle nicht verlassen – meinen träumenden Geist.

In meinem Wunschdenken nach Führung und konkreter Hilfe zu suchen und meine gewohnten Beurteilungsmuster zu benutzen, um Antwort von Nichtantwort zu unterscheiden, gleicht dem Versuch, in den Keller zu gehen, um ein Foto vom Storch zu machen, der auf dem Schornstein sitzt. Die »Tafel« des Geistes muss erst »leer« werden von meinen Wünschen, Glaubenssätzen und Vorstellungen, bevor ich die ANTWORT hören kann:

So geben wir das Heute DIR. Wir kommen mit einem gänzlich offenen Geist. Wir bitten um nichts, wovon wir vielleicht denken, dass wir es wollen.[2]

Wie also bewegen wir uns durch den Tag? Indem wir geben, was wir empfangen und es so »hören« als die EINE ANTWORT, und darin ist auch das »rechts oder links« und das »soll ich oder nicht« beantwortet. Alle Bewegung wird ganz ohne Effektknallerei still und friedlich und wundergesinnt ausgerichtet. Und ganz in der Tiefe ist die Gewissheit zu spüren, dass ich mich nicht verirren kann, weil ich auch das Navi nur träume und tatsächlich schon DA bin, wohin es mich führt.

---

[1] *Kurs 2019, Ü-II.3.1:1-2*
[2] *Ebd., Ü-II.242.2:1-3*

Urteilen strengstens verboten?

Oh, was habe ich mir in den ersten Jahren meines Kurslernens die Zähne ausgebissen an diesem »Urteile nicht!«, das sich gemeinsam mit seiner Schwester »Vergib alles, was in deiner Wahrnehmung auftaucht!« als scheinbar unmögliche Handlungsempfehlung wie ein roter Faden durch den gesamten Kurs zieht. Wie soll das denn gehen? Alles ist hier doch von Urteilen durchwoben, geordnet und zusammengehalten, und das soll ich einfach so aufgeben können? Klingt irgendwie nach Selbstmord.

Das Ziel unseres Lehrplans, im Unterschied zum Lernen der Welt, ist die Einsicht, dass Urteilen im üblichen Sinne unmöglich ist. Das ist keine Meinung, sondern eine Tatsache.[1]

Sicherlich ist es nicht allzu schwer, uns davon zu überzeugen, dass unsere gewöhnlichen Urteile immer »halb« sind, vorläufig und niemals vollständig. Das muss so sein, weil niemand von uns so etwas wie ein vollständiges Wissen über sämtliche Details und Umstände einer Situation haben kann. Wir werden also viele gute Erfahrungen machen, wenn wir mit unseren Urteilen zurücktreten und das Leben selbst urteilen lassen. Mit dem Kurs sehen wir das »Leben selbst« als das SEIN in LIEBE, und den HEILIGEN GEIST als den Vermittler des ganz anderen »Urteils«, das von IHM ausgeht.

Fälle also nur noch ein einziges Urteil. Es ist dieses: Es ist JEMAND bei dir, DESSEN Urteil vollkommen ist. ER kennt alle Fakten, die vergangenen, gegenwärtigen und die noch kommen werden. ER kennt alle Wirkungen SEINES Urteils auf jeden und alles, was irgendwie daran beteiligt ist. Und ER ist jedem gegenüber gänzlich gerecht, denn in SEINER Wahrnehmung ist keine Verzerrung.[2]

---

[1] *Kurs 2019, H-10.3:1-2*
[2] *Ebd., 4:6-10*

So weit, so gut. Aber der Kurs lehrt kein »Relativieren« unserer Urteile, keine psychologische oder philosophische »Weisheit«, die uns »gerechter« urteilen lässt, sondern radikal wie immer eine universelle Wahrheit, an der *alle* unsere Urteile vorbeizielen:

> *Es ist notwendig, dass es dem Lehrer GOTTES klar wird, nicht dass er nicht urteilen sollte, sondern dass er es nicht kann. Indem er das Urteilen aufgibt, gibt er lediglich etwas auf, was er nicht hatte.*[1]

Also kann ich auch nicht beurteilen, dass das Werfen von Bomben auf Wohnhäuser ein Verbrechen ist? Oder dass das Kind neben mir grade nicht über die Straße gehen sollte? Oder ganz schwierig: Kann ich auch nicht beurteilen, dass rechts rechtser ist als links?

Genau da liegt der Hund begraben und der Hase im Pfeffer: Der Kurs ist ein Kurs in LIEBE, und er will alles andere als uns die notwendigen Werkzeuge wegnehmen, mit deren Hilfe wir uns wieder zu IHR hin ausrichten. Ein elementares Werkzeug dieser Welt ist die »Beurteilung« aller Dinge und Situationen, die aber – in den Dienst des GEEINTEN GEISTES gestellt – kein »Urteil« mehr enthält, das sich gewohnheitsmäßig in der Tiefe unserer Beurteilungen versteckt, solange wir sie dem Ego widmen. Das versteckte »Urteil« ist immer dies: Die Trennung ist wahr geworden, der SOHN GOTTES ist tot. Nur um dieses Urteil geht es dem Geschwisterpaar »Nicht-Urteilen/Vergeben«.

Also werde ich – frei von diesem Urteil – in die Situation eingreifen, in der das Kind an der Straße eine für meine derzeitige Beurteilung falsche Entscheidung trifft, und kann dabei offenbleiben für die WAHRHEIT und DEREN wunderbare Belehrungen, die auf uns beide warten. Und kann »rechts« rechts bleiben lassen, und dabei offen sein für … das Wunder, das meine Beurteilung in SEINEM URTEIL aufnimmt.

---

[1] *Kurs 2019, H-10.2:1-2*

Klangwellen des Friedens

Was für eine gute Nachricht heute: Ich bin sicher, wo auch immer ich bin, wie auch immer meine Lebenssituation aussieht: keine Gefahr!

Geht es dir ähnlich? Solche radikal allumfassend positiven Kursbotschaften berühren mich zwar unmittelbar in der Tiefe meines Geistes, wo ich einfach nur zustimmend nicke, um sie dann aber sofort der Realitätsprüfung zu unterziehen – mit dem Ergebnis: Abstrakt, realitätsfern, allenfalls eine schöne Aussicht auf eine zukünftige »geistige« Wirklichkeit.

Da geht es mir vielleicht so wie dem kleinen Jungen eben neben mir an der roten Ampel, der versucht, sich im Stand auf den Pedalen seines Fahrrads zu halten und das Rad dabei auszubalancieren, ohne sich äußerlich erkennbar zu bewegen. Ich kenne das von mir selbst aus den Anfängen des Radfahrens, als ich noch staunte, zu welch ruhigem Einklang ich mit dem Rad fähig war, sobald eine bestimmte Geschwindigkeit erreicht war. Das wollte ich eine ganze Zeit lang ebenso wie der Junge grade auch im Stand erleben und bin ebenso wie er gescheitert damit: Ganz ohne Bewegung, ohne »Auseinandersetzung« mit dem »Willen« des Fahrrads, einfach umzufallen, ging's nicht.

So geht es mir tatsächlich oft auch mit der Stille und mit dem Einklang des inneren Friedens, die in geschützten Settings oder auch im Erleben von Wundern im Alltag zu erleben sind. Beim Versuch, den Einklang zu wiederholen, ihn zu stabilisieren und vor allem zu übertragen auf alle Bereiche des Lebens, auf meine gesamte Wahrnehmung, erfahre ich scheinbares Scheitern: Hier bin ich mit meinem Willen, und auf der anderen Seite ein störrisches Fahrrad, das partout den Gesetzen der Schwerkraft gehorchen will, ein grantelnder Partner, eine Ameisenkolonne in der Küche, ein schmerzender Zahn, ein Krieg, eine Pandemie. Aus mit der Stille. Weltenlärm. Dennoch: In stoischer Ruhe teilt mir die Lektion mitten in diesem »normalen«

Erleben des Nebeneinanders von Frieden und Unfrieden mit, dass ich überall sicher bin, überall im Frieden, und dass die Stille immer mit mir geht:

DEIN SOHN ist sicher, wo er auch immer ist, denn DU bist mit ihm dort. Er braucht nur DEINEN NAMEN anzurufen, und er wird seiner Sicherheit und DEINER LIEBE wieder eingedenk, denn sie sind eins.[1]

Ich fand einen Hinweis Gregors in einer seiner Meditationsanleitungen, über das Hören eines Klangs in die dahinterliegende Stille einzutauchen, sehr hilfreich: Versuche nicht, die Aufmerksamkeit auf die Stille zu richten, sondern lasse sie »nach hinten« sinken – um der Stille gewahr zu werden.

Festhalten wollen – so geht es ja dem kleinen Jungen mit seinem Fahrrad und seinem Gefühl vom »Einklang«, und so geht es uns oft mit den Kurssätzen und dem erlebten Frieden in der Meditation. Und vor allem geht es uns (darf ich das verallgemeinern?) oft mit den Wundern so, die wir alle ständig erleben: Wir haben die Tendenz, sie in unserer Wahrnehmung festzuhalten statt sie »heimkehren« zu lassen an den Ort, den sie uns als unsere wahre Heimat zeigen wollen.

Die Wellen des ruhigen Klangs einer Klangschale führen unser Gewahrsein in ihrem Verebben zu dem, was sich wahrhaft und kontinuierlich als Welle des reinen Geistes durch alles hindurch ausdehnt, wenn wir es wirklich in uns *erklingen* lassen und nur hören. Der Friede GOTTES gilt nicht »mir«, sondern MIR, und das »höre« ich am besten, wenn ich diesen Frieden auf dir, auf dem Fahrrad, dem Krieg und allen Gedanken, die sich in dieser Welt kreuzen, SEIN lasse, was er IST: unsere gemeinsame QUELLE, die nicht erschüttert wird vom »Scheitern« der Formen meiner Wahrnehmung, welche das Unbegrenzbare in sich fassen will und das niemals kann.

Und dort sind wir in Wahrheit.[2]

---

[1] *Kurs 2019, Ü-II.244.1:1-2*
[2] *Ebd., 2:1*

Tag 245

Kommunikationsfluss

Den »Frieden GOTTES« zu erfahren ist kein statisches Wellnessgefühl nach dem Motto: »Die Probleme sind grade woanders«, sondern vollkommene Offenheit für alle Aspekte der Wahrnehmung und damit für die Kommunikation des SEINS in LIEBE mit SICH SELBST.

DEIN Frieden umgibt mich, VATER. Wohin ich gehe, dorthin geht DEIN Frieden mit mir. Er wirft sein Licht auf einen jeden, dem ich begegne.[1]

Zu sehen, dass dieser Friede immer schon DA ist, wohin auch immer ich meinen Schritt setze, auf wen oder was ich auch blicke oder an wen ich denke, ist wahres Kommunizieren.

Was haben wir daraus gemacht? Unsere Kommunikation kann unterbrochen werden, schon da kann man aufhorchen: Da stimmt was nicht! Wir setzen sie keineswegs nur zur Verständigung ein, sondern auch zur Täuschung, um unsere Interessen durchzuboxen oder Dinge in ein bestimmtes Licht zu rücken, das andere uns gegenüber in einen Nachteil bringt. Wir stellen Beziehungsfallen auf mit unserer Kommunikation und lassen unser Gegenüber mit ihrer Hilfe ins Leere laufen. Wir verwenden die Verbindung zwischen uns sogar dazu, um anderen zu zeigen, dass wir ihnen die Antwort verweigern können und sie keinen Anspruch auf Resonanz ihrer Anwesenheit haben. Wir verwenden Kommunikation statt ausschließlich zum Ausdruck unserer Verbundenheit für den »Beweis«, dass die Trennung wahr geworden ist, sowie für das Aufstellen der Regeln innerhalb dieses »Spielfelds«, das wir Leben und »Miteinander« nennen. Nur innerhalb dieses eng abgesteckten Areals verwenden wir dann Kommunikation auch zum Informationsaustausch, um uns inhaltlich zu verständigen. Und dabei

---

[1] *Kurs 2019, Ü-II.245.1:1-3*

76

können wir sogar – wenn wir wollen – einigermaßen »fair« sein. Aber das bleibt dabei dennoch wahr:

Die Trennung war kein Verlust der Vollkommenheit, sondern ein Versagen der Kommunikation. Eine schroffe und schrille Form der Kommunikation entstand als Stimme des Ego. Sie konnte den Frieden GOTTES nicht zerschlagen, wohl aber den deinen. GOTT hat sie nicht ausgelöscht, weil sie auslöschen sie anzugreifen hieße. SELBST in Frage gestellt, stellte ER nicht in Frage. ER gab nur die ANTWORT. SEINE ANTWORT ist dein LEHRER.[1]

Mit dem Kurs üben wir, wieder offen zu werden für die ursprüngliche Kommunikation, indem wir die »Stimme des Ego« in uns ruhig werden und zurücktreten lassen, ohne sie anzugreifen. Sie ist eine Illusion, es genügt, sie nicht mehr mit unserem Willen anzufeuern. Die Hinwendung zum Bruder ist dabei eine wesentliche Hilfe, um wieder »wahre Kommunikation« zu erleben, das leuchtet unmittelbar ein:

Die wahrhaft Hilfreichen sind die Wunderwirkenden GOTTES, die ich anleite, bis wir alle in der Freude des HIMMELREICHS vereinigt sind. Ich werde dich überallhin führen, wo du wahrhaft hilfreich sein kannst, und zu jedem hin, der meiner Führung durch dich folgen kann.[2]

Kommunizieren – SEIN WORT mit dem Bruder teilen, SEIN WORT, das immer schon DA ist, noch bevor wir die Frage stellen, welchen Inhalt es hat und was es bedeutet.

Und so vernehmen wir endlich die STIMME FÜR GOTT, die zu uns spricht, während wir SEIN WORT wiedergeben, DESSEN LIEBE wir erkennen, weil wir das WORT miteinander teilen, das ER uns gab.[3]

---

[1] *Kurs 2019, T-6.IV.12:5-11*
[2] *Ebd., T-4.VII.8:7-8*
[3] *Ebd., Ü-II.245.2:3*

Sei still – und tauche ein ...

»Nichts, was ich sehe, bedeutet etwas«

Der zuletzt von mir beschriebenen »Nicht-Praxis« fehlt jegliche Struktur. Darum kann man sie auch als die »fortschrittlichste« Praxis bezeichnen – oder eben als Nicht-Praxis des »Einfachen Seins«. Für eine Übungspraxis ist jedoch für eine Weile ein Minimum an Struktur hilfreicher – also die Verwendung von »Laufrädern«, ggf. auch über die Lektionen des Übungsbuches hinaus. Dafür bieten sich auf die Erfahrung zielende Anweisungen aus den Einleitungen der letzten Wiederholungen und einigen Lektionen des Übungsbuches an, um sich eine Übungsstruktur im Sinne des Kurses zusammenzustellen – bis die Laufräder überflüssig werden.

Die häufigste Übungsanweisung im Kurs lautet bekanntlich: Leite deine Praxis mit dem Leitgedanken ein. Das heißt nicht automatisch, dich an die Reihenfolge des Übungsbuches zu halten oder dich auf diese Leitgedanken zu beschränken – außer, dies ist deine *erste Begegnung* mit dem Übungsbuch, denn dann möchte ich dir dringend ans Herz legen, dich wie bisher so weit, wie es dir möglich ist, an die Anweisungen zu halten!

Worauf ich hinauswill: Lege den Schwerpunkt nicht auf die Regeln, sondern auf die Erfahrung. Das unhinterfragte Festhalten an Ritualen wird bereits in der Lehre des Herrn Buddha als dritte von zehn Fesseln beschrieben, die dich an das Leiden fesseln. Oder wie es im Kurs u.a. heißt: »Wir bezwecken keine Rituale, sie würden unser Ziel nur vereiteln.« (Ü-I.3.Wdh.Einl.2:4) Das wiederum heißt *nicht*, jegliche Routine zu vermeiden, sondern einfach offen zu sein.

Kurioserweise ist der in der Überschrift zitierte Leitgedanke der ersten Lektion des Übungsbuches einer meiner bevorzugten Leitgedanken. Weil es der erste ist? Oder weil er (ungeplant) einer der eindrücklichsten für mich war, damals in den Highlands von Schottland mit Blick auf eine wunderbare Berglandschaft, als ich spontan auf die Idee kam, einfach mal mit den Lektionen des Kurses das Praxisjahr zu beginnen? Oder weil dieser Gedanke sich im Laufe der Zeit mehr und mehr zu einer tiefen Erfahrung der Freude und des Friedens wandelte?

Dir geht es nicht (mehr) um die Worte der »Leitgedanken«, nicht um ihren schönen Klang, nicht um das verstandesmäßige Begreifen. »Wir setzen Glauben in die Erfahrung, [...] nicht in die Mittel, die wir verwenden. Wir warten auf die Erfahrung und begreifen, dass Überzeugungskraft nur hierin liegen kann. Wir wenden die Worte an und versuchen immer wieder, über sie hinaus zu ihrer Bedeutung zu gelangen, die weit jenseits ihres Klanges liegt.« (Ü-I.5.Wdh.Einl.12:2-4)

Tauche ein oder lasse dich einsinken in die *Bedeutung*, auf die der Leitgedanke zeigt. Durch deine Offenheit, jenseits aller Ideen, Festlegungen und Vorstellungen, wird der Leitgedanke zur Einladung an die WIRKLICHKEIT, die QUELLE, das LEBEN an sich, kurz: GOTT. Du begibst dich in SEINE »Hände«.

Wenn es dir hilfreich erscheint, bekräftige anschließend deine Offenheit, IHM nicht durch dein »Wissen« im Weg zu stehen. Du brauchst nichts zu wissen, um DICH SELBST zu erfahren. Sage dir einfach: »Ich weiß nicht, was ich bin, was mein Bruder und was die Welt, was gut oder schlecht, richtig oder falsch ist – oder was GOTT ist.«

Und nun tauche ein in die Stille, die *Freiheit* von allen »Dingen« wie den Geräuschen und anderen Wahrnehmungen, dem Körper, den Emotionen und den Gedanken – von all dem, was kommt und geht. »Stille« ist ein wesentlicher und sehr häufig verwendeter Begriff im Kurs. Das Symbol verweist auf die bereits erwähnte Tiefenschicht der alles umschließenden Weite und »Leerheit«, die Erfahrung von Unermesslichkeit, Formlosigkeit, »Nichts« oder Ausdehnung. »In der Stille höre heute auf dein SELBST ...« (Ü-I.125.8:4)

Das Eintauchen in die Stille ist eine Balance: Der Geist ist *frei* von Worten und erzählenden Gedanken, du rezitierst auch keine Mantras oder Leit-

79

gedanken aus dem Kurs, denn »Worte werden jetzt wenig bedeuten.« (Ü-II.Einl.1:1); er ist *frei* von Überlegungen und Schlussfolgerungen; er ist *frei* von dem, was du glaubst zu wissen und zu verstehen und von den damit verbundenen Erwartungen: »Wir schließen einfach unsere Augen, und dann vergessen wir alles, was wir zu wissen und zu verstehen glaubten.« (Ü-I.6.Wdh.Einl.4:3). Das ist die *eine* Seite der Balance: »Leere« oder »Leerheit«.

Die *andere* Seite ist – »Fülle«. Die Stille, die alle Dinge wie ein »Behälter« umschließt, als eine Art »Raum«, der alles enthält, öffnet sich für ein ganz anderes »Wissen«, das von der QUELLE kommt, dem LEBEN an sich oder GOTT. Die Stille löst sich auf oder dehnt sich grenzenlos aus, und alles wird von IHM durchdrungen und erfüllt. Du erwartest SEINE FÜLLE, so entspannt, wie du auf einen Sonnenuntergang wartest – der mit Sicherheit kommt, sein Erscheinen steht fest. Die Stille ist einfach erfüllt von Erwartung und Bereitschaft, ohne jegliches Bemühen, ohne Anstrengung. »Denn wir harren in stiller Erwartung auf unseren GOTT und VATER.« (Ü-II.Einl.2:2)

Leerheit und *Fülle* sind als »Tiefenschichten des bewussten Erlebens« ausreichend, um sie bis zum Ende des irdischen »Daseins« zu erkunden. Dabei wirst du ein bemerkenswertes Phänomen feststellen: Es scheint keinen »Grund« zu geben, egal, wie »tief« du in das Erleben eintauchst. Der Frieden, die Freiheit oder die Stille nehmen irgendwie an Intensität zu, wenn sich neue, »tiefere Aspekte« der wirklichen Welt oder wahren Wahrnehmung auftun, und sie gehen einher mit der »Erkenntnis«: »Das ist jetzt die Wahrheit, die Wirklichkeit!« Bis sich eine neue »Tiefe« zeigt, eine Steigerung dessen, was nicht gesteigert werden kann, mit der »Erkenntnis«: ...

Vielleicht erinnerst du dich daran, dass es eine weitere Bewusstseinsschicht der Erfahrung gibt – das Erleben der undifferenzierten Existenz, die weitestgehende Aufhebung der Trennung, die in dieser Welt oder in diesem Bewusstsein möglich ist. Das kann sprachlich nicht mehr angemessen vermittelt werden und stellt sich häufig in einschlägigen Gesprächen, Sessions und Predigten mystisch, paradox und geheimnisvoll dar. Denn eigentlich kann man das nicht mehr als Erfahrung oder Erleben im Sinne dieser Vokabeln bezeichnen. Die beschriebene »Nicht-Praxis« kommt dem nahe.

Das bei weitem eindrücklichste Merkmal undifferenzierter Existenz ist das Verschwinden des Gefühls von Trennung oder Unterscheidung. Die beschriebene »Leerheit« hebt ja bereits gewisse Unterscheidungen durch die Erfahrung des einen Gewahrseins auf und führt zum Erleben von Nichtdualität, aber dabei tritt dasselbe Phänomen auf wie bei der oben beschriebenen »Wahrheit«: »*Das* ist jetzt das Erleben von ›Alles ist eins‹!«. Bis sich ein weiterer »Gegensatz« auflöst ...

Die Tiefenschicht der undifferenzierten Existenz beseitigt jedoch auch das Gefühl von individueller Existenz oder des »Selbst«. Es bleibt nur »Das«, eine unteilbare »Wirklichkeit«, die sich entfaltet – nicht in einem »Etwas« wie der Leerheit oder dem Gewahrsein als Behälter, Raum oder Leinwand. »Das« ist vollständig in sich selbst. Nichts hat eine unabhängige oder essentielle Existenz, es gibt nur die undifferenzierte Realität. Das bedeutet nicht, dass Bäume, Gebäude, Straßen und Berge »verschwinden« – aber der »Beobachter«, der »Etikettierer« oder »Interpretierer« fällt weg: nichts Besonderes, nur völlige Einfachheit.

Sitze still da und betrachte die Welt, die du siehst, und sage dir: »Die wirkliche Welt ist nicht so. Es gibt keine Gebäude darin und keine Straßen, auf denen Menschen einzeln und alleine wandeln. Es gibt keine Geschäfte, in denen Menschen eine endlose Reihe von Dingen kaufen, die sie nicht brauchen. Kein künstliches Licht beleuchtet sie, und keine Nacht bricht jemals über sie herein. Es gibt keinen Tag, der sich erhellt und dunkel wird. Es gibt keinen Verlust. Nichts gibt es dort, was nicht leuchtet und ewig leuchtet.«[1]

---

[1] *Kurs 2019, T-13.VII.1*

Egons Urtrieb

Was kann schwer daran sein, etwas in meinem Gewahrsein »zuzulassen«, das permanent und unwiderruflich DA ist? So nah ist ES mir, dass es keinen Sinn mehr macht, das Gewahrsein und das, dessen es sich gewahr wird, zu unterscheiden, so nah, dass ich ES BIN.

Die Lektion macht mich darauf aufmerksam, dass ich gewohnheitsmäßig glaube, mein »Bewusstsein« könne »meinen VATER enthalten« und mein Geist könne sich dieses »Etwas«, das mir so nahe ist, »vorstellen«.

Da finden wir uns wieder, oder? In all unseren Versuchen, zu »verstehen«, uns eine Vorstellung von unserer Lebensmitte zu machen und diese Vorstellung für die Wahrheit zu halten, haben wir vielleicht und wahrscheinlich eines nicht getan: die Nähe zugelassen, die auf wunderbare Weise an einem Urtrieb des Ego einfach vorbeigeht:

Die Liebe wird unverzüglich in jeden Geist einkehren, der sie wahrhaft will, er muss sie aber wahrhaft wollen. Das bedeutet, dass er sie ohne Ambivalenz will, und diese Art des Wollens entbehrt gänzlich des Ego-»Triebes-zum-Habenwollen«.[1]

Wir wollten die Liebe »haben« und haben sie deswegen für uns selbst verpasst und dem Bruder vorenthalten. Die unmittelbare Nähe einer *Sicht* zuzulassen, die auf alles und jeden als EINS schaut und mit demselben Namen nennt, heißt, im anderen meine eigene Vollkommenheit sehen zu wollen – wahrhaft, ohne Ambivalenz, ohne Haben-Wollen. Heilung des Bruders von allem Mangel, der ihn zu umgeben scheint, wird zu meinem eigenen Schutz vor meiner Selbstbezogenheit, mit der ich mir die LIEBE vom Hals gehalten habe:

---

[1] *Kurs 2019, T-4.III.4:7-8*

Solange jedoch die Zeit anhält, wird die Heilung als ein Schutzmittel benötigt. Das rührt daher, dass Heilung auf Nächstenliebe beruht und Nächstenliebe eine Art ist, die Vollkommenheit eines anderen wahrzunehmen, auch wenn du sie in dir nicht wahrnehmen kannst.[1]

Mein »Bewusstsein« kann sich die LIEBE nicht »vorstellen«, aber mein Gewahrsein kann sozusagen dabeisein, wenn das Wunder mir IHRE unmittelbare Nähe zeigt. Jesus bietet sich als Vermittler an, die Reste der Angst, mit denen ich immer noch eine Mauer zwischen mir und meinem Bruder aufgebaut habe, abzutragen. Was es braucht, ist meine Einwilligung, mein »Haben-Wollen« gegen ein »Erkennen-Wollen« einzutauschen. Er bittet mich, »Ausschau nach den Resten der Angst« in meinem Geist zu halten (vgl. T-4.III.7:5) und erweist sich als der BRUDER der Brüder:

Ich kann dir nur so helfen, wie uns unser VATER schuf. Ich werde dich lieben und ehren und vollkommene Achtung vor dem, was du gemacht hast, wahren, aber ich werde es nicht unterstützen, es sei denn, es ist wahr. Ich werde dich genauso wenig je im Stich lassen wie GOTT, aber ich muss so lange warten, wie du es wählst, dich selbst im Stich zu lassen. Weil ich in Liebe und nicht in Ungeduld warte, wirst du mich sicher wahrhaft bitten. Ich werde auf einen einzigen eindeutigen Ruf hin kommen.[2]

Wollen wir ihn beim Wort nehmen und heute SEINE unmittelbare *Nähe* zulassen, wenn wir auf den Bruder schauen?

---

[1] *Kurs 2019, T-2.V.9:3-4*
[2] *Ebd., T-4.III.7:6-10*

Blinde werden sehend

Wir haben uns nun mal auf Distanz gebracht. Das ist einerseits ein Glück, weil ich dadurch meinen Kaffee alleine trinken kann und dir nichts davon abgeben muss, andererseits spiegelt es unsere geistige Entscheidung wider, ohne GOTT, ohne die LIEBE einer gemeinsamen QUELLE leben zu wollen.

Damit haben wir uns allerdings diesen ungemein lästigen Schuldgedanken eingekauft, der »unsere Welt« zusammenhält und den wir niemals an seiner Quelle sehen, sondern ihn innerhalb dieser projizierten Welt aneinander abhandeln.

Die Vergebung begleitet mich »wunderbar« durch diese »Schuld-Oberfläche« allmählich zum Entstehungsort des Schuldgedankens, dorthin, wo ich ihn in meinem Geist gegenwärtig immer noch als wahren Gedanken bestätige.

Und dort kann ich ihn endgültig aufheben lassen und damit wieder in meine *Gegenwart* eintauchen.

Das vergebende »Schauen auf den Bruder« wird dabei zum mächtigsten Instrument meiner Heimreise.

Und – vielleicht kannst du das bestätigen – zur größten Herausforderung. Oft scheint dieser Weg aussichtslos zu sein, und wir ziehen uns wieder in eine persönliche Wellnessvorstellung der Erlösung zurück. Aber wie immer – der Kurs hilft mit leichter Hand:

Das einzige Problem, das du noch hast, besteht darin, dass du zwischen der Zeit, in der du vergibst, und jener, in der du den Gewinn aus dem Vertrauen in deinen Bruder empfängst, ein Intervall siehst. Das spiegelt bloß das wenige wider, was du zwischen dir und deinem Bruder bei-

behalten möchtest, damit du und er ein klein wenig separat sein mögen.[1]

Erwischt! Schau mal in dich, das findest du ganz leicht. Ein bisschen Distanz soll schon noch sein, stimmt's? Jedenfalls zu den Geschwistern, die sich nicht entsprechend verhalten. Und mit dieser Distanz *will* ich meiner Gegenwart noch ausweichen.

Denn Zeit und Raum sind eine Illusion, die verschiedene Formen annimmt. Wenn sie über deinen Geist hinausprojiziert ist, denkst du, sie sei Zeit. Je näher sie dorthin gebracht wird, wo sie ist, desto eher stellst du sie dir in räumlichen Begriffen vor. Es gibt eine Distanz, die du getrennt von deinem Bruder behalten möchtest, und diesen Raum nimmst du als Zeit wahr, weil du noch immer glaubst, du seist außerhalb von ihm. Das macht Vertrauen unmöglich. Und du kannst nicht glauben, dass Vertrauen jedes Problem jetzt regeln würde.[2]

Unfassbar schön, mit welch souveräner Konsequenz und Schlichtheit der Kurs über etwas spricht, für das es keine Worte gibt: unsere gemeinsame *Gegenwart*. Er hält uns einfach vor Augen, was wir aus dem, was selbstverständlich DA ist, zu machen glauben. Und er »verführt« uns dazu, mitten im Irrtum von Trennung und Distanz dieses Vertrauen doch zu »riskieren«, dem Bruder *jetzt* zu vergeben und dabei keine Bedingungen zu stellen. Jesus sagt uns mit dem Kurs eigentlich nur: »Mach einfach deine Augen auf. Und keine Angst: Ich bin da«.

Ohne Vergebung werde ich weiterhin blind sein.[3]

---

[1] *Kurs 2019, T-26.VIII.1:1-2*
[2] *Ebd., 1:3-5,2:1-3*
[3] *Ebd., Ü-II.247*

85

Tag 248

Leidensfreier Raum

Kennst du das auch, dass du gerade das Gefühl hast, vollkommen eingetaucht zu sein in die Wahrheiten des Kurses und die ganze Leichtigkeit des
Seins zu fühlen, und dich dann irgend ein »Leid« aus dieser »Gewissheit«
herauskatapultiert? Vielleicht nur ein ganz klitzekleines Leid wie der verlegte
Schlüssel, vielleicht aber auch eins der vielen Formen des Leids, die existen-
tiell bedrohlich wirken, Verlust des Partners, Krankheit oder Gewalt.

Der Kurs hält allem Leid, unabhängig von seiner Form und Schwere, dieselbe frappierende Nachricht entgegen: »Aber das bist nicht du!«

Wir sind keine Körper, wir sind frei - das haben wir ja jetzt schon oft gehört
(vgl. z.B. Ü.I.199). Das Leid schafft es immer wieder, uns vom Gegenteil zu
überzeugen. Was sind wir, wenn nicht dieser schmerzende, verlassene, miss-
handelte, ignorierte, zur Arbeit gezwungene, knechtende und schließlich
sterbende Körper? Vielleicht erinnerst du dich:

Du musst etwas fühlen können, auf das du deinen Glauben setzen
kannst, wenn du ihn dem Körper entziehst. Du brauchst eine wirkliche
Erfahrung von etwas anderem, von etwas, das sicherer und solider ist,
deines Glaubens würdiger und wirklich da.[1]

Es braucht viele Erfahrungen der *Alternative*, bis sie sich zu einer IDENTI-
TÄT verdichtet, DIE mir auch im Leid – meines und das anderer – nicht
»verloren geht«.

Ein essentieller Aspekt, der die »Berichtigung« meiner Wahrnehmung von
mir, der Welt und meiner Beziehung zu dir angeht, wird im Textbuch auf
wirklich geniale Weise beleuchtet:

Die gesamte Berichtigung zu vollziehen nimmt überhaupt keine Zeit in
Anspruch. Doch zu akzeptieren, dass sie vollzogen ist, kann scheinbar

---

[1] *Kurs 2019, Ü-I.91.7:3-4*

*ewig dauern. Die Änderung des Zweckes, die der HEILIGE GEIST in
deine Beziehung gebracht hat, hat alle Wirkungen, die du sehen wirst,
in sich. Warum warten, bis sie sich in der Zeit entfalten, und fürchten,
dass sie nicht kommen könnten, obgleich sie bereits da sind?*[1]

Wir neigen eben dazu, »Berichtigung« an ihrem Effekt zu messen. Das aber
zu tun, heißt, der Angst wieder die Führung zu übergeben, und das
Wunder, das bereits da ist, aus den Augen zu verlieren.

Der *Raum,* der sich auf meine Einladung hin um alles legt, die Aspekte der
Wahrnehmung umgibt und in sich aufnimmt wie eine schützende Hand, ist
bereits die gesamte Wirkung der Vergebung. Sie wird sich auch »in der Zeit
entfalten«, aber als Ausdruck des Wunders und nicht als der meiner Angst.
Worauf ich schaue, das sehe ich.

Und dies ist das »Etwas«, das »sicherer und solider ist, deines Glaubens
würdiger und wirklich da«. Die »Körperwahrnehmung« ist abgelöst von
der geistigen Sicht, der Schau.

»Was leidet, ist nicht Teil von mir.« (Ü-II.248) klingt jetzt gar nicht mehr so
abstrakt. Und man darf sicher sein, dass sich die Wirkung der Berichtigung,
wenn ich sie dem Wunder überlasse und nicht meinen Vorstellungen, »in
der Zeit« segensreich und heilsam entfalten werden, nach SEINEM PLAN,
nach dem PLAN der LIEBE.

---

[1] *Kurs 2019, T-26.VIII.6:1-5*

Tag 249

Plopp!

Als kleiner Junge stand ich oft vor der Gastherme, die im Badezimmer des Elternhauses hing, und bestaunte die Gasflamme hinter dem kleinen Sicht-fenster. Es ging für mich eine große Faszination von ihr aus, und ich spürte eine unerklärliche Sehnsucht, wenn der Vater die Flamme entzündete und sie mit einem ganz typischen »Plopp« in ihre Form sprang. Diese undefinierbare Sehnsucht ist mir auch bis weit ins Erwachsenenalter erhalten geblieben, und jedes Mal, wenn ein Wagen der Firma »Vaillant« mit ihrem Hasen-Logo an mir vorbeifährt, kommt eine sehr spezifische Erinnerung in mir hoch. Aber was habe ich da gesehen? Was hat mich derart tief berührt, dass dieses Staunen nie abgeblasst ist? Der Kurs hat mir auch das beantwortet.

Die Vergebung malt das Bild einer Welt, in der das Leiden vorbei ist, Verlust unmöglich wird und Ärger keinen Sinn ergibt.[1]

Wie »macht« das die Vergebung? Der »Stift«, mit dem wir unsere Bedeu-tungen auf die leere Tafel des Geistes geschrieben und so unsere Welt-Bilder entworfen haben, ist die Behauptung des Vollzugs der Trennung. Wir glau-ben an »separate Gedanken«, die sich von ihrer QUELLE entfernen können – es ist für uns »wahr« geworden, dass wir als einzelne, vergängliche Lebe-wesen in einer gewissen Zeitspanne leben und uns dabei unsere »eigenen Gedanken machen«. Diese Gedanken sind in ständiger Abwehr gegenüber der einen Wahrheit des GEEINTEN GEISTES, DER dennoch weiter das bleibt, was ER IST.

Kannst du schon ahnen, was ich an der Gasflamme bestaunt habe?

Da war genau diese Abwehr nicht: In totaler Ruhe stand die Flamme da, und die beeindruckend rasante Bewegung ihres feurigen Randes wider-

---

[1] *Kurs 2019, Ü-II.249.1:1*

sprach dieser Ruhe nicht. Das leise, sanft changierende Farbenspiel zwischen blau, gelb und rot sprach dabei vom ungestörten Einklang zwischen Ruhe und rasender Bewegung.

Unsere »privaten« Gedanken wehren sich als Abkömmlinge des Trennungsgedankens in ebenso rasantem Tempo und mit wilder Entschlossenheit gegen die *Stille* des Geistes, die von sich aus immerzu bereit ist, all diese Gedanken in sich einzulassen und mit dem Frieden der LIEBE wieder eins sein zu lassen.

Vergebung »schreibt« ebenso wie wir auf die leere Tafel des Geistes, wenn wir ihr unseren »Trennungsstift«, unseren trennenden Willen überlassen. Das Licht der WAHRHEIT kann nicht »schreiben«, weil es formlos ist, aber es kann unsere Gedanken anders inspirieren als mit der »Wahrheit der Trennung«.

Denk mal beispielsweise »Ich gebe meinen Widerstand auf«, oder »Ich fühle Ohnmacht«, oder » Ich empfinde einen Mangel an Liebe«. Schreib zunächst wie gewohnt die Bedeutung dieser Sätze selbst auf die »leere Tafel des Geistes«. Und dann gib IHM deinen Trennungsstift in die HAND. Da sind dieselben Gedanken, und doch ist nur noch Liebe da, stimmt's? In wirklich erlebter Anwesenheit der *Fülle* verblassen alle Konflikte und alles Leid.

Und jetzt schau genauso auf die Welt, wie du sie gerade wahrnimmst:

Die Welt wird zu einem Ort der Freude, des Überflusses, der Nächstenliebe und des endlosen Gebens.[1]

Die Flamme des Geistes ist Ruhe und Bewegung, Stille und Klang, Leere und Fülle, Geist und Gedanke gleichzeitig, in eins. Das ist die Schau, die den Frieden in allem sieht.

---

[1] *Kurs 2019, Ü-II.249.1:5*

Entwurzelt in die Freiheit

In der letzten Woche habe ich eine demenzkranke Frau und ihre Familie besucht: Sie achtzig, er fünfundsiebzig, der Sohn sechzig Jahre alt.

Ich wurde heute von der Lektion an diesen Besuch erinnert, und habe mir mit ihrer Hilfe den »Blick auf den Bruder« noch einmal vergegenwärtigt.

Lass mich nicht versuchen, das heilige Licht in ihm zu verschleiern und seine Stärke gemindert und zu Gebrechlichkeit reduziert zu sehen noch die Mängel in ihm wahrzunehmen, mit denen ich seine Souveränität angreifen möchte.[1]

Die sehr freundliche alte Dame berichtet selbst sehr offenherzig über den seit zwei Jahren nach eigenem Empfinden und dem der Familie rasant fortschreitenden Verlust des Erinnerungsvermögens. Sie war mir vom ersten Moment an sehr nah, und es fiel mir leicht, den Kurs anzuwenden: Sieh sie als Bruder. Ihr Mann und ihre Tochter waren das größere »Problem«: Sie hielten sich in einer für mich deutlich spürbaren Angst vor dem Ungreifbaren der Situation vehement an den bisher verordneten Tabletten gegen die depressiven Stimmungen und vor allem an der vom Neurologen zu erwartenden Demenz-Diagnose fest, die Sicherheit versprach. Zur Mutter und Ehefrau hatten sie ein besorgtes, zu allen Hilfeleistungen bereites, aber auch bestimmendes Verhältnis, das nicht ohne Vorwurf war wegen ihrer passiven Haltung den gut gemeinten Ratschlägen der Familie gegenüber.

Hast du gerade einen Baum in der Nähe? Oder stell dir einen vor: Wie er hochgewachsen sein Geäst entfaltet und seine unzähligen Blätter ein dichtes Dach bilden, wie sein starker Stamm mit großer Kraft die Krone zum Licht hält. Dann stell dir vor, wie das Wurzelwerk diese mächtige Gestalt in der Erde verankert und festhält. Und dann gib ihn frei von dieser Verankerung,

---

[1] *Kurs 2019, Ü-II.250.1:2*

lass das Licht um ihn herum seine Wurzel sein. Gib ihm die Freiheit, kein Körper zu sein.

Unser »Wurzelwerk« besteht aus den »unversöhnlichen Gedanken«, die uns der Kurs hilft, aufzudecken und dem LICHT auszusetzen. Vielleicht konnte ich den ängstlichen Ehemann und auch seinen Sohn einen Moment lang anschauen wie den »lichtverwurzelten« Baum – frei von Angst. Das Geflecht der Angstgedanken zwischen uns ist die »Wurzel« allen Leids: unser Festhalten an der Welt. Es ist zu »durchschauen«, allerdings nicht in einem analysierenden Sinn, sondern nur in LIEBE. Auch wenn nicht zu leugnen ist, dass die Angst sehr heftig werden kann:

Wer einen Bruder als Körper sieht, sieht ihn als Symbol der Angst. Und er wird angreifen, weil das, was er erblickt, seine eigene Angst ist, außerhalb von ihm, bereit zum Angriff und laut danach heulend, sich wieder mit ihm zu vereinen. Verkenne die Intensität der Wut nicht, die projizierte Angst ausbrüten muss. Sie kreischt im Zorn und schlägt die Krallen in die Luft in der rasenden Hoffnung, ihren Macher zu erreichen und ihn zu verschlingen.[1]

Das ist drastisch ausgedrückt, aber es spricht deutlich von der eigentlichen Furcht, dass die projizierte Angst zu mir zurückkommt, was mich permanent zu weiteren Projektionen verführt. Wenn man das sieht, wird das »Entwurzeln« meiner Angstgedanken zur Heilmethode für mich und meinen Bruder. Und vielleicht ist etwas von der wahren »Wurzel«, der QUELLE des Geistes auch bei der Frau, die befürchtet, ihre Erinnerung ganz zu verlieren, angekommen:

Gib dich nicht mit zukünftigem Glück zufrieden. Es hat keine Bedeutung und ist nicht deine gerechte Belohnung. Denn du hast Grund zur Freiheit jetzt.[2]

---

[1] *Kurs 2019, Ü-I.161.8:1-4*
[2] *Ebd., T-26.VIII.9:1-3*

Tag 251
Die schlichte Wahrheit

Ich habe nur ein einziges Bedürfnis: die Wahrheit. Was für ein Aufathmen! Hinter all den körperlichen und geistigen Bedürfnissen, die mich durch die Welt getrieben haben, hat das eine und einzige wahre Bedürfnis still darauf gewartet, von mir erinnert zu werden.

> *Mein einziges Bedürfnis habe ich nicht wahrgenommen. Jetzt aber sehe ich, dass ich nur die Wahrheit brauche.*[1]

Erfahre ich das schon so? Offensichtlich, sonst wäre da kein Aufathmen. Aber wie konstant ist diese Erfahrung? Trägt sie schon mein gesamtes Leben oder sind es gelegentliche helle Momente des Erinnerns? Woran verschattet sich diese Erfahrung immer wieder? Wohl daran, dass meine wahrgenommenen Bedürfnisse allesamt aus der abenteuerlichen Idee stammen, ein vom SEIN in LIEBE getrenntes Leben leben zu wollen und zu glauben, das tatsächlich zu können – ein Irrtum, den der Kurs »Sünde« nennt:

> *Die Sünde gab dem Körper Augen, denn was gibt es, das die Sündenlosen sehen möchten? Wozu bedürfen sie der Anblicke oder Geräusche oder der Berührung? Was möchten sie hören, oder wonach möchten sie greifen? Was möchten sie denn überhaupt empfinden?*[2]

Wie steht es an dieser Stelle mit deinem Aufathmen bei der Nachricht, dass du nur die Wahrheit brauchst? Das geht schon auf den Grund und berührt eben auch unsere »Selbstverständlichkeiten«: unsere Körperlichkeit, die Sinne, das Begreifen – Dinge, auf die wir meinen, nicht verzichten zu können. Aus »eigener Kraft« werden wir die Wurzeln unserer Weltverbundenheit nicht ausreißen können, aber wir können sie – auch in ihren tiefsten Verzweigungen – von IHM übersehen, überlieben lassen. Der HEILIGE GEIST, unser immer noch GEEINTER GEIST, weiß, wie ER diese gren-

---

[1] *Kurs 2019, Ü-II.251.1:4-5*
[2] *Ebd., Ü-II.4.1:4-7*

92

zenlose Wahrheit konkret zu uns bringen kann, ohne die Angst zu mehren und sie stattdessen zu übersehen und damit zu heilen.

Es ist nicht nötig und auch nicht möglich, dass wir unsere weltlichen Bedürfnisse »überspringen«, um das EINE Bedürfnis als unsere Wahrheit zu erinnern. ER bezieht sie alle in die Heilung mit ein:

In der Zeit gibt ER dir alle Dinge, die du haben musst, und ER wird sie erneuern, solange du ihrer bedarfst. ER nimmt dir nichts, solange du es irgend brauchst. Und dennoch weiß ER, dass alles, was du brauchst, vorübergehend ist und nur so lange dauern wird, bis du von all deinen Bedürfnissen beiseite trittst und begreifst, dass sie alle erfüllt sind. Deshalb hat ER keine Investition in die Dinge, die ER zur Verfügung stellt, außer dass ER sichergeht, dass du sie nicht dazu benutzt, um in der Zeit zu verweilen.[1]

Für mich spricht nichts dagegen, diesen HEILIGEN GEIST neben mir SEIN zu lassen wie einen liebevollen BRUDER, DEM ich erlaubt habe, mich immer wieder daran zu erinnern, dass ich lieben lernen muss wie ER, wenn ich geheilt sein will:

*So, wie du die Bedürfnisse deines Bruders deutest, deutest du auch deine. Indem du Hilfe gibst, bittest du darum, und wenn du nur **ein** Bedürfnis in dir selber wahrnimmst, wirst du geheilt sein.[2]*

[1] *Kurs 2019, T-13.VII.12:4-7*
[2] *Ebd., T-12.I.7:1-2*

Tag 252

Den Raum ausweiten

Wir können uns in der Meditation als »weiten Raum« erfahren, der – an seinen Grenzen offen – kein weiteres »Ding« dieser Welt ist, sondern eine Reflexion der Grenzen- und Zeitlosigkeit. Die ursprüngliche Absicht, mit dem unfassbaren und unsichtbaren Raum eine Distanz zwischen uns und die Dinge zu bringen, die eine »grenzenlose Wahrheit« ausschließt, wird so transzendiert zur geistigen Offenheit.

Das SELBST, das sich diesem Raum der Offenheit ganz »ergeben« hat, wird heute mit all der Liebe SEINER QUELLE angesprochen:

Seine Liebe ist grenzenlos und von einer Intensität, die alle Dinge in der Ruhe stiller Gewissheit in sich birgt. Seine Stärke kommt nicht von brennenden Impulsen, die die Welt bewegen, sondern von der grenzenlosen LIEBE GOTTES SELBST.[1]

In diesen Raum hinein »spricht« GOTT und teilt mit uns SEINE Gedanken:

ER spricht von näher als dein Herz zu dir. SEINE STIMME ist näher als deine Hand. SEINE LIEBE ist alles, was du bist und was ER ist: das Gleiche wie du, und du das Gleiche wie ER.[2]

Durch das »Hören« SEINER STIMME wird der Raum des Gewahrseins zum *grenzenlosen Raum*, dessen wesentlicher Aspekt sich oft erst allmählich entfaltet, auch wenn ich schon authentische, tiefgehende Erfahrungen mit dem »weiten Raum« gemacht habe:

Die LIEBE, DIE wir mehr und mehr als »Eigenschaft« dieses offenen Raumes empfinden, gilt mir und dir im selben Atemzug, für SIE gibt es keine Grenze zwischen uns.

---

[1] *Kurs 2019, Ü-II.252.1:3-4*
[2] *Ebd. Ü-I.125.7:2-4*

Der Segen der Vergebung wird deutlich, die den *Raum* offen hält und weiter ausdehnt über alle Grenzen hinweg, die ich zwischen dich und mich gezogen habe.

»Raum« hat ursprünglich Trennung bedeutet, Distanz. Der Kurs klärt uns darüber auf, dass wir dazu neigen, einen Teil dieses »Raumes« nach Kräften von seiner Transzendenz fernzuhalten, um damit in »sicherer Distanz« zum Bruder bleiben zu können (vgl. T-26.VIII).

Dazu gehört auch und vor allem die frustrierende Erfahrung, dass die wundergesinnte Haltung dem Bruder gegenüber »nichts bringt«: Klammheimlich verbaue ich mir oft das Erleben des Zusammenklingens von Wundergeben und Wunderempfangen, von Heilung und ihrer Wirkung, indem ich diesen kleinen, vom LICHT ferngehaltenen Raum zwischen mir und dem Bruder erhalte. Und das mache ich, indem ich diesen »Raum« als »Zeit« sehe: Das Wundergeben hat in der Gegenwart nichts gebracht, vielleicht wirkt es später – oder eben nicht! »Denn Zeit und Raum sind *eine* Illusion, die verschiedene Formen annimmt.« (T-26.VIII.1:3)

Wenn du noch einen kleinen Raum zwischen dir und deinem Bruder
beibehalten möchtest, möchtest du noch ein wenig Zeit, in welcher die
Vergebung für ein Weilchen vorenthalten wird.[1]

Sage doch mal stattdessen:

»Was auch immer ich denke und empfinde: Ich bin schon in unserer wahren IDENTITÄT anwesend, jetzt, mit dir, und kein Gedanke der Schuld ist zwischen uns.«

»Wie weit du auch von mir entfernt sein magst: Ich bin DA, bei dir, mit dir EINS, jetzt, in diesem wahren Augenblick«.

Wird das für dich spürbar als die lebendige, »wunderbare« MITTE des »weiten Raumes«?

---

[1] *Kurs 2019, T-26.VIII.3:8*

95

Geschieht dir ganz recht!

Was »geschieht« denn eigentlich so den ganzen Tag lang? Interessante Frage, wenn man bedenkt, dass wir uns ja eigentlich längst darauf geeinigt haben, dass das einzige, was wahrhaft geschieht, die Ausdehnung der LIEBE zu SICH SELBST ist.

Mein SELBST, das über das Universum herrscht, ist lediglich DEIN WILLE in vollkommener Vereinigung mit meinem eigenen, der dem DEINEN nur freudige Zustimmung anbieten kann, auf dass er zu SICH SELBST ausgedehnt werden möge.[1]

Es ist also offensichtlich wenig sinnvoll, mein »Herrschen über das Universum« (siehe Zitat oben) auf die vielleicht ja doch (nach all den Fehlversuchen!) in mir schlummernden Fähigkeiten zu beziehen, die Lottozahlen vor der Ziehung schon zu kennen, Kriege zu beenden, das Altern aufzuhalten oder die Welt zu retten. Ganz zu schweigen von der Abschaffung des Montags, die mir schon seit Kindheitstagen am Herzen liegt und die dem »Herrscher des Universums« eigentlich doch ein Leichtes sein müsste.

Es ist viel simpler gemeint: Verlange ich nach Aufrechterhaltung oder nach Heilung meiner Trennungsidee: Was will ich, dass es geschehe? Traum oder Wirklichkeit?

Was geschieht, ist das, wonach ich verlange. Was nicht geschieht, ist das, wovon ich nicht will, dass es geschehe. Das muss ich akzeptieren.[2]

Es hilft sehr, mir schonungslos klarzumachen, dass ich in meiner gewohnten Sicht tatsächlich felsenfest davon überzeugt bin, dass »geschieht«, was ich wahrnehme: Der Morgen graut, die Sonne scheint, der Abend naht, die Kaffeemaschine streikt, der Zahn entzündet sich, der Arbeitskollege greift

---

[1] *Kurs 2019, Ü-II.253.2:2*
[2] *Ebd., 1:3-5*

mich an ... und meine Zeit läuft dabei gnadenlos ab. All das »geschieht« in meiner Sicht. Und zwar, weil ich Traumsequenzen als »tatsächlich geschehend« wahrnehmen *will*.

Und jetzt kann ich mich auf den Gedanken einlassen: Das Einzige, was geschieht, bleibt völlig unbeirrbar das SEIN in LIEBE.

Ganz konkret: Ich schaue auf einen Bruder, der auf der anderen Straßenseite in sein Handy blickend seiner Wege geht, ohne mich zu bemerken. Für einen Moment lasse ich zu, dass meine mitgebrachte Sicht dessen, was da »geschieht« bzw. zu geschehen scheint, meiner Einladung an die neue Sicht in demselben Raum begegnet. Wie treffend dieser Kursbegriff ist: »Die Vergebung auf den Dingen ruhen lassen«. Die neue – meine gegenwärtige – Sicht greift meine alte, vergangene Sicht nicht an, aber sie rückt sie ins rechte Licht: Ich sehe nur meine Gedanken, mein Urteil – ich träume das, was scheinbar jetzt »geschieht«. In der Anwesenheit DESSEN, WAS wirklich, WAS wahrhaftig geschieht, erlebe ich das Wunder der Erinnerung. In der Begegnung mit meinen eigenen Gedanken gehe ich ein paar Schritte mit dem Bruder auf der anderen Straßenseite, und das ist sehr konkret. Ein paar wundergesinnte Schritte in eine Zukunft, in der nur noch die *Gegenwart* für uns beide geschieht:

Wunder sind sowohl ein Anfang als auch ein Ende, und somit verändern sie die zeitliche Ordnung. Sie sind immer Bestätigungen der Wiedergeburt, die scheinbar zurückgehen, in Wahrheit aber gehen sie voran. Sie heben die Vergangenheit in der Gegenwart auf und befreien auf diese Weise die Zukunft.[1]

Danke, Bruder, für deine Begleitung! Wonach wir verlangen, das geschieht!

---

[1] *Kurs 2019, T-1.I.13:1-3*

Geliebte Stille

Wir müssen schon weit gekommen sein auf unserer »Reise ohne Distanz«, um überhaupt eine Alternative zum Egodenken für möglich zu halten und schließlich als unser eigentliches Denken zu akzeptieren. Gedanken wirklich »loszulassen« gelingt nur angstfrei in Anwesenheit einer *Alternative*, von der sie nicht angegriffen, sondern befriedet werden:

Heute lassen wir keine Egogedanken unsere Worte oder Taten lenken. Tauchen solche Gedanken auf, so treten wir still einen Schritt zurück und schauen sie an, und dann lassen wir sie los. Wir wollen das nicht, was sie mit sich bringen würden. Und so beschließen wir nicht, sie zu behalten.[1]

Deine Gedanken sind noch da, weil der, der sie denkt – du – als ein Kontinuum gegenwärtig ist: Du denkst sie noch, aber du hast sie zurücktreten lassen, um der Stille Raum zu geben:

Jetzt schweigen sie. Und in der Stille, die geheiligt ist durch SEINE LIEBE, spricht GOTT zu uns und berichtet uns von unserem Willen, da wir die Wahl getroffen haben, uns an IHN zu erinnern.[2]

Mit der Stille kommst du der LIEBE GOTTES entgegen, DIE sie umgibt und nährt. In der Berührung der Stille und der Liebe heilen die Egogedanken in der Erinnerung an ihre QUELLE und dein Stille-Sein wird zum Wundergeben.

Jeder einzelne unserer »privaten Gedanken« hat der LIEBE den Zutritt verwehrt, indem er den Bruder als den »Anderen« angesehen hat. Jetzt aber ist das Vertrauen tief genug, immer öfter die Begegnung mit der LIEBE zu wagen, und SIE wieder zu uns einzuladen:

---

[1] *Kurs 2019, Ü-II.254.2:1-4*
[2] *Ebd., 2:5-6*

Der GEDANKE GOTTES umgibt dein kleines Reich und wartet an der von dir gebauten Schranke, um hereinzukommen und auf den unfruchtbaren Boden zu leuchten. Sieh, wie das Leben überall aufkeimt! Die Wüste wird zu einem Garten, grün, tief und still, und bietet denen Rast an, die den Weg verloren haben und im Staube irren. Gib ihnen einen Ort der Zuflucht, durch die Liebe dort für sie bereitet, wo einst Wüste war. Und jeder, den du willkommen heißt, wird vom HIMMEL Liebe für dich bringen.[1]

Unsere »privaten Gedanken« sind von unseren Beziehungen, die wir miteinander eingehen, nicht zu trennen. Also vertrauen wir sie doch DEM an, DER uns sagt, dass wir immer und ohne Ausnahme ein Wunder geben, wenn wir unsere Stille von IHM segnen und lieben lassen:

Ein Wunder geht niemals verloren. Es mag viele Menschen berühren, denen du nicht einmal begegnet bist, und ungeahnte Veränderungen erzeugen in Situationen, deren du nicht einmal gewahr bist.[2]

Unendliche Ausdehnung, mein Geist in SEINEN Händen.

---

[1] *Kurs 2019, T-18.VIII.9:1-5*
[2] *Ebd., T-1.I.45:1-2*

Tag 255

Vollkommener Friede

Es wird mir heute *nicht* gesagt, dass ich mir ja mal vornehmen kann, so gut wie möglich in Frieden zu leben. Das wäre viel zu schwach. Hier wird mir mitgeteilt, dass ich tatsächlich jetzt und sofort wählen kann, den Tag in »vollkommenem« Frieden zu verbringen (Ü-II.255). Ich kann beschließen, das heute zu verwirklichen.

In ihrer Radikalität ist diese Mitteilung einer angeblichen Tatsache im wahrsten Sinne des Wortes unrealistisch: In meiner erlebten Realität kann dieser Entschluss offensichtlich nicht umgesetzt werden. Dafür gibt es zunächst durchaus Verständnis:

Es scheint mir nicht so, als könne ich entscheiden, heute nur Frieden zu haben.[1]

Dass »ich« glaube, diese Wahlmöglichkeit nicht zu haben, liegt vor allem daran, dass mein egohöriges »Ich« sich zutraut, das beurteilen zu können, und sich seinen mitgebrachten Glauben permanent als begründet beweist. Angesprochen von dem Leitgedanken wird zwar auch dieses »Ich«, aber der Teil, der dann doch nicht hundertprozentig mit dem Ego identifiziert ist.

Und diesem Teil dämmert es, dass die »Wahl des vollkommenen Friedens« ein »Gedanke GOTTES« ist, der im wahrsten Sinne des Wortes am Ego vorbeigedacht werden muss, um seine Wahrhaftigkeit in meinem Gewahrsein entfalten zu können.

Eine Hauptquelle für den unausgeglichenen Zustand des Ego ist sein Unvermögen, zwischen dem Körper und den GEDANKEN GOTTES zu unterscheiden. GOTTES GEDANKEN sind für das Ego nicht annehm-

---

[1] *Kurs 2019, Ü-II.255.1:1*

bar, weil sie deutlich auf die Nichtexistenz des Ego selbst hinweisen.
Daher verzerrt das Ego sie entweder oder lehnt es ab, sie anzunehmen.[1]

Das »vollkommen« wegzulassen, wäre zum Beispiel eine solche »Verzerrung«, um den gewählten »Frieden« wieder mit meiner körperlichen Identität verträglich zu machen. Aber kann ich »vollkommen in Frieden« sein, wenn es mir vielleicht gut geht, andere aber leiden, von Krankheit, Krieg und Gewalt überfallen werden?

Nur im Geist des SELBSTES, das ich mit dir und allen BIN, finde ich den vollkommenen Frieden, den ich hier und jetzt als Tatsache wählen kann. Als den Frieden, den der EINE GEIST all SEINEN Aspekten gegeben hat und immer weiter gibt:

Der Frieden, den DU ihm [dem Gottessohn, Anm. von mir] gegeben hast, ist immer noch in seinem Geist, und dort wähle ich den heutigen Tag zu verbringen.[2]

Wundergesinnt wähle ich, heute alles in vollkommenem Frieden wahrzunehmen, in dem Frieden, den ich immer schon mit dir teile. Ich lasse in mir wieder die Kommunikation zwischen uns wach werden, in der Unfriede keinen Raum hat:

*Wunder sind eine Art von Austausch. Wie alle Äußerungen der Liebe, die im wahren Sinne des Wortes immer wunderbar sind, kehrt der Austausch die physischen Gesetze um. Sie bringen dem Gebenden **und** dem Empfangenden mehr Liebe.[3]*

Treffen wir gemeinsam heute die Wahl, das als unsere eigentliche Kommunikation zu akzeptieren?

---

[1] *Kurs 2019, T-4.V.2:1-3*
[2] *Ebd., Ü-II.255.2:3*
[3] *Ebd., T-1.I.9:1-3*

Horch – und tauche ein ...

Die Stille und der Frieden des Klangs

Steigen wir nun etwas konkreter in die praktischen Aspekte der bisher mehr angedeuteten Struktur einer möglichen Übungspraxis ein – falls die bereits beschriebene »Nicht-Praxis« verständlicherweise noch ein wenig unter den Armen klemmt. Die gesuchte Übungspraxis soll mit ihren drei Schritten die bereits erwähnten Tiefenschichten des Erlebens abdecken – was vorteilhaft im Vergleich zu bekannten Meditationspraktiken sein kann, die sich in der Regel nur innerhalb einer dieser Schichten bewegen:

Der Eingangsschritt, die »Einleitung der Praxis mit dem Leitgedanken«, bewegt sich in der Bewusstseinsschicht der »narrativen Wahrnehmung«, dem »Tor zur Welt«, der »Heimat« des Verstandes, der Sprache und Gefühle, dem Zentrum von Planung, sozialen Fähigkeiten – und damit im gewohnten Alltagsbewusstsein. Das Eintauchen in die Erfahrungsqualität des Leitgedankens holt dich daher im Alltag ab und kann als Einladung an DAS GANZ ANDERE kurze Eindrücke der Erlösung und des damit verbundenen grundlegenden Friedens bewirken. Damit öffnet sich die Tür für die »Stille«, die Tiefenschichten der »Leerheit« und gleichzeitig der »Fülle«.

Schließe bitte die Augen und rezitiere deinen ausgewählten oder »aktuellen« Leitgedanken laut oder leise in Gedanken. Als Beispiel verwende ich die bereits erwähnte Aussage aus meiner »Favoritenkiste«:

Nichts, was ich sehe, bedeutet etwas.[1]

Und nun lasse einfach geschehen, was geschieht. Lies keinen der vielen Kommentare oder die Erläuterung zu der zugrundeliegenden Lektion (verschiebe das ggf. auf später), vermeide die Versuchung, über das, was »geschieht«, seien es auftauchende Gefühle, Vorstellungen, Erinnerungen oder

---

[1] *Kurs 2019, Ü-I.1 Leitgedanke*

andere Wahrnehmungen, nachzudenken, Bedeutungen zu ergründen oder irgendetwas damit »zu tun«. Vielleicht geht es dir gerade blendend, alles läuft rund, dein Traumpartner ist in dein Leben getreten – oder es läuft gerade nicht so gut, dein Job nervt, die Familie ist unerträglich oder du bist sogar am Boden zerstört. Es spielt jetzt, in diesem Moment, keine Rolle.

Das LEBEN an sich, DEIN Leben, geht viel tiefer als alle diese Umstände. Der Leitgedanke hilft dir, diese »Umstände«, alles, was »da draußen« geschieht, zu unterscheiden vom LEBEN »darunter«. Darum ist er eine Einladung: eine Einladung an die WIRKLICHKEIT, die QUELLE, das LEBEN an sich, an GOTT.

Lass dich von der »Energie« des Leitgedankens tragen, wie von einer Welle, die dein »Sprechen« des Gedankens ausgelöst hat, und die langsam am Strand ausläuft. Vielleicht tauchen sanfte Gefühle auf, vielleicht fangen die Gedanken an zu toben: Das spielt keine Rolle. Fühle dich vielmehr nach »innen« gezogen, in die natürliche Richtung des Geistes.

Vielleicht möchtest du das wiederholen, wenn die »Welle am Strand ausläuft« – bis sich die Tür zur *Stille* öffnet, zum nächsten Schritt.

Aber Vorsicht, ab hier könnte eine »gähnende Langeweile« im Weg stehen! Willst du Erlösung? Möchtest du einen durch nichts zu erschütternden Frieden? ... ein dauerhaftes Wohlbefinden? Willst du eine vollkommene Ruhe, die nicht gestört werden kann?

Glaubst du das ernsthaft?! Schließlich haben wir uns an das Stakkato ständig auftauchender »Veränderungen« gewöhnt – Text- und Sprachnachrichten, Podcasts, Video-Sessions, Einladungen, Angebote ... nicht zu vergessen der Reiz des Surfens durch die einschlägigen Online-Medien. Das hat nachgewiesenermaßen Auswirkungen auf die Aufmerksamkeitsspanne. Sie ist so kurz wie niemals zuvor. Bist du wirklich davon überzeugt, dass du angesichts dieser Gewöhnung an ständig Neues überhaupt »Stille« willst – obwohl es das Einzige in dieser Welt ist, das sich nie verändert hat und sich nie verändern wird?

Die Stille und der Frieden des **Jetzt** *umhüllen dich in vollkommener Sanftheit. Alles ist vergangen, außer der Wahrheit.*[1]

Was geschieht, wenn du dich an einem Ort ohne jede Ablenkung vor eine schmucklose Wand setzt und nur auf sie schaust, ohne dabei irgendetwas zu tun, ohne jede »Technik«, ohne jede »Regel«, ohne Vorgaben oder irgendeine Festlegung, ohne körperliche und geistige Betätigung und völlig ohne Anstrengung oder Bemühen?

Die Vergebung ... ist still und tut ganz ruhig gar nichts ... Sie schaut nur und wartet und urteilt nicht.[2]

Nur schauen. Kein »Beobachten«, das hat zu sehr den Hauch des Analytischen, und insbesondere ist da kein »Beobachter« – da ist nur Schauen. Das selbstvergessene Schauen auf die Wellen am Strand kommt dem nahe, wenn das Kommen und Gehen als »eins« erfahren wird und die Veränderung, die Bewegung »verschwindet«. Nur Schauen, nichts und niemand, der schaut, kein vom »Schauenden« getrenntes »Geschautes«, die Trennung von Subjekt und Objekt hebt sich auf. Wie lange »geht das gut«? Ab wann taucht da ein Bedürfnis nach »Veränderung« auf – welcher Art auch immer? Wann meldet sich die Ungeduld? Nach einer Minute? Einer Stunde? Einem Tag? Bist du bereit für einen ganzen Tag der ungestörten Stille?

Vielleicht sind wir nun bereit für einen Tag der ungestörten Stille.[3]

Wenden wir uns nach dem Eingangsschritt, dem Eintauchen in die Erfahrungsqualität des Leitgedankens und dem »Abebben der Welle« etwas sanfter und weniger radikal der »Stille« zu. »Wir wollen still sein einen Augenblick, alles vergessen, was wir je gelernt ...« (Vgl. T-31.I.12) Beginnen wir also mit dem Aspekt der »enthaltenden und umfassenden Leerheit«, dem Aspekt der alles gewahr seienden Stille, die alles umschließt, und in der alles zu entstehen scheint.

---

[1] *Kurs 2019, T-16.VII.6:5-6*
[2] *Kurs 2019, Ü-II.1.4:1,3*
[3] *Ebd., Ü-II.273.1:1*

Richte dazu die Aufmerksamkeit auf eine direkte und offensichtliche Erfahrung: Horch auf einen Klang. Höre nur auf den Klang, der aus der umgebenden Stille entsteht und wieder in der Stille endet. Stelle einfach nur fest, dass du ihn hörst, dass du dir des Klangs bewusst bist. Und erlebe die Stille, die den jeweiligen Klang umgibt. Verwende als »Klang« einfach die natürlichen Geräusche der Umgebung. Oder nutze Klangschalen und ähnliche Hilfsmittel bzw. entsprechende Aufnahmen.

Die Stille ist ständig unverändert »da«, wie eine Leinwand immer da ist, auch wenn gerade ein Film läuft. Versuche nicht, sie als solche wahrzunehmen. Sobald du versuchst, die Aufmerksamkeit auf die Stille zu richten, »erzeugst« du ein »Etwas«, ein »Ding«, eine »Idee« ohne Bezug und daher ohne Bedeutung. Du »weißt«, dass du still bist – unabhängig von jedem Klang.

Wie kannst du mehr über die Erfahrung der Stille »hinter« dem Klang oder die Stille selbst herausfinden? Lenke dazu nicht die Aufmerksamkeit, sondern gehe dazu über, sie »zu entspannen«. Lass sie in ihre Quelle sinken, lass sie einfach »nach hinten fallen« und in ihrer Quelle ruhen – dem einfachen Gefühl des Seins, des »Still-Seins«.

Das stille Licht, in dem der HEILIGE GEIST in deinem Inneren wohnt, ist lediglich vollkommene Offenheit, in der nichts verborgen und deshalb nichts Angst erregend ist.[1]

Bleibe anfangs beim Aspekt des Hörens. Das mag ungewohnt sein, die meisten Menschen bevorzugen das Visuelle, sei es als äußere Eindrücke oder als innere Bilder in der Meditation. Aber wende dich zunächst der »akustischen Leerheit« zu, der Stille, die alle Töne und Geräusche »enthält«.

Stille in unserem Sinne beschränkt sich ganz offensichtlich nicht auf Geräusche und das Hören, sondern geht weit darüber hinaus. Und doch sind Klänge und Geräusche ein ausgezeichnetes Hilfsmittel, um die alles umhüllende Stille ohne Gegenteil zu erfahren – mithilfe von »künstlichen« Klän-

---

[1] *Kurs 2019, Vgl. T-14.VI.2:1*

gen oder durch die direkte Erfahrung der ganz gewöhnlichen Geräuschkulisse, die aus der Stille entsteht und wieder in ihr vergeht. Die Stille selbst bleibt, sie kommt und geht nicht.

Tu einfach dies: Sei still, und lege alle Gedanken darüber, was du bist und was GOTT ist, weg, alle Konzepte über die Welt, die du gelernt hast, alle Bilder, die du von dir selber hast.[1]

Wie das Zitat andeutet, sind Gedanken, Vorstellungen, Meinungen, Bilder sowie (im Fortgang der zitierten Textstelle) alle weiteren weltlichen Erfahrungen wie Sinneseindrücke, Empfindungen und Gefühle – ohne Ausnahme – ebenfalls die »Dinge«, die dabei helfen, den Aspekt der »Leerheit«, der Freiheit und des Friedens der Stille zu erfahren: Indem du alle »Dinge« weglegst oder vergisst. »Vergiss diese Welt, vergiss diesen Kurs, und komm mit völlig leeren Händen zu deinem GOTT.« (Ebd. 7:5)

Und schon geht das heftige Bemühen los zu vergessen, zu vermeiden, auf keinen Fall die Aufmerksamkeit darauf zu lenken, sich zu widersetzen ... Na schön, dann versuche doch mal, keinesfalls an rosa Elefanten zu denken. Auf geht's! Lege bitte sofort für eine Minute Stille jeden Gedanken an rosa Elefanten weg! Vergiss unbedingt alle rosa Elefanten und vermeide unter allen Umständen, dass ein Gedanke, ein Konzept oder ein Bild über rosa Elefanten auftaucht! Sobald du damit erfolgreich bist, dehne das, wie eingangs zitiert, aus: auf GOTT, auf die Welt und auf das, was du über dich selbst denkst!

Großartig! Herzlichen Glückwunsch, nun hast du ganz praktisch gelernt, dass Überzeugungskraft nur in der Erfahrung liegen kann (vgl. Ü-I.5.Wdh.Einl.12:3-4): Denn das war gerade der »Königsweg«, wie es garantiert *nicht* funktioniert, wie du die stets präsente Stille durch aktives Verdrängen und Vermeiden auch bei größter Anstrengung niemals erfahren wirst. Darum haben wir (zunächst) »akustisch« einen anderen Weg eingeschlagen: von der direkten Wahrnehmung hin zur »Entspannung der

---

[1] *Kurs 2019, Ü-I.189.7:1*

Aufmerksamkeit«, dem »Nach-hinten-Fallen« der Aufmerksamkeit in ihre »Quelle«, die Stille selbst. Das Hören bei geschlossenen Augen hat den unschätzbaren Vorteil, dass eine wesentliche Quelle von »Dingen«, die du automatisch »etikettierst« und damit zu Götzen ohne Substanz machst (vulgo: »Illusionen«), ausgeschlossen ist: die ganze Vielfalt der optischen Eindrücke.

Schließe also bitte die Augen und horche auf die Geräuschkulisse. Konzentriere dich ganz auf den Klang, ohne ihn zu klassifizieren, einzuordnen oder zu interpretieren. Da ist nur Klang, ohne jedes »Attribut«. Tauche ein in den direkten, unmittelbaren Klang. Genieße die Erfahrung für eine Weile, halte die Augen geschlossen – und überprüfe dann ein paar deiner Annahmen oder »Bilder, die du von dir selber hast« (s.o.):

»Wo« hörst du die Geräusche oder Töne? Sind sie von dir getrennt, außerhalb von dir, sind sie irgendwo »dort«? Oder erfährst du sie »hier«? Höre genau hin, mache daraus kein Konzept, keine intellektuelle Schlussfolgerung. Stelle vielmehr fest, wie du das unmittelbar erlebst.

Gibt es einen »Hörer«? Ein » Selbst«, das die Geräusche hört? Falls das deine Erfahrung ist: Ist der »Hörer«, das empfundene »Selbst«, vom Klang, von den Geräuschen getrennt? Kannst du eine »Trennlinie« festlegen? Lass dir ein wenig Zeit, um die Erfahrung jenseits der Vorstellungen zu ergründen.

Bei weiterhin geschlossenen Augen: Welches Empfinden liefert dir die Information, dass »Trennung« vorhanden ist? Mit dieser Frage entspanne die Aufmerksamkeit wieder auf die Geräusche, lasse sie los – und sei unbewegte » Stille «.

Tag 256

Kaffeetassenexperiment

Wir haben geglaubt, die Form könne den *Inhalt* in sich fassen, der Geist könne in einem Körper wohnen, die LIEBE könne sich Bedingungen beugen, die Gegenwart könne von Vergangenheit und Zukunft begrenzt sein.

»GOTT IST« scheint uns in tausende Splitter zersprungen zu sein, von denen jeder einzelne die Welt der Trennung und damit die Abermillionen Formen spiegelt, welche »das Leben« eine Weile in sich zu bergen scheinen, um mit ihm im Tod zu enden.

Aber GOTT IST. Die Zersplitterung ist nur ein Traum. Also machen wir uns auf, uns – scheinbar jeder für sich – daran zu erinnern, dass »nichts geschehen ist«, finden die Reflexionen der WAHRHEIT in uns, erleben die heiligen Augenblicke der Zeitlosigkeit und beginnen, den einzigen Traum zu träumen, der ins Wachsein führt:

Hier können wir nur träumen. Wir können jedoch träumen, dass wir dem vergeben haben, in dem jede Sünde weiterhin unmöglich bleibt, und das ist es, was wir heute zu träumen beschließen. GOTT ist unser Ziel;[1]

Mit dem »GOTT IST« als Ziel bekommt mein Traum eine Richtung in die Transzendenz aller meiner weltlichen Ziele, die ich aufgestellt hatte, um die Trennung zu bestätigen (meine unmögliche »Sünde«). Nichts muss mehr für »mein Ziel« aussortiert, bekämpft, überwunden, besiegt oder auch nur erreicht werden: Mein einziges Ziel ist jetzt die Akzeptanz dessen, was IST. Alle gerichtete Bewegung darf dahinein münden und dient jetzt diesem Ziel.

Die Formen der Welt, besonders auch der eigene Körper und der des Bruders, verlieren ihr »Jedes-für-Sich«, sie enthalten nicht weiter den *Inhalt*

---

[1] *Kurs 2019, Ü-II.256.1:7-9*

108

ihrer Bedeutung, sondern die einzige BEDEUTUNG enthält sie und nutzt sie für die Erinnerung an den EINEN GEIST. Alles Schauen wird ein Zurückgeben an diese BEDEUTUNG, ein Wieder-Verbinden, ein Entlassen aus der Getrenntheit.

Im Kapitel sieben spricht Jesus wieder einmal in der Ich-Form, und bietet sich als BRUDER an, der uns seinen »Willen zum wahren Teilen« zur Verfügung stellt – den Willen des CHRISTUS, unseres eigenen SELBSTES, in dem alle Ziele vollständig transzendiert sind. Diese gedankliche Kette: Jesus – CHRISTUS – unser SELBST ist ja schon ein sprechendes Beispiel für den sanften Weg der Vergebung, auf dem die Trennung als Heilung in unserem Geist allmählich aufgehoben und der Körper (Jesus) als Idee in unserem Geist zum CHRISTUS transzendiert wird.

In der Kommunion will ich nicht meinen Körper mit andern teilen, weil das heißt, nichts zu teilen. Würde ich je versuchen, eine Illusion mit den allerheiligsten Kindern eines allerheiligsten Vaters zu teilen? Hingegen will ich meinen Geist mit dir teilen, weil wir eines GEISTES sind, und dieser GEIST ist unser. Sieh überall nur diesen GEIST, weil nur dieser überall und in allem ist. Er ist alles, weil er alle Dinge in sich schließt.[1]

Nicht die Form birgt den *Inhalt*, sondern sie ist als Idee in unserem Geist selbst ein Aspekt des EINEN GEISTES. Und das sieht die »Schau«, wenn sie auf »die Dinge« blickt. Probier's aus. Lass deinen Geist durch die Formen fließen und mit IHM verbunden bleiben dabei. Der Kaffee bleibt trotzdem in der Tasse! Wetten, dass?

---

[1] *Kurs 2019, T-7.V.10:7-11*

Tag 257

Don Quijote auf Kurs

Das Leben scheint uns zu zwingen, gegen die »Druckwelle« der unterschiedlichsten Interessen, mit denen wir täglich konfrontiert sind – gegen den Willen des »Anderen«, der meist etwas anderes will als ich, und der daraus kommenden grundsätzlich chaotischen Kommunikation, die im Wahnsinn des ganz gewöhnlichen Alltags diese Druckwelle manchmal zum Tsunami werden lässt aus nicht Nachvollziehbarem, Unlogischem, emotional Unterlegtem, verschiedene Botschaften gleichzeitig Transportierendem, maßlos Forderndem, Attackierendem, Ignorierendem oder einfach Unausgegorenem ... wir sehen uns also gezwungen, gegen diese Druckwelle eine Art Gegendruck aufzubauen, der uns den Stress vom Hals hält. Wir haben die Fähigkeit entwickelt, auch im größten Wirrwarr einen schützenden Schild hochzuhalten, der das Unverständliche, Unangenehme oder Angreifende abweist und die klaren Strukturen herausfiltert, an denen wir uns orientieren können. »Verstand« ist ja eigentlich kein schlechtes Wort dafür.

Stets bereit, diesen Schild hochzuziehen und den Speer des eigenen Willens nach vorn zu richten, um die eigenen Interessen zu vertreten, werden wir zu wahren Don Quijotes der Schöpfung, die so manche Windmühle erlegt haben, aber dabei nie so richtig glücklich geworden sind.

Da ist tatsächlich noch etwas in uns, das etwas anderes »will« als Druck und Gegendruck zu erzeugen, um mit ihnen dem »eigenen Willen« eine Richtung geben zu können. Es ist unser wahrer Wille, der einfache *Impuls* des Geistes, die Liebe, die er IST, auszudehnen.

Dagegen ist unser »privater Wille« nur der Traum eines »eigenen Willens«, der durch das unterdrückende Verleugnen des wahren *Impulses* scheinbar in verschiedene Richtungen »will«.

Also ist mein Wille ständig im Konflikt der beiden Lesarten »privater Wille« oder »geeinter Wille«.

Und das kann nur weh tun:

Niemand kann widersprüchlichen Zielen dienen und ihnen gut dienen. Noch kann er funktionieren ohne tiefe Not und schwere Depression.[1]

Der Vorschlag der Lektion ist, uns auf unseren »eigentlichen« Willen zu besinnen, und damit auf unseren wahren Sinn und Zweck. Das ist gleichbedeutend mit dem Ende des Konflikts, weil der Traum vom »privaten« Willen einfach nur zu sich selbst, zum wahren Willen erwacht.

Lass uns deshalb entschlossen sein, uns daran zu erinnern, was wir heute wollen, auf dass wir unsere Gedanken und Taten auf bedeutungsvolle Weise vereinheitlichen mögen und nur das erreichen, was GOTT möchte, dass wir heute tun.[2]

Was bleibt dennoch immer wach, auch wenn wir den Schutzschild des »eigenen Willens« hochreißen, was hält uns im Licht des EINEN SEINS, auch wenn wir gegeneinander anrennen? Was trägt uns, auch wenn wir gerade keinen Zugang finden zu einem »gemeinsamen Willen«?

Laden wir das Kontinuum unseres *Willens* vertrauensvoll in die Ruhe unseres Gewahrseins ein, auf dass ER uns alles zeige, was wir sehen müssen, um zu *sehen*. Die Einladung ist unser druckfreier »Wunderimpuls«:

Jeder Tag sollte Wundern gewidmet sein. Der Zweck der Zeit ist, dir die Möglichkeit zu geben, zu lernen, wie du die Zeit konstruktiv verwenden kannst. So ist sie denn eine Lehreinrichtung und ein Mittel zum Zweck. Die Zeit wird aufhören, wenn sie nicht mehr nützlich ist, um das Lernen zu erleichtern.[3]

---

[1] *Kurs 2019, Ü-II.257.1:2-3*
[2] *Ebd., 1:4*
[3] *Ebd., T-1-I.15:1-4*

111

GOTT IST

Zwei Tage, nachdem die Lektion 256 für mich festgestellt hat, dass GOTT mein einziges Ziel ist, werde ich heute bereits angehalten, mich an dieses Ziel zu erinnern. Anscheinend werde ich als ausgesprochen vergesslich eingestuft – und das zu Recht! GOTT als mein »einziges Ziel« ist nicht gerade das, was mir permanent im Sinn ist, eher schon die Agenda meiner »kleinen Ziele«, die ich heute erreichen will, beim Einkaufen nicht wieder die Hälfte zu vergessen zum Beispiel. XY von YZ zu grüßen, den Termin um 13 Uhr abzusagen, beim Schwimmen nicht wieder bei dreihundert Metern Ausreden zu erfinden, warum ich aufhören darf, den Tischler wegen der kaputten Tür anzurufen usw.

Pause. Leg doch mal deine Hand auf deinen Oberschenkel. Was fühlst du? Den Stoff deiner Hose, die Beinmuskulatur oder vielleicht die Beschaffenheit der Haut deines Oberschenkels? Eigenartig, oder? Wie selbstverständlich gehen wir davon aus, dass, wenn »ich fühle«, meine Hand den Oberschenkel fühlt und nicht umgekehrt der Oberschenkel die Hand! Da ahnt man schon, wie künstlich durchkonstruiert unser »Ich« ist, das da fühlt und denkt und angeblich auch »ist«.

Dieses klitzekleine, unscheinbare »ist« soll unser Ziel heute sein, allerdings das einzige »ist«, das tatsächlich IST und das wir unter all unseren Pseudo-Ists versteckt halten, bis der Arzt kommt:

Die Erinnerung an IHN ist in unserem Geist versteckt, verschleiert durch unsere zwecklosen kleinen Ziele, die nichts bieten und die nicht existieren.[1]

In der Welt gibt es kein »ist«, und trotzdem suchen und behaupten wir es hier. Das »ist« hat für uns die Funktion eines Hämmerchens, mit dem

---

[1] *Kurs 2019, Ü-II.258.1:2*

unser Ich permanent auf denselben Nerv klopft, auf dass er in dieser Monotonie stumpf werde und ins Vergessen gerate. Das Wetter ist schön, das Leben ist hart, der Urlaub ist verdient, die Krankheit ist über mich gekommen und der Tod ist das Ende vom Lied. Wir behaupten, von Tatsachen zu sprechen, wenn wir die Bilder, die wir in unserem Geist entwerfen, mit ausreichend vielen anderen teilen können, die uns bestätigen, dass wir keine Gespenster, sondern Realitäten sehen.

Aber fühl noch mal in deine Hand bzw. in deinen Oberschenkel hinein. Kannst du sozusagen zwischen den beiden »Fühlern« das wahre »Ist« spüren? Irgendetwas ist da ganz ruhig, behauptet weder, zur einen noch zur anderen Seite zu gehören, und ist doch auch in beiden. Es gibt eine Mitte, die kein Ziel hat, weil sie das Ziel IST. Von der Hand oder dem Oberschenkel aus »erfühlt«, ist diese Mitte etwas Fließendes, kein »Etwas«, sondern der Ort, an dem dies wahr wird:

Geben und Empfangen sind in Wahrheit eins.[1]

Auch wenn wir den grenzenlosen Raum der Stille direkt erfahren, in dem unser Gewahrsein zur Ruhe kommt und unendliche Ausdehnung erfährt, hat er immer noch einen »Rand«, an dem Geben und Empfangen endgültig zusammenfallen und eins werden. Hier ist die ewige QUELLE und das ist unsere vergessene Beziehung zu GOTT, dem gegenteilslosen IST.

Diese Beziehung wieder zu erinnern und als einziges »Ziel« zu akzeptieren, bittet uns die Lektion. Die Öffnung des »Randes« unseres Gewahrseins lädt die heilenden Wunder in unser Leben ein:

Wunder machen die Geister eins in GOTT. Sie sind auf Zusammenarbeit angewiesen, weil die SOHNSCHAFT die Summe all dessen ist, was GOTT erschaffen hat. Daher spiegeln Wunder die Gesetze der Ewigkeit wider, nicht die der Zeit.[2]

---

[1] *Kurs 2019, Ü-I.108*
[2] *Ebd., T-1.I.19:1-3*

113

Das »Etwas«, das wir sind

Das »Etwas«, das wir sind

Wo der gebend-empfangende Rand unseres Gewahrseins eigentlich offen für die QUELLE ist, in den »Zwischenräumen« der unzähligen Aspekte des *einen* Lebens – an der Öffnung aller Dinge zur EWIGEN MITTE – genau da haben wir die Grenzen zwischen uns und der QUELLE und damit auch untereinander gezogen.

Um diese Grenzen endgültig »wahr« zu machen und die lebendige MITTE ins Vergessen zu schicken, haben wir den Gedanken der »Sünde« als Wächter aufgestellt, jeden der Schuld anzuklagen, der diese Grenzlinien übertritt.

Nicht wieder gut zu machende Schuld ist uns wichtig zum Erhalt unseres Denksystems. Die »Sünde« ist kein spezielles Fehlverhalten, das mit irgendeinem Höllenfeuer bestraft wird, sondern unser Trumpf-Ass gegen die WAHRHEIT, die Idee, die GOTTES Gedanken auszulöschen scheint.

Die Sünde ist der einzige Gedanke, der das Ziel GOTTES unerreichbar scheinen lässt.[1]

Der Gedanke der »Sünde« ist immer wieder benutzt worden, bestimmte Wertesysteme wie das christliche durchzusetzen. Derjenige hat die Macht, der die Grenze definiert und damit unhinterfragbare Werte aufstellt. Ist Stehlen noch ein »Fehler« oder schon eine Sünde? Ist Ehebrechen ein Fehler, eine Sünde, ein Kavaliersdelikt oder das »Must-have« einer modernen Beziehung? Wer zieht die Grenze? Wie ist das heute? Ist es schon unverzeihlich, beispielsweise das N-Wort auszusprechen oder werde ich da noch begnadigt? Wer glaubt, unsere Zeit habe Kategorien wie die »Sünde« überwunden, der ist betriebsblind.

Deswegen verzichtet der Kurs nicht auf das Wort »Sünde« – weil es unsere eigene Idee ist, die wir noch nicht aus unserem Geist entlassen haben und

---

[1] *Kurs 2019, Ü-II.259.1:1*

die uns den Weg in die LIEBE versperrt. Mit dieser Einsicht können wir Luft holen und die Radikalität sehen, in der unser eigentlicher »Zustand« jenseits der »Sünde« vom Kurs beschrieben wird:

Die Sünde gab dem Körper Augen, denn was gibt es, das die Sündenlosen sehen möchten? Wozu bedürfen sie der Anblicke oder Geräusche oder der Berührung? Was möchten sie hören, oder wonach möchten sie greifen? Was möchten sie denn überhaupt empfinden? Empfinden ist nicht erkennen. Und die Wahrheit kann nur mit Erkenntnis und mit sonst nichts erfüllt sein.[1]

Unsere gesamte Welt »ruht« auf dem Gedanken der Sünde, solange wir die Getrenntheit und damit unser Welt- und Selbstbild als »wahr« behalten wollen. Es ist also nicht der Kurs, der uns mit diesen antiquiert wirkenden Wörtern malträtieren will. Es sind unsere eigenen grenzenziehenden und abweisenden Wörter und Ideen, die uns von der QUELLE fernhalten sollen.

Wir können im schlimmsten Fall sogar unseren Verstand verlieren an dem Wirrwarr dieser Welt, aber unser Gewahrsein kann seine wesentliche Eigenschaft, im gebenden Empfangen offen zu sein für die LIEBE GOTTES, nie einbüßen. So habe ich es auch zum Beispiel mit den an Demenz erkrankten Brüdern erlebt, in denen immer »etwas« spürbar ganz und heil geblieben ist. Sündenlos. Unschuldig. Unverletzlich.

»Etwas«, das wir gemeinsam SIND.

Der SOHN GOTTES mag zwar spielen, dass er zu einem Körper wurde, zu einer Beute des Bösen und der Schuld, mit nur einem kleinen Leben, das im Tode endet. Doch all die Zeit leuchtet sein VATER auf ihn und liebt ihn mit einer ewiglichen LIEBE, die seine Vorspiegelungen überhaupt nicht ändern können.[2]

Wie wunderbar, wenn unser Gewahrsein dieses Licht einlässt.

---

[1] *Kurs 2019, Ü-II.4.1:4-9*
[2] *Ebd., 4:3-4*

Eine Frage des Copyrights

Da ist er wieder, der Satz, der vom Kurs als treffende Beschreibung meiner wahren Identität herausgehoben und entsprechend in regelmäßigen Abständen wiederholt wird: »Ich bin, wie GOTT mich schuf.« (Vgl. z.B. Lektionen 94, 110 und 162)

Das kann natürlich auch nerven. Für mich bedeutet allein dieses hölzerne »schuf« eine echte Herausforderung. Aber irgendwie war es noch immer klug, anzunehmen, dass der Kurs weiß, was er mir anbietet und warum. Offenbar ist die Botschaft elementar:

Vater, ich habe mich nicht selbst gemacht, obwohl ich in meinem Wahnsinn dachte, ich hätte es getan.[1]

Habe ich das wirklich gedacht? Nicht, dass ich wüsste. Im freundlicherweise vom Kurs ausgehenden Lichtkegel der *einen* Wahrheit betrachtet, muss ich allerdings einsehen, dass ich die Ursache aller Dinge, Geschehnisse und des Lebens selbst tatsächlich höchst eigeninitiativ in die Welt verlegt habe, die ich durch genau diese kreative Idee »erschaffen« habe. Das verdient in der Tat den Namen »Urknall«, beim Teutates!

Die Ursache ist nicht getrennt von ihrer Wirkung, der Gedanke kann sich nicht von seiner Quelle trennen, der Geist bleibt integer, was auch immer ich mir da einbilde.

Unter der behutsamen Führung des heil gebliebenen GEISTES weitet sich mein Gewahrsein aus, wird tiefer und heller, bekommt ein Gespür für seine Grenzenlosigkeit, die vom Körper nicht gefangengenommen werden kann. Der Anblick des Blattes am Baum macht mich eins mit ihm, der Gedanke an einen Verstorbenen heißt ihn im wahren Leben willkommen.

---

[1] *Kurs 2019, Ü-II.260.1:1*

Die QUELLE ist ewig mit uns als DIESELBE EINE, und so sind WIR verbunden. Spürbar, lebbar, wunderbar.

Die »Schau des Gottessohnes« hat den Rand des Gewahrseins dem Licht der WAHRHEIT geöffnet, und nirgends ist das schöner beschrieben als im Abschnitt: »Der vergessene Gesang«:

Jenseits des Körpers, jenseits der Sonne und der Sterne, hinter allem, was du siehst, und doch irgendwie vertraut, wölbt sich ein Bogen goldenen Lichts, der sich, während du schaust, zu einem großen, leuchtenden Kreis ausdehnt. Und der ganze Kreis füllt sich mit Licht vor deinen Augen. Der Rand des Kreises löst sich auf, und was darin ist, wird nicht mehr zurückgehalten.[1]

Dieses »Jenseits« ist nicht außerhalb der Dinge, die wir hier wahrnehmen, sondern ist deren Wahrheit, die »geschaut« und als Heilkraft erlebt werden kann.

Das Licht breitet sich aus und bedeckt alles, dehnt sich unendlich aus und leuchtet immerdar, ohne dass irgendwo eine Grenze oder Unterbrechung wäre. Darin ist alles in vollkommener Kontinuität verbunden. Und es ist unvorstellbar, dass irgendetwas außerhalb sein könnte, denn es gibt keinen Ort, wo dieses Licht nicht wäre.[2]

Um das zu schauen, brauche ich nicht mehr zu tun als das Copyright zu respektieren. ER ist die QUELLE, ICH bin der Fluss, in dem keine Grenzen mehr gezogen werden zwischen dir und mir.

---

[1] *Kurs 2019, T-21.I.8:1-3*
[2] *Ebd., 8:4-6*

Tag 261

In Sicherheit

Gestern habe ich mit einer Frau gesprochen, die von ihrer vier Jahre langen Flucht aus Afghanistan vor zwanzig Jahren erzählt hat. Auf der letzten Etappe musste sie viele Stunden lang mit ihren Kindern stehend in einem Schweinetransporter, zusammengepfercht mit viel zu vielen andern Flüchtlingen verbringen. »Du siehst den Tod«, sagt sie. Noch heute kann sie keine enge Kleidung tragen und nutzt jede freie Minute, irgendwo hinzufahren, wo sie sich frei bewegen kann, zum Tanzen, ans Meer, in die Berge.

Sie hat die Zerbrechlichkeit des Körpers drastisch erfahren wie wir alle es früher oder später, hoffentlich in milderen Formen erleben werden. Und sie hat die Bedingtheit des Sicherheitsgefühls gesehen, das wir in der Identifikation mit dem Körper haben.

»Ich bin kein Körper, ich bin frei« (Ü-I.199), das haben wir ja jetzt schon oft gehört. Wie sieht's bei dir mit der Akzeptanz dieser Nachricht aus? Wo ordnest du dich ein auf einer Skala von eins bis zehn, wenn eins wäre: »abstrakte Botschaft, erlebe ich so nicht«, und bei zehn stünde: »Erlebe ich genau so als eine Selbstverständlichkeit«?

Ich habe ja schon mehrfach die Stelle aus der Lektion 91 zitiert, in der die Frage gestellt wird, was wir, wenn wir den Körper nicht mehr zur Identifikation benutzten, denn dann seien? Dass wir eine erlebbare Alternative brauchen, um unsere eingeübte und gewohnte Körper-Identität abzulegen, darin bestärkt uns der Kurs:

Du brauchst eine wirkliche Erfahrung von etwas anderem, von etwas, das sicherer und solider ist, deines Glaubens würdiger und wirklich da.[1]

---

[1] *Kurs 2019, Ü-I.91.7:4*

Heute wird noch einmal genauer gesagt, was es braucht, damit ich bereit bin, »mich« nicht weiter mit dem Körper als identisch zu erleben:

Ich werde mich da erblicken, wo ich meine Stärke wahrnehme, und denken, ich lebe in der Zitadelle, in der ich sicher bin und nicht angegriffen werden kann.[1]

Mit den Augen der Schau sehe ich »mich« in allen Dingen als das Kind der LIEBE SELBST. Daraus wird eine »Zitadelle«, ein unangreifbarer Ort der Sicherheit in genau dem Maß, in dem ich meine Angriffsgedanken ablege und DIESELBE LIEBE über und in allem sehe.

Der heilige Augenblick ist deine Einladung an die Liebe, in dein ödes und freudloses Reich einzukehren und es in einen Garten des Friedens und Willkommens zu verwandeln. Die Antwort der Liebe ist unvermeidlich. Sie wird kommen, weil du ohne den Körper gekommen bist und keine Schranken dazwischenstelltest, um ihr frohes Kommen zu behindern. Im heiligen Augenblick bittest du die Liebe nur um das, was sie jedem schenkt, weder weniger noch mehr. Da du um alles bittest, wirst du es empfangen.[2]

Wenn wir uns für einen kurzen Moment mit zu den Flüchtlingen in den Schweinetransporter stellen – leise weinende Kinder kauern am Boden zwischen den Beinen der Erwachsenen, wo kaum noch atembare Luft vorhanden ist – knicken wir da noch ein? Oder halten wir es für möglich und hilfreich, gerade an diesem Ort tief durchzuatmen mit dem, was wirklich DA ist, sicherer und solider als der Körper?

---

[1] *Kurs 2019, Ü-II.261.1:2*
[2] *Ebd., T-18.VIII.11:1-5*

119

Der kleine Unterschied

Typisch Kurs, er erklärt sein Vorgehen nicht lange: Der Leitgedanke heute konfrontiert uns mit einem scheinbaren Paradox (»keine Unterschiede wahrnehmen«). Offensichtlich ist das Vertrauen in uns so groß, dass uns das zugemutet werden kann. Immerhin wurde ja bisher einiger Aufwand betrieben, uns nahezubringen, dass »wahrnehmen« gleichbedeutend mit »Unterschiede machen« ist. »Keine Unterschiede wahrnehmen« zu sollen, lässt den lieben Egon straucheln wie beim Tritt auf die Bananenschale! Und genau das soll er auch!

Wir sind keine Greenhorns mehr, unser Geist ist vorbereitet auf die Konfrontation mit dem Dilemma, das wir selbst erfunden haben: Die Trennung schließt die Einheit aus und die Einheit scheint die Trennung ebenso auszuschließen. Da zwickt das Leben und zwackt es, bäumt sich auf, wird krank und depressiv, führt Kriege, um doch genau an dieser Schnittlinie zwischen geeintem und gespaltenem Geist zu sterben, und in anderer Form neu geboren im selben Hamsterrad wieder Vollgas zu geben.

Mobilisiere mal alles in dir, was du mit der »Schau« verbindest und höre dann noch einmal hin: »Lass mich heute keine Unterschiede wahrnehmen.« (Ü-II.262)

Die Schau leugnet nicht die unterscheidende Wahrnehmung, sondern heilt sie und damit hebt sie die Unterschiede in einem hilfreichen, individuell praktischen Prozess auf – wahre Wahrnehmung ist Wundergesinntheit:

Heilen ist der Weg, den Glauben an Unterschiede aufzuheben, und das ist der einzige Weg, die SOHNSCHAFT als eins wahrzunehmen. Diese Wahrnehmung ist daher im Einklang mit den Gesetzen GOTTES, sogar in einem Geisteszustand, der nicht im Einklang mit dem SEINEN ist. Die Stärke der richtigen Wahrnehmung ist so groß, dass sie den Geist in

Einklang mit dem SEINEN bringt, weil sie SEINER STIMME dient, die in euch allen ist.[1]

Uns »als EINS zu sehen«, ist also alles andere als die Aufforderung, Unterschiede zu verleugnen, sondern wie immer nur der Hinweis auf die Möglichkeit, den eigenen Geist der Heilung zu öffnen. Dabei werden alle Unterschiede, die mir meine Wahrnehmung zeigt, lediglich einem anderen Zweck gewidmet als bisher. Nicht mehr die Bestätigung, sondern die Aufhebung der Trennung ist jetzt Sinn und Zweck. Die Unterschiede der körperlichen Welt sind in diesem Sinne sogar notwenig, um zurückzukehren:

Der Körper ist das Mittel, durch welches GOTTES SOHN zur geistigen Gesundheit zurückkehrt. Obwohl er gemacht wurde, um ihn ohne Entrinnen in der Hölle einzuzäunen, so wurde doch das Ziel des HIMMELS gegen das Streben nach der Hölle eingetauscht. Und GOTTES SOHN streckt seine Hand aus, um seinen Bruder zu erreichen und ihm zu helfen, den Weg mit ihm entlangzugehen. Nun ist der Körper heilig. Nun dient er dazu, den Geist zu heilen, den zu töten er gemacht ward.[2]

Immer wieder betont der Kurs die Notwendigkeit, sich dem Bruder hilfreich zuzuwenden. Der »Andere« ist eben der »Unterschied«, den wir am zögerlichsten heilen lassen, weil wir zu Recht befürchten, dass wir damit die Projektionsfläche für unsere Schatten aufgeben. Aber was soll's! Riskieren wir ein schattenloses Dasein!

---

[1] *Kurs 2019, T-7.IV.5:5-7*
[2] *Ebd., Ü-II.5.4:1-5*

Bruder Grashalm

Der Kurs sagt uns, dass von uns kein blinder Glaube gefordert ist. Was wir unter seiner Anleitung versuchen anzuwenden, muss seine Zeugen bringen, um uns im wahrsten Sinne des Wortes zu über-zeugen. In diesem Sinne wird es heute praktisch: Wir sind gebeten, die »Schau« konkret auszuprobieren:

Meine heilige Schau sieht alle Dinge als rein.[1]

Woher kann diese »Reinheit« kommen? Wir sind uns sicher einig, dass es Dinge gibt, die wir nicht so ohne weiteres als »rein« bezeichnen würden. Eine »reine« Streubombe oder ein »reiner« Wortbruch sind ja doch eher sich selbst widersprechende Vorstellungen.

Aber die Lektion ist da kompromisslos: alle Dinge. Gutes und Böses, Ernährendes und Vergiftendes, Liebevolles und Abweisendes, Ästhetisches und Ekelerregendes: Alles kann als »rein« geschaut werden.

In unserer gewohnten Sicht »hängen« alle Dinge am Todesgedanken und halten sich irgendwo in der Zeit auf: So nehme ich sie wahr. Aber diese »existentiellen Bedingungen« schiebe ich ihnen permanent selbst unter, und damit übersehe ich, dass »alle Dinge« lediglich »Erscheinungen« sind, die erst durch meine Beurteilung für mich »wahr« werden, zu »Dingen«, die objektiv da sind, außerhalb meines Geistes.

Alles Wahrgenommene hat also das Potential, mir ein »Außen« vorzugaukeln, das es schlicht und ergreifend nicht gibt:

*Erscheinungen täuschen, **weil** sie Erscheinungen sind und keine Wirklichkeit. Halte dich nicht auf mit ihnen, in welcher Form auch immer.*[2]

Die Form der »Erscheinungswelt«, an der wir wohl alle am meisten hängen, ist der Körper. Wir haben wohl alle mit ihm auch schöne Stunden erlebt.

---

[1] *Kurs 2019, Ü-II.263*
[2] *Ebd., T-30.IV.5:1-2*

122

Aber musss ich aus Treue zu dieser Erfahrung die Wirklichkeit leugnen? Auch der Körper ist eine »Erscheinung« in meinem Geist und existiert nicht als »objektive Wahrheit«.

Der Körper ist ein Traum. Wie andere Träume scheint er manchmal das Glück darzustellen, doch kann er ganz plötzlich in Angst umschlagen, wo jeder Traum geboren wird. Denn nur die Liebe erschafft in Wahrheit, und Wahrheit kann nie fürchten.[1]

Wir können die »Schau« mit allen Dingen üben, die uns begegnen. Für mich ist zum Beispiel ein einzeln stehender Grashalm ein leichter Zugang zur Schau, einfach, indem ich still mit ihm kommuniziere und ihn gleichzeitig in seiner Zerbrechlichkeit und seinem unendlichen Geborgensein sehe, wenn er vom Wind leise hin- und herbewegt wird. Wenn ich dann »sein Eigentliches« sehe, ist da diese Verbundenheit, für die diese Form der Erscheinung nur eine geduldige Vermittlerin gewesen ist.

Jeder hat seine eigenen Erfahrungen damit. Je weniger »rein« nach unserer Beurteilung die Dinge sind, desto herausfordernder wird das »Schauen«, je mehr der »andere Wille« eine Rolle spielt, und desto heftiger er vermeintlich gegen meinen Willen agiert, um so unmöglicher scheint es, die »Schau« aufrechtzuerhalten.

Wunder helfen dabei. Die Erfahrung der Wunderwirksamkeit der »Schau« lässt uns entschiedener werden, die »Reinheit« aller Dinge sehen zu wollen. Einfach weil wir direkt sehen, dass unser Vertrauen gerechtfertigt ist.

Wunder transzendieren den Körper. Sie sind plötzliche Verlagerungen von der Ebene des Körpers weg ins Unsichtbare. Deswegen heilen sie.[2]

Auch und gerade das Garstige, Unschöne, Kranke, Aggressive, das uns immer weniger täuschen kann in dem, was es hinter seiner Erscheinungsform geblieben ist: reine Liebe in SEINER Sicht.

---

[1] *Kurs 2019, Ü-II.5.3:1-3*
[2] *Ebd., T-1-I.17:1-3*

Umweg über Gott

Überall nur Liebe. Davon hat die Hippie-Szene der 1960er und -70er Jahre auch geträumt. Hätte es den Kurs damals schon gegeben, wären vielleicht viele von ihnen über die heutige Lektion erstaunt gewesen, die zwar einen Gott braucht, um die Ekstase plausibel zu machen, diese aber ziemlich schön beschreiben kann – als Eintauchen in die Glückseligkeit:

Die Zeit verschwindet in DIR, und der Ort wird ein bedeutungsloser Glaube.[1]

In der Liebe aufzugehen, ganz in ihr zu verschwinden, der Wunsch scheint uns zu einen. Kann man also sagen: Das einzig wahre Bedürfnis, das wir haben, ist das nach Liebe?

Bei der Antwort wären die Hippies sehr wahrscheinlich mit einem glasklaren »Ja« entschieden schneller gewesen als der Kurs. Die Psychologie – schon voller Bedenken – würde vielleicht sagen »Ja, aber ...«, und der gute Egon würde auf die Realität in ihrer Gänze verweisen und der Liebe einen wichtigen, aber peripheren Platz im Überlebenskampf zuteilen.

Der Kurs kann ja gar nicht anders als uns mit seiner Antwort zu überraschen – wie immer. Wenn ich mir Jesus in einem entsprechenden Interview vorstelle, würde er vielleicht sagen: »Nach Liebe habt ihr kein Bedürfnis, man bedarf ja nichts, was in Hülle und Fülle vorhanden ist, schon gar nicht, wenn es das Einzige ist, was da ist«.

Man kann an dieser Stelle überlegen, ob man weiterfragen will. Die Antwort auf die nächste naheliegende Frage wird wahrscheinlich eher ernüchtern: »Was ist denn dann unser wahres Bedürfnis?«

Solange ein Bedürfnis nach der SÜHNE besteht, so lange besteht das Bedürfnis nach der Zeit. Die SÜHNE aber steht als vollständiger Plan

---

[1] *Kurs 2019, Ü-II.264.1:3*

in einer einzigartigen Beziehung zur Zeit. Bis die SÜHNE vollendet ist,
vollziehen sich ihre verschiedenen Phasen in der Zeit, die ganze SÜHNE
aber steht am Zeitenende. An jenem Punkt ist die Brücke zur Rückkehr
erbaut.¹

Hoppla. Spürst du ein »Bedürfnis nach Sühne«? Eine schöne Gelegenheit, das »Kleben« an Wörtern und den mitgebrachten Assoziationen aufzugeben. Den Segen der Vergebung haben wir alle vielfach erlebt. Vielleicht hilft es, »Sühne« zu übersetzen mit dem kompromisslosen Fallenlassen des Schuldgedankens in allen seinen Formen und auf allen Ebenen – eben um die Liebe in ihrer Allanwesenheit erinnern zu können. Mein »einziges Bedürfnis« ist, der Erinnerung an unsere wahre Natur nicht weiter mit dem träumenden und Ego-nährenden Schuldgedanken zu verstellen.

Nur ein Bedürfnis in dir und damit in mir wahrzunehmen, hinter allem Anschein, den das »Bedürfnis« auf der Formenebene annehmen kann, das ist und bleibt der Weg »über den Bruder«, den der Kurs vorschlägt, um in die Erinnerung zu kommen:

So, wie du die Bedürfnisse deines Bruders deutest, deutest du auch
*deine. Indem du Hilfe gibst, bittest du darum, und wenn du nur **ein***
Bedürfnis in dir selber wahrnimmst, wirst du geheilt sein. Denn du
wirst GOTTES ANTWORT so begreifen, wie du SIE haben möchtest, und
wenn du SIE in Wahrheit willst, wird SIE wahrhaftig dein sein.²

Der Kurs macht mit uns eben einen kleinen Umweg über GOTT mit zeitraubenden Abstechern zum Bruder. Nicht schlimm. Der »Raub« der Zeit ist in Wahrheit eine Zeitersparnis. Alle Wege führen nach Hause, dahin, wo wir schon sind: Du, GOTT, und sogar ich, man glaubt es kaum.

Ich bin umgeben von der LIEBE GOTTES.³

---

¹ *Kurs 2019, T-2.II.6:7-10*
² *Ebd., T-12.I.7:1-3*
³ *Ebd., Ü-II.264*

Tag 265

Sanfter Mut

Woraus kann eine Sanftmut kommen, die ohne jeden Zweifel sanftmütig bleibend auf die Schreckensbilder dieser Welt schaut? Hast du die Sanftmut schon einmal empfunden, wenn du abends die Nachrichten im Fernsehen anschaust? Vielleicht sagst du »ja«, und ich glaube dir das sofort, aber die Frage bleibt doch: Woraus kann diese Sanftmut kommen?

Wir haben uns ja mittlerweile an den Gedanken gewöhnt: Die Welt ist eine Projektion unseres Geistes. Eigentlich ist das gesamte Textbuch der gigantische Versuch, uns mit dieser im wahrsten Sinne des Wortes weltfremden Idee anzufreunden: Nichts geschieht außerhalb meines Geistes. Das SEIN in LIEBE ist das Einzige, was IST, und deswegen ist alle Wahrnehmung solange Täuschung, wie sie nicht dieser Wahrheit dient.

Das »Anfreunden« mit dieser scheinbar erschreckenden Nachricht gelingt mir mit dem Kurs, indem er mir zeigt, dass auch alles Schreckliche, Kranke, Aussichtslose, Gewalttätige und Todbringende ausschließlich als Bild in meinem Geist eine Existenz hat. Und damit habe ich wieder die Macht, in mein sorgenfreies SEIN zurückzukehren.

Wie habe ich mich täuschen lassen, zu denken, dass das, was ich fürchtete, in der Welt war statt allein in meinem Geist.[1]

Wir finden zur Stille in uns, wenn wir das akzeptieren. Wenn alles mein Gedanke ist, kann ich das Urteil niederlegen, dass diese Wahrheit in einer äußeren Welt verlorenging und mit ihr mein SEIN in LIEBE.

Ich finde die Stille in mir als direkte Folge dieses Zurücktretens mit meinen »privaten«, die Trennung wollenden Gedanken.

Dennoch bleibe ich in Wahrnehmung. Und wenn ich aus meiner Erfahrung des Friedens und der Stille in mir wieder auftauche, sind da wieder die

---

[1] *Kurs 2019, Ü-II.265.1:3*

Nachrichten, ist der Krieg wieder da, der Beziehungskonflikt, die Krankheit ist auch nicht verschwunden und der Trennungsschmerz hält an. Mit den lieben Verstorbenen kann ich immer noch nicht wieder telefonieren, und die verhungernden Kinder lassen mich an der Berechtigung meines Friedensgefühls zweifeln. Ich weiß sicher: Das sind alles (nur) meine Bilder, aber die erlebte Realität zu leugnen funktioniert niemals gänzlich und macht auch nicht den geringsten Sinn. Was wäre das für eine »Wahrheit«, die aussortieren muss, um sie selbst zu sein.

Die Sanftmut kann ich wunderbarerweise auch bei ungeschminkter Sicht auf die Welt weiter empfinden, wie sie vollkommen unbestechlich als transparenter Schleier aus heilendem Licht auf allem liegt. Das gelingt in jedem Moment, in dem ich akzeptiere, dass diese Sanftmut nicht »von mir« kommt, dass ich sie nicht in die Situation hineindenken oder -fühlen kann. Sie ist vielmehr das, was IST und was von mir lediglich geleugnet war.

Die Bilder, die ich sehe, spiegeln meine Gedanken wider. Doch ist mein Geist mit dem GEIST GOTTES eins. Und so kann ich der Schöpfung Sanftmut wahrnehmen.[1]

Solange ich mich in Wahrnehmung erfahre, ist die von meinen Gedanken gezogene Grenzlinie zwischen Welt und HIMMEL für mich eine Realität, die ich aber in einer Schau, die SEINE Sanftmut aufruft, transzendieren kann.

In Stille möchte ich auf die Welt schauen, die nur DEINE GEDANKEN spiegelt und auch die meinen. Ich will mich daran erinnern, dass sie dasselbe sind, dann werde ich der Schöpfung Sanftmut sehen.[2]

Lassen wir die Wunder ein in unsere Welt, die von der Quelle des ÜBERALL-SEIENDEN zeugen, DAS in Sanftmut mit uns ist.

---

[1] *Kurs 2019, Ü-II.265.1:8-10*
[2] *Ebd., 2:1-2*

Sei »Leerheit« – und ruhe darin …

Stiller Raum oder räumliche Stille

»So, wo samma denn gezz?« Das ist doch eine gute Frage mitten aus meiner alten Heimat, dem Ruhrgebiet, oder? Treten wir einen Schritt zurück, um noch einmal auf den Sinn und Zweck der angetretenen »Reise« zu schauen: Wir sind beim zweiten Schritt (von dreien) einer allgemeinen Praxis auf der Basis unterschiedlicher Anleitungen aus dem Übungsbuch. Dabei werden verschiedene »Tiefenschichten« des bewussten Erlebens und Erfahrens integriert, statt sich in nur einer dieser Schichten zu bewegen, wie das in vielen herkömmlichen Meditationspraktiken üblich ist.

»Stille« ist der Eingang und das Wesen der beiden Tiefenschichten, in denen wir uns nach dem Einstieg durch einen »Leitgedanken« als Türöffner bewegen: Zunächst ist da »Leere« oder Nicht-Anhaftung, besser bekannt als nonduale Erfahrung (Nicht-Zweiheit), und »dahinter« die seit Jahrhunderten im Christentum bekannte Erfahrung allumfassender Fülle oder Unio Mystica – überraschenderweise eine Vereinigung im *eher dualistischen* Sinn.

Ein leerer Raum, der nicht als gefüllt, ein ungenutztes Zeitintervall, das nicht als verbracht und voll besetzt gesehen wird, werden zu einer stillschweigenden Einladung an die Wahrheit, einzutreten und sich heimisch zu machen.[1]

Beide Tiefenschichten des Bewusstseins sind ständig vorhanden, müssen also nicht »entwickelt« werden. Es gibt nichts, was erreicht werden muss! Üblicherweise steht aber die (notwendige!) »Alltagserfahrung«, die »narrative« Wahrnehmungsschicht, das »Tor zur Welt« exklusiv im Vordergrund.

Beim letzten Mal haben wir »Klangerfahrungen« verwendet, um »Stille an sich« oder »Still-Sein« zu erleben und um zu ergründen, welche »Subs-

---

[1] *Kurs 2019, T-27.III.4:1*

128

tanz« das Empfinden von »Trennung« hat. Vielleicht hat das etwas bei dir ausgelöst – vielleicht ist es auch spurlos an dir vorbeigegangen. Vielleicht hat es genügend »Resonanz« bei dir ausgelöst, dass du die Praxis eine Weile weiter üben möchtest. Lass dich von deinem INNEREN LEHRER leiten – in welcher Form auch immer ER sich ausdrückt. Und mach dir keine Gedanken, wenn es nicht so läuft wie von dir erwartet.

Wenden wir uns nach der »Akustik« beim letzten Mal heute der »Optik« zu: Was ist »Stille«, wenn es um die visuellen Erscheinungen geht, um die Welt der Bilder und Farben?

Du siehst etwas, wo nichts ist, und siehst gleichermaßen nichts, wo Einheit ist: einen Raum zwischen allen Dingen, zwischen allen Dingen und dir.[1]

So, wie du »akustische Stille« nutzt, um Töne voneinander zu trennen und sie damit zu eigenständigen »Dingen« machst, verwendest du »Raum« zwischen den sichtbaren »Dingen«, um sie aus der Einheit herauszumeißeln (vgl. Ü-I.184.1:2-6). Aber wir verwenden in dieser Praxis »Stille« und »Raum« synonym in einem umfassenderen Sinne: als das »Alles-gewahr-Seiendende«, das »Alles-Umschließende«, als »Das«, in dem »in dieser Welt des Bewusstseins« der HEILIGE GEIST weilt (vgl. T-18.VII.7:7-8).

Also entspanne dich. Und schau dich ohne Hektik ein wenig um, wo immer du dich gerade befindest – bis du bei einem »Ding« hängen bleibst: Einer Lampe, einer Blume, einem Baum, einer Figur oder Gestalt, die du als »Lebewesen« ansiehst ...

Mache dir klar, dass dieser »Gegenstand« für dich nur existiert, weil du einen Namen, ein Symbol für ihn gelernt hast. Betrachte dieses »Ding«, diesen Gegenstand für eine Weile nur unter diesem Aspekt – ohne irgendetwas mit ihm zu »machen«. Und ohne darüber nachzugrübeln. Lasse einfach die Erfahrung eines »Dings« zu, dem du einen oder wahrscheinlich mehrere Namen mit unterschiedlicher Abstraktion gegeben hast.

---

[1] *Kurs 2019, Ü-I.184.2:2*

Kannst du akzeptieren, dass du den Gegenstand quasi aus dem großen »einen Feld der Wahrnehmungen« mit seinem Symbol oder Namen »herausgemeißelt« hast? Dann bleibe erst einmal dabei und bemerke, wie du dieses Herausmeißeln von »Objekten« aus der Einheit empfindest – und das mit so einfachen Hilfsmitteln wie »Namen« und »Symbolen«. Ein Baum ist ein Baum, weil dir ein Name zusammen mit einer Idee über Bäume beigebracht wurde. So siehst du in jedem Baum deine Erfahrungen aus der Vergangenheit. Oder in jeder Blume. In jeder Tasse ... (vgl. Ü-I.7.3).

Finde also noch einmal einen neuen »herausgemeißelten Gegenstand« in deinem Umfeld. Betrachte ihn kurz – und suche dir einen weiteren beliebigen Gegenstand in der Nähe, so dass du beide im Auge behalten kannst.

Sind die beiden Gegenstände, Objekte oder Dinge voneinander getrennt? »Selbstverständlich!«, wirst du sagen. Und wenn du als glühender Anhänger von »*Ein Kurs in Wundern*« oder einer nondualistischen Tradition kurz mal deinem »Wissen« über die EINHEIT widerstehst, wirst du vermutlich zähneknirschend zustimmen: Zwei Dinge werden gesehen.

Und wie hältst du beide auseinander? Genau, neben den unterschiedlichen Namen plus den Lerninhalten aus der Vergangenheit verwendest du ein fantastisches »Mittel« der Trennung: Raum! »Und diesen Raum legst du zwischen alle Dinge, denen du verschiedene Namen gibst, zwischen alle Geschehnisse hinsichtlich Ort und Zeit und zwischen alle Körper, die du mit einem Namen grüßt.« (Ü-I.184.1:6)

Werde dir doch mal dieses Raums zwischen den beiden Dingen bewusst. Mach den Raum aber nicht zu einem eigenen Ding – schließlich hat er jetzt einen Namen, da geschieht das fast unwillkürlich. Du siehst aber keinen »Raum«, da ist – nichts! Aber du kannst »ihn« erfahren oder erleben.

Und nun werde dir des Raums bewusst, den du zwischen »dich« und die beiden Dinge legst. Mach dir klar: Das ist die Art und Weise, wie du »Wirklichkeit« machst – die nicht existiert. Und der wesentliche Bestandteil dieser

»Wirklichkeit« bist »du«: als eine eigenständige getrennte »Einheit« mit einem Namen und einem eigenen Willen (vgl. Ü-I.184.2).

Aber du kannst den Raum auch anders sehen – als »Stille«, die sich ja nicht nur auf Geräusche bezieht, sondern auch alle visuellen Erfahrungen »enthält« – wie eine Leinwand oder wie ein »Container«, als »Fassungsvermögen«, das alle Erfahrungen umfasst. Es gibt einen wunderbaren englischen Begriff dafür: »Spaciousness« – »Stille Weite« kommt dem nahe.

Also dehne den Raum aus, beim »dich« abgrenzenden Raum beginnend, bis er dein gesamtes »Wesen« einnimmt und ausnahmslos alle Dinge, die du im Blick hast, einschließt. Richte die Aufmerksamkeit nicht auf die Dinge, sondern entspanne sie wieder wie bisher und lasse sie nach innen zu ihrer Quelle sinken. Sei dir nur des Raumes gewahr: »Spaciousness« – das unmittelbare Wissen, dass der Raum »da« ist. Kein eigenständiges »Ding«, das du wahrnehmen kannst. Stiller Raum oder räumliche Stille, das ist beides dasselbe.

Hat der Raum irgendwelche Grenzen? Dehne ihn weiter aus – über die Grenzen dessen, was du siehst, hinaus. Er ist grenzenlos, ohne Anfang und ohne Ende. Grenzen existieren nur als Idee ohne Wirkung und damit ohne jede Bedeutung. Grenzenloser Raum, ohne Anfang, ohne Ende, immer »anwesend«.

Der Raum ist von allen Dingen, die du siehst, völlig unberührt. Er verändert sich nicht, lässt alles zu, heißt das Kommen und Gehen willkommen – wie die LIEBE, die keinen Widerstand kennt. Die Symbole und Namen haben keine Bedeutung in diesem stillen Raum. Erlebe den Raum als nicht-symbolische Erfahrung, als grundlegendes Wohlbefinden, das von nichts abhängt. Deine Symbole und Namen bedeuten jetzt nichts.

Erlebe den Unterschied zwischen den Symbolen und Namen einerseits und dem stillen Raum oder der räumlichen Stille andererseits. Und ruhe darin.

Und wie schmeckt oder riecht Stille?

Wir haben Stille für den Klang und Raum für die sichtbaren Dinge erlebt. Aber was ist mit Geschmäckern? Oder Gerüchen und Berührungen? Die »Unterschiede« sind jedoch nichts weiter als eine Idee – die auf nichts zeigt, das sich unterscheiden ließe. Im Kurs finden wir sehr häufig Begriffe aus dem Umfeld des Sehens, dem wahrscheinlich wirksamsten Baustein unserer »Wirklichkeit«. Und deshalb ist es die schwierigste Baustelle, um bedeutungslose »Etiketten« und Vorstellungen abzulegen.

»Sei einen Augenblick ganz still. Komm ohne jeglichen Gedanken dessen, was du je zuvor gelernt hast, und lege alle Bilder, die du machtest, weg.« (T-31.II.8:1-2) Wir beschränken uns nicht auf das Sehen und Hören – wenn es vermutlich auch für die meisten von uns ausreichend ist, um spontan »das ganz Andere« zu erleben, wie kurz auch immer.

»Sei ganz still und öffne deinen Geist.« (Ü-I.49.4:2) Kommen und gehen Geschmackserfahrungen in der Stille, die alles umschließt? Oder im grenzenlosen weiten Raum, der nie abwesend ist? Solange »Stille« und »Raum« irgendwie »Dinge« und keine konstanten und stets anwesende Aspekte jeder Erfahrung für dich sind, führen Assoziationen von »Raum« und »Stille« beim Geschmackserleben in eine falsche Richtung. Da bietet sich ein weiterer Schritt hin zum natürlichen Zustand des Geistes an: »Vollständige Abstraktion ist der natürliche Zustand des Geistes. Doch ist ein Teil von ihm jetzt unnatürlich.« (Ü-I.161.2:1-2) Beginnen wir daher beim »unnatürlichen Teil«.

Stelle einfach fest, dass du dir eines Geschmacks bewusst bist, zum Beispiel beim Frühstück. Die Geschmackserfahrung ändert sich, Brot schmeckt anders als der Kaffee. Aber du bist dir dieser Geschmackserfahrungen bewusst. Dieses Gewahrsein ist jedoch bei allem, was du schmeckst, dasselbe und bleibt bei jedem Geschmack gleich. Es ist jetzt dasselbe Gewahrsein wie das vor zwei Minuten. Oder das von letzter Woche oder vor zwanzig Jahren. Alle Geschmäcker, die du je erlebt oder wahrgenommen hast, sind nicht mehr da, nur die einfache Erfahrung des Gewahrseins – ist immer konstant und unveränderlich, völlig unbeeinflusst von allen Geschmackserfahrungen, denen du dir bewusst bist.

Normalerweise übt der Geschmack eine Art Faszination aus, es schmeckt großartig, so lala oder grauenhaft – deine Aufmerksamkeit richtet sich nur auf das Geschmackserlebnis. Die Erfahrung, bewusst zu sein, nimmst du nicht wahr, obwohl dir jeder Geschmack bewusst ist. »Bist du dir des Kaffeegeschmacks bewusst?«, wirst du mit einem klaren »Ja« beantworten. Und du weißt genau, wohin dazu die Aufmerksamkeit zu richten ist.

Und jetzt richte die Aufmerksamkeit auf die Erfahrung dieses Gewahrseins. Wohin geht sie? Du stellst wahrscheinlich fest, dass es irgendwie nicht funktioniert. Du kannst die Aufmerksamkeit wie eine Art Taschenlampe nur auf den Geschmack selbst richten, um ihn bewusst zu machen. Aber du kannst die Taschenlampe nicht umdrehen und auf die Glühbirne richten. Du kannst den Lichtstrahl des Gewahrseins nicht auf sich selbst richten. Und doch erlebst du, dass du bewusst bist.

Gehe dazu über, die Aufmerksamkeit zu entspannen, richte sie nicht auf die Erfahrung des Gewahrseins oder auf das Gewahrsein selbst. Lasse die Aufmerksamkeit entspannt in ihre Quelle sinken, lasse sie ruhen oder einfach »nach hinten« fallen. Ihre Quelle ist das einfache Gefühl des Seins – des Gewahr-Seins. Und nichts ist vertrauter als das einfache Gewahrsein. Für jeden, der die Erfahrung macht, ist das dieselbe Erfahrung. Nicht eine ähnliche Erfahrung, sondern dieselbe. Es ist dasselbe Gewahrsein – als »Ort« der Verbindung. Es gibt kein eigenes separates Gewahrsein für jeden von uns.

Halte inne, und sei eine kleine Weile still, und sieh, wie weit du dich über die Welt erhebst, wenn du deinen Geist von den Ketten befreist und ihn die Ebene suchen lässt, auf der er sich zu Hause fühlt.[1]

---

[1] *Kurs 2019, Ü-I.128.6:1.*

Gedankenstille

Im HEILIGEN GEIST oder in Jesus »meinen Erlöser« zu sehen, ist ver-
gleichsweise einfach – das ist ja schließlich ihr Job! Dagegen dich als meinen
Erlöser anzusehen, in welcher Gestalt, Absicht oder mit welcher Gesinnung
du mir auch immer begegnest – das ist schon eine Herausforderung vom
Feinsten. Aber hier wird es praktisch, und hier lernen wir das Wunderwirken als Hilfsmittel der eigenen Erlösung kennen und schätzen.

Wie viele Erlöser hat uns GOTT gegeben! Wie können wir den Weg
zu IHM verlieren, wenn ER die Welt mit denen angefüllt hat, die zu
IHM weisen, und uns die Sicht gegeben hat, auf sie zu schauen?[1]

In der letzten Woche war ich zu Besuch bei einem älteren Herrn, der seit
einem Schlaganfall im mentalen Zustand eines Wachkomas lebt. Eine
Kommunikation mit Worten war nicht mehr möglich, das war schnell klar,
und ich ließ einen Plan nach dem anderen fallen, wie ich mit ihm in Kontakt
treten könnte. Da lag er also, mein Erlöser, und was blieb, war die Hinwendung zu IHM:

Schau auf deinen ERLÖSER und siehe, was ER dir in deinem Bruder
zeigen möchte, und lass die Sünde nicht erneut aufkommen, um deine
Augen blind zu machen. Denn die Sünde möchte dich von ihm getrennt
halten, dein ERLÖSER aber möchte, dass du deinen Bruder wie dich
selbst betrachtest. Eure Beziehung ist jetzt ein Tempel der Heilung, ein
Ort, an den die Müden alle kommen können, um auszuruhen. Hier ist
die Ruhe, die auf alle nach der Reise wartet. Und eure Beziehung
bringt sie allen näher.[2]

Wie gebe ich meinem Bruder ein Wunder? Das konnte ich auch in dieser
Begegnung erfahren: Indem ich die Stille zwischen uns zulasse, in der nur

---

[1] *Kurs 2019, Ü-II.266.2:2-3*
[2] *Ebd., T-19.III.11:1-5*

noch ER spricht, und alle Vorstellungen darüber niederlege, wozu ich hier bin, was als »Erfolg« meines Besuchs zu werten sei, was andere denken, dass ich tun müsse, um hilfreich zu sein, wie viel Zeit der Besuch dauern solle, um als solcher zu gelten usw. usw. ... Wenn ich all diese Gedanken zurücktreten und still werden lasse, dann trete ich mit meinem Bruder in den *Raum* ein, in dem ER zu uns beiden vom Frieden, von der Angstfreiheit, von unendlicher Geborgenheit und von SEINER LIEBE spricht:

Lass deinen Bruder jetzt nicht im Stich. Denn ihr, die ihr dasselbe seid, werdet weder allein noch unterschiedlich entscheiden. Ihr gebt einander entweder Leben oder Tod, seid des andern Erlöser oder Richter, bietet einander Zuflucht oder Verurteilung an. Dieser Kurs wird ganz oder gar nicht geglaubt. Denn er ist ganz wahr oder ganz falsch, und man kann ihn nicht nur teilweise glauben.[1]

Wenn ich dem Bruder »Leben gebe«, gibt er es mir im selben Moment auch, das ist das Wunder. Ich erinnere mich lediglich an eine Entscheidung, die wir beide längst getroffen haben und an die Wirkung dieser Entscheidung, die schon eingetreten ist. Und deshalb, weil ich dich brauche als denjenigen, der das Wunder, das ich gebe, immer annimmt, bist du mein Erlöser. Durch dich lerne ich, mir selbst darin zu vertrauen und zu glauben.

Dass die Erscheinungsformen die Gleichzeitigkeit von Gabe und Annahme des Wunders so oft zu widerlegen scheinen, liegt ausschließlich an meinem Willen, der dies noch genau so sehen will. »Doch Augen täuschen, und Ohren hören falsch.« (Ü-II.3.2:6)

So bin ich also auch von diesem Besuch nach Hause gegangen ohne irgendein äußeres Anzeichen eines Wunders. Kann ich vertrauen? Erst einmal gegeben, wird es sich auf seine Weise auch in der Zeit entfalten.

Wir sind und bleiben SEIN EINZIGER GEDANKE.

---

[1] *Kurs 2019, T-22.II.7:1-5*

Fraglose Antwort

Hier wird alles zusammengefasst, was wir bisher mit dem Kurs gelernt haben:

Lass mich auf DEINE ANTWORT hören, nicht auf meine eigene.[1]

Dazu mussten wir die Ahnung in uns nähren und zur Gewissheit reifen lassen, dass es tatsächlich ein SELBST gibt, DAS wir miteinander teilen und in DEM wir das SEIN in LIEBE geblieben sind. »CHRISTUS« oder der »GOTTESSOHN« nennt der Kurs unsere wahre IDENTITÄT.

IHM näherzukommen, mussten wir lernen, unsere »privaten Gedanken« in ihrem Willen, den Traum der Getrenntheit aufrechtzuerhalten, zu identifizieren und sie zurücktreten zu lassen.

Solange ich als der *Gottessohn* noch irgendeine Frage habe, ist es in allen Erscheinungen, in die ich sie in dieser Welt kleide, immer dieselbe: »Bin ich immer noch mit meinem Bruder als EINS verbunden? Hatte mein »zweiter Wille« eine Wirkung? Ist die Trennung wahr geworden?«

Jetzt haben wir verstanden, dass »private Gedanken« das Bestehen darauf sind, die Antwort auf die Frage des *Gottessohnes* selbst zu geben, und dass sie der Versuch sind, mit immer neuen Fragen zu antworten, um die wahre ANTWORT zu übertönen.

Und damit können wir endlich in Frieden und in Offenheit auch diese sehr direkte und ungeschminkte Ansprache an den gespaltenen Geist annehmen:

Den Schöpfungen GOTTES ist ihre wahre AUTORSCHAFT gegeben, du aber ziehst es vor, anonym zu bleiben, wenn du dich entscheidest, dich von deinem AUTOR zu trennen. Da du dir deiner wahren AUTORSCHAFT ungewiss bist, glaubst du, dass deine Schöpfung anonym war. Das versetzt dich in eine Lage, in der es bedeutungsvoll erscheint, zu

---

[1] *Kurs 2019, Ü-II.267.2:1*

glauben, dass du dich selbst erschaffen hast. Der Streit um die Autor-
schaft hat eine derartige Ungewissheit in deinem Geist hinterlassen,
dass er womöglich sogar daran zweifelt, ob du überhaupt wirklich exis-
tierst.[1]

Und ich kann still genug werden, um diese Stille den offenen Raum sein zu lassen, in den GOTT, die QUELLE, die LIEBE SELBST die Bedeutung des Lebens hineinschreibt, und teile als IHR SOHN endlich IHRE GEDANKEN wieder mit IHR.

Um mich herum ist all das Leben, das GOTT in SEINER LIEBE
schuf. Es ruft mir zu in jedem Herzschlag und in jedem Atemzug, in
jeder Handlung und in jedem Gedanken. Friede erfüllt mein Herz
und überflutet meinen Körper mit dem Sinn und Zweck der Ver-
gebung.[2]

Jetzt hat SIE wieder den Stift in der Hand, den wir glaubten, IHR abnehmen zu können, um unseren privaten Namen und die Bedeutung der Welt auf die leere Tafel des Geistes schreiben zu können. Unfassbar schön und ver-trauenerweckend, sich vorzustellen, dass GOTT auch dabei in SEINER EWIGEN LIEBE unsere Hand geführt hat, ohne zu irgend einem Zeitpunkt unseren Willen zu missachten!

Hörst du SEINE ANTWORT auf die Frage, ob dein »Eigenwille« jemals hat wahr werden können?

---

[1] *Kurs 2019, T-3.VI.8:7-10*
[2] *Ebd., Ü-II.267.1:1-3*

137

Tag 268

Sein lassen

»Lass alles so sein, wie es ist« (vgl. Ü-II.268.1:6), das hat auch die Achtsamkeitspsychologie im Programm. Bewerte die Dinge nicht und bleibe mit deiner Aufmerksamkeit in der Gegenwart.

Das kann helfen, meine Wahrnehmung weiter werden zu lassen, fokussierter zu bleiben und mich als den Wahrnehmenden zu orten, der sich dadurch weniger in Rollenidentitäten bewegt, die von Glaubenssätzen bestimmt sind. Ich kann damit gelassener werden, reifere Entscheidungen treffen und ein stabileres Selbstgefühl entwickeln.

In der Praxis endet dieser Ansatz bei einem möglichst freundlichen, wenn nicht sogar liebevollen »okay« zu all den Dingen und Situationen, denen ich nicht mehr ausweichen und die ich nicht ändern kann, auch wenn ich es noch so will oder sogar muss, um zu überleben. Das geht vom nicht zu kurierenden »Fehlverhalten« des Partners bis zur Krankheit, zur Gewalt und zur Naturkatastrophe, die mir den Boden unter den Füßen wegreißt.

»Es ist okay, ich akzeptiere das« – wie weit kommen wir damit? Wie kann ich ohne Bewertung auf die »Gegenwart« fokussiert bleiben, wenn ich gerade keinen Fuß mehr auf ein Stück stabilen Bodens setzen kann?

Achtsamkeit bleibt im Kreis der Wahrnehmung einer körperlichen Identität, und dort sieht sie »meine Gegenwart«.

Wenn der Kurs mich bittet, alle Dinge so sein zu lassen, wie sie sind, dann spricht er von der *geistigen Gegenwart* aller Dinge und damit auch meiner eigenen – er spricht von der WAHRHEIT in den »Dingen meiner Welt.«

Lass mich gewillt sein, meine Wünsche von ihrer Einheit zurückzuziehen und sie so sein zu lassen, wie DU sie schufst.[1]

---

[1] *Kurs 2019, Ü-II.268.1:3*

GOTT hat keine getrennten Dinge erschaffen, und dieses »Sein-Lassen« spricht von einem zweifelsfreien Raum der Unveränderlichkeit, in dem sich alle Dinge in dem EINEN SELBST begegnen. Die »Dinge«, die ich im Außen wahrnehme, sind Bilder in meinem Geist. Und als solche werde ich gebeten, sie so sein zu lassen, wie sie sind, um den *Raum* in ihnen zu erfahren, in dem ich mit dir BIN – unveränderlich und vom Konflikt nicht berührbar.

Hinter allem, was ich wahrnehme, hinter allen Entscheidungen, die ich im Alltag treffen muss, in allem, was ich zu tun gezwungen bin in der Welt der Veränderung, hinter jeder Begegnung mit »dir« kann ich lernen, dass Unveränderliche zu sehen, das als SEIN WILLE unser SELBST als EINS bewahrt. Und was ich in all meinen Beziehungen zu den »Dingen meiner Wahrnehmung« sehe und als wahr anerkenne, das wird auch für mich wahr. Der Blick auf den Bruder wird zur Brücke:

Dein Bruder hat eine Unveränderlichkeit in sich, die sowohl jenseits der Erscheinung wie der Täuschung liegt. Sie wird durch eine wechselhafte Sicht von ihm verschleiert, die du als seine Wirklichkeit wahrnimmst. Der glückliche Traum über ihn nimmt die Erscheinungsform seiner vollkommenen Gesundheit, seiner vollkommenen Freiheit von jeder Form des Mangels und seiner Sicherheit vor Unglück jeder Art an. Das Wunder ist Beweis dafür, dass er nicht durch Verluste oder Leiden in irgendeiner Form gebunden ist, weil sie so leicht verändert werden kann.[1]

Also lassen wir im Gewahrsein des »Ich bin«, das wir miteinander teilen, alle Dinge genau so sein, wie sie sind:

*Erscheinungen jedoch erweisen sich als unwirklich, **weil** sie sich ver-ändern.[2]*

---

[1] *Kurs 2019, T-30.VIII.2:3-6*
[2] *Ebd., 2:9*

Tag 269

Schau'n wir mal ...

Wir sind das eine SEIN in LIEBE und nehmen uns doch so ganz anders wahr. Wahrnehmung hat die Erkenntnis dessen ersetzt, was IST. Wir leben in einer Selbsttäuschung, einem Traum, dass wir unser SELBST und unsere QUELLE verlassen konnten und ein separates Leben leben, das mit dem Tod endet. Aus der Wahrnehmung können wir nicht hinausspringen, aber wir können das Licht der WAHRHEIT einladen, sie zu transzendieren:

Ich bitte um die Illusion, die all jene transzendiert, die ich gemacht habe.[1]

Auch Vergebung ist eine Illusion, aber es ist die einzige, die die Trennung überwindet und nicht weiter aufrechterhält. Mit dem Mittel der Vergebung, mit dem Verzicht auf die Anwendung des Schuldgedankens setze ich sozusagen alle Inhalte meiner Wahrnehmung dem Licht der Erkenntnis aus, die ich nicht direkt erreichen kann. Ich bin gebeten, meinen Geist der Heilung anzuvertrauen. Das Licht des EINSSEINS durch die Fenster meiner Wahrnehmung einzulassen, heißt, das Antlitz CHRISTI in den Dingen zu schauen. Sehe ich dann noch »Dinge«? Sehe ich dann noch eine »Welt«? Was ist für mich wirklicher: Die Bilder, die mir meine vom Trennungsglauben bestimmte Wahrnehmung immer noch zeigt, oder das »Antlitz CHRISTI«? Von was würde ich dann sagen, dass ich es »sehe«?

Das Antlitz CHRISTI muss gesehen werden, bevor die Erinnerung an GOTT zurückkehren kann. Der Grund ist offensichtlich. Das Antlitz CHRISTI zu sehen beinhaltet Wahrnehmung. Niemand kann auf Erkenntnis schauen. Doch das Antlitz CHRISTI ist das große Symbol der Vergebung. Es ist die Erlösung. Es ist das Symbol der wirklichen Welt. Wer immer auf dieses schaut, sieht die Welt nicht mehr. Er ist dem HIMMEL so nahe, wie es außerhalb der Pforte möglich ist. Doch

---

[1] *Kurs 2019, Ü-II.269.1:4*

von dieser Pforte aus ist es nur noch ein Schritt bis hinein. Es ist der letzte Schritt. Und diesen überlassen wir GOTT.[1]

Vielleicht hast du Lust auf einen Versuch. Schau auf irgendeinen Gegenstand in deiner Nähe. Lass deine Gedanken um das, was du da wahrnimmst, ruhig werden und zurücktreten. Schau einfach hin. Und dann lasse zu, dass ein anderer, irgendjemand, der gerade da ist, ganz genau dasselbe sieht wie du, wenn er mit dir auf diesen Gegenstand schaut. Werde mit ihm eins in diesem Schauen. Kein Unterschied. Ihr seht absolut dasselbe. Da ist kein Gedanke, der irgendeinen Unterschied machen will. Ihr teilt die Schau zu hundert Prozent miteinander.

*Gemeinsam teilen wir uns **eine** Schau, während wir auf das Antlitz DESSEN schauen, DESSEN SELBST das unsere ist.*[2] *(Ü-II.269.2:2)*

Was siehst du?

---

[1] *Kurs 2019, B-3.4:1-12*
[2] *Ebd., Ü-II.269.2:2*

Sehen mit geschlossenen Augen

Die »Schau« der »wirklichen Welt«, die »wahre Wahrnehmung« ist nach wie vor das, was der Kurs uns als »Ziel« anbietet.

Wunderbar befreites Denken mit IHM: Das EINSSEIN kann nicht unser Ziel sein, weil es bereits unsere WAHRHEIT ist, in DER kein Ziel mehr existiert.

Ein »Schauen« also ist unser Ziel, das sich aus der QUELLE inspiriert und in den Aspekten der Wahrnehmung keine Beweise der Trennung, sondern Hilfsmittel der Rückkehr zum SEIN in LIEBE sieht.

Der Gedanke der Schuld nagelt nicht weiter eine Welt des Todes zusammen. Die Welt wird zu einem Heilsgeschehen, wenn die Schau vergebend auf alles blickt, was sich der Wahrnehmung zeigt:

VATER, CHRISTI Schau ist DEINE Gabe an mich, und sie hat die Macht, all das, was des Körpers Augen sehen, in den Anblick einer Welt zu übersetzen, der vergeben ist.[1]

Eine Welt, die vergehen darf, nicht in den Tod, sondern in die LIEBE, verliert nicht ihr Leben, sondern lediglich ihren Irrtum, auf dem festen Fundament der Getrenntheit zu stehen. Das wahre Fundament der Welt ist der EINE GEDANKE, den wir mit IHM teilen und vor dem die Schau alle separaten Gedanken niederlegt. Der Wille des »Gottessohnes« – also deiner und meiner – vereint sich wieder mit dem der QUELLE:

Und nun ist sein Wille mit dem DEINEN eins. Seine Funktion ist jetzt nur DEINE EIGENE, und jeder Gedanke außer DEINEM EIGENEN ist vergangen.[2]

---

[1] *Kurs 2019, Ü-II.270.1:1*
[2] *Ebd., 1:5*

Die Schau ist nicht gegen die Welt gerichtet, sondern akzeptiert ihr wahres Fundament, was sie fähig macht, ohne Bewertung zu vergeben.

Stell dir doch einfach mal vor, diese alles vergebende Sicht, die keine Fehler mehr und nur noch das Heilende, nie Verlorene sieht, ist genau auf dich gerichtet, auf das, als das du dich jetzt ansiehst. Alle deine Beurteilungen deiner selbst dürfen vergehen in IHRE LIEBE, in das hinein, was du immer warst und sein wirst. Kann diese Sicht auf »dich« begrenzt bleiben? Wir müssen sie miteinander teilen, um sie in ihrer Ausdehnung zu erfahren:

Die Stille dieses Tages wird unsere Herzen segnen, und Frieden wird durch sie zu einem jeden kommen.[1]

Alles und jedes darf in diesen Raum der Stille eintreten, nichts kann mich mehr bedrohen, weil in dieser liebenden Sicht kein Konflikt vorkommt. Schließlich brauche ich keine der Strukturen mehr, die mir Sicherheit geben sollten. Ich kann die Augen schließen und mit dem Geist sehen, dass mich die Dunkelheit von keinem Aspekt des Lebens mehr trennen kann. Für diesen Moment brauche ich auch meine Augen nicht zum »Sehen«. Es liegt alles in Klarheit vor mir ausgebreitet in unendlicher Ausdehnung.

---

[1] *Kurs 2019, Ü-II.270.2:1*

Bügeleisen aus?

Die »Schau«, »CHRISTI Sicht«, die Dinge »mit SEINEN Augen sehen«, »CHRISTI Antlitz« in allen Dingen sehen – das bleiben in ihrem abstrakten Charakter herausfordernde Begriffe, die vermutlich schon den einen oder die andere in die Flucht geschlagen haben. Sicher würde der Kurs sie uns nicht zumuten, wenn sie nicht hilfreich dabei wären, wieder in unser eigentliches, wahres »Sehen« zurückzufinden, das sich direkt aus der QUELLE, dem EINSSEIN nährt. Die Ebene des EINSSEINS ist aber aus unserer Sicht tatsächlich abstrakt und unbegreiflich, was sich in diesen Begriffen spiegelt.

Die Akzeptanz einer aus »eigener Kraft« nicht erreichbaren Ebene ist dennoch wesentlich, um die Erfahrungen, die wir als Folge dieser Akzeptanz machen, richtig einordnen und für uns nutzen zu können. Wenn ich das Wunder in diesen Erfahrungen sehe, erkenne ich, dass ich die QUELLE tatsächlich akzeptiert habe und auf dem Weg bin zu IHR.

Also werden wir doch mal radikal praktisch, reden von solchen Erfahrungen und trauen uns, den CHRISTUS heute mit einem ganz anderen, vertrauteren Namen zu nennen und trotzdem als DENSELBEN zu erkennen.

Kennst du das? Irgendwo gibt es eine Schwachstelle in deinem Gefühl, eindeutig wahrnehmen und dich vor dir selbst auf diese Eindeutigkeit berufen zu können. Ich meine diese herzallerliebsten Momente, in denen du gerade von zu Hause losgefahren bist und sich die Frage einstellt: »Hab ich die Tür zugeschlossen?«, oder: »Ist das Bügeleisen aus, der Stecker des maroden Wasserkochers gezogen, das Fenster vielleicht doch noch auf Kipp?«

Bei mir ist es vorzugsweise das Licht im Fahrradkeller: Hab ich es ausgeschaltet?

Interessant finde ich dabei, dass alle Maßnahmen, diese »Schwachstelle« zu überbrücken – wie totale Konzentration beim Ausschalten, lautes Versichern, dass die Deckenfunzel wirklich aus ist, oder irgendein Ritual beim Zuschließen der Tür – das praktische Problem (ich muss los!) zwar lösen können, der Zweifel aber in der Tiefe völlig unbeeinflusst bestehen bleibt.

Der Grund ist ganz einfach: Der Zweifel ist berechtigt, es gibt keine »eindeutige Wahrnehmung«! Gesteh dir das mal ein in einer solchen Situation, das kann wirklich erleichternd sein: »Ich mache mich da gerade auf etwas aufmerksam, was wahr ist und was ich in der Regel verleugnen will«.

Jetzt kommt endlich CHRISTUS ins Spiel. Also für den Fall, dass du solche Momente auch kennst, in denen du deinem grundsätzlichen Zweifel begegnest, mach doch mal Folgendes:

Wenn du also den Stecker vom Bügeleisen aus der Wand ziehst und die Befürchtung in dir aufkommt, dass du das gleich wieder, sobald du aus dem Haus bist, vergessen haben wirst, dann ist das dein Moment: Versuche dich nicht durch Konzentration, Kontrollmaßnahmen oder Rituale abzusichern, sondern sei dir deines *Dabeiseins* gewahr. Spüre, wie dieses *Dabeisein* von nichts Äußerem abhängig ist und gleichzeitig alles, was du in dieser Situation wahrnimmst, das *Dabeisein* mit dir teilt: Der Stecker, die Stromleitung, das Bügeleisen sind im wahrsten Sinne des Wortes in diesem Moment mit dir *dabei*. Du hast gerade CHRISTUS eingeladen, DEN, DEN du sonst notorisch auslädst, besonders, wenn du die Kontrolle haben willst. Du hast IHN dabei lediglich umbenannt: dein DABEISEIN.

ER bleibt von allem unberührt, was die Augen des Körpers wahrnehmen.[1]

In IHM dehnt sich dein DABEISEIN auf das gesamte Universum aus, und du kannst empfinden, dass dies keine verrückte Idee, sondern blanke Normalität ist.

Und dieses DABEISEIN vergisst du nie, weil es absolut frei ist von deinem Zweifel. Verlass dich drauf.

---

[1] *Kurs 2019, Ü-II.6.2:4*

145

Mit CHRISTUS durch den Alltag

Ich bin von DEINER LIEBE umgeben, ewig still, ewig sanft und ewig sicher.[1]

Da geht es hin, in die anhaltende Gewissheit dieser Tatsache. Die meisten von uns werden das Gefühl, von einer solchen Liebe umgeben, in ihr geborgen und identisch mit sich selbst zu sein, bereits kennengelernt haben, mit oder ohne die Hilfe spezieller Übungen, wie sie zum Beispiel vom Kurs angeboten werden. Und wenn es nur für einen Moment war.

Die Frage ist: Wie wird dieser Geisteszustand, in dem wir wissen, wer wir SIND, nachhaltig? Wie gehen wir mit ihm durch die Welt, ohne wieder zu vergessen? Wie »machen« wir das, was uns heute die Lektion empfiehlt?

Heute gehen wir vorbei an Illusionen.[2]

Wo ist die Hürde, ...

[...] wenn doch der HIMMEL ebenso leicht wie die Hölle gewählt werden kann und die Liebe glücklich jede Angst ersetzen wird.[3]

Gestern war für mich ein äußerlich sehr ereignisreicher Tag, und ich habe mal wieder gemerkt, wie schnell ich die »spirituelle Perspektive« scheinbar verliere, wenn es eng wird, wenn schnelle Entscheidungen getroffen werden müssen, und natürlich wenn meine »Knöpfe« gedrückt werden, die tief verankerte Reflexe antrainierten Verhaltens auslösen.

Genau auf solche Situationen, in denen der Alltag über uns zusammenzuschlagen scheint, bereitet uns der Kurs vor, neben seinen Anleitungen zum direkten Erfahren des heiligen Moments in den stillen Zeiten.

---

[1] *Kurs 2019, Ü-II.272.1:7*
[2] *Ebd., 2:1*
[3] *Ebd., 2:2*

Ich stoße im Alltag immer wieder auf die Ausgangslage meines mitgebrachten Denkens, dass ich nämlich meine Sicherheit, die Lösung meiner Probleme, meine Ziele und mein Glück innerhalb des Traums suche, das heißt innerhalb der von mir selbst gezogenen Grenzen meiner Wahrnehmung. Und das ist die Hürde, die ich nur nehmen kann, wenn ich mir diese Frage ehrlich stelle:

Können Illusionen mir Glück bringen?[1]

Aber den Sprung über diese Hürde werde ich nur wagen, wenn ich eine für mich glaubhafte Alternative sehe für die Lösungen meiner »Traumwelt«.

Und deshalb habe ich gestern den CHRISTUS mitgenommen auf dem Weg durch meinen Alltag als DEN, DER sich dieser Alternative sicher ist.

Viele mögen die Auftrennung in »Ich« und »CHRISTUS« nicht. Es ist aber genau die Spaltung, die ich selbst so gewollt habe und die ich jetzt überlieben, also vergeben muss, um wieder in die Erinnerung meiner IDENTITÄT zu kommen. CHRISTUS ist »nur« ein Symbol, aber mein »Ich« ist keineswegs »echter« und ebenfalls nur ein Symbol. Der CHRISTUS symbolisiert die Ungetrenntheit, das Ich die Getrenntheit. Den CHRISTUS in seinen Alltag mitzunehmen, als HEILIGEN GEIST, oder in einer Gestalt wie Jesus, ist also sehr viel mehr als eine blasse »Vorstellung« des Ichs. Es ist eine Form der Einladung an mein wahres SELBST, mich in meine IDENTITÄT mit IHM zurückzuführen.

CHRISTUS ist das Bindeglied, das dich eins mit GOTT erhält und dafür bürgt, dass die Trennung nicht mehr als eine Illusion der Verzweiflung ist, denn Hoffnung wird für immer in IHM weilen.[2]

So gelingt der Sprung über die Hürde meines trennungsgläubigen Willens, und so ist auch mein Tag gestern voller Wunder gewesen.

Danke für dich, Bruder, wir gehen aufeinander zu.

---

[1] *Kurs 2019, Ü-II.272.1:4*
[2] *Ebd., Ü-II.6.2:1*

Tag 273

Ungestörte Stille

War das heute »ein Tag ungestörter Stille« für mich? Nein, war es nicht. Wieder nicht! Wie oft muss ich an dieser Lektion noch vorbeikommen, bis ich mal endlich »Ja« sagen kann: »Heute hab ich die Stille ...« ... ja was? Durchgehalten? Erreicht? Permanent erlebt?

Dieser Gedanke kommt auf, und er ist einer der »unversöhnlichsten« Gedanken, die ich kenne: Da kannst du machen, was du willst, dein Frieden bleibt störbar.

Wir sind es gewohnt, linear und aufbauend zu denken: Irgendwann muss die Meisterschaft doch mal erreicht sein! Es kann doch nicht sein, dass mich kleinste Banalitäten immer noch in den Groll bringen wie den letzten Anfänger! Egon lacht sich dabei ins Fäustchen. Weil ich dabei etwas übersehe, was für ihn tatsächlich gefährlich wäre, würde ich es bemerken.

Der Kurs dagegen geht einfach mit mir und meinem »Rückfall in die Unheiligkeit« mit:

Sollte das noch nicht machbar sein, sind wir es zufrieden und mehr noch als zufrieden, zu lernen, wie sich ein solcher Tag erreichen lässt. Wenn wir einer Störung nachgeben, dann lass uns lernen, wie wir sie von uns weisen und zurück zum Frieden kehren können.[1]

Was ich nicht nur nicht bemerke, wenn ich mein »Versagen« selbst beurteile, sondern aktiv verleugne, ist die Tatsache, dass die »Meisterschaft« bereits erreicht ist, und zwar nicht von irgendeinem »anderen«, einem Jesus oder Buddha zum Beispiel, sondern von meinem eigenen SELBST.

Die Meisterschaft ist ein Geschenk der QUELLE an mich, das ich nie verlieren kann, die Stille meines Friedens eine Tatsache, an der sich nichts ändern lässt:

---

[1] *Kurs 2019, Ü-II.273.1:2-3*

*Ich kann DEINE Gaben an mich nicht verlieren. So ist der Frieden, den
DU DEINEM SOHN gabst, immer noch bei mir, in Stille und in meiner
eigenen ewigen Liebe zu DIR.*[1]

Insofern kann ich von diesem Tag doch sagen, dass ich ihn in der Stille
SEINES Friedens verbracht habe, weil ich glauben konnte, dass ER,
mein BEGLEITER, mir nicht von der Seite gegangen ist. Gerade, wenn ich in
den Groll oder andere egoistische Gedanken abgeglitten bin. ER ist DA,
mein SELBST bleibt wahr, auch wenn ich an den Fäden des Zweifels in
Egons Unterholz gezogen werde.

Es gibt eine starke Tendenz, dieses scheinbar willkürliche Hin und Her zwischen Einsicht und Zweifel, zwischen Frieden und Unfrieden, Gewissheit
und Zweifel beenden zu wollen. Schau mal in dich, kennst du das, dass du
versuchst, dir aus deinen guten Erfahrungen mit der Spiritualität eine Position abzuleiten, die dich aus dem Bereich der Unsicherheit endgültig heraus-
bringt? Vielleicht fängst du an dieser Stelle an, andere zu missionieren oder
Seminare zu geben. Der MEISTER aber wird mich immer tiefer und bis an
den Kern meines Zweifelns führen, damit ich ihn dort tatsächlich auflösen
lassen kann.

*Der HEILIGE GEIST reicht aus dem CHRISTUS in dir in alle deine
Träume und heißt sie, zu IHM zu kommen, um in die Wahrheit übersetzt zu werden. ER wird sie gegen jenen letzten Traum austauschen,
den GOTT als Ende der Träume bestimmt hat.*[2]

Vergebung der unversöhnlichen Gedanken vom Scheitern, vom Versagen
und vom ewig fruchtlosen Üben ist seine einzige Antwort. Wir sind schon
da!

---

[1] *Kurs 2019, Ü-II.273.2:3-4*
[2] *Ebd., Ü-II.6.4:1-2*

Tag 274

Unterschiedslos lieben

Den Tag ganz der LIEBE hinzugeben und dadurch vollkommen ohne Furcht zu sein (vgl. Ü-II.274) ist ein wundervoller Vorsatz. Inzwischen sind wir ja befreit von dem Anspruch, den inneren Frieden »hinkriegen« zu müssen, und gehen vielleicht und hoffentlich auch dann gut mit uns um, wenn wir nach unserer subjektiven Einschätzung in der olympischen Disziplin »Ganztagslieben« noch nicht auf dem Treppchen stehen. Es ist keine kleine Sache, die wir uns da vornehmen, und ein mitfühlendes tiefes Aufathmen, wenn wir einen solchen Satz lesen, ist schon so viel:

VATER, heute möchte ich alle Dinge so sein lassen, wie DU sie erschaffen hast, und DEINEM SOHN die Ehre geben, die seiner Sündenlosigkeit gebührt, die Liebe eines Bruders zu seinem Bruder und zu seinem FREUND.[1]

Die Dinge so sein lassen, wie sie sind – das hört man oft und stößt dabei auf irritierende Fragen. Hierin wird alle Irritation aufgelöst: Ich werde gebeten, die Dinge so zu sehen, »wie DU sie erschaffen hast«. Es geht also nicht um Verhalten, nicht um ein Sein-Lassen, das mich handlungsunfähig macht. Es geht darum, in welchem Licht ich die Dinge und meine Beziehungen zu »dir« sehen will, was sie für mich bedeuten sollen.

Gerade mit der Liebe machen wir Unterschiede, nicht wahr? Wir entscheiden ständig, was für uns liebenswert ist und was nicht, was leben und was sterben soll, was zu uns gehört und was fremd ist.

Der etwas knifflige Punkt ist, dass wir dem Unterscheiden aus eigener Kraft nicht entkommen können, jeder unserer Gedanken macht einen Unterschied, jedes Gefühl hebt sich von einem anderen ab, und unser Verstand lebt vom Unterscheiden.

---

[1] *Kurs 2019, Ü-II.274.1:1*

Das ist das »Licht«, mit dem wir die Dinge anschauen. Es ist das Gegenteil einer Dunkelheit, die wir brauchen, um uns Licht machen zu können.

Die Dinge so sein zu lassen, wie sie sind, und meinen Bruder als das zu lieben, was er ist, heißt in SEINEM LICHT auf alles zu schauen. DIE LIEBE macht keine Unterschiede, SIE sieht alles als IHR gleich an und kennt nur den EINEN SOHN, die EINE TOCHTER IHRES LICHTS.

Da ist ein großes Aufathmen, wenn ich von diesen Wahrheiten höre. Aber wie werden sie für mich relevant, für mein Leben hier, in dem »Unterschiedslosigkeit« ausgeschlossen ist, schon weil es eine »Zeit« gibt?

Schau doch mal auf irgendetwas in deiner Nähe mit all der Liebe, die in dir ist. Mach dir klar, dass du alles, was du wahrnimmst, mit deinen unterscheidenden Gedanken denkst. Akzeptiere diese Grenze, die du auch der Liebe in dir damit setzt. Jetzt mach dir klar, dass es dein Geist ist, der all deine unterscheidenden Gedanken denkt, auch wenn sie still geworden sind, vom Urteilen und Werten zurückgetreten sind und »nur noch« wahrnehmen. Und sage »Ja« dazu, während du weiter die Liebe spürst, mit der du schaust.

Sind wir angekommenen in der Entspanntheit eines liebevollen Schauens? Oder ist da noch Anstrengung darin und ein Gefühl des »Machens«?

Leg jetzt deinen gesamten schauenden Geist in SEINE HÄNDE und erlaube IHM, dich zu tragen und deinen Geist zu nähren. Erlaube der LIEBE SELBST, die Unterschiede, die du noch machst, zu überfließen und dir dabei die Wunder zu geben, die dich der vollen Erinnerung näherbringen, dass du IHR ewiges KIND bist.

Das Wunder unterscheidet nicht zwischen Graden der Fehlwahrnehmung. Es ist eine Einrichtung zur Wahrnehmungsberichtigung, die völlig unabhängig sowohl vom Grad als auch von der Richtung des Irrtums wirksam ist. Das ist seine wahre Unterschiedslosigkeit.[1]

Gute Nachrichten, oder?

---

[1] *Kurs 2019, T-1.I.49:1-3*

Hör' mal!

Was für ein schöner Gedanke, dass alle Dinge durch die heilende STIMME GOTTES geschützt sind (vgl. Ü-II.275)!

Das kann man einfach so stehen lassen und genießen. Lass alles durch IHN geschützt sein. Erleichterung pur.

Diese Zusicherung trägt schon sehr weit. Gestern habe ich mich endlich aufgemacht, Herrn V. wieder einmal in seinem Seniorenheim zu besuchen. Er hat in Gregors und meinem ersten gemeinsamen Buch (»Ich hab' auf dich gewartet, Bruder«) bereits eine Rolle gespielt als Nachbar von Herrn Q., meinem maßgeblichen spirituellen Lehrer.

Den Besuch hatte ich viel zu lange hinausgezögert, und gestern habe ich mich dann doch getraut, mich dem zu erwartenden Vorwurf auszusetzen. Als Hilfe hat mit ein unausgesprochenes Gebet gedient, das man durchaus mit der heutigen Lektion in Worte kleiden könnte: Lass alle Dinge durch SEINE STIMME geschützt sein.

Die Lektion erzählt mir viel von dem, was gestern bei dem Besuch passiert ist. Vor allem wird mir noch einmal deutlich, dass »mein Hören« gefragt ist als wirksamer Teil des »Schutzes«, den GOTTES STIMME um alles legt. Und dass ich nicht allein bin in diesem »Hören«, oder besser: dass ein »Alleine-Hören« nichts von dem hören wird, was GOTTES STIMME uns sagen will:

Schließe dich mir beim Hören an. Denn die STIMME FÜR GOTT berichtet uns von Dingen, die wir alleine nicht verstehen noch getrennt erlernen können. Das ist es, worin alle Dinge geschützt sind.[1]

Als ich das Zimmer von Herrn V. betrete, ist da nicht die Spur von Vorwurf, nur helle Freude, und der von der Parkinsonkrankheit schwer gebeugte und

---

[1] *Kurs 2019, Ü-II.275.1:3-5*

nur noch mit Mühe zum Sprechen fähige Bruder zeigt auf seinen Schreibtisch: »Gestern wollte ich dir schreiben!«

Zwei in seiner typisch empathischen und gleichzeitig fein beobachtenden Sprache geschriebene Geschichten aus seinem Leben wollte er mir mit dem Brief mitschicken, in denen es um spontane Begegnungen geht, die ihn auf unterschiedliche Weisen einen unerwarteten Moment des totalen Vertrauens und der liebevollen Zuneigung erleben ließen.

Es ist zwischen uns jede Notwendigkeit entfallen, der Situation unserer Begegnung selbst eine Bedeutung zu geben, die sich als Wunder der gemeinsamen Geborgenheit in dem Zimmer ganz von selbst ausgebreitet hat:

Ich brauche mich um nichts zu sorgen. Denn DEINE STIMME wird mir sagen, was ich tun, wohin ich gehen soll, zu wem ich sprechen und was ich zu ihm sagen soll, welche Gedanken ich denken und welche Worte ich der Welt geben soll.[1]

Der Inhalt dessen, was GOTT zu uns spricht, ist unser Einssein, das wir nur »hören«, wenn wir MIT dem Bruder um Sinn und Bedeutung bitten. Alle Dinge sind so geschützt durch die STIMME, DIE durch unser immer sicher werdendes »Hören« ihre heilsame Wirkung in der Zeit entfaltet.

Das Wunder wendet die Abwehr der SÜHNE zu deinem wirklichen Schutz, und indem du immer sicherer wirst, übernimmst du dein natürliches Talent, andere zu schützen, wobei du dich sowohl als ein Bruder als auch als ein SOHN erkennst.[2]

Das HEILIGE in unserer Mitte wartet nur auf unsere Einwilligung, in unser Gewahrsein und damit in unsere Wirklichkeit eintreten zu dürfen.

---

[1] *Kurs 2019, Ü-II.275.2:2-3*
[2] *Ebd., T-2.II.7:8*

Erlebe – und gehe hindurch ...

Der Schlüssel zum »torlosen Tor«

Welchen Grund haben eigentlich die beeindruckend vielfältigen Vorgehensweisen oder Methoden im Kurs – wie stille Zeiten, das tiefgründige Hinterfragen deiner unerschütterlichen »Wahrheiten«, das Hinschauen auf die Erfahrungen, die »da« sind, ohne die erlernten Etikettierungen aus der Vergangenheit, das Anderssehen, das Verbinden mit dem HEILIGEN GEIST oder dem Bruder, das Nach-innen-Gehen, ..., um nur einige Beispiele zu nennen? Dazu kommt eine Fülle an Begrifflichkeiten wie »wirkliche Welt«, »SÜHNE«, »Schau CHRISTI«, »wahre Wahrnehmung«, die alle auf die »universelle Erfahrung« verweisen. Und der Kurs ist nur eine »Spielwiese« von vielen ...

Eine weit verbreitete Vorstellung geht von einem zukünftigen dauerhaften Zustand des »Erwachens« oder der »Erleuchtung« aus, der durch die Praxis des Kurses oder andere spirituelle oder auch säkulare »Übungen« erreicht wird. In irgendeiner Form stehen dabei »andauernde Glückseligkeit« und die Abwesenheit aller Probleme ganz oben auf der Erwartungsliste. Nun hast du bestimmt in deiner Praxis die Erfahrung gemacht, die im Kurs u.a. so beschrieben wird: »Du kannst fürwahr sicher sein, dass jedes scheinbare Glück, das nicht von Dauer ist, in Wirklichkeit Angst ist.« (T-22.II.3:5) Dieses »scheinbare Glück« zeichnet sich durch Bedingungen aus, z.B. durch Auslöser wie Medien, Veranstaltungen, Begegnungen etc., und fallen diese weg, macht sich dieses Glück mehr oder weniger schnell vom Acker. Da gibt es keinen Unterschied zu dem »Hurra«, wenn die eigene Fußballmannschaft gewinnt – egal, wie »heilig« oder »spirituell« dieses »Hurra« oder »Glück« daherkam.

Aber vielleicht kennst du auch das Aufblitzen der »universellen Erfahrung«, das plötzliche Auftauchen des »ganz Anderen« – ein spontanes Erleben jenseits aller Auslöser, eine plötzlich vollständig veränderte Sichtweise oder sogar »Identifizierung«, neu und unvermutet und daher nirgendwo auf der Erwartungsliste auftauchend. Sehr häufig tritt dieses Erleben abseits jeder einschlägigen Praxis auf, mitten im gewöhnlichen Alltag und unabhängig von irgendwelchen Rahmenbedingungen. Es hat nichts mit »besonderen Zuständen« während einer Meditation zu tun, die üblicherweise mit dem Ende der stillen Zeit enden. Unabhängig davon, wie kurz das Erleben war, du vergisst es nicht wieder und kannst dich selbst noch nach Jahren an einige Aspekte dieser Erfahrung erinnern.

Und genau dazu dient die Vielfalt unterschiedlicher Vorgehensweisen: Einen Einblick (neudeutsch: Glimpses) in die »universelle Erfahrung« zu bekommen, in das »grundlegende Wohlbefinden«, das unabhängig von allen »äußeren« wie »inneren« Umständen immer da ist und das im Kurs ständig angesprochen wird. Das ist es, was eine Lektion oder Methode »erfolgreich« macht, unabhängig davon, ob dieser Einblick spontan während der Praxis oder im Alltag kommt. Es ist ein »Türöffner« zur »wirklichen Welt«.

Vielleicht versuchst du, dieses »Erlebnis« zu wiederholen – und wirst aller Wahrscheinlichkeit nach scheitern. Darum geht es auch gar nicht, die »Form« deines »Erlebnisses« ist nicht von Bedeutung. Aber dir steht nun etwas zur Verfügung, das höchst effektiv ist – die »Tür«, die sich ein wenig geöffnet hat, weiter aufzumachen und das »torlose Tor« zu durchschreiten: deine Erinnerung an die Erfahrung.

Eine der direktesten und wirkungsvollsten Vorgehensweisen ist es, dich lebhaft daran zu erinnern, wie es sich angefühlt hat, und in die Aspekte einzutauchen, die du gerade »abrufen« kannst – sei es die räumliche Weite, die Leere, die Fülle, das Da-Sein ... Es ist der direkte Weg, deine Entscheidung ganz konkret und für dich selbst glaubwürdig zum Ausdruck zu bringen: »Ich bin entschlossen, zu sehen.« (Ü-I.20) Du hast die Erfahrung bereits gemacht – das Tor ist geöffnet. Du brauchst nur noch hindurchzugehen: »Diesen Tag wähle ich in vollkommenem Frieden zu verbringen.« (*Ü-II.255*) Wenn du also das Aufblitzen der »universellen Erfahrung«, das plötzliche

Auftauchen der »ganz anderen Sichtweise« auch nur kurz erfahren hast, wirst du es wissen. Aber bitte verwechsle es nicht mit hochkochenden Emotionen, »Einblicken«, Verständnis oder »Visionen« aufgrund irgendwelcher Rahmenbedingungen. Dieses »Aufblitzen« hat nämlich keine Bedingungen. »Denn in der Gnade siehst du ein Licht, das alle Welt in Liebe bedeckt [...]« (Ü-I.168.4:3). Diese Gnade ist eine Gabe, die durch »wahres Annehmen« vorbereitet wird (vgl. Ü-I.169). Ach so, äh – und wie geht wahres Annehmen, wie machst du das? »Du« machst gar nichts, denn »du«, die Idee vom »Helden« des Traums (vgl. T-27.VIII), spielt dabei gar keine Rolle.

Wie erwähnt, dient die Vielfalt an unterschiedlichen Vorgehensweisen »nur« dem Ziel, die »Tür zu öffnen«, dir einen Einblick in die »universelle Erfahrung«, das »grundlegende Wohlbefinden«, die »Schau CHRISTI«, die »wahre Wahrnehmung« usw. usw. zu geben – was nicht für jeden auf gleiche Weise geschieht! Und für verschiedene Menschen »funktionieren« diesbezüglich unterschiedliche Methoden zu unterschiedlichen Zeiten – es gibt *die eine* Vorgehensweise nicht!

Zu jedem Zeitpunkt wird nur eine kleine Anzahl von Vorgehensweisen für dich »Wirkung zeigen« – »dich« also verändern. Vielleicht führen sie zur »Schau«. Vielleicht auch nicht, weil »du« dich bereits verändert hast und sie darum nicht mehr mit dir übereinstimmen (keine »Resonanz« mehr erzeugen). Finde etwas anderes und klammere dich nicht an eine wirkungslose Routine. Du kennst das bestimmt aus dem Kurs: Du liest im Textbuch oder praktizierst eine Lektion und es sagt dir irgendwie nichts. Eine ganz Zeit später stellst du an denselben Stellen fest: Oh, wieso hat das nichts bei mir ausgelöst, es ist doch genau auf den Punkt?!

Mich hat dieser »Wechsel der Wirksamkeit« vor einigen Jahren ziemlich überrascht. Ende des letzten Jahrtausends stieß ich im Internet auf »The Headless Way«[1], und die Vorgehensweisen haben mich sofort fasziniert.

---

[1] *The Headless Way, https://www.headless.org/ (abgerufen am 12.02.2024).*

Dank Tom Horn[1] gibt es die Seiten auch in einer deutschen Version. Mein Kurs-in-Wundern-Internet-Forum war noch im Vorläuferstadium, aber das »Kern-Experiment« von Douglas E. Harding, dem Erfinder der Experimente des »Headless Ways«, ließ sich wunderbar verwenden, um auf die Illusion des »Ich« hinzuweisen und es zu durchschauen – dachte ich jedenfalls. Und so gab es in den rund zwanzig Jahren, in denen das Forum operativ war, immer mal wieder die Gelegenheit, das »Pointing Here«-Experiment in etwas abgespeckter Form anzubringen:

Zeige mit deinem Zeigefinger zunächst auf den Boden. Dies dient nur dazu, deine Aufmerksamkeit zu lenken. Was siehst du dort? Da sind Farben und Formen – für dich ein »Ding«, das du »Boden« nennst. Nichts Geheimnisvolles, du weißt, was du da siehst. Jetzt zeige auf deinen Schuh – auch ein Ding. Zeige anschließend auf dein Knie – wieder ein Ding. Weiter geht es mit deinem Oberkörper – ein weiteres Ding mit Formen und Farben, vielleicht auch mit der Bewegung des Atems.

Nun zeige mit dem Finger auf die Stelle, an der andere dein Gesicht sehen. Was siehst du dort, wo du hinzeigst? Du siehst kein Gesicht, oder? Frage niemanden, was dort sei, denn du bist der Einzige, der »hier«, auf dieser Seite des Fingers ist. Was findest du »hier«? Da ist kein Gesicht (außer als Idee), da sind keine Farben und Formen, keine Bewegung, kein »Ding«, keine »Person« – nur »Nicht-Ding«, grenzenlos, still, namenlos. Die Große Leere, in der alles geschieht. Die Stille, in der alle Klänge entstehen.

Das hatte ich seinerzeit ziemlich schnell »verstanden« – bis vor Jahren im Finders Course[2] nach acht Wochen intensiver Meditationspraxis »The Headless Way« als einwöchige Praxis vorgestellt wurde! Na schön, ich schaute mir also die Session an und machte beim »Pointing Here« mit – und Peng! Da war sie, eine nicht-symbolische Erfahrung. Sicher, ich hatte lange vorher genau verstanden, worum es beim »Pointing« ging und wie

---

[1] *Tom Horn, https://www.lehrenurliebe.de/ (abgerufen am 12.02.2024)*
[2] *Ein Kurs in Wundern und andere Richtungen, Der Finders Course, http://www.ggeissmann.de/FC-und-ACIM.pdf (abgerufen am 12.02.2024)*

man es anwendet, aber ich hatte »Capacity« – Fassungsvermögen für die Welt – nicht *erlebt!*

Das Ego wird viele Antworten fordern [...] Doch gibt es keine Antwort, nur eine Erfahrung. Suche nur diese, und lass dich nicht von der Theologie aufhalten.[1]

Die gefühlt am weitesten verbreitete »Botschaft« ist: Du bist bereits unbegrenztes Sein! Sie wird gerne aus einschlägigen Publikationen zitiert bzw. als »Wissen« verkauft. Also als »Buchwissen« oder »Kalendersprüche«, völlig frei von »echten« Konsequenzen oder »inneren Wirkungen« – außer, dieses »Wissen« wird zum Erleben, dem *alle* Wege oder Methoden dienen, ob spirituell oder säkular: die Aussage über dein grenzenloses SEIN für dich offensichtlich zu machen. Das war genau meine Erfahrung mit meinen unterschiedlichen »Verwendungsweisen« von »The Headless Way«.

Aber der Kurs holt dich im »Begrenzten« und bei deinen »Vorlieben« ab – auch dann, wenn es das Rezitieren von »Kalendersprüchen« ist. Dieses »Abholen« bedient sich einer Struktur, solange sie für dich hilfreich ist. Darum habe ich Elemente einer Struktur auf der Basis einiger einschlägiger Praxishinweise aus dem Übungsbuch in einem früheren Beitrag zu einer beispielhaften Übungsstruktur zusammengefasst[2], die die wichtigsten »Tiefenschichten der Erfahrung« berührt. Denn es ist ein Kurs in Erfahrung, nicht in Theologie – bekanntlich mein aktuelles Lieblingscredo.

Zur Erinnerung: Beginne morgens kurz nach dem Aufwachen mit (d)einem Leitgedanken aus dem Kurs oder einer anderen Quelle. Rezitiere ihn langsam in Gedanken oder laut und lass dich in die Bedeutung des Gedankens einsinken. Aber denke nicht groß über die Bedeutung nach, sondern lasse dein Eintauchen eine Einladung an deinen Inneren Lehrer sein, sich mit dir zu verbinden und die Führung zu übernehmen. Lasse geschehen, was geschieht, und lass dich von der »Welle« tragen, die das Sprechen des Leit-

---

[1] *Kurs 2019, B-Einl.4:1,4-5*
[2] *Siehe Kapitel »Nichts, was ich sehe, bedeutet etwas«*

gedankens ausgelöst hat – bis sie »ausläuft«. Wenn du willst, wiederhole es, bis sich die Tür zur Stille öffnet.

Tauche anschließend in die tiefere Erfahrungsschicht der »Stille, Weite oder Leerheit« ein, die in einschlägigen Publikationen oft als anhaltendes Erwachen, Nondualität oder Erleuchtung beschrieben wird. Die Aufmerksamkeit konzentriert sich mehr auf die Gegenwart, auf das direkte Erleben aus erster Hand, ohne die »Etikettierung« durch Beurteilungen, Vorstellungen und Meinungen aus der Vergangenheit. Man hat das Gefühl, dass die »stille Leerheit« oder »räumliche Stille« alles enthält und umschließt, und dass alles aus und in ihr zu entstehen scheint.

Dazu habe ich verschiedene Wege angeboten, angefangen mit der Aufmerksamkeit, die sich auf den Klang richtet, der aus der Stille entsteht und wieder in der Stille endet, welche ihn vollständig umschließt[1]. Die Stille ist das »konstante Element«, das immer da ist und immer gleich bleibt, die Klänge kommen und gehen.

Ein anderer Weg führte über zwei Gegenstände, die du betrachtest – und die du durch »Raum« voneinander trennst[2]. Dehne den Raum über alle Grenzen aus – und erlebe auch ihn als das »konstante Element«, als »stille Weite« oder »räumliche Stille«, als nicht-symbolische Erfahrung, als grundlegendes Wohlbefinden ohne ursächliche Abhängigkeit.

Aber die Nondualität, die Stille, der Raum, das »konstante Element« in einer Welt der Veränderung, ist ein Mittel zum Zweck: Die »Leerheit«, die »Stille«, der »Raum« öffnet sich auf der nächsten Erfahrungsschicht für die QUELLE, löst sich auf zur entspannten Erwartung SEINER FÜLLE.

Denn wir harren in stiller Erwartung auf IHN,[3]

---

[1] *Siehe Kapitel »Die Stille und der Frieden des Klangs«*
[2] *Siehe Kapitel »Stiller Raum oder räumliche Stille«*
[3] *Vgl. Kurs 2019, Ü-II.Einl.2:2*

Tag 276

Ausgeknockt von der Liebe

Die »heilende STIMME« der LIEBE hat uns gestern durch den Tag begleitet. Wie ist es dir damit ergangen? Konntest du in irgendeinem Moment deines Tagesablaufs tatsächlich erfahren, dass diese STIMME »alle Dinge schützt« (vgl. Ü-II.275)? Seien wir ehrlich, es geht hier nicht um einen Wettbewerb der Besserkönner, sondern um Wahrhaftigkeit, die uns gemeinsam zur WAHRHEIT führen wird. Und da zählt jeder Schritt und jede Erfahrung, wie fragwürdig, klein oder unwesentlich sie uns vorkommen mag.

Gestern ist der Gedanke aufgetaucht, dass mein »Hören mit dem Bruder« nötig ist, um des Klangs SEINER STIMME gewahr zu werden, der als Wunder zu uns kommt. Heute wird dieser Gedanke unserer aktiven Beteiligung verstärkt dadurch, dass ich gebeten werde, das WORT, dessen Bedeutung mir nur der Klang SEINER STIMME vermitteln kann, zu meinen Brüdern zu »sprechen«.

VATER, DEIN WORT ist das meine. Und dieses ist es, das ich zu allen meinen Brüdern sprechen möchte, die mir gegeben sind, um mir so wie mein Eigen lieb und teuer zu sein, so wie ich von DIR geliebt, gesegnet und erlöst werde.[1]

Natürlich sind das alles »nur« Metaphern, Sprachbilder, die auf etwas deuten, was hinter aller Sprache, hinter allen Worten und auch hinter allem Klang liegt, so wie wir ihn erfahren. Mehr wollen diese Bilder auch nicht, als auf die Möglichkeit hinzudeuten, eine tatsächliche Erfahrung zu machen, die ihre Quelle jenseits der Form hat. Den Schritt, mich für diese Erfahrung zu öffnen, muss ich immer selbst tun. Aber es sind Bilder, die nicht mehr in verleugnender Absicht entworfen sind, sondern als wirkliche Hilfe.

---

[1] *Kurs 2019, Ü-II.276.2:1-2*

Der *Inhalt* SEINES WORTES, das ER uns gegeben hat, damit wir es miteinander teilen, ist dann eben auch eine unmittelbare Erfahrung, die sich in jedem Moment zwischen uns kommuniziert, in dem einer von uns sie in sich zulässt – die Erfahrung der Allverbundenheit in der LIEBE. Kein Wort kann davon wirklich sprechen, aber Worte können aufhören, die wahre Kommunikation zwischen uns zu behindern und sie stattdessen begünstigen.

Was ist das WORT GOTTES? »MEIN SOHN ist rein und heilig wie ICH SELBST.«[1]

Als bloßer Satz, den wir versuchen, im Rahmen unseres Verstandes mit Inhalt zu füllen, klingt das blass und irgendwie aufgeblasen heilig.

Als lebendige Kommunikation ist es heilende LIEBE.

Dies ist das WORT, welches SEIN SOHN nicht mit IHM schuf, denn darin ist SEIN SOHN geboren worden. Wir wollen SEINE VATERSCHAFT annehmen, und alles ist uns gegeben.[2]

SEIN WORT erschließt sich unserem Erleben: Wir verzichten darauf, dessen Ursprung zu sein, es selbst »zu denken«. Wir lassen seine Bedeutung durch den Klang SEINER STIMME zu uns und damit zu allen Brüdern tragen. Und wir überlassen es dem Wunder, wie das genau geschieht.

Schau mal auf den Bruder, der grade in deiner Nähe ist und denke deinen nächsten Gedanken ... *nicht* alleine, sondern MIT IHM. Lass dieses »mit« sozusagen die Membran sein, die empfänglich ist für den Klang SEINER STIMME. Kommuniziere so SEIN WORT und lass dich ruhig mal umhauen von der Liebe, die du dabei möglicherweise empfindest.

---

[1] *Kurs 2019, Ü-II.276.1:1-2*
[2] *Ebd., 1:4-5*

Tag 277

Das Wunder erwarten

Wenn wir uns wie gewohnt im Spiegel der Gesetze von Zeit und Raum wahrnehmen, scheint die Trennung wahr geworden zu sein: Du bist der andere, der die Welt in unzähligen Formen bevölkert. Und ich schaffe mir darin eine winzige Insel, auf der ich die Flagge eines »Eigentums« hisse: Hier bin ich das Zentrum und habe das Sagen.

Jeder von uns träumt, die Wahrheit unseres gemeinsamen Seins dem SELBST entwendet und aus ihr einen solchen die Trennung reflektierenden Spiegel hat werden zu lassen: Wir halten unsere Wahrnehmung wie einen Schutzschild gegen die WAHRHEIT vor unsere Körperidentitäten.

Wenn ich mehr und mehr den »anderen Spiegel« benutzen will, um dich, mich und die Welt wahrhaft zu erkennen, bleibt mir nichts anderes übrig, als dich aus der Gefangenschaft meiner alten Wahrnehmung zu entlassen, eben weil dich anders zu sehen als mich bereits der grundlegende Irrtum ist – und zwar immer meiner.

Wunder ehren dich, weil du liebenswert bist. Sie zerstreuen die Illusionen über dich und nehmen das Licht in dir wahr. Damit sühnen sie deine Irrtümer, indem sie dich von deinen Alpträumen befreien. Indem sie deinen Geist aus der Gefangenschaft deiner Illusionen befreien, stellen sie deine geistige Gesundheit wieder her.[1]

»Hörst« du das? Solche Worte können nicht an »mich« oder »dich« gerichtet sein, sie sind an den Geist des EINEN gerichtet, der glaubt, getrennt von »anderen« zu sein.

Und deswegen sprechen Wunder immer zu allen. Sie sind die wahre, Liebe vermittelnde Kommunikation zwischen uns:

---

[1] *Kurs 2019, T-1.I.33*

162

*Wunder sind eine Art von Austausch. Wie alle Äußerungen der Liebe, die im wahren Sinne des Wortes immer wunderbar sind, kehrt der Austausch die physischen Gesetze um. Sie bringen dem Gebenden **und** dem Empfangenden mehr Liebe.[1]*

Ich suche eine Parklücke, habe noch zehn Minuten Zeit bis zu meinem Termin. Da ist eine, ganz vorsichtig fahre ich bis nach vorn, denn da steht auf dem Fußweg eine etwa 40-jährige Frau, die mit ihrem Handy beschäftigt ist und mich nicht bemerkt hat. Sie wirkt etwas verzweifelt, wie sie in ihrem Handy nach irgendetwas sucht. Ich bemerke an den kleinen Schrittchen, die sie hin und her macht, dass sie wohl nur sehr schwer gehen kann. Mir fällt ein, was ich grade vorhin in der Lektion über den »Bruder« gelesen habe:

Er unterliegt keinen Gesetzen, die ich machte und durch welche ich versuche, den Körper sicherer zu machen. Er wird durch das, was veränderlich ist, nicht verändert. Er ist kein Sklave irgendwelcher Gesetze der Zeit.[2]

Also, denke ich, verbinde ich mich jetzt mit dir. Und vielleicht, weil ich noch ein paar Minuten warten muss bis zu meinem Termin, fällt mir diese Form ein: »Lass uns gemeinsam das Wunder erwarten«. Das fühlt sich gut an. Das »Erwarten« richtet sich nicht so sehr auf irgend ein zukünftiges Geschehen, sondern viel mehr auf das Erkennen der *Gegenwart* des Wunders der Verbundenheit.

Sie schaut auf, kommt mühsamen Schrittes auf mich zu, und fragt zögernd, ob man hier wohl den Parkplatz bezahlen müsse. Sie habe hier erst den Ticketautomaten gesehen und befürchte, jetzt mit ihrer Gehbehinderung die 200 Meter zu ihrem Auto zurücklaufen zu müssen. Man muss bezahlen, aber wir finden gemeinsam einen Weg: Es gibt eine App, die sie herunterladen kann und so bezahlt sie, ohne auch nur einen Meter gehen zu müssen.

»Wunder ehren dich, weil du liebenswert bist.« (Siehe erstes Zitat)

---

[1] *Kurs 2019, T-1.I.9*
[2] *Ebd., Ü-II.277.1:3-5*

Tag 278

Denken bei offenem Fenster

»Jeder liebevolle Gedanke kommt an«, das ist ein Satz, den man oft hört, und die meisten von uns werden bestätigen, dass sie entsprechende Erfahrungen gemacht haben. Vielleicht habe ich an jemanden liebevoll gedacht, der weit von mir entfernt gewesen ist und mit dem ich lange nicht gesprochen oder geschrieben habe – und er ruft am selben Tag noch an.

Die Freiheit des Geistes weht durch solche Erfahrungen, unsere Verbundenheit und die Augenblicklichkeit wahrer Kommunikation.

Ein »nicht geschulter« Geist aber wird solche einzelnen Erlebnisse sofort als gelegentliche Ausnahmen bewerten, die nicht tragfähig sind. Wobei die Notwendigkeit der »Schulung« sich lediglich darauf bezieht, eine Aufmerksamkeit für die Versuche des gespaltenen Geistes zu entwickeln, eine Abwehr aufrechtzuerhalten, die gegen das Erinnern dessen, was der Geist IST und immer bleibt, gerichtet ist.

Wir glauben und wollen glauben, dass wir »gebunden« sind an die Welt, die wir wahrnehmen:

Und das glaube ich, wenn ich behaupte, dass ich den Gesetzen, denen die Welt gehorcht, gehorchen muss und dass die Gebrechlichkeiten und die Sünden, die ich wahrnehme, wirklich und unentrinnbar sind.[1]

Was kommt eigentlich an, wenn ich einen »liebevollen Gedanken« denke? Der Gedanke oder die Liebe?

Schon, dass ich mir eine Entfernung zwischen dir und mir »denke«, eine Distanz, die mein Gedanke überbrücken muss, eine Zeit, die das dauert, einen Sender und einen Empfänger der Liebe, die ich zu dir hindenken will, zeigt, dass ich in einer Verwirrung darüber bin, was »Denken« ist. Beim Thema »Denken« wird der Kurs unmissverständlich:

---

[1] *Kurs 2019, Ü-II.278.1:2*

164

Wenn du glaubst, das, was du denkst, sei wirkungslos, hörst du mög-
licherweise auf, Angst davor zu haben, aber du wirst es wahrscheinlich
auch kaum achten. Es gibt keine nichtigen Gedanken. Alles Denken
bringt Form auf irgendeiner Ebene hervor.[1]

Meine »normalen«, trennenden Gedanken bringen Formen der Trennung
hervor. Wirklich liebevolle, wahre Gedanken kann ich nicht haben, nicht
senden, nicht empfangen und letztlich auch nicht abwehren, weil dein und
mein Denken LIEBE IST. Jeder liebevolle Gedanke kommt an, weil wir in
diesem sich an seine QUELLE erinnernden Gedanken schon eins sind.

Meine Aufmerksamkeit für meine eigenen Gedanken zu schulen, macht also
Sinn. Ich muss ihren Widerstand gegen die Wahrheit bemerken, um die
Wahl treffen zu können, die Erinnerung an ihre wahre QUELLE zu mir einzuladen. Mit dieser Einladung lasse ich mein Denken wieder wundergesinnt
sein.

Wunder sind Beispiele richtigen Denkens und richten deine Wahrneh-
mungen auf die Wahrheit aus, wie GOTT sie schuf.[2]

Wundergesinntheit darf geübt werden. Es ist Denken bei offenem Fenster,
und wird seine Zeugen mit sich bringen, die zeigen, dass nur die LIEBE
wahrhaft Leben hervorbringt. Auch wenn wir beispielsweise auf ein konkretes Leid schauen, dass von den Genen scheinbar unkorrigierbar im
Körper fixiert zu sein scheint.

Du bist wundergesinntes Denken nicht gewohnt, aber du kannst
geschult werden, so zu denken. Alle Wunderwirkenden brauchen diese
Art Schulung.[3]

Drucken wir also ruhig nochmal eine Weile die Schulbank der Wundarge-
sinntheit. Das Zeugnis ist uns schon ausgestellt, da kann nichts anbrennen.

---

[1] *Kurs 2019, T-2.VI.9:12-14*
[2] *Ebd., T-1.I.36*
[3] *Ebd., T-2.VII.1:9-10*

165

Ich glaube, ich träume!

Gerade werde ich Zeuge, wie die Verkäuferin in dem Café, in dem ich an meinem sportfreien Tag ersatzweise das Leben genieße, nach einer etwas skurrilen Auseinandersetzung mit einem Kunden ausruft: »Manchmal glaube ich, ich träume!«

Die Wege zur Erkenntnis sind zahlreich, und auch dieser Frau, die sich nur langsam beruhigen kann, macht der universelle Kurs des Lebens eine Zusage:

Das Ende der Träume ist mir versprochen, weil GOTTES SOHN von SEINER LIEBE nicht verlassen ist.[1]

Jetzt kann es natürlich sein, dass diese für ihre Werte eintretende Dame ihre Träume eher noch nach ihrem Geschmack erfüllt erleben will und von deren Ende lieber nichts wissen möchte. Und natürlich kann es auch sein, dass »Gott« und auch »sein Sohn« für sie nichtssagende Vokabeln sind und ihr der Kurs in der blauen Buchform vollständig unbekannt ist.

Das aber macht den Kurs universell: Am Ende unserer Träume wartet nicht das individuelle Nichts, sondern die eine selbe und gemeinsame WAHRHEIT auf uns, und das auch, wenn wir ihre Nichtexistenz zu unserem Credo machen.

Nur in Träumen gibt es eine Zeit, da er im Gefängnis zu sein scheint und eine zukünftige Freiheit erwartet, wenn es sie überhaupt gibt.[2]

Die »zukünftige Freiheit« ist, könnte man sagen, der Inhalt jeden Traums. Auf jeden Fall soll es »besser« werden, das Leben, die finanzielle oder gesundheitliche Situation, das Verhalten des Partners, das Wetter.

---

[1] *Kurs 2019, Ü-II.279.1:1*
[2] *Ebd., 1:2*

Irgendwo dahinten liegt das Glück.

Da wird es wie immer spannend, wenn wir mit dem Kurs denken: Er verspricht uns das Glück und die Freiheit, die schon DA sind, für dich, für mich und für die Verkäuferin, die inzwischen unter Protest hinter ihren Verkaufstresen zurückgekehrt ist.

Ich hatte folgende legendäre Textstelle schon einmal zitiert. Sie gehört für mich zu den »geheimnisvollsten« Aussagen des Kurses, der auch mit diesen wie mit allen seinen Worten uns zuliebe aus dem Lebensrätsel ein »offenes Geheimnis« macht.

Denn Zeit und Raum sind eine Illusion, die verschiedene Formen annimmt. Wenn sie über deinen Geist hinausprojiziert ist, denkst du, sie sei Zeit. Je näher sie dorthin gebracht wird, wo sie ist, desto eher stellst du sie dir in räumlichen Begriffen vor.[1]

Zeit und Raum sind nur zwei Formen der einen Illusion der Getrenntheit von unserem gegenwärtigen Glück. Abstrakter als »Zeit« und konkreter als »Raum« täuschen wir uns mit dieser Illusion darüber hinweg, dass wir reiner Geist sind in der *Gegenwart* der LIEBE. So wenig wir diese Wahrheit »verstehen« können, so sicher können wir einander damit segnen. Der Segen »vergibt« im wahrsten Sinne des Wortes den Irrtum, den mein Geist mit der Wahrnehmung in Raum und Zeit begeht. Und das mitten im Erleben meiner – wahrgenommenen – Welt. Der Geist wird wundergesinnt und heilsam.

Und darin erwacht er.

---

[1] *Kurs 2019, T-26.VIII.1:3-5*

Tag 280

Ehre, wem Ehre gebührt

Darf ich dir eben mal »Ehre erweisen«? Denn das soll ich heute, oder vielmehr: Darum werde ich heute gebeten:

Lass mich heute DEINEM SOHN Ehre erweisen, denn nur so finde ich den Weg zu DIR.[1]

Die »Technik«, die dazu vorgeschlagen wird, ist mein aktiver Verzicht darauf, dir »Grenzen aufzuerlegen« (Vgl. Ü-II.280).

Wir haben ja gestern gesehen, dass mein »Begrenzen des Gottessohnes« schon damit losgeht, dass ich dich in Raum und Zeit wahrnehme. Da geht die Aufforderung, das mal schön sein zu lassen, doch ein bisschen weit, und die Frage sei erneut erlaubt: Wie soll das funktionieren?

Der Kurs drückt das unterwegs immer mal etwas anders aus, meist etwas harmloser, zum Beispiel mit der Aufforderung, dich »nicht als Körper« zu sehen. Das spricht aber von genau derselben »Technik« (vgl. z.B. T-29-III.2:7).

Uns kommt bei diesem »unmöglichen« Bemühen, einander wahrhaftig zu »schauen«, allerdings eine Tatsache entgegen: dass wir nämlich aus der SICHT GOTTES nie etwas anderes gewesen sind als das SEIN in LIEBE, DAS weder Raum noch Zeit braucht – und damit auch keinen Körper – um zu SEIN, was es IST.

Also ist die »Technik« des wahren Schauens die des einander Segnens mit der immer anwesenden WAHRHEIT. Denn solange wir ein Gegenüber wahrnehmen, das selbst wieder ein Gegenüber hat – sei es die Tapete an der Wand, die Tasse auf dem Tisch, die Blume in der Erde, oder sonst irgend ein »Du«, das sich von dem jeweiligen »Ich« irgendwie unterscheidet, müssen wir sozusagen die Sonne SEINER geeinten Sicht übereinander aufgehen

---

[1] *Kurs 2019, Ü-II.280.2:1*

168

lassen, um sie als die »eigene« Sonne zu erfahren. Nur so werden die Projektionen des Geistes nach und nach zu ihrer QUELLE zurückgeführt und gehen wieder in sie ein. Der Kurs nennt das »vergeben«.

Noch etwas kommt uns beim »Schauen« entgegen: Wir segnen mit SEINEM LICHT, nicht mit unseren Gedanken. Und das garantiert die heilsame Wirkung:

Du wirst von jedem wohltätigen Gedanken eines jeden deiner Brüder, wo auch immer er sein mag, gesegnet. Du solltest sie aus Dankbarkeit ebenfalls segnen wollen. Du brauchst sie nicht persönlich zu kennen noch sie dich. Das Licht ist so stark, dass es in der ganzen SOHNSCHAFT strahlt und dem VATER dafür dankt, dass ER seine Freude auf sie strahlen lässt.[1]

Dass wir diese machtvolle Unterstützung schnell vergessen, ist tatsächlich der Grund für die Erfahrung, die wir alle machen: dass der Friede, die Stille und das Gefühl des Einsseins so fragil zu sein scheinen und im Lärm des Alltags so schnell kollabieren. Der Kommentar des Kurses dazu ist eindeutig:

Nur GOTTES heilige Kinder sind würdige Kanäle SEINER herrlichen Freude, weil nur sie herrlich genug sind, sie zu halten, indem sie sie mit andern teilen.[2]

Also darf ich dir eben mal »Ehre erweisen«?

---

[1] *Kurs 2019, T-5.Einl.3:1-4*
[2] *Ebd., 3:5*

Die Sprache der Stille

Nur durch meine eigenen Gedanken kann ich verletzt werden (vgl. Ü-II.281). Das ist zweifellos eine der provozierendsten Aussagen des Kurses, dir fallen sicher auch sofort tausend Situationen ein, in denen solche Worte wie ein Zynismus klingen. Gewalt, Krankheit und Verlust können derart überzeugend sein, dass sie keinen Zweifel mehr zulassen an der Ursache der »Verletzung«. Wenn ich auf dem Zahnarztstuhl leide, komme ich vielleicht noch klar mit meiner Eigenverantwortung für das Leid und die Rolle meines Denkens dabei. Aber frag mal die Mutter, der eine Bombe gerade ihr Kind weggerissen hat, wer für die Verletzung verantwortlich ist, die sie gerade in aller Brutalität erfährt.

Die Radikalität, in welcher der Kurs dennoch bei der fundamentalen Behauptung bleibt, dass es für Verletzungen aller Art nur eine einzige Ursache gibt, zwingt uns quasi die Frage auf, *wem* eigentlich diese Verletzung angetan wird.

Das Geheimnis der Erlösung ist nur dies: dass du dir dieses selber antust. Der Form des Angriffs völlig ungeachtet ist dies dennoch wahr. Wer immer auch die Rolle von Feind und von Angreifer übernimmt, dies ist trotzdem die Wahrheit. Was immer auch die Ursache von irgendeinem Schmerz und Leiden, das du verspürst, zu sein scheint, dies ist dennoch wahr.[1]

Damit ist eben nicht gesagt, dass wir etwas »falsch« machen, wenn wir leiden und Schmerz empfinden. Es ist nicht einmal gesagt, dass wir »verstehen« können, dass die Ursache allen Leids in unseren eigenen Gedanken liegt. Und damit ist vor allem und ganz bestimmt nicht gesagt, dass wir

---

[1] *Kurs 2019, T-27.VIII.10:1-4*

170

einander nicht helfen, trösten und beschützen sollen, weil das Leid ja nur ein Element unseres Traums und deswegen nicht ernstzunehmen sei.

Es wird lediglich daran erinnert, dass die WAHRHEIT dennoch wahr bleibt. Und dass SIE bereit ist, uns heilend durch unsere Wahrnehmung zu begleiten, bis IHRE Überzeugungskraft unser Festhalten an der körperlichen Identität unnötig hat werden lassen.

Denn du würdest gar nicht auf Figuren reagieren in einem Traum, von dem du wüsstest, dass du ihn träumst. Lass sie so hasserfüllt und so bösartig sein, wie sie nur wollen, sie könnten keine Wirkung auf dich haben, es sei denn, du versäumtest zu begreifen, dass es dein Traum ist.[1]

Das »Begreifen« geschieht als das Wunder des »Überzeugtwerdens« von der LIEBE SELBST, nicht durch unser Verstehen.

In jeder Situation habe ich die Gelegenheit, den grenzenlosen Raum zu akzeptieren, in DEM meine Gedanken aus unserer gemeinsamen QUELLE kommen, und ich damit mit dir statt gegen dich denke. Die Bereitschaft dafür, mit GOTT zu denken, öffnet mir diesen Raum.

Was spricht dagegen, *mit* der Bombe zu denken, *mit* dem Angreifer, *mit* der Krebserkrankung, *mit* dem Partner, der mir gerade eröffnet hat, dass er mich verlassen wird? Was kann dagegen sprechen, solange ich dem, was mich zu verletzen scheint, nicht zugestehe, dass es den Raum der LIEBE, in dem wir nicht zu trennen und zu verletzen sind, begrenzen kann?

Die GEDANKEN, die ich mit DIR denke, können nur segnen. Nur die GEDANKEN, die ich mit DIR denke, sind wahr.[2]

Segnende Gedanken denken wir im wahrsten Sinne des Wortes miteinander. Sie lassen uns über Raum und Zeit hinwegfliegen und mit Liebe auf den Traum schauen, in dem wir getrennt zu sein schienen. Sie sind die Sprache der Stille.

---

[1] *Kurs 2019, T-27.VIII.10:5-6*
[2] *Ebd., Ü-II.280.1:6-7*

Liebe statt Angst

Es braucht schon ein wenig »Geistestraining«, bis wir bereit sind, zu akzeptieren, dass wir uns vor nichts mehr fürchten als vor der Liebe. Die Liebe, wie wir sie kennen, hat zwar vermutlich für jeden von uns auch schon ihre furchterregenden Seiten gezeigt, aber grundsätzlich dürfte sie doch den meisten als etwas Positives, Erstrebenswertes gelten und eher nicht auf der Liste der Angstauslöser stehen.

Aber wenn es um die Liebe geht, wird der Kurs zum Fundamentalisten, da lässt er keine halben Sachen gelten. Die Liebe ist der Angstmacher Nummer eins, weil sie all unsere Definitionen, vor allem die, was »Liebe« sei, nicht nur in Frage stellt, sondern aufhebt.

Im Licht der Liebe haben wir einfach nichts mehr zu sagen. Und das mag zunächst als eine inakzeptable Bedrohung erscheinen.

Die Liebe in Begrenzung zu sehen heißt, ihr den Namen »Angst« zu geben. Das ist das gut versteckte Fundament unseres Denkens. Wir ziehen einen für die Augen des Körpers unsichtbaren »Kreis der Angst« und der Schuld um unseren Geist, und dieser Kreis begrenzt und definiert unser Denken, auch und vor allem das Denken über die Liebe, die zu einem Sklaven des Körpers wird (vgl. T-18.IX.4-8).

Den »wahren Namen« der Liebe teilen wir aber weiterhin mit IHR SELBST, es ist unser eigener Name, der zutage tritt, wenn wir all unsere Bedeutungen, die wir den Dingen geben, aus dem »Kreis der Angst« erlösen.

VATER, DEIN NAME ist LIEBE und der meine ebenso. Das ist die Wahrheit. Kann denn die Wahrheit dadurch verändert werden, dass ihr einfach ein anderer Name gegeben wird?[1]

---

[1] *Kurs 2019, Ü-II.282.2:1-3*

Nein, sicher nicht. Also ist nur mein Wille gefragt, alles, was ich als von der Angst bestimmt erkenne (jeden privaten Gedanken) IHM anzuvertrauen, DER mir verspricht, mir die Transparenz und Unwirklichkeit dessen zu zeigen, was ich für ein unverrückbares Fundament gehalten habe.

Denn ER zielt nicht darauf ab, dir Angst zu machen, sondern nur du. Du bist ernstlich versucht, IHN am äußeren Ring der Angst zu verlassen, ER aber möchte dich sicher dort hindurch und weit darüber hinaus führen.[1]

Also Liebe statt Angst riskieren, wo auch immer ich mich in Angst denkend »ertappe«. Nicht die »Liebe«, die ich kenne, sondern DIE, DIE SICH mir erst zeigen wird und doch schon so oft als nicht von dieser Welt kommend gezeigt hat. Die LIEBE GOTTES zu allem und jedem, ohne irgend eine Ausnahme, die LIEBE zu dem EINEN.

Dies ist die Entschlossenheit, nicht in Träumen des Todes zu schlafen, während die Wahrheit ewig weiter in der Liebe Freude lebt.[2]

Das Wunder zulassen, in dessen Licht ich die »wirkliche Welt« sehen kann. Eine Welt, die mit allen ihren Erscheinungsformen, denen ich die unterschiedlichsten Motive und Bewegungsrichtungen zugeschrieben hatte, jetzt nur noch einem einzigen Ziel folgt: der Erlösung. Und das tatsächlich nur, weil ich das gerade so sehe. Ich sehe zwar, was ohnehin IST, aber ohne meine »Schau« bleibt in der Traumwelt dieses »IST« ohne Wirkung. Ebenfalls: weil ich das gerade so sehen will.

LIEBE statt Angst wählen. Das ist die einfache Entscheidung.

---

[1] *Kurs 2019, T-18.IX.3:8-9*
[2] *Ebd., Ü-II.282.1:3*

Tag 283

Vom Licht berührt

Unsere Wahrheit, unser SELBST, bleibt unberührt von der dinglichen Welt und unseren als Körper-Geist-Konstrukte entworfenen Identitäten. Ein Traum kann die Wirklichkeit nicht berühren, er kann im Erwachen nur in ihr vergehen.

Gott sei Dank ist dieses »Vergehen« ein Eingehen in die LIEBE, das der Kurs »Vergebung« nennt, und eben kein gewaltsames Zerschlagen des Traums. Wir dürfen zur Erinnerung dessen, was wir SIND, in unserem eigenen Tempo zurückkehren – ist das nicht wunderbar?

Im »Kommen und Gehen« unserer Gedanken, Emotionen und Bilder, das wir in der meditativen Stille erleben, ist also auch etwas definitiv »Vergehendes«, etwas, das »aufgelöst« wird, um der LIEBE Platz zu machen. Eigentlich kann man den gesamten »Übungsprozess« auf dem spirituellen Weg als die Gewöhnung an den Gedanken ansehen, dass diese »Auflösung« nicht Aussonderung, Vernichtung und Tod, sondern Heilung bedeutet.

Über die Brücke, die ER bereitstellt, werden alle Träume zur Wahrheit getragen, um vor dem Lichte der Erkenntnis aufgelöst zu werden.[1]

Genau an dieser Stelle machen wir oft halt, denn auch wenn ich die bereits in mir erfahrbare Stille des Gewahrseins direkt aufrufen kann, muss ich die Vergebung, die »Auflösung« verbliebener Traumelemente aktiv erlauben, denn mein Wille bleibt immer heilig.

Die physische Welt kann das SELBST nicht berühren, das SELBST aber kann *mich* berühren in meinem Traum. Diese Berührung zuzulassen ist meine Erlaubnis an den HEILIGEN GEIST, mir zu zeigen, dass das spezielle Traumelement, das ich IHM gerade hinhalte (vielleicht mein derzeitiger Blick auf

---

[1] *Kurs 2019, Ü-II.7.1:3*

die Kriegsgeschehen in der Welt) wie jeder andere Aspekt des Traums nur mein Gedanke ist, getrennt sein zu können.

Denn Anblicke und Geräusche müssen von den Zeugnissen der Angst in diejenigen der Liebe übersetzt werden. Wenn dieses ganz und gar vollbracht ist, dann hat das Lernen das einzige Ziel erreicht, das es in Wahrheit hat.[1]

Jedes Element meines Traums wird mit meiner Zustimmung von einem »Zeugnis der Angst« zu einem »Zeugnis der LIEBE« – ist das nicht unfassbar schön?

Aus dem »Kreis der Angst« (vgl. T-18.IX.4-8), den ich zugunsten meines Selbstbildes um meinen Geist gezogen habe, wird durch die Akzeptanz dessen, was mich in Wahrheit umgibt und trägt, ein Kreis des LICHTS, DEM ich erlaubt habe, meine Welt zu berühren und ihre Begrenzungen in LIEBE »aufzulösen«.

Hier ist die neue Wahrnehmung, in der alles in Unschuld strahlt und leuchtet, rein gewaschen mit den Wassern der Vergebung und von jedem bösen Gedanken geläutert, den du ihm auferlegt hast. Hier gibt es keinen Angriff auf GOTTES SOHN und hier bist du willkommen. Hier ist deine Unschuld, die darauf wartet, dich zu kleiden, zu schützen und bereit zu machen für den letzten Schritt auf der Reise nach innen. Hier werden die dunkeln und schweren Gewänder der Schuld abgelegt und sanft ersetzt durch Reinheit und durch Liebe.[2]

Dankbarkeit füllt mich ganz und gar aus in diesem Moment.

---

[1] *Kurs 2019, Ü-II.7.2:2-3*
[2] *Ebd., T-18.IX.9:4-7*

Heile deinen Schmerz!

In dem Buch, das Gregor und ich über den »Schmerz« geschrieben haben, war die heutige Lektion für mich der Ausgangspunkt. Sie schildert so wunderbar den Prozess der Heilung, genau so, wie ich ihn erlebe:

Und Leiden jeder Art ist nichts als ein Traum. Das ist die Wahrheit, die zuerst nur gesagt, dann viele Male wiederholt wird, um als Nächstes mit vielen Vorbehalten nur zum Teil als wahr akzeptiert zu werden. Dann aber wird sie immer ernstlicher erwogen und schließlich als die Wahrheit angenommen werden.[1]

Die Lektion spiegelt auch meine Rolle als »Lehrender«: Nur als Bruder unter Brüdern kann ich lehren, dass allein unser gemeinsamer, geeinter Geist der LEHRER ist. Als ein solcher lernender Bruder habe ich in dem Buch den Vorschlag gemacht, unseren Schmerz, welche Form er auch immer bei dir und bei mir annehmen mag, gemeinsam zu heilen. Wenn du magst, heile jetzt mit mir deinen Schmerz:

Lass uns unser spezielles Schmerzareal aufsuchen,

»... irgend eine Stelle unserer Wahrnehmung von dem, was wir sind, die uns derzeit zu peinigen scheint, ob körperlich oder seelisch. Wenn dein Schmerzpunkt körperlich ist und du ihn gut erreichen kannst, dann lege doch jetzt ruhig einmal deine Hand auf ihn – vielleicht ist es ja wirklich das Knie, oder du hast Nacken- oder Kopfschmerzen. Wenn dein Schmerzareal nicht bequem von deiner Hand erreichbar ist, oder wenn es emotionaler Natur ist, dann lass uns symbolisch ›Hand‹ sagen für eine sanfte Berührung, mit der du jetzt deinem Schmerz begegnest. Lassen wir diese ›Hand‹, diese Berührung aufmerksam sein, wie zuhörend, in gewisser Weise leer, ohne mitgebrachten Plan, wie unser Schmerz zu ›handhaben‹ sei. Lass uns an diesem

---

[1] *Kurs 2019, Ü-II.284.1:4-6*

Ort der Begegnung vergessen, dass der Schmerz >weg< muss und ihm in wohlwollender Würdigung seines unbestreitbar erlebten >Daseins< unsere >Hand auflegen< – als Symbol unseres offenen, zuhörenden Geistes. Laden wir jetzt erneut den GEEINTEN GEIST in den Zeit-Raum ein, den wir miteinander verbringen, und bitten IHN, mit uns auf den Ort der Begegnung zwischen unserer einwilligenden >Hand< und unserem Schmerz zu schauen. Erspüre, erhöre diese Berührung. Da scheint ein Heilungswille auf der einen Seite und ein Schmerz, der vehement auf sich beharrt, auf der anderen Seite zu sein. Erinnere dich an DEN, DER mit dir hinschaut. Ist ER nicht auf beiden Seiten, ist ER nicht genauso im Schmerz wie in der berührenden Hand? Wer berührt wen? Ist da wirklich ein >Gegenwille<, der die Heilung nicht will? Ist nicht ER, ist nicht SIE, die LIEBE, auf beiden Seiten der eine Wille? Gestehen wir uns die >Beweiskraft< des empfundenen Schmerzes ein, die unser mitgebrachtes Denken ihm zugesteht. Da scheint tatsächlich etwas zu sein, was sich >gegen uns< richtet und das wir >aus eigener Kraft< nicht korrigieren können. Lassen wir jetzt unsere berührende Hand ein Ort des Gebens und Empfangens einer anderen Überzeugung sein, lassen wir durch sie die Überzeugungskraft der LIEBE wirken. [...]

Schau nun einen Moment lang zu mir, der ich mich >meinem< speziellen Schmerz zugewendet habe, der ein anderer zu sein scheint als deiner. Lass uns für diesen einen Moment unsere >Hände< übereinanderlegen und sie als die eine selbe Berührung erfahren. Geben wir jetzt einander, was wir nie glaubten, zu haben: Geben wir dem Schmerz des anderen und damit unserem eigenen die Freiheit von all unseren Gedanken um die Schuld – er darf bleiben, nur um diesen Segen zu empfangen ... und daran vergehen. [...]

Öffnen wir uns für ein direktes Erleben, dass diese >Berührung< unserer >Hände< nichts anderes ist als Vergebung. [...]

Lass uns noch einen Moment lang still sein in der Verbundenheit aller Geschwister im Geist, die in die Wahrheit heimkehren.« (Aus Gregors und meinem Buch »Und wohin mit dem Schmerz, Bruder?«)

Tag 285

Schlecht(gut)gelaunt in den Tag

Die Lektionen – das gilt für alle – bitten mich zunächst nur, die neue Sichtweise, die sie anbieten, für möglich zu halten. Wenn du also heute Morgen nicht mit Freude, sondern griesgrämig, schlecht gelaunt oder leer wie ein Eimer mit Bodenloch aufgewacht bist, dann musst du trotzdem nicht warten, bis nächstes Jahr am Tag 285 die ultimative Chance für dich kommt, freudig aufzuwachen und mit deiner klar und hell strahlenden Heiligkeit durch den Tag zu gehen:

Heute wache ich mit Freude auf und erwarte, dass nur die glücklichen Dinge GOTTES zu mir kommen. Ich bitte nur sie, zu kommen, und mir ist klar, dass meine Einladung von den Gedanken beantwortet werden wird, denen sie von mir gesandt ward.[1]

Ich beispielsweise bin heute Morgen schlechtgelaunt aufgewacht. Keine Ahnung, warum genau. Aber hier kann ich einen Anfang machen: Zweifellos habe ich unglückliche Gedanken eingeladen, zu mir zu kommen.

Da wird offensichtlich, dass ich den Kurs auch »üben« muss. Es braucht schon einige Selbstdisziplin, um diesen Punkt durchgängig ernstzunehmen: Ich bin es allein, der die Wirklichkeit zu mir einlädt, sie kommt so zu mir, wie ich sie haben will.

Dass mir nicht bewusst ist, dass ich beispielsweise eine Krankheit zu mir eingeladen habe, braucht mich nicht zu kümmern. Wenn ich sie durch die Einladung »glücklicher Gedanken« entlassen kann, habe ich mir direkt demonstriert, dass eine grundsätzliche Botschaft des Kurses wahr ist:

Das Geheimnis der Erlösung ist nur dies: dass du dir dieses selber antust.[2]

---

[1] *Kurs 2019, Ü-II.285.1:1-2*
[2] *Ebd. T-27.VIII.10.1*

Wie unendlich froh diese Botschaft ist, erschließt sich mir sicher nicht, solange ich versuche, meine »unglücklichen Gedanken« durch »glückliche« zu ersetzen: »Ich bin gesund, reich und zufrieden, meinen Lieben geht es gut und der Krieg ist woanders« kann man affirmierend vor sich hinbeten, aber wenn's nicht stimmt, werde ich morgen früh wahrscheinlich wieder schlecht gelaunt aufwachen und ein weiteres Jahr auf den versprochenen Morgen Nummer 285 warten müssen. Und selbst, wenn es stimmt, hab ich noch lange nicht »meine Heiligkeit« akzeptiert.

Und ich werde nur um frohe Dinge bitten in dem Augenblick, in dem ich meine Heiligkeit akzeptiere.[1]

Auch meine glücklichen, guten, frohen Gedanken habe ich immer noch »für mich« gedacht. »Meine« Heiligkeit aber gehört mir nicht, sie ist unsere, und ihre Gedanken kommen aus unserer gemeinsamen QUELLE. Diese Gedanken muss ich »einladen«, sie erfahre ich nur als »meine Gedanken«, wenn ich den Raum, den sie eröffnen, sich zu allem hin ausdehnen lasse.

Mein »Unglück« war nur mein Haben- und Behaltenwollen, vor allem in Bezug auf mein Glück. Jetzt, heute vielleicht, kann ich meine Heiligkeit leben und klar und hell strahlen lassen, indem ich mit dir auf diesen Tag 285, auf alle anderen Tage und auf unser aller Glück, dass wir unkündbar in der LIEBE wohnen, schaue. Mit dir, lieber Bruder, ob du grade glückliche Gedanken empfängst oder dich in deinem von dir eingeladenen Unglück verstrickst: »Mit dir« ist allein meine Entscheidung.

Denn was würde Schmerz mir nützen, welchem Zweck mein Leiden dienen, und wie könnten Gram und Verlust mir helfen, wenn der Wahnsinn heute von mir scheidet und ich meine Heiligkeit stattdessen akzeptiere?[2]

---

[1] *Kurs 2019, Ü-II.285.1:3*
[2] *Ebd., 1:4*

Sage Dank – und erlebe die Fülle ...

Mantra in die Fülle

Öffne IHM deinen Geist. Sei still und ruhe.[1]

Das »funktioniert« in allen Tiefenschichten des Erlebens, also auch in der »Alltagsschicht«, dem »Tor« des Geistes zur Welt – und zwar ohne die Notwendigkeit, den »Dampfplauderer im Kopf« niederzuknüppeln, den Verstand an der Garderobe abzugeben und tunlichst alles Analysieren, Bewerten, Beurteilen oder Wertschätzen zu unterlassen. Wenn du diese üblichen Aktivitäten eines »erleuchteten Egos« einfach links liegen lässt und das ganze aufgezählte Gemüse sich selbst überlässt – tauchst »du« in einen stillen offenen »Zustand« ein, in dem »du« für ein Weilchen ruhen kannst. Darum der Begriff »Zustand«: abgegrenzt oder »anders« als der »Normalzustand«, eine kleine Insel des Friedens, aber nicht von Dauer.

Das ist der Grund, warum wir den Weg in die Bewusstseinsschicht der alles enthaltenden Leerheit und Stille gewählt haben, aus der und in der alle »Dinge« entstehen und geschehen – all das eingeschlossen, was du als Gedanken und Gefühle kennst, als die Ideen »Ich«, »Raum« und »Zeit« sowie als körperliche Empfindungen. Diese Stille ist kein Zustand (wie in der »Alltagsschicht«), sondern – konstantes Erleben. Stille *ist* einfach, sei es als »Raum«, »Gewahrsein« oder »Nicht-Ding«, das einzige Element der Erfahrung, das nicht kommt und geht. In vielen spirituellen Disziplinen ist dies das nonduale Ende der Fahnenstange. Der Kurs geht jedoch im zweiten Teil des Übungsbuches tiefer und darüber hinaus.

Dehnt sich die Stille aus, wird die Qualität der »Leerheit«, des »Enthaltens« aller »Dinge«, zunehmend ersetzt durch »Fülle«, einer »Präsenz«, die alles Erleben durchdringt und gleichzeitig über alle Erfahrung hinausgeht. Die Stille vertieft sich mehr und mehr zu einem reinen Dasein oder Sein, einem Empfinden von Heiligkeit, Lebendigkeit oder der Verbindung

---

[1] *Kurs 2019, Ü-I.128.7:7*

180

mit dem »Göttlichen« – ein ruhiges und alles erfüllendes, leuchtendes »Feld« als Quelle jeder Erfahrung und gleichzeitig als das, was erfährt. Willkommen in der umfassenden Tiefenschicht der Erfahrung von alles durchdringender Fülle ohne »Ich« als Zentrum.

Ein bewährtes Mittel, dich für die Gegenwart der alles erfüllenden Präsenz zu öffnen, ist Dankbarkeit: Dein Dank an die WIRKLICHKEIT, das LEBEN an sich, die QUELLE allen SEINS oder GOTT. »Unsere Dankbarkeit wird den Weg zu IHM ebnen und unsere Zeit des Lernens mehr verkürzen, als du dir je träumen lassen könntest.« (Ü-I.195.10:1)

Eine höchst effiziente Vorgehensweise ist das »Mantra« – jedoch nicht in der bekannten Form, ein Wort oder einen Satz beständig zu wiederholen. Das beruhigt zwar den Verstand und das Denken, kostet jedoch zunehmend Konzentration, sobald Gewöhnung eintritt, denn die gedanklichen Aktivitäten setzen wieder ein, während sich das Mantra im Hintergrund mehr oder weniger automatisch wiederholt.

Als Vorschlag oder Beispiel verwende ich den Satz: »Ich danke DIR für mein LEBEN«. In einem ersten Schritt lege bitte fest, was »DIR« für dich bedeutet.

Und dann sprich den Satz still für dich. Schaue nur, was dann geschieht. Versuche nicht, irgendetwas hervorzurufen, bleibe einfach »passiv«. Du »wirfst« den Satz in die Stille, es gibt eine Welle oder ein »Aufspritzen«, bis sich die »Energie« allmählich wieder beruhigt.

Wie wirkt es sich unmittelbar aus? Was bewirken die »Wellen«, wie lange dauern sie an, bevor sie auslaufen? Vielleicht taucht ein Gefühl von Dankbarkeit oder Verbundenheit auf, vielleicht geschieht nichts. Ist der Effekt oder die »Energie« verhallt, wiederhole den Satz langsam und still erneut – und schaue wieder, was passiert. Es gibt keinerlei Vorgaben, wie viel Zeit zwischen diesen Wiederholungen vergehen »sollte«.

Du kannst natürlich auch eine andere Formulierung der Dankbarkeit für dich verwenden, aber bitte achte darauf, dass sie sich an IHN, SIE oder ES richtet: welches Symbol auch immer du für die WIRKLICHKEIT oder WAHRHEIT verwendest.

Aber was passiert, wenn du dir eine Frage wie diese stellst: »Dankbarkeit? Wofür eigentlich?!« Ein offensichtlicher Ausdruck von Widerstand wie dieser ist sicherlich nicht »zielfördernd«, oder? Mitten im Schmerz, in Aufregung, Trauer, trüben Zukunftsaussichten, übermäßigem Stress oder in anderen unerfreulichen Situationen und Umständen ist Dankbarkeit wahrscheinlich das Letzte, an das du denkst. Und diesen Widerstand einfach abzutun, ist eben – *nicht* einfach.

»Ich danke DIR für mein LEBEN«, das ist ein Vorschlag, als Einstieg zum Eintauchen in die Gegenwart der alles erfüllenden »Präsenz« – oder als Übergang von der Erfahrungsschicht der »Leerheit« zur Erfahrungsschicht der »Fülle«. Damit da kein falscher Zungenschlag reinkommt: Ich rede hier nicht über die ultimative WIRKLICHKEIT oder WAHRHEIT, sondern über etwas eigentlich recht Banales: »Erfahre *grundlegendes* Glück.« Das Wörtchen »grundlegend« sagt aus, dass dieses Glück gerade *nicht* durch irgendwelche Umstände bedingt oder ausgelöst wird – und sich daher auch nicht subito vom Acker macht, wenn die Umstände sich ändern.

Denn das Kultivieren von »Dankbarkeit« ist ein wunderbarer Weg der Verbindung mit der alles durchdringenden Präsenz der Fülle – und damit, *grundlegendes* Glück zu erfahren. Es ist aber nun mal nicht ungewöhnlich, dass unwillkürlich ein paar nicht eingeladene Störgefühle an deine Tür klopfen, kaum, dass du zum ersten Mal in die Dankbarkeit eingestiegen bist: »Mein Partner hat mich gerade verlassen und ich soll dafür dankbar sein?!« Oder: »Dieses Leben hängt an einem seidenen Faden, wie der Arzt mir gerade eröffnet hat. Dafür soll ich mich bedanken?!« Klar, es gibt weniger dramatische Anlässe, um die Dankbarkeit für das LEBEN in Frage zu stellen, da reichen chronische Knieschmerzen oder die Frage, wie du deine nächste Miete bezahlen sollst – aber unbequeme Extrembeispiele zeigen, dass es *nicht* um schöne Gefühle in der egozentrierten Komfortzone geht. Daher lege ich noch eine Schüppe drauf: »Angesicht von Tod und Verderben in einem Krieg, ist es da nicht zynisch, jemandem mitten im Schlachtenlärm – wenn beispielsweise heute wieder gute Freunde getötet wurden oder jemand selbst Angreifer getötet hat – vorzuschlagen, das Leben als Geschenk anzusehen und dafür ›Danke‹ zu sagen?!« Nun, das erinnert mich an eine alte Zen-Anekdote, wo jemand über dem Abgrund an einem Ast hängt, der unaufhaltsam nachgibt – und plötzlich entdeckt er eine köstliche große Erdbeere in Reichweite ... Oder an ein mehr zeitgenössisches Video, das besser zu der geschilderten Kriegssituation[1] passt.

Das LEBEN geht weit über die aktuellen »Umstände« hinaus – und damit auch dein *bedingungsloser* Dank an IHN/SIE/ES. »Negative« Umstände haben keine Macht, *grundlegendes* Glück zu behindern. Es ist das Glück, das in einer Welt der Wahrnehmung der unmittelbaren WAHRHEIT ohne Gegenteil oder der direkten Erkenntnis am nächsten kommt.

Also vergiss *alle* »Umstände«, positive wie negative, und erfahre, was LEBEN ist. Nimm die Umstände zur Kenntnis, lasse sie sein, wie oder was sie sind, versuche nicht, sie »wegzurationalisieren« oder kleinzureden und verwende sie nicht als Mittel, dich unfähig oder schuldig zu fühlen. Sie sind vergänglich. Also heiße sie willkommen, das schafft eine gewisse »Distanz« – und lasse sie los, damit sie gehen können, wenn es so weit ist.

Das Mantra (oder besser: Die innere Haltung) »Ich danke DIR für mein LEBEN« ist bestens geeignet, um morgens oder abends die stillen Zeiten einzuleiten, aber nicht ideal für die häufigen kurzen Erinnerungen tagsüber. Denn tagsüber verwendet, wird es leicht zu einem Mantra der üblichen Art: zum ständigen Rezitieren. Der wesentliche Punkt ist jedoch die Pause, das Innehalten nach dem inneren Sprechen: Schau, was passiert, und versuche nicht, etwas »Besonderes« hervorzurufen. Genieße die »Energie«, wenn du das »Wort« in die Stille fallen lässt. Vergiss jede Erwartung und vor allem: Bleibe entspannt, ohne jede Anstrengung. Zu dieser Pause passt eine

---

[1] *Insane Reality Leaks [@InsaneRealitys]: Soldier enjoying an energy bar ... In X [Tweet]*, 15.09.2023. https://twitter.com/InsaneRealitys/ status/1702557440535855515 [abgerufen: 19.02.20124]

bekannte Aussage aus dem Kurs sehr gut: »Ich brauche nichts zu tun, außer mich nicht einzumischen.« (T-16.I.3:12) Diese »passive Phase« ist bei der häufigen Erinnerung tagsüber etwas »unhandlich« und es bleibt dann beim Rezitieren – um das es aber gar nicht geht.

Stellt sich bei dir nach einer Weile der täglichen Anwendung ein Gefühl der Dankbarkeit, Ergriffenheit, Rührung oder ein vergleichbares Gefühl ein, könntest du auch dieses Vorgehen einmal ausprobieren: Hast du das »Schema« Rezitieren/Pause zwei- oder dreimal wiederholt – lasse den Satz anschließend weg! Statt innerlich den Satz zu sprechen, leitest du die Wiederholung mit dem *Gefühl* ein – Stille. Wir wollen still sein. Sei jetzt ganz still – und schaue, was mit dieser »Energie« geschieht, bis sie verebbt, ohne dich aktiv einzumischen, ganz im Sinne des entscheidenden Satzes zum zweiten Teil Übungsbuch: »Worte werden jetzt wenig bedeuten.« (Ü-II.Einl.1:1)

Diese Stille wird häufig als »Gegenteil« zur »Lautstärke« der Sinneswahrnehmung oder dem ständigen Strom an Bewertungen, Abwägungen, Entscheidungen, Erinnerungen und »besonderen« körperlichen Empfindungen erlebt. Und so kommst du möglicherweise auf die Idee, das »Sei still« erfordere von dir, irgendwie an diesen so empfundenen »Störfaktoren« oder Filtern rumzuwerkeln und sie damit zum Verschwinden zu bringen. Im besten (aber unwahrscheinlichsten) Fall führt das zu – nichts. Im schlechtesten (leider üblichen) Fall verstärken oder erzeugen »Bereinigungsaktivitäten« Widerstände und sogar Verdrängungsphänomene (»spiritual bypassing«).

Unbegrenzte Freude, grundlegender Frieden und Glück ohne äußere Ursache machen unser natürliches SELBST aus – als unbegrenztes Wesen, als STILLE ohne Gegenteil oder LIEBE, die alles umschließt. Aber was ist, wenn da ein »Problem« auftaucht, eine »äußere« Ursache, ein »Störfaktor« für die Stille? Dann hast du beispielsweise diese Möglichkeiten: Taucht ein auslösender Gedanke aus dem Unbewussten auf und wird bewusst, kannst du ihn in die STILLE hinein loslassen, deinem Inneren Lehrer überlassen. Eine

184

andere Möglichkeit besteht einfach darin: Du weißt unmittelbar als *Erfahrung*, dass du die STILLE, die LIEBE bist, »wie GOTT dich schuf« – eine Formulierung, die mehr als zwanzigmal im Kurs vorkommt.

Ist das zu einfach? Falsche Gewohnheiten sind hartnäckig, insbesondere die Gewohnheit, darauf zu bestehen, ein eigenständiges »Ding« zu sein, das du »Ich« nennst. Diese Gewohnheit ist schon lange da und tief verankert. Aber in genau dem Augenblick, in dem du dich entscheidest, sie loszulassen, kannst du es auch. Du lässt los und lässt das LEBEN, die STILLE, die LIEBE gewähren. Du akzeptierst die Einfachheit und stellst fest, dass dein Tun in keiner Weise gefragt ist. Vielleicht hast du es ja schon einmal erlebt: Du befindest dich »ganz unten«, du hast alles versucht und bist am Ende der Fahnenstange angekommen, kannst nichts mehr tun – und lässt los. Alles Weitere geschieht »von selbst«. Aber dazu muss es nicht kommen, dieses »Am-Ende-Sein« ist keine notwendige Bedingung. Du kannst die Idee, unbedingt ein »Ich« zu brauchen, auch ohne eine Not loslassen. Falls du jedoch sagst, nein, es geht nicht, ich habe es doch schon so oft versucht, dieses oder jenes spricht dagegen, es funktioniert nicht, was soll ich denn noch tun – dann ist der Wunsch, es gehen zu lassen, einfach nicht vorhanden.

Das LEBEN ist perfekt, denn GOTT ist perfekt. Und GOTT ist alles, was ist. Du bist nach wie vor, wie ER dich schuf, und das lässt nun mal keinen Platz für Unvollkommenheit oder Probleme. Nimm diese innere Haltung ein – und dann soll es so sein.

»Ich danke DIR für mein LEBEN«. Das ist auch und insbesondere die Dankbarkeit, das Gefühl, *nicht* der Macher, der Handelnde zu sein. Du heißt willkommen und lässt los, so dass alles in Harmonie und Perfektion geschehen kann.

Tag 286
Ampel auf »Grün«

Fällt dir auf, wie die Lektionen immer weniger darauf ausgerichtet sind, uns das Denken des Ego aufzuzeigen? Offensichtlich wird uns mehr und mehr zugetraut, dass wir inzwischen durchschaut haben, der Träumer eines Traums zu sein, der uns vom Ego als »die Wahrheit« verkauft wird. Und dass es eine attraktive Alternative zu diesem alten Denken gibt, die tatsächlich der Wahrheit entspricht.

Immer deutlicher liegt jetzt der Schwerpunkt darauf, diese Alternative direkt als »mein Denken« einzuladen und vor allem, mich auf die »Entlassung« in die Welt vorzubereiten. Die Wörter und Begriffe, die uns geholfen haben, zu verstehen, werden an Bedeutung verlieren zugunsten einer immer »selbstverständlicher« werdenden Anwendung dessen, was wir unterwegs und eine Zeit lang »Sühne«, »Vergebung«, »Einladung an IHN«, »Segen« oder sogar ganz verwegen mit einem für die meisten antiquierten Begriff »Nächstenliebe« genannt haben.

Wir lernen jetzt, den Raum der Wunder in immer mehr Situationen unseres alltäglichen Lebens mitzunehmen, und kommen diesem Erleben näher und näher:

Wie leise finden alle Dinge ihren Platz! Dies ist der Tag, der als der Zeitpunkt ausgewählt ward, an dem ich endlich die Lektion verstehe, dass keine Notwendigkeit besteht, dass ich irgendetwas tue.[1]

»Die ganze Liebe ist schon hier«, hat mir einmal während eines Gesprächs jemand mitgegeben, der gerade ein Nahtoderlebnis erfahren hatte. »Aber wir müssen sie wecken«, hat er hinzugefügt – und das sagt eigentlich alles.

Im Fechtsport kann es von großem Vorteil sein, sich auf seinen Mitfechter derart einzustellen: Zum einen nimmt er einen »persönlichen Raum« ein,

---

[1] *Kurs 2019, Ü-II.286.1:2-3*

das ist der Raum, in dem ich ihn wahrnehme, wie er versucht, sich zu verteidigen und gleichzeitig mich zu treffen, und zwischen diesen Hauptaktionen mit mir eine Beziehung aufzunehmen und zu kommunizieren. Der ganz normale Raum unserer Wahrnehmung also.

Dabei kann ich es belassen, für die allermeisten Fechter ist eine Erweiterung gar kein Thema. Ich habe aber definitiv die Wahl, einen weiteren Raum zu »sehen«, in dem der Mitfechter sich bewegt und der diese eindrucksvolle Eigenschaft hat: Dieser Raum ist im Gegensatz zu dem »persönlichen Raum« auch mein Raum: Ich bewege mich wie aus demselben Impuls heraus mit ihm darin. Und: Die »beiden« Räume (die ja, wie wir als Kursler wissen, nur scheinbar verschieden sind), stören sich in keinster Weise.

Der »Vorteil« des Erfassens des gemeinsamen Raums ist in diesem sehr speziellen Fall, dass meine Aktionen sehr viel schneller und präziser werden. Wobei – und das ist das eigentlich Wesentliche und macht die Sache auf alles übertragbar – ist die »Schnelligkeit« und »Präzision« eigentlich *Unmittelbarkeit*.

Probier es an der nächsten roten Ampel aus: Sieh ihren »privaten Raum«, den sie für deine Wahrnehmung einnimmt, und dann euren gemeinsamen Raum, in dem ihr beide »aus DEMSELBEN« seid – die Ampel und du, ihr SEID in derselben WAHRHEIT. Und staune, wie unmittelbar deine »Reaktion« auf das Grün ist – die eben keine Re-Aktion mehr ist, sondern ein einfaches Mitgehen. Und klar: Das geht im Prinzip auch mit deinem Partner (wenn der mal wieder rot sieht – nur zum Beispiel!).

Die Stille heute wird uns Hoffnung geben, dass wir den Weg gefunden haben und weit darauf gereist sind zu einem gänzlich sicheren Ziel.[1]

Und alle Ampeln stehen auf »Grün«.

---

[1] *Kurs 2019, Ü-II.286.2:1*

Tag 287

Horch!

Wenn das SEIN in LIEBE tatsächlich unsere eigentliche IDENTITÄT ist, wenn also GOTT IST, dann ist die Welt der Körper nicht. Darum wird es in den nächsten Lektionen gehen, um die zwar nicht neue, aber immer wieder irritierende Information, dass wir etwas sehen, das nicht da ist, wenn wir die Welt mit unseren Sinnen erfassen und mit dem Verstand begreifen wollen.

Heute ist erst einmal wieder die Ausrichtung auf die Alternative dran, ohne die eine solche Einsicht sinnlos wäre. GOTT ist mein einziges Ziel (vgl. Ü-II.287), wird mir mitgeteilt – natürlich wieder nicht zu meiner Beurteilung, sondern als eine Tatsache.

In GOTT habe ich – in einem zeitlosen »Damals« – das »gesehen«, was tatsächlich »da« ist, und es dann gründlich vergessen. Stattdessen halte ich mich mit scheinbaren Realitäten auf wie Steuererklärungen, Kariesprophylaxe, Streit mit der Partnerin, dieser allerdings wundervollen Trüffelschokolade hier oder der Frage, warum mein Nachbar sein Paket nicht bei mir abholt, das ich freundlicherweise für ihn angenommen habe.

Darüber habe ich doch glatt mein »einziges Ziel« vergessen, was war das nochmal?

Horch! Vielleicht erhaschst du den Hauch eines Urzustands, den du nicht ganz vergessen hast – undeutlich vielleicht, und doch nicht gänzlich unbekannt, wie ein Lied, dessen Namen du längst vergessen hast und ebenso die Umstände, unter denen du es vernahmst.[1]

Das ist uns allen natürlich inzwischen vertraut. Der Kurs nennt es oft den »heiligen Augenblick«, und wir haben in Treue zu unserem Erleben ganz unterschiedliche Begriffe dafür gefunden wie »Stille«, »reines Gewahr-

---

[1] *Kurs 2019, T-21.I.6:1*

188

sein«, »Da-sein« oder auch »vergebendes Nichttun«, und immer sind die Obertöne dieses »Liedes« Schwingungen der Liebe gewesen.

Nicht das vollständige Lied ist bei dir geblieben, nein, nur der kleinste Fetzen einer Melodie, weder mit einem Menschen noch einem Ort oder sonst etwas Bestimmtem verknüpft.[1]

Stimmt auch, nicht wahr? Der Alltagslärm hat es immer wieder übertönt, vor allem aber meine eigenen Gedanken, die irgendwie nicht harmonieren wollen mit dieser feinen Musik. Und dennoch, es ist wie ein unendlich wertvolles Kleinod:

Und dieser kleine Fetzen nur erinnert dich daran, wie lieblich dieses Lied war, wie herrlich die Umgebung, wo du es gehört hast, und wie sehr du jene liebtest, die da waren und es mit dir hörten.[2]

Na klar, GOTT ist mein einziges Ziel, wie sollte es anders sein? Inzwischen haben wir ja auch durchaus schon gemerkt, dass die, »die da waren und es mit dir hörten«, immer noch da sind. Also einfach ganz und gar HIER bleiben, um das Ziel zu erreichen. Wie einfach!

Welchen Schatz möchte ich suchen und finden und behalten, der sich mit meiner IDENTITÄT vergleichen ließe? Und möchte ich denn lieber mit der Angst als mit der Liebe leben?[3]

Das ist nicht schwer zu beantworten.

---

[1] *Kurs 2019, T-21.I.6:2*
[2] *Ebd., 6:3*
[3] *Ebd., Ü-II.287.1:4-5*

Tag 288

Ich seh' dich!

Der Kurs ist ziemlich hartnäckig mit dem Hinweis, dass mein Bruder mein Erlöser sei. Du bist mir »von GOTT gegeben«, wird mir immer wieder direkt oder durch die Blume gesagt, und ich werde dringend gebeten, dich deswegen freundlicherweise und letztlich zu meinem eigenen Schutz und Erkenntnisgewinn nicht anzugreifen (vgl. Ü-II.288.1:7-8).

Wie ich mit dir umgehe und du mit mir, ist also eine Frage der Achtung einem Geschenk GOTTES gegenüber. Und natürlich müssen wir zuallererst beantworten, ob wir uns dieser Sicht überhaupt anschließen wollen. Das Ganze gipfelt immerhin in der überraschenden Bitte von Jesus als dem Bruder der Brüder: »Vergib mir also heute.« (Ü-II.288.2:1)

Jesus als der CHRISTUS in jedem und in allem bittet mich darum, meine »vergangenen Gedanken« nicht zur Grundlage zu nehmen, wenn ich auf dich schaue, sondern IHN in dir jenseits meiner vergangenen Gedanken über dich zu sehen. Kann ich das schon?

Dies ist der Gedanke, der mich zu DIR führt und an mein Ziel bringt.
Ich kann nicht ohne meinen Bruder zu DIR kommen.[1]

Was ist das für eine Art »Können«, den Bruder zu » schauen«, wie er wahrhaft ist? Und wieso legt der Kurs so viel Gewicht darauf, dass ich nicht darum herumkomme, diese Schau einzuüben? Wieso kann ich nicht einfach nur »in mir« friedlich werden und darauf vertrauen, dass ich dann auch dich anders, vielleicht liebevoller ansehen werde? Das wird heute klar beantwortet:

Und um meine QUELLE zu erkennen, muss ich zuerst begreifen, was
DU als eins mit mir erschaffen hast.[2]

---

[1] *Kurs 2019, Ü-II.288.1:1-2*
[2] *Ebd., 1:3*

Die Antwort ist also, dass die Trennung zwischen »mir« und »dir« genau das ist, was aufgehoben werden muss, um mir zu ermöglichen, den Frieden »in mir« zu finden. Und das ist gleichbedeutend mit der Erinnerung an GOTT, an unsere gemeinsame QUELLE.

Kennst du die »Anstrengung«, den Bruder als unschuldig, uneingeschränkt vertrauenswürdig, nur aus Liebe bestehend, von Licht umgeben oder irgendwie als Nichtkörper, als reinen Geist zu sehen? Als vollständig gesund, ohne jede Angst, als Quell der Heilung und dich in keinster Weise bedrohend, sondern vielmehr vervollkommnend? Das ist ja so in etwa die »Ansicht«, die uns der Kurs empfiehlt, wenn wir aufeinander schauen.

Nur das Ego-Denken kennt Konflikt, der sich z.B. in »Anstrengung« ausdrückt. Die WAHRHEIT IST einfach und strengt sich nicht an.

Wie erleichternd und entspannend ist es, wenn ich meine »persönliche« Sicht auf dich vergebend mitnehme in die »Schau«, die ich, solange ich wahrnehme, SEINE Schau sein lasse, der ich mich einfach nur anschließe.

Ich muss nichts davon verleugnen, was ich empfinde, denke, sehe und höre, wenn ich dem Bruder begegne, und ich kann und muss auch meine »persönliche« Antwort auf ihn geben, wenn ich die Situation nicht lähmen will. Aber dabei kann ich dennoch die WAHRHEIT wahr sein lassen und bereit sein, mich IHRER Sicht anzuschließen. Genau diese »Gleichzeitigkeit« von Wahrnehmung und WAHRHEIT öffnet den Rand meines Denkens für die Wunder der Berichtigung.

Erstaunlicherweise ist bei dieser entspannten Betrachtung meine Wahrnehmung wie von einer Sanftheit umgeben, ohne dass ich dem wütenden Fahrradfahrer da vorn einen künstlichen Heiligenschein aufsetzen muss.

Das genügt. ER ist da, um dich mir neu zu zeigen. »Es ist des Bruders Hand, die mich zu DIR führt.« (Ü-II.288.1:4)

... und die ich Gott sei Dank nicht zu einem Engelsflügel umdichten muss!

Die Welt segnen

Was für die neue Sicht auf den Bruder gilt, ist eins zu eins auf die gesamte Welt, die ich wahrnehme, übertragbar: Ich sehe sie erst, wenn ich sie von meinen »vergangenen Gedanken« freigesprochen habe, mit denen ich nur das Bild von ihr erblicke, das ich mir von ihr selbst gemacht habe.

Wenn die Vergangenheit in meinem Geiste nicht vorbei ist, dann muss die wirkliche Welt sich meiner Sicht entziehen. Denn ich schaue in Wirklichkeit nirgendwohin, sehe nur das, was nicht da ist.[1]

Die »wirkliche Welt« wird noch wahrgenommen und ist deshalb nicht zu verwechseln mit der WAHRHEIT, in DER keine Wahrnehmung mehr gebraucht wird:

Der HEILIGE GEIST braucht die Zeit nicht mehr, wenn sie SEINEM Zweck gedient hat. Jetzt wartet ER nur noch auf jenen einen Augenblick, da GOTT SEINEN letzten Schritt tut, dann ist die Zeit verschwunden und hat die Wahrnehmung im Gehen mitgenommen und nichts zurückgelassen als die Wahrheit, damit sie sie selbst sei.[2]

Die »wirkliche Welt« ist eine Sichtweise, die jedem jederzeit möglich ist: Sie akzeptiert, dass sie auf einen Traum blickt, der seinen Ursprung im eigenen Geist hat. Und sie sieht, dass die Wahrheit des unschuldigen Geistes als Vergebung auf jedem einzelnen Element der Wahrnehmung liegt. Hier ist die neue Mitte des Wahrnehmens: Das Urteil zersplittert die Welt nicht mehr, Vergebung hält sie über dem EINEN GEIST zusammen.

Die wirkliche Welt birgt ein Gegenstück für jeden unglücklichen Gedanken, der in deiner Welt gespiegelt wird, eine sichere Berichtigung für die Anblicke der Angst und für das Schlachtgetöse, die deine Welt

---

[1] *Kurs 2019, Ü-II.289.1:1-2*
[2] *Ebd., Ü-II.8.5:1-2*

enthält. Die wirkliche Welt zeigt eine Welt, die anders gesehen wird,
mit ruhigen Augen und mit einem Geist, der in Frieden ist. Dort ist
nichts als Ruhe. Keine Schreie des Schmerzes und des Kummers sind zu
hören, denn dort bleibt nichts außerhalb der Vergebung.[1]

Derweil wir diese Lektionen üben, werden wir gezwungen, auf den Kriegsschauplätzen der Welt besonders grausame Bilder mit anzuschauen und uns
auf ständig sich verändernde Situationen und auch auf das Gefühl, dass uns
der Krieg sehr konkret immer näher kommt, einzustellen.

Ganz sicher ist, dass der Kurs mit uns nicht ins Wegschauen will, sondern
ins Anders-Hinschauen. Das Ende ist gewiss, weil ER nur Frieden IST und
keine andere Wahrheit existiert.

Das »Ende« ist die einzige Zeit, die es gibt, es ist auch der »Anfang« und
alles davor und danach, weil es das Ende der Zeit ist.

Die »wirkliche Welt« nehmen wir in der Zeit wahr, offen geworden für die
Wunder der Berichtigung unseres Geistes durch unser Einverständnis, uns
auf die Vergebung und unsere individuelle Rolle in ihr einzulassen.

Wäre es klug, im Blick auf den Krieg, auch wenn er mir noch so grausam
erscheint, zu verneinen, dass GOTTES PLAN auch hier wirkt, jetzt, in diesem
Augenblick? Und wenn ich es hundertmal nicht sehe: Ich entscheide mich
für das Wunder und die Kraft des Segens.

Die Welt wird in Freude enden, weil sie ein Ort des Kummers ist.
Wenn die Freude gekommen ist, ist der Zweck der Welt vergangen. Die
Welt wird in Frieden enden, weil sie ein Ort des Krieges ist. Wenn der
Frieden gekommen ist, was ist dann der Zweck der Welt? Die Welt
wird in Lachen enden, weil sie ein Ort der Tränen ist. Wer kann, wo
Lachen ist, noch länger weinen? Und nur die vollständige Vergebung
bringt das alles, um die Welt zu segnen.[2]

---

[1] *Kurs 2019, Ü-II.8.2:1-4*
[2] *Ebd., 14.5:1-7*

Tag 290

Es gibt nichts zu tun, außer ...

Unser Geist liegt in GOTTES HÄNDEN – von diesem Bild geht für mich eine große Erleichterung aus, wenn ich etwas, das sich nur noch mit einer Metapher ausdrücken lässt, als eine Tatsache akzeptiere.

Ein grundsätzlicher Irrtum, lehrt mich der Kurs, besteht darin, dass ich glaube, mit dem Geist verletzen zu können und dass mein Geist entsprechend verletzlich ist.

Der Geist kann kommunizieren, aber er kann nicht verletzen. Der Körper kann im Dienst des Ego andere Körper verletzen, doch kann das nur geschehen, wenn der Körper bereits mit dem Geist verwechselt worden ist.[1]

Dein Geist in SEINEN HÄNDEN – kannst du das fühlen? Wird da nicht spürbar, dass der Geist kommunizieren kann, aber nicht verletzen? Und dass in diesem Sinne »nichts zu tun« ist als diese Wiedervereinigung zuzulassen?

Alle Gedanken dürfen wieder aus ihrer QUELLE kommen. Wer oder was soll dann noch verletzen oder verletzt werden?

Die körperliche Welt ist »nicht da«, außer in meinem Traum. Der aber hat sich verdichtet zu einer manifesten Welt, in der wir uns als »Ich« und »Du« gegenseitig Zeugen dafür sind, dass die Trennung stattgefunden hat und in der unsere körperlichen Sinne und unser Verstand demselben Zweck dienen.

Der Anfang des Träumens aber ist, die Trennung von der QUELLE zu glauben, also sozusagen GOTTES HÄNDE zurückzuweisen und ihre Existenz zu leugnen. »Meinen Geist« beanspruche ich jetzt als mein eigenes »Machwerk«. Insofern halte ich mich für den Schöpfer des Lebens, der bereit ist, mit dem Schuldgedanken zu leben.

---

[1] *Kurs 2019, T-7.V.3:4-5*

Die »Rückkehr zu GOTT« ist einfach nur meine Erinnerung daran, was IST und was sich nie geändert hat.

Wenn ich nicht auf das schaue, was nicht da ist, ist mein gegenwärtiges Glück alles, was ich sehe. Augen, die sich zu öffnen beginnen, sehen endlich.[1]

Das große Aufathmen: Mein Geist ist immer noch bei IHM. Die Trennung hat nie stattgefunden. Die QUELLE SELBST wollte, dass ich mich erinnere. Durch alle Facetten des Irrtums hindurch hat mir der HEILIGE GEIST eine Brücke gebaut für die Zeit des Lernens und der Heilung meines Geistes, der nur noch Schmerz gesehen hat:

Was ich ohne GOTTES EIGENE BERICHTIGUNG für die Sicht wahrnehme, die ich machte, ist Furcht erregend und schmerzlich anzusehen.[2]

Danke für den HEILIGEN GEIST, für diese im wahrsten Sinne des Wortes wunderbare Hilfe, die all meine Zeugen für den Schmerz in solche der Liebe übersetzt:

Der HEILIGE GEIST ist SEINE Gabe, durch die des HIMMELS Stille dem geliebten SOHN GOTTES zurückerstattet wird. Möchtest du dich denn weigern, die Funktion, GOTT zu vervollständigen, zu übernehmen, wenn alles, was ER will, ist, dass du vollständig seist?[3]

Es gibt nichts zu tun – außer IHM zu vertrauen, dass ER den Weg kennt, mich an meine Vollständigkeit zu erinnern.

Ich lege meinen Geist in SEINE HÄNDE.

---

[1] *Kurs 2019, Ü-II.290.1:1-2*
[2] *Ebd., 1:4*
[3] *Ebd., Ü-II.7.5:3-4*

Tag 291
Das Willkommen der Stille

An diesem Tag schließen wir uns der Schau CHRISTI an, die uns als Brüder willkommen heißt. In Stille und in Frieden begegnen wir einander, um uns Sicherheit, Kontinuität und Gewissheit dieser Sicht zu geben, damit wir sie selbst erfahren.

An diesem Tag ist mein Geist still, um die GEDANKEN zu empfangen, die du mir schenkst. Ich nehme an, was von DIR kommt statt von mir selbst.[1]

Falls du Lust hast, mich mit Hilfe einer kleinen Übung in diese Stille und Gewissheit zu begleiten und mir darin zu begegnen, würde ich mich sehr freuen. Nur gemeinsam werden wir den Raum der Ewigkeit betreten. Es ist eine Übung, die mir besonders am Herzen liegt, weil sie mir schon so viele wunderbare Erfahrungen beschert hat.

Ausgangspunkt ist die Information, die uns der Kurs aus tausend verschiedenen Perspektiven immer wieder gibt: Es ist alles in meinem Geist als Gedanke. Im Textbuch wird an einer Stelle sehr klar ausgeführt, dass alle meine Gedanken, die noch für mich ungeklärt, problematisch und daher unvergeben sind, wie »Staub« wirken, der sich auf meine Wahrnehmung von allem und jedem legen und mich daran hindern, dem anderen und damit natürlich letztlich mir selbst gerecht zu werden. Daher ist es vor allem meine Verantwortung, mir selbst all diese »staubigen« Gedanken zu vergeben (vgl. T-25.IX.9).

Entscheidend dabei ist, dieses »Mir-selbst-Vergeben« nicht in der Isolation vom Bruder zu suchen, sondern in der Beziehung zu ihm und in der direkten Begegnung. Davon spricht diese Textstelle:

---

[1] *Kurs 2019, Ü-II.291.2:1-2*

Nur eine kleine Staubwand steht noch zwischen dir und deinem Bruder. Hauche sie leicht an mit einem frohen Lachen, und sie fällt weg. Und gehe in den Garten ein, den die Liebe für euch beide vorbereitet hat.[1]

Hier die Übung: Geh los in deinen Tag und nutze zufällige Begegnungen, das »Willkommen der Stille« zu praktizieren.

Wenn dir der nächste Bruder begegnet, dann sieh die »Staubwand« zwischen dir und ihm. Phantasiere sie nicht, akzeptiere sie als die spürbare Realität, die sie ist. Sie ist da als Hintergrund deiner Wahrnehmung, sie besteht aus allen »staubigen Gedanken«, die noch in dir sind.

Nur für diesen Moment: Rechne keinen einzigen dieser Gedanken (die du nicht identifizieren musst, es genügt, den »Staub« auf ihnen zu empfinden), deinem Bruder an. Vielleicht ist ja zum Beispiel das Wort »Bruder« noch solch ein »staubiger Gedanke«, rechne ihn mir nicht an, sondern übernimm für allen »Staub« die Verantwortung!

Sieh die »Staubwand« und lasse sie ganz und gar deine Wand sein, dein Bruder hat nichts damit zu tun.

Genau diese totale Übernahme der Verantwortung macht den fast lustigen Teil der Übung möglich, wie ihn die Textstelle vorschlägt: Puste die gesamte Wand einfach weg, »hauche sie an mit einem frohen Lachen und sie fällt weg« (siehe obiges Zitat).

Aber sei aufrichtig: Versuche, doch noch eine Teilverantwortung beim Bruder zu lassen, und es wird sich nichts bewegen, nullkommanull.

Und dann staune über deine Begegnungen, wie sie sich aufhellen, wie sie »anders« laufen als du erwartet hast, wie sie den Wundern des EINSSEINS erlauben, einzutreten in den Raum der Stille zwischen dir und deinem Bruder, um diesen Raum des Friedens immer weiter zu vertiefen und deine Gewissheit zu nähren, dass dies euer beider Wirklichkeit ist.

---

[1] *Kurs 2019, T-18.VIII.13:6-8*

Tag 292

Wollen wollen

Dass alle Dinge ausnahmslos einen glücklichen Ausgang finden (vgl. Ü.II.292) wird uns hier als »Gewissheit« eben mal so mitgeteilt. Und der Grund dafür gleich auch:

Denn GOTTES WILLE geschieht auf Erden und im HIMMEL.[1]

Die subtile Nachricht ist die, dass SEIN WILLE bereits jetzt geschieht, und nicht erst, wenn der Krieg aufgehört hat, der Zahnarzt durch ist mit der Behandlung deines Backenzahns und dein Partner endlich tut, was du willst und was demnach richtig ist.

Wir machen einfach zu viel Wind mit unserem »eigenen« Willen, und deshalb bekommen wir nicht mit, dass nur das geschieht, was ER will. Der »gute Ausgang« scheint also, wenn wir überhaupt an ihn glauben, in der Zukunft zu liegen.

Dennoch liegt es bei uns, wann dies erreicht wird; wie lange wir zulassen, dass ein fremder Wille sich scheinbar dem SEINEN widersetzt.[2]

Der »fremde« oder »zweite« Wille ist das Urproblem, das wir uns mit dem Glauben an die Trennung geschaffen haben. Wir finden uns wieder in einer Welt, welche nichts anderes tut, als die Existenz dieses zweiten Willens als alternativlos zu beweisen. Die Ameise will nun mal etwas anderes als der Ameisenbär, die Lerche pfeift auf den Willen des Wurms und des Menschen Wille ist auch nur solange sein Himmelreich, wie ihm niemand in die Quere kommt.

Manchmal kreuzen sich die Willen so vehement, dass nur die Vernichtung des anderen das eigene Überleben zu sichern scheint.

---

[1] *Kurs 2019, Ü-II.292.1:6*
[2] *Ebd., 1:3*

Aber nichts »geschieht« außerhalb SEINES WILLENS. In der Wirklichkeit des Traums ist dieses »Geschehen« – das ja immerhin letztlich den Traum auflöst – allerdings unsichtbar und von den Traumgedanken und -bildern überlagert, die scheinbar wahr werden, also offenbar tatsächlich »geschehen«. Mich dem wahren Geschehen anzuschließen, brauche ich Hilfe:

Hilf uns, uns nicht einzumischen und so das glückliche Ende zu verzögern, das DU uns für jedes Problem versprochen hast, das wir wahrnehmen können, für jede Prüfung, von der wir denken, dass wir sie noch bestehen müssten.[1]

Versuch mal, mit einem anderen zu wollen. Hast du sofort gefragt: »Was denn«? Dann fang noch mal neu an, zu versuchen, mit einem anderen einfach nur zu wollen. »Wollen« ist unser Urimpuls, und das Ego versucht immer blitzschnell, es mit »irgendetwas« zu verknüpfen. »Mit dir wollen«: Wenn du versuchst, es vom Konkreten zu lösen, versucht es womöglich bei der Lust auf Sex noch mal Luft zu holen, jedenfalls hat das Wollen als unser tiefstes Motiv die Tendenz, sehr hartnäckig im Körperdenken zu verbleiben.

Und jetzt lege dennoch deinen Willen ganz in SEINE HAND. Dann kommt der »gute Ausgang« sofort näher, die Zeit öffnet sich der GEGENWART:

Du und dein Bruder kommt gemeinsam heim nach einer langen und bedeutungslosen Reise, die jeder für sich unternommen hat und die nirgendwohin führte. Du hast deinen Bruder gefunden, und ihr werdet einander den Weg leuchten. Und von diesem Licht aus werden sich die GROSSEN STRAHLEN rückwärts in die Dunkelheit und vorwärts bis zu GOTT ausdehnen, um die Vergangenheit hinwegzuleuchten und so Platz für SEINE ewige GEGENWART zu machen, in der alles im Licht erstrahlt.[2]

Vielleicht versuchen wir jetzt noch einmal, mit einem anderen einfach nur DASSELBE zu wollen ...

---

[1] *Kurs 2019, Ü-II.292.2:2*
[2] *Ebd., T-18.III.8:5-7*

Bruder Schnürschuh

Hast du mit dem »Miteinander-Wollen« Erfahrungen machen können? Heute wird uns erneut die »Schau« nähergebracht, die sich aus dem EINEN WILLEN inspiriert. Wir werden mehr und mehr erfahren, dass die Schau etwas fundamental anderes ist als eine »andere Brille«, durch die wir die Dinge anschauen. Sie ist vor allem die Ausrichtung des Geistes auf die WAHRHEIT, und damit ist sie wunderwirksam, auch wenn sie nichts tut, außer ... zu schauen. Dieses »Nichttun« der Veränderungen, die die Wunder mit sich bringen, ist eben gerade das Wunder! Es zeigt immer auf, dass alle Veränderung Traum ist, und die unveränderliche LIEBE diesen Traum der Veränderung lediglich in ein heilsames Fahrwasser lenkt, in Richtung Auflösung des gesamten Traums.

Der Gedanke der Trennung ist die Quelle aller Angst, von der in der Schau nur noch eine blasse Erinnerung übrigbleibt:

Alle Angst ist vergangen, weil ihre Quelle vergangen ist und all ihre Gedanken mit ihr vergangen sind.[1]

Die einzige Hürde, die wir nehmen müssen, ist Angst und Schuld aus unserer Wahrnehmung zu entlassen, diese beiden Geschwister, die die Trennung in unserer körperlichen Welt unaufhörlich »wahr« zu machen versuchen. Mit unbestreitbarem Erfolg – jedenfalls in unserem subjektiven Erleben.

»Wenn Sünde wirklich ist ...«, in folgender Textstelle werden wir eins zu eins als »Menschen« gespiegelt, die einen »eigenen Willen« für alternativlos und wahr halten:

Wenn Sünde wirklich ist, dann muss sie ewig jenseits der Hoffnung auf Heilung sein. Denn dann gäbe es eine Macht jenseits von GOTTES Macht, die fähig wäre, einen anderen Willen zu machen, der SEINEN

---

[1] *Kurs 2019, Ü-II.293.1:1*

WILLEN angreifen und besiegen und SEINEM SOHN einen von SEINEM WILLEN gesonderten und stärkeren Willen geben könnte. Und jeder Teil der fragmentierten Schöpfung GOTTES würde einen anderen Willen haben, der sich dem SEINEN widersetzt und in ewiger Auflehnung gegen IHN und gegeneinander ist.[1]

Vergebung erlöst den Trennungsgedanken von Angst und Schuld, und er bleibt als die blasse Idee einer Unmöglichkeit zurück. »Miteinander wollen« lädt die WAHRHEIT SELBST ein, uns diesen Segen zu geben, der als Wunder der Erlösung zu uns kommt. Wir haben es in der Hand, aus jeder unserer Beziehungen – und sei es meine Beziehung zu diesen wieder mal hoffnungslos verknoteten Schnürsenkeln – eine »heilige Beziehung« werden zu lassen. Eine endlich wahrhaftige Beziehung, die Antwort gibt auf die »Wahrheit« eines zweiten Willens, der immer Angst und Schuld im Schlepptau hat:

Der Sinn und Zweck deiner heiligen Beziehung ist nun, nachzuweisen, dass das unmöglich ist. Der HIMMEL hat auf sie gelächelt, und in seinem Lächeln der Liebe wurde der Glaube an Sünde mit den Wurzeln ausgerissen. Noch siehst du sie, weil du nicht merkst, dass ihr Fundament vergangen ist. Ihre Quelle ist beseitigt worden, so kann sie nur noch eine kleine Weile hochgehalten werden, bevor sie verschwindet. Nur die Gewohnheit, nach ihr Ausschau zu halten, bleibt noch.[2]

Was für eine gnädige, unbedrängende Sicht auf uns! Erwischen wir uns ruhig dabei, wie wir dem Bruder noch seine Fehler vorhalten und nach der Schuld in ihm suchen! Der Ausweg ist uns deutlich gezeigt! »[...] und nur die Liebe ist da.«[3]

---

[1] *Kurs 2019, T-19.III.8:1-3*
[2] *Ebd., 8:4-8*
[3] *Ebd., Ü-II.293*

Die Kuh darf wieder normal sein

Der Körper ist die heilige Kuh unserer Identifikation mit dem Ego, der ultimative »Beweis«, dass die Trennung stattgefunden hat.

Wie oft haben wir jetzt schon gehört, dass wir nicht der Körper und deswegen frei sind (vgl. z.B. Ü-I.199)! Aber diese Nachricht – auch wenn sich uns manchmal ihre Wahrheit zeigt – sickert in der Regel nur sehr langsam in ihrer ganzen Tragweite zu uns durch, sie gehört sicher zu den »Wahrheiten«, von denen in der Lektion 284 zu lesen ist, dass sie »zuerst nur gesagt« werden, um nach vielem Hin und Her als Wahrheit zu uns durchdringen und angenommen werden können (vgl. Ü-II.284.1:5-6).

Dabei klingt diese Aussage über das »neutrale Ding«, das unser Körper ist (vgl. Ü-II.294), eigentlich ja nach einem entspannten Umgang mit der »Kuh«, der wir lediglich ihre Besonderheit absprechen und uns erinnern, dass wir nicht der Körper »sind«, sondern etwas Umfassenderes:

Lass es mich heute nicht als mehr denn dieses sehen: für eine Weile nützlich und zum Dienen tauglich, um seine Nützlichkeit so lange zu bewahren, als es dienen kann, und dann durch Besseres ersetzt zu werden.[1]

Das Problem ist nur, dass wir das ja jetzt schon erleben wollen und sollen, und nicht erst, wenn wir den Körper »abstreifen« und in irgendetwas »Besseres« eingetütet werden.

Der Kurs ist ganz und gar auf dieses »jetzt schon« ausgerichtet, und daher beschäftigt er sich in vielen Passagen mit der »Heilung«, und wie der Körper zur Hilfe wird, uns zu zeigen, dass wir eben nicht identisch mit ihm und deswegen frei sind.

---

[1] *Kurs 2019, Ü-II.294.1:10*

Der kranke Körper beispielsweise ist ein mächtiger »Beweis« des Ego, dass die Trennung und nicht das Einssein wahr ist. Krankheit berührt uns laut und schmerzhaft, und übertönt die leise *Berührung* der LIEBE, DIE immer da und bereit ist, unseren Geist zu heilen. Wenn wir noch in der Krankheit IHRE stille *Berührung* zulassen, dann beginnt auch der Körper wieder, statt Besonderheit Neutralität zu spiegeln:

Jetzt ist der Körper geheilt, weil die Quelle der Krankheit der Linderung geöffnet wurde. Und du wirst aus dem Folgenden ersehen, dass du richtig geübt hast: Der Körper sollte gar nicht fühlen. Wenn du erfolgreich warst, dann wird keine Empfindung da sein, dich schlecht oder dich wohl zu fühlen, von Schmerz oder von Lust. Im Geist ist überhaupt keine Reaktion auf das, was der Körper tut. Seine Nützlichkeit bleibt übrig, sonst nichts.[1]

Das darf nun wirklich behutsam und allmählich durch alle Bilder und Glaubenssätze, die wir mit dem Körper verbinden, zu uns durchsickern. Das Heilen des Körpers mit dem Geist ist nicht nur möglich, sondern unausweichlich, eben weil der Körper letztlich nur ein Bild im Geist ist. Bei diesem Thema ist weder Hektik noch besserwisserische Arroganz angesagt, sondern grenzenlose Geduld mit uns selbst, die sich auch in Solidarität und Mitgefühl mit anderen ausdrückt.

Den »Lehrern GOTTES« ist Heilung und Heilkraft auf allen Ebenen versprochen, wenn sie sich aus der Identifikation mit dem Körper gelöst haben und Kanal für unsere gemeinsame IDENTITÄT geworden sind:

Es sind nicht ihre Hände, die heilen. Es ist nicht ihre Stimme, die das WORT GOTTES spricht. Sie geben nur, was ihnen gegeben wurde.[2]

Leg mal deine Hand in diesem Geist auf eine schmerzende Stelle deines Körpers, oder die eines Bruders. Oder »gib sie« jemandem, an den du denkst …

---

[1] *Kurs 2019, Ü-I.136.17:1-5*
[2] *Ebd., H-5.III.2:8-9*

Warum so förmlich?

Die »Schau« – welche Erfahrungen hast du mit ihr bisher gemacht? Wie überzeugt bist du schon, mit ihr eine echte Alternative zur Verfügung zu haben für die Betrachtung, die Bewertung und dein Erleben jeder Situation? Wie konsequent wendest du diese Alternative an? Hast du ihren Segen erfahren, ihre Heilsamkeit, ihre Wunderwirksamkeit? Oder bist du noch nicht sicher, ob sie wirklich auf alle Situationen anwendbar ist, ob sie zu deiner gewohnten Sicht eine tatsächliche und tragfähige Alternative ist?

Aufrichtige Fragen des Bruders an den Bruder, in Solidarität mit jeder möglichen Etappe deines Weges, auf der du dich gerade befinden magst.

Wir SIND schon im Ziel, das eint uns zu jedem Zeitpunkt.

Unser SELBST, der CHRISTUS, der HEILIGE GEIST – das sind in gewisser Weise Synonyme. Man spürt aber in der Reihe ein »Dünner-Werden« des Konkreten, die Reise geht in die Formlosigkeit des »GOTT IST«, der Erkenntnis und des SEINS in LIEBE.

Wir machen uns aus dem Traum von Form heraus auf den Weg ins Erwachen zu unserem SELBST, so dass es für die meisten von uns hilfreich ist, sich an die noch konkreten Formen des CHRISTUS, des HEILIGEN GEISTES oder anderer Stellvertreter unseres SELBSTES zu wenden. Die Bitte um Korrektur des Geistes und das Gebet an eine »höhere Instanz« sind eigentlich die Bereitschaft der träumenden Form, sich in die Wirklichkeit der Formlosigkeit zurückführen zu lassen.

Die »Schau« sieht auf die Welt der Form mit dieser Bereitschaft, sie ist eine Einladung an die Quelle des SELBSTES, an die LIEBE, die Spaltung des Geistes aufzuheben. Dies tut sie eben in Liebe, also auf einem individuell verträglichen Weg, denn:

Die Angst erscheint in vielen verschiedenen Formen, doch die Liebe ist eins.[1]

Schon das sollte uns voreinander respektvoll, würdigend und mitfühlend sein lassen. Ich kenne deinen Weg nicht, aber ich weiß, dass wir im selben Ziel geborgen sind.

Jesus, als eine noch handfestere Konkretion unseres SELBSTES, macht jedem von uns im Textbuch ein rührendes Angebot:

Mein heiliger Bruder, ich möchte in alle deine Beziehungen einkehren und zwischen dich und deine Phantasien treten. Lass meine Beziehung zu dir für dich wirklich sein, und lass mich Wirklichkeit in deine Wahrnehmung deiner Brüder bringen. Sie wurden nicht erschaffen, um es dir zu ermöglichen, dich durch sie zu verletzen. Sie sind erschaffen worden, um mit dir zu erschaffen. Das ist die Wahrheit, die ich zwischen dich und dein Ziel des Wahnsinns stellen möchte.[2]

Aus diesem Mund kann ich sogar den »Wahnsinn« als »mein Ziel« annehmen, das ich blind verfolgt habe genau wie all die Brüder, die sich derzeit auf den Kriegsschauplätzen ihrer Würde und Hoffnung berauben. Solidarität ist der erste Schritt zur Rückkehr. Es ist auch der CHRISTUS in ihnen, durch dessen Augen ich heute auf alles schauen will, um mich an unser gemeinsames SELBST zu erinnern.

Hilf mir, heute CHRISTI Augen zu verwenden und so des HEILIGEN GEISTES LIEBE alle Dinge segnen zu lassen, auf die ich schauen mag, damit SEINE vergebende LIEBE auf mir ruhen möge.[3]

---

[1] *Kurs 2019, Ü-II.295.1:7*
[2] *Ebd., T-17.III.10:1-5*
[3] *Ebd., Ü-II.295.2:2*

Vergebung(en)

Vergebung – **das** *Kernthema* des Kurses. Man kann mit voller Überzeugung sagen: Der Kurs *ohne* Vergebung ist wie ein Fisch ohne Fahrrad. Oder so. Nun denn, Vergebung ist ... Nein, auf das schmale Brett begebe ich mich nicht, das überlasse ich den »Kurskennern«. Für eine fundierte Abhandlung müsste ich außerdem mehr als 500 Textstellen mit dem direkten Vorkommen dieser Vokabel auswerten – minimumstens. Aber das haben die üblichen Verdächtigen der Sekundärliteratur schon längst getan. Und sind erwartungsgemäß zu unterschiedlichen Ergebnissen gekommen.

In einem Rückblick auf meine »Kurskarriere« fiel mir mal auf, dass »Vergebung« sich zwangsläufig verändert. Denn deine Vergebungspraxis – was immer das für dich gerade jetzt heißt – führt zu Veränderungen in deiner Sichtweise und Identifikation. »Du wirst im Laufe deines Lernens viele Konzepte des Selbst machen.« (T-31.V.16:1) Falls das bei dir nicht der Fall sein sollte – könnte es sein, dass dir die »Sicherheit« des Rituals wichtiger ist als das Kursziel? Ändern sich jedoch deine Selbstkonzepte, wird deine aktuelle Vergebungspraxis irgendwann nicht mehr »funktionieren«. Denn dein Selbstkonzept hat Auswirkungen sowohl auf dein Weltkonzept als auch auf dein »Gotteskonzept« – ob du es Wirklichkeit, Universum, Sein, Gewahrsein, Innerer Lehrer, Heiliger Geist, Jesus oder Gott nennst. Also finde stets eine Praxis, die »Resonanz« bei dir erzeugt.

»Die Vergebung hat einen LEHRER, DER in nichts versagen wird.« (L-2.III.7:2) Und vergiss dabei bitte nicht, dass dein jeweiliges Selbstkonzept auch festlegt, was dieser LEHRER für dich ist – was also ebenfalls Veränderungen unterliegt.

Daher spreche ich hier nicht über die »Vergebung an sich«, sondern über »meine Vergebungspraxis« bezüglich Anhaftungen und Aversionen, die du daran erkennst, dass täglich hunderte an Kleinigkeiten einen Anschlag auf deine Unschuld verüben, dich zur Reizbarkeit bis hin zu offener Beschimp-fung und Beleidigung herausfordern (vgl. T-31.V.3:4-5) – ob du das nun als vermeintlich »guter Kursanhänger« unterdrückst oder ob dir tatsächlich der Kragen platzt.

Halte doch einfach mal kurz inne und sei still. Entspann dich in die Stille, die in diesem Moment immer präsent ist. Und dann schau einmal, ob du durch die »Inhalte« der Stille, also dein Erleben, »hindurchschauen« kannst auf die Stille selbst, in der alles erscheint.

Gibt es irgendetwas, das dich daran hindert, einfach nur *Stille* zu *sein*? Ist da etwas, an dem du hängst oder gegen das du eine Abneigung hast, also eine Anhaftung, die du festhalten oder eine Abneigung, die du von dir fern-halten willst? Ist da eine Reaktion, ein Empfinden, das du fest- oder abhältst? Und dann prüfe dies: *Bist du diese Reaktion oder dieses Empfinden? Oder bist du DAS, was still ist? Oder DAS, was sich dieser Reaktion gewahr ist?*

Könntest du die Reaktion, das Empfinden, einfach zulassen, es sogar will-kommen heißen? Und bemerke, dass sich die *Stille* der Reaktion oder dem Empfinden nicht widersetzt und auch nicht daran festhält. Die Stille heißt alles willkommen – und lässt alles auch wieder gehen. Frage dich noch ein-mal: Bist du die Reaktion oder DAS, was still ist? *Gehört* das Gefühl oder die Reaktion dir? Ist es etwas ganz Persönliches? Und kannst du auch das ein-fach zulassen oder willkommen heißen, selbst, wenn du es »Ego« nennst? Oder nimm einfach zur Kenntnis, dass die grenzenlose Stille alles, was du erlebst, willkommen heißt – sogar die Erfahrung einer imaginären Person, die glaubt, *nicht* die grenzenlose Stille zu sein. Könntest du das auch einfach zulassen? Und könntest du dieses »Ich«, und damit alle damit verbundenen Anhaftungen und Aversionen, so gut du kannst, für den Moment einfach freigeben oder loslassen? Also für den LEHRER freigeben, der in der Stille wohnt? Würdest du das tun, bist du dazu bereit? Wann?[1]

---

[1]   Die Fragestellungen lehnen sich an die Sedona-Methode an, vgl. *Sedona Training Associates: The Sedona Method, Minnetonka, https://www.sedona.com/ [abgeru-gen: 26.02.2024]*

Bei der erwähnten Rückschau fiel mir natürlich sofort meine erste – von mir als solche angesehene – Vergebungspraxis ein, eine Art »automagische« Reaktion: Brannte was an, war sofort die Formel: »Lass es mich anders sehen!« zur Stelle. Das hatte einen einfachen Grund: Ich hatte damit mal »Erfolg«, als die »Kacke so richtig am Dampfen« war, weil Egon sich in einer (Mobbing-)Situation heftig angegriffen fühlte. Den Vorfall habe ich bereits in meiner Autorenvorstellung beschrieben, ohne zu erwähnen, dass es sich um die genannte Formel handelte, die ich ununterbrochen, vielleicht eine halbe Stunde lang, vielleicht auch länger, wie ein Mantra benutzte, bis ich mich so halbwegs wieder »im Griff« hatte.

Und als dann vielleicht eine Stunde später, mitten im öffentlichen Lärm, unvermittelt die »ganz andere Erfahrung« der »Stille« für kurze Zeit auf- tauchte, begleitet von einem Frieden, der nichts mit bekannten Emotionen zu tun hatte, war dies nicht nur der »Türöffner« in die wirkliche Welt, den man nicht wieder vergisst, sonder auch der eher nicht bewusst wahrgenom- mene Anlass, dass fortan die Formel: »Lass es mich anders sehen« zur Ver- gebung schlechthin für mich wurde. Einige weitere kritische Situationen lösten sich dadurch völlig unerwartet sprichwörtlich in Wohlgefallen auf – und ich stellte Jahre später fest, dass ich einen wirkungsvollen Weg des »Spiritual Bypassing« gefunden hatte: Mit Hilfe spirituell angehauchter Formulierungen das Anschauen von Problemen zu vermeiden, sich von ihnen abzuwenden und festzustellen: »Sie sind weg!« Was nicht stimmt. Leider stellte ich das erst dann fest, als mein »Ansprechpartner« für meine »Bitte« eines Tages von jetzt auf gleich »verschwand«: Meine Lieblings- figur, die ich »Heiliger Geist« nannte, war einfach weg, verschwunden, keine Resonanz mehr – wie gesagt, als von mir getrennte »Figur«, als Gegenüber, die ER aber nun einmal nicht ist. Und so blieb nichts anderes übrig, als endlich den unwillkürlichen Widerstand gegen die »Probleme« tatsächlich aufzugeben.

Bei der weiter oben beschriebenen Vergebungspraxis hatte ich mich ja ein wenig von Lester Levenson, dem eigentlichen Erfinder der erwähnten Sedona-Methode, inspirieren lassen, wobei mein Ausgangspunkt jedoch nichts mit Lester zu tun hat: »**Du** bist der Träumer der Welt der Träume.« (T-27.VII.13:1) Taucht da ein »Problem« auf, löst das üblicherweise keine überschwängliche Freude aus: Du willst die auftauchenden unangenehmen Gefühle in der Regel loswerden. Aber *bist* du das Gefühl, d.h. bist du der Traum? Oder bist du der *Träumer*, oder DAS, was sich des Gefühls oder des Traums bewusst ist?

Also versuche es doch noch einmal ganz konkret mit einem aktuellen Problem und seinen »Begleitern«: Kannst du dir erlauben, die unangenehmen Gefühle und alle deine Gedanken, Empfindungen und Bilder, die du mit dem »Problem« verbindest, willkommen zu heißen? Das heißt nicht, das alles zu mögen oder dich zu bemühen, es gut finden zu müssen – sondern einfach nur willkommen zu heißen als das, was gerade »da ist«. »Probleme« sind Geschichten aus der Vergangenheit und Zukunft, aber du kannst Gefühle nur jetzt ändern, weil dir nur jetzt bewusst ist, was du tatsächlich fühlst. Ist es nicht so, dass sich der Träumer keinen unangenehmen Umständen widersetzt? Er träumt sie einfach. Und er träumt Ablehnung wie auch Anhaftung. Aber er lehnt seinen Traum so wenig ab, wie der grenzenlose blaue Himmel die dunkle Wolke, die ihn verdeckt.

Kannst du das Gefühl gehen lassen oder loslassen, so wie der Himmel die Wolken ziehen lässt? Fange keine innere Debatte dazu an und verurteile dich nicht für deine Reaktion. Lasse dich führen und beantworte die Frage auch nicht aus irgendwelchen Überlegungen heraus. Beide Antworten, ob »Ja« oder »Nein«, sind vollkommen akzeptabel, denn sogar ein »Nein« behindert nicht zwangsläufig das Loslassen.

Bist du bereit, das Gefühl loszulassen? Es spielt keine Rolle, ob das Gefühl berechtigt ist oder schon lange besteht. Würdest du das Gefühl deinem Inneren Lehrer überlassen? Ist die Antwort »Nein«, frage dich: »Ziehe ich das Gefühl vor oder will ich frei sein?« Selbst, wenn die Antwort wieder »nein« ist, frage dich: »Wann (lasse ich los)?«, quasi als Aufforderung, es *jetzt* zu tun.

209

Und dann wiederhole einfach die Schritte ohne Zwang so oft wie nötig, bis du dich befreit fühlst.

Irgendwie habe ich an dem guten alten Lester Levenson – Gott habe ihn selig – mittlerweile einen Narren gefressen, darum bleibe ich noch ein wenig bei ihm und seinen Methoden. Kennengelernt habe ich ihn seinerzeit mit seiner »Liebesmethode«, und diese auch ein Weilchen praktiziert – um sie dann wieder zu vergessen. Bis sich der gute Lester »Dröpje voor Dröpje Kwaliteit« in die Erinnerung hineintröpfeln ließ.

Was mich mehr und mehr faszinierte und verblüffte, war das Phänomen, dass Lester bereits in den 50er Jahren ähnliche Konzepte vertrat, wie sie auch im Kurs zwanzig Jahre später auftauchten: »Innere Führung«, »Givingness« (ich liebe die kaum übersetzbaren englischen Möglichkeiten der Begriffsbildung), was der »Liebe« ähnlich ist, wie sie im Kurs beschrieben wird, – und einiges mehr. Und das tat er nicht als Theoretiker, obwohl er vielbelesen war! Seine »Theorie« entwickelte sich aus seiner Erfahrung, nicht umgekehrt. Darum interessieren mich auch nicht seine Theorien, sondern seine wunderbar zum Kurs passenden Vorgehensweisen. Nehmen wir doch ein einfaches Beispiel, das zu verblüffenden »Ergebnissen« führen kann: Was ist Liebe?

Sicher, die Antwort auf diese banale Frage kennt jeder Kurs-Anhänger, sogar dann, wenn er die mehr als tausend Textstellen, in denen dieser Begriff vorkommt, noch nicht vollständig durchgeackert hat. Oder täusche ich mich da? Wieso taucht dann aber unwillkürlich bei mir dieses »Bild« vom Kamasutra-Lehrer auf, der tausend Stellungen kennt, aber noch nie Sex hatte?

Ach so, ja, das erwähnte einfache Beispiel. Gehe bitte einmal dieser Frage nach: »Was ist Liebe?« Und dann halte inne, vergiss alles, was du über »Liebe« weißt und lass eine Antwort auftauchen. Aber: Fange nicht an, jeden Gedanken auf Biegen und Brechen zu vermeiden, strikt auf dein »Herz« zu hören oder sonst irgendwelche esoterisch-spirituellen Turnübungen zu veranstalten. Irgendeine »Antwort« wird dir einfallen, ohne jede Anstrengung. Und es wird die »richtige« Antwort sein. Weil sie auftaucht. Sie ist auch dann »richtig«, wenn der Verstand sie für bescheuert hält und sie ablehnt. Denn nun geht es weiter: »Wenn Liebe mehr als das ist, was ist dann Liebe?« Empfinde wieder die »Antwort«. Und was kommt jetzt? Genau! »Wenn es noch mehr als das ist, was ist dann Liebe?« Und so fährst du fort, bis du in der Liebe ruhst und die Frage nicht mehr auftaucht.

Die Hinwendung an die Liebe hat weiterhin den wunderbaren Effekt, die Erfahrungsschicht der Leerheit, des allumfassenden Gewahrseins, der Stille, die alles enthält, zur Erfahrungsschicht der Fülle zu »erweitern« oder »auszudehnen«, der Verbindung mit dem »Ursprünglichen« jenseits von Realität und Illusion. »Denn Anblicke und Geräusche müssen von den Zeugnissen der Angst in diejenigen der Liebe übersetzt werden. Wenn dieses ganz und gar vollbracht ist, dann hat das Lernen das einzige Ziel erreicht, das es in Wahrheit hat.« (Ü-II.7.2:2-3) Oder, wie Lester es so burschikos ausdrückte: »Jedes Gefühl außer Liebe ist ein Nicht-Liebe-Gefühl und daher in unterschiedlichem Maße hasserfüllt.« Passt das nicht wunderbar zu dieser Aussage des Kurses: »Ich habe gesagt, dass du nur zwei Gefühle hast: Liebe und Angst.« (T-13.V.1:1)?

Neben dem »Einsinken« in die Liebe, die du bist, bietet sich der Alltag als permanente »Session« an: Da die Liebe das ist, was du bist, kannst du sie *jederzeit* erfahren. Dazu müssen sich keine »Umstände« ändern, ob du sie jetzt »innerlich« oder »äußerlich« nennst. Taucht also ein liebloses Gefühl auf, könntest du die Frage stellen: »Könnte ich dieses Gefühl in Liebe umwandeln?« Betrachte es als eine Einladung: Du lädst die Liebe ein, die im Hintergrund wartet, alle Gefühle der Nicht-Liebe an der Oberfläche aufzulösen.

Beginne am besten mit den Gefühlen, die weniger intensiv und nicht so tief verwurzelt sind, um die Tendenz zu vermeiden, sie zu verdrängen statt sie loszulassen. Heiße sie willkommen – und dann lasse sie gehen: »Könnte ich diesen Ruf nach Liebe loslassen und einfach die Liebe sein, die ich bin?«

Ein Kurs für Musikfreunde

Um SEINE STIMME durch mich sprechen zu lassen, muss ich sie »hören«. Die Stimme des Ego haben wir mitgebracht in unsere Welt, sie ist das, was gewohnheitsmäßig die tiefere Bedeutung unter alles legt, was wir sagen, sehen, hören und verstehen. Lange Zeit war das Credo dieser Stimme für uns eine Selbstverständlichkeit und wurde daher nicht bewusst gehört – es fehlte der Kontrast, die Alternative. Das Credo war: »Die Trennung vom EINEN GEIST ist geschehen und ist der Kern der Wahrheit.«

Große Teile des Textbuchs bemühen sich um nichts anderes, als diese Stimme für uns »hörbar« zu machen. Irgendwann wird uns klar: Die Basis unserer Weltanschauung ist etwas, das wir als Glaubenssatz ständig abnicken müssen, eben weil sie nicht wahr ist.

Die »Schau« – mit SEINEN Augen zu sehen und mit SEINEN Ohren zu hören und damit die wahre Bedeutung unserer Beziehungen in der Welt zu erfassen – ist das Ziel des Kurses.

SEINE STIMME hinter der lauten, rechthaberischen und das EINSSEIN leugnenden Stimme des Ego zu hören und in mir zum Tragen kommen zu lassen, ist eine Übung, die diesen Namen wahrlich verdient – das meint Jesus selbst:

Der HEILIGE GEIST ist in einem ganz buchstäblichen Sinn in dir. SEIN ist die STIMME, die dich dorthin zurückruft, wo du vorher warst und wieder sein wirst. Es ist sogar in dieser Welt möglich, nur diese STIMME und keine andere zu hören. Es braucht Bemühen und große Bereitwilligkeit zu lernen. Es ist die letzte Lektion, die ich gelernt habe, und GOTTES SÖHNE sind ebenso gleich als Lernende wie als SÖHNE.[1]

---

[1] *Kurs 2019, T-5.II.3:7-11*

Die STIMME ist der Bedeutungsträger und grundsätzlich von der Form unabhängig, mit der sich mir Bedeutung vermittelt. Sicher ist eine Variante des »Hörens« die, dass sich die STIMME wörtlich vermittelt. Dafür ist der Text, der Helen Schucman durchgegeben wurde, ein Beispiel. Aber auch da sind es nicht die Worte, sondern ist es die STIMME dahinter, die ich zulasse oder nicht. Das bleibt auch beim Kurstext immer meine Wahl.

Machen wir doch mal die Probe aufs Exempel: Von den folgenden legendären drei Sätzen, die wie der Keimling des Kurses im Vorwort stehen, werden wohl schon viele empfunden haben, dass in ihnen eigentlich »alles gesagt« ist. Und das stimmt ja auch. Aber was »hören« wir als dieses »Alles«? Lies doch noch mal: »Nichts Wirkliches kann bedroht werden. Nichts Unwirkliches existiert. Hierin liegt der Frieden GOTTES.« (T-Einl.2:2-4)

Da ist zunächst eine gewisse Logik, eine formale »Stimmigkeit«. Dann wird eine Ahnung in uns angesprochen, oder auch ein schon stabileres Gefühl, dass es tatsächlich eine »nicht bedrohbare Wahrheit« gibt, die hinter all dem liegt, was wir wahrnehmen. Unser »Hören« ist aber vielleicht noch von Legionen von Zweifeln umstellt, und wir sind schnell bereit, das Gefühl einer »reinen Wahrheit« wieder zu verscheuchen, wenn unsere konkreten Beziehungen des Alltags von uns verlangen, dass wir uns positionieren.

Stell dir doch diese drei Sätze mal wie ein Instrument vor, auf dem du die Melodie der »Wahrheit« spielst. Die drei Aspekte sind vielleicht die drei Saiten deines Instruments, die du immer wieder anschlägst, um die Musik als Ganzes hervorzubringen.

Und dann lass die Vorstellung zu, dass es eigentlich die Musik ist, die das Instrument in deiner Hand spielt und nicht umgekehrt. Und dass sie dir irgendwann, wenn du sicher genug im »Hören« geworden bist, das Instrument sanft aus der Hand nehmen wird, weil du es nicht mehr brauchst, um SEINE STIMME für dich hörbar zu machen, weil du mit IHRER BEDEUTUNG eins geworden bist.

Der Polizei vergeben

Dem »Geheimnis der Erlösung« – dass ich mir nämlich »dieses« (was auch immer) selbst angetan habe (vgl. T-27.VIII.10:1) – steht heute die »simple Formel der Erlösung« gegenüber:

Vergebung ist die einzige Gabe, die ich gebe, weil sie die einzige Gabe ist, die ich will. Und alles, was ich gebe, gebe ich mir selbst. Das ist die simple Formel der Erlösung.[1]

Also alles ganz einfach. Gib das, von dem du erfahren willst, dass du es hast. So könnte man auch sagen. Die LIEBE als ewiges Kontinuum, ohne jede Unterbrechung.

Es geht also tatsächlich nur um die Erinnerung daran, was immer da ist und unsere Wahrheit bleibt, unabhängig davon, was wir gerade denkend und empfindend wahrnehmen.

GOTTES SOHN ist immer noch so liebevoll wie sein VATER. Da er mit seinem VATER ein Kontinuum bildet, hat er keine Vergangenheit getrennt von IHM. So hat er niemals aufgehört, seines VATERS Zeuge und sein eigener zu sein.[2]

Vergebung ist also nur was für Anfänger wie mich, die noch Konflikte wahrnehmen, an deren Wurzel immer der Gedanke der Schuld auf seine Heilung wartet. Sehe ich keinen Konflikt, brauche ich keine Vergebung mehr, dann erlebe ich mich wieder als eben das Kontinuum, von dem oben die Rede ist.

Der Gedanke der Schuld – die Trennung gewollt und scheinbar wahr gemacht zu haben – zieht die Vergebung als ihr Heilmittel auf sich. Jeder einzelne Moment, in dem ich mich gegen mein Urteil und meine Schuldver-

---

[1] *Kurs 2019, Ü-II.297.1:1-3*
[2] *Kurs 2019, T-13.VI.13:5-7*

teilungsmanöver, stattdessen aber für die einfache Einladung an die Wahrheit entscheide, bringt mich dem Kontinuum der LIEBE wieder näher.

Wie eben, als ich ein gutes Stündchen auf die Polizei gewartet habe. Ich musste sie rufen, weil ich beim Einparken das hinter mir parkende Auto angeditscht hatte.

Viel Zeit, mich einzustellen auf die Begegnung, die mir bevorstand. Es wurde ein wahres Happening. Ich bekam von zwei gutgelaunten Geschwistern im Geist eine nichtkostenpflichtige Verwarnung wegen einer »Ordnungswidrigkeit« und die Beichte der Polizistin obendrauf, dass ihr letzte Woche dasselbe passiert sei – nur mit der bedauerlichen Beteiligung ihrer Anhängerkupplung und entsprechend großem Schaden.

Bei allen »Unterbrechungen«, die wir erfunden haben, um aus der Kontinuität der LIEBE herauszutreten in ein »privates« Leben der Konflikte, bleibt für mich und meinen Bruder schlicht und ergreifend ewig wahr:

Doch sein Geist und deiner sind schon ein Kontinuum, und ihre Vereinigung braucht nur akzeptiert zu werden, dann ist die Einsamkeit im HIMMEL vergangen.[1]

Alle »Knöllchen« der Schuld werden zu Sternschnuppen der Erlösung ...

---

[1] *Kurs 2019, T-15.IX.4:7*

Selbstbild und SELBST

Wenn also tatsächlich – wie wir gestern erinnert worden sind – dein und mein Geist bereits ein Kontinuum sind (vgl. T-15.IX.4:7), dann ist offensichtlich, wie es trotz aller scheinbarer Distanz, Unterschiedlichkeit und Sympathie beziehungsweise Antipathie zwischen uns sein kann, dass wir nicht nur unseren »VATER«, die QUELLE allen Seins, sondern auch jeden einzelnen »Bruder« – die/den Andere/n oder ganz allgemein das Andere – aufrichtig lieben können.

Das Kontinuum unserer Verbindung im Geist »überholt« jeden Gedanken, jedes Wort, das wir über unsere Beziehung verlieren – und es überholt auch die Grundlagen unseres separierenden Denkens: Raum und Zeit. Indem es »immer schon da« ist. Dieses Kontinuum ist das Wunder, das seine Reflexionen in der Wahrnehmung unserer Beziehungen hervorbringt.

In diesem Wunder liebe ich meinen VATER ebenso wie »dich« – unser SELBST. Und das ist kein Wunsch, sondern eine Tatsache, auch wenn sie sich weder meinen bisherigen Erfahrungen in der Welt noch meinen gegenwärtigen Gefühlen erschließt.

Das, was ich hier in der Welt als mein »Selbst« erlebe, ist mein eigenes Konzept, mit dem ich mich einer Welt anzupassen versucht habe, die selbst nur ein Konzept ist. Konzepte schließen – zumindest solange sie nicht der Vergebung dienen – das Kontinuum der LIEBE aus. In seinem »Immer-schon-Da« hätten sie keinen Boden, auf dem sie ihre die Trennung bestätigenden Einteilungen entfalten könnten.

Konzepte halten die Welt aufrecht. [...] Sie sind Ideen von Götzen, mit den Pinseln dieser Welt gemalt, die kein einziges Bild machen können, das die Wahrheit darstellt.[1]

---

[1] *Kurs 2019, T-31.V.7:7;10*

Im Textbuch wird im Abschnitt »Selbstkonzept und SELBST« (T-31.V) sehr eindrucksvoll beschrieben, wie das Konzept unserer Selbstbilder immer ein »Gesicht der Unschuld« entwirft, mit dem wir uns identifizieren: Das bin »ich«, das hinreichend Gute in einer bösen Welt. Der Zweck dieser Aufspaltung ist es, den Bruder »berechtigterweise« als Projektionsfläche des »Bösen«, von Schuld und Angst (miss)brauchen zu können. Ich brauche ihn als »Depot« für all die Schuld, über deren »Wahrheit« ich meine Welt entworfen habe. Und ich werde mich diese Lektion genauso lange weiter lehren, bis ich Nein dazu sage, dass der Bruder schuld daran sein soll, dass mein »Gesicht der Unschuld« in dieser Welt nicht gewürdigt und tausendfach verletzt worden ist:

Die Lektion lehrt dies: »Ich bin das Ding, das du aus mir gemacht hast, und während du mich ansiehst, bist du – um dessentwillen, was ich bin – verurteilt.« Dieser Auffassung des Selbst lächelt die Welt zustimmend zu, verbürgt sie doch, dass die Weltenpfade sicher erhalten bleiben und diejenigen, die auf ihnen wandeln, nicht entrinnen werden. [...] Hier ist die zentrale Lektion, die sicherstellt, dass dein Bruder ewiglich verurteilt ist. Denn was du bist, das wurde nun zu seiner Sünde.[1]

Darauf, auf diese ohnmächtig verschränkte, bodenlos argumentierende und aussichtslos hermetische Konstruktion meines Selbstbildes, richtet sich wahre Vergebung und Heilung. Die Liebe meines Bruders ist der reiche Lohn für diesen eigentlich leichten, manchmal aber auch sehr herausfordernden Weg der Selbstbefreiung.

Meine Dankbarkeit erlaubt, dass meine Liebe furchtlos angenommen wird. Und so werde ich endlich meiner Wirklichkeit zurückerstattet. Und die Vergebung nimmt alles weg, was sich in meine heilige Sicht eindrängte.[2]

---

[1] *Kurs 2019, T-31.V.5:3-4,6:1-2*
[2] *Ebd., Ü-II.298.1:1-3*

Energydrink »Heiligkeit«

Könntest du dich mit der Vorstellung anfreunden, dass »Wunder« ein echtes Bedürfnis von dir sind, dass du ständig eine Art Hunger nach ihnen hast, weil du insgeheim weißt, dass sie dich besser nähren als alles, was in der Welt zu finden ist an Nahrung, Befriedigung und Energiespendern?

Als einzige »Essenz«, die wir hier in der Welt zur Verfügung haben, nähren uns die Wunder mit etwas, das nicht verweslich ist, nicht giftig sein kann, nicht knapp werden oder verloren gehen kann. Sie nähren uns mit unserer eigenen »Heiligkeit«, sie bringen uns unserem SELBST näher, das keine Bedürfnisse mehr kennt.

Die Kinder GOTTES sind heilig, und das Wunder ehrt ihre Heiligkeit, die verborgen sein, aber nie verloren gehen kann.[1]

Der Kreis von Sinn und Verstand, den ich um »meine Welt« gelegt habe, verschließt sich »naturgemäß« vor dieser »Nahrungsquelle«, solange mein Wille diese private Welt will. Nicht mein Verstehen, sondern mein Wille ist fähig, die Wunder einzuladen, den »Kreis der Angst« behutsam dem nahrhaften Licht zu öffnen, in dem das SELBST wohnt.

Meine Heiligkeit liegt weit jenseits meiner eigenen Fähigkeit, sie zu verstehen oder zu erkennen. Doch erkennt GOTT, mein VATER, DER sie schuf, meine Heiligkeit als die SEINE an. Gemeinsam versteht UNSER WILLE sie.[2]

Vor dem Kurs hätte ich den Begriff »Heiligkeit« nie für mich annehmen können. Aber jetzt blüht er vor mir in seiner ganzen Schönheit auf, wenn er von dem spricht, was ich eben nicht mehr selbst erreichen kann, nicht mit Worten, nicht mit dem Verstand und nicht mit irgendeiner körperlichen

---

[1] *Kurs 2019, T-1.I.31:3*
[2] *Ebd., Ü-II.299.1:1-3*

Aktion – und das dennoch unzweifelhaft »da« und für mich als unser gemeinsamer, heilsamer Geist spürbar ist, wenn ich erlaube, dass ES mich von SICH aus berührt. Wenn ich wundergesinnt wahrnehme.

VATER, meine Heiligkeit ist nicht von mir. Sie ist nicht mein, um durch Sünde zerstört zu werden. Sie ist nicht mein, um unter Angriffen zu leiden.[1]

Suche doch mal »deine Heilgkeit« im anderen. Sie ist in DIR, nicht in dir. Wenn du sie findest, weißt du auch, was es heißt, alle Dinge genau so sein zu lassen, wie sie »sind«. Deine Heiligkeit zeigt sie dir jenseits deiner Deutungen:

In ihr werden alle Dinge geheilt, denn sie bleiben so, wie DU sie schufst.[2]

Hast du grade jemanden in deinem Umfeld, der ein wenig von dieser »Nahrung« besonders gut gebrauchen könnte? Dann denk mal an ihn und sieh deine Heiligkeit in ihm. Red Bull war gestern!

Doch sein Geist und deiner sind schon ein Kontinuum, und ihre Vereinigung braucht nur akzeptiert zu werden, dann ist die Einsamkeit im HIMMEL vergangen.[3]

Das sollte nun wirklich Flügel verleihen!

---

[1] *Kurs 2019, Ü-II.299.2:1-3*
[2] *Ebd., 2:6*
[3] *Ebd., T-15.IX.4:7*

Tag 300

Beiseitetreten

Dass wir unsere »falsche Wahrnehmung« als das flüchtige Gebilde einer Wolke an einem »ewig heiteren Himmel« vorüberziehen lassen können, ist eine wundervolle Vorstellung (vgl. Ü-II.300.1:2), in der das ganze Aufathmen der Erlösung liegt.

Ob wir es wirklich auch tun, hängt davon ab, ob unser Vertrauen in die »wahre Wahrnehmung« stark genug ist, um uns von ihr dem HIMMEL und unserer IDENTITÄT »zurückerstatten« zu lassen, wie die Rückkehr zur LIEBE heute genannt wird (vgl. Ü-II.300.2:3).

Werden wir schon »heiter«, wenn wir uns ohne Hintertürchen klarmachen, dass die Welt nur einen Augenblick lang dauert (vgl. Ü-II.300)? Was löst der Gedanke derzeit in dir aus, die Welt, so, wie du sie siehst, hinter dir zu lassen?

Vielleicht versuchen wir heute, unser Vertrauen zusammenzulegen, um in uns fündig zu werden:

Und diese Heiterkeit ist es, die wir heute suchen, unumwölkt, offensichtlich und gewiss.[1]

Ich begleite gerade einen Bruder, dessen leiblicher Vater möglicherweise demnächst seinen Körper ablegen wird. Jedenfalls ist das Thema »die Welt hinter mir lassen« an der Stelle, wo es sich für uns alle aufdrängt, dick im Raum. Ich komme darauf, weil ich bei dem Vater tatsächlich eine Art »Heiterkeit« bemerke, während sein Sohn sich in einem alle erschöpfenden Dauerstress befindet und sich an Blutdruckwerte, Röntgenbilder und all die anderen harten Fakten und Messwerte klammert, die den Vater als Indikatoren mehr oder weniger gut funktionierenden Lebens umgeben.

---

[1] *Kurs 2019, Ü-II.300.1:3*

In beide kann ich mich gut hineinversetzen, mit einem Staunen dem Vater gegenüber, der so viel ruhiger wirkt als sein Sohn.

Stellen wir uns doch alle in diesem Moment offen die Frage noch einmal: »Was löst der Gedanke, meine Welt hinter mir zu lassen, derzeit in mir aus?«

Oder anders gefragt: Wie fällt bei dieser Frage dein eigenes »Urteil« über dich aus, begründet es schon die »Heiterkeit«, die ich meine, und die bei dem alten Herrn zu beobachten ist?

Ist dies dein Urteil?

Heilig bist du, ewig, frei und ganz, für immer in Frieden im HERZEN GOTTES. Wo ist jetzt die Welt und wo der Kummer?[1]

Man könnte vom Kurs sagen, dass er versucht, uns zu lehren, ruhig genug zu werden, um statt unseres Urteils über uns und die Welt SEIN URTEIL zu hören.

Lass uns doch gemeinsam mit dem alten Herrn, der vielleicht bald seinen Körper ablegen wird, zu unserer wahren Heiterkeit finden.

Hast du bereits gelernt, beiseite zu treten und die STIMME DES URTEILS in dir zu hören? Oder versuchst du noch immer, IHM SEINE Rolle wegzunehmen? Lerne, still zu sein, denn SEINE STIMME wird in der Stille gehört. Und SEIN URTEIL kommt zu allen, die beiseite treten in ruhigem Hinhören und auf IHN warten.[2]

Danke für dein Mitgehen in die Heiterkeit unseres SEINS.

---

[1] *Kurs 2019, H-15.1:11-12*
[2] *Ebd., 2:10-13*

Der Kurs auf Hawaiianisch

Heute Morgen, während des Schwimmens und später, als ich meinem Job nachgegangen bin, ist mir schon einiges eingefallen zum »Tränenabwischen«, das heute Thema der Lektion ist.

Als ich mich aber eben in »meinem« Café hingesetzt habe, um diese Ideen niederzuschreiben, hatte ich keine Chance:

Direkt neben mir sitzen ein alter Herr und vermutlich seine Tochter in einem intensiven Gespräch, welches sie so laut führen, dass es mir nicht mehr gelingt, mich auf »meinen Text« zu konzentrieren, und zum Glück kommt mir die wunderbare Idee: Vielleicht ist diese Situation »mein Text«.

Mit großer Empathie versucht sie, ihn zu trösten und aufzubauen – er hat eben erfahren, dass er einen Tumor hat und deswegen zeitnah operiert werden muss.

Sie ist ihm ganz nahegerückt, hat ihre Hand auf seine gelegt und holt jeden positiven Aspekt aus der Situation heraus, der ein wenig Licht mit sich bringen könnte. Das frühe Erkennen, der Fortschritt der Medizin, die immer besseren Medikamente, die Schicksalsgemeinschaft mit den vielen ebenso Betroffenen – und sie stellt ihm die Frage: »Du willst doch leben?« »Ja klar«, sagt er, »ich will hundert werden!«

Er nimmt ihre Hilfe gerne an, sie haben ein sehr zärtliches Verhältnis zueinander, das kann ich spüren.

Und ich? Kann ich etwas tun?

Heute hat Gregor an die hawaiianische Heilmethode Ho'oponopono erinnert, in der die »volle Verantwortung« für alles übernommen wird, was ich wahrnehme, also auch für den »Anderen« und die gesamte Welt. Zwei Sätze dieser Heilmethode genügen, um sie in vollem Einklang mit dem Kurs zu sehen. Was im Kurs die »Schau« ist, klingt hier so: »Es tut mir leid« und »Ich liebe dich«.

Das kann ich also immer für den Bruder und damit für mich tun: Ich entlaste meine Sicht auf dich von all meinen Urteilen und gebe DEM Raum, DER auf uns als EINS schaut.

Was dann geschieht, wird im Übungsbuch als »Wiederkunft CHRISTI« bezeichnet:

Sie ist die Einladung an das WORT GOTTES, den Platz der Illusionen einzunehmen, und die Bereitwilligkeit, die Vergebung ausnahmslos und ohne Vorbehalt auf allen Dingen ruhen zu lassen.[1]

Tatsächlich und praktisch ergibt sich ja in solchen Situationen die Frage, ob es »was nützt«, wenn ich zum Beispiel jetzt im Geist bei diesen beiden bleibe statt »meinen Text« zu schreiben. Ich glaube, »verstanden« ist das Ganze in dem Moment, wenn ich auch die Frage des »Nutzens« nicht mehr selbst beurteile:

Dies ist mein Zuhause, weil ich es nicht beurteile, und daher ist es nur das, was DU willst.[2]

Ein kleines Lächeln der Tochter zu mir hin, als sie mit ihrem Vater das Café verlässt.

Bleiben wir noch einen Moment in diesem Geist miteinander? Bis die Freude sich durchsetzt? Bist du dabei?

Wir weinten, weil wir nicht verstanden haben.[3]

»Es tut mir leid« und »Ich liebe dich«.

---

[1] *Kurs 2019, Ü-II.9.1:3*
[2] *Ebd., Ü-II.301.1:3*
[3] *Ebd., 2:3*

Tag 302

Heilung durch Nichtstun

Die Vergebung »ruht« auf allen Dingen, haben wir gestern dankbar gehört. Wir sehen diese Tatsache immer dann, wenn wir bereit sind, dies »ausnahmslos und ohne Vorbehalt« geschehen zu lassen (vgl. Ü-II.9.1:3). Ein »Geschehen«, das es in sich hat, denn im Gegensatz zu dem unaufhörlichen »Tun«, in dem wir durch unsere konfliktthaften und besonders unsere »unversöhnlichen« Gedanken hineingetrieben werden, ist die zweifellos kernigste Aussage des Kurses über die Vergebung diese:

Die Vergebung ihrerseits ist still und tut ganz ruhig gar nichts.[1]

Von was also kann man sagen, dass es »geschieht« im Zusammenhang mit einer Vergebung, die »ruht« und »nichts tut«?

Das wird heute so beantwortet:

Die Schau CHRISTI verwandelt die Dunkelheit in Licht, denn die Angst muss verschwinden, wenn die Liebe gekommen ist.[2]

Das ist nur insofern kein »Geschehen«, weil nur LICHT IST. Wir haben allerdings die Dunkelheit als »wahr« erträumt, und aus der Perspektive des Träumers »geschieht« eben doch das Wunder der Auflösung seines Traumes. Wir erleben die einzige existierende Wirklichkeit als eine Rückkehr zu ihr:

Unsere LIEBE erwartet uns, während wir zu IHM gehen, und wandelt neben uns, indem SIE uns den Weg weist.[3]

Dabei werden wunderbarerweise unsere die Dunkelheit voraussetzenden Gedanken »verwandelt« in solche des *Lichts*, das keine Dunkelheit kennt.

---

[1] *Kurs 2019, Ü-II.1.4:1*
[2] *Ebd., 302.1:6*
[3] *Ebd., 2:1*

Sie werden weder ersetzt noch eliminiert, sondern lediglich an ihre wahre QUELLE erinnert.

Und das nur durch unsere Bereitschaft, an das Wunder zu glauben, dass dies »geschehen« kann. Die Vergebung wird auf gewisse Weise aus ihrer »Ruhe« geweckt und in ihrem »Nichtstun« praktisch angewandt, wenn ich sie »auf andere« (oder andere Bereiche meiner Wahrnehmung) »ausdehne«:

Wunder sind natürliche Zeichen der Vergebung. Durch Wunder nimmst du die Vergebung GOTTES an, indem du sie auf andere ausdehnst.[1]

Die »Vergebung an sich« tut also nichts, sie ist einfach DA – durch unsere Bereitschaft, ihre Ausdehnung in unserem Traum zuzulassen, wird sie zum Wunderbringer und wir zu Wundergesinnten.

Lange Jahre hat mich körperlicher Schmerz begleitet.

In Gregors und meinem dritten Buch (»Und wohin mit dem Schmerz, Bruder?«) habe ich in meinem Teil die »Verwandlung« meiner schmerzhaften und schmerzbringenden Gedanken so beschrieben:

Mit der Farbe der Dunkelheit habe ich in DEIN LICHT geschrieben, ohne es zu wissen. Bis der Schmerz kam, mich zu lehren, wer der Autor des Leids ist. Und mit dem Schmerz kamst DU und schriebst mit DEINEM LICHT in meine Dunkelheit: >Sei still, und athme wieder mit mir LIEBE.<

Der Schmerz darf wundersamerweise gehen, wenn er bleiben darf, um in SEINEM Licht ganz ruhig, ganz still und ohne jedes »Tun« gesegnet zu werden. Heilsein IST, Heilung geschieht.

---

[1] *Kurs 2019, T-I.1:21*

Die Dissoziation aufheben

Gestern kam in einer Kursgruppe die Frage auf, die sich immer wieder stellt, weil sie an unseren zentralen Konflikt erinnert: Wenn die beiden Denksysteme – das des Ego und das des HEILIGEN GEISTES – sich an keiner Stelle auch nur berühren, wenn GOTT die Welt, so, wie wir sie sehen, nicht kennt, wenn hier alles Illusion ist, was ist dann mit der Natur, was mit den Kindern, den schönen und intimen Augenblicken unserer Beziehungen miteinander, was ist mit unseren Errungenschaften als Menschheit, unseren Entdeckungen, Erkenntnissen und den Fortschritten in der Medizin, der Physik oder den alternativen Heilmethoden? Muss ich das alles leugnen, wenn ich »auf die andere Seite« will, wenn ich das Denksystem des HEILIGEN GEISTES bejahe?

Die Lektion habe ich heute wie eine Antwort auf diese Frage gelesen: »Du bist nur gebeten, den CHRISTUS in deiner Welt willkommen zu heißen.«

Lasst irdische Geräusche schweigen und die mir gewohnten Anblicke verschwinden. Lasst CHRISTUS dort willkommen geheißen werden, wo ER zu Hause ist.[1]

Wir erleben uns in der Illusion, die Trennung sei wahr geworden. Wir neigen auch dazu, die Denksysteme des Ego und des HEILIGEN GEISTES, wenn wir gelernt haben, sie zu unterscheiden, lange voneinander getrennt zu halten. Dem Ego kommt dabei die Tatsache, dass sie sich tatsächlich nicht berühren, sehr entgegen. Bis wir merken, dass diese »Berührungslosigkeit« nur für das Ego den Ausschluss des anderen Denksystems bedeutet. Der HEILIGE GEIST dagegen zeigt auf, dass es nur *ein Denken* gibt. Sein »System« ist reinste Inklusion und sein Nicht-Berühren des Egodenkens ist

---

[1] *Kurs 2019, Ü-II.303.1:3-4*

nicht Ausschluss, sondern nur ein Versagen der Unterstützung von illusionären Egogedanken.

Und damit ist das »Denksystem« des HEILIGEN GEISTES getragen von der WAHRHEIT SELBST, DIE dich wie mich als eins berührt, und SICH uns als Wunder vermittelt.

Die Dissoziation von Wahrheit und erlebter Wirklichkeit aufzuheben ist Heilen. Nur meine eigenen Impulse, die noch die Trennung wollen, können die Frage aufwerfen, ob ich meine Welt leugnen muss, um dem HEILIGEN GEIST zu folgen.

Den CHRISTUS in meiner Welt willkommen zu heißen, hebt dagegen diese Dissoziation (die »Kreuzigung« des Gottessohnes) einfach nur auf.

Es ist nicht CHRISTUS, der gekreuzigt werden kann. Lass mich, in DEINEN ARMEN sicher, DEINEN SOHN empfangen.[1]

Das Denken des HEILIGEN GEISTES ist nicht gespalten. Es verurteilt keinen Aspekt der Illusion, aber es unterstützt auch nicht den Irrtum, sie sei wahr. Es »ruht« auf unserem gespaltenen Geist als ewig bereite Vergebung. Und wenn wir uns immer mehr mit diesem alles in sich willkommen heißenden Denken identifizieren, werden wir füreinander zu den wundergesinnten Heilern, die nicht mehr zwei verschiedene Botschaften überbringen, sondern *eines Willens* mit IHM geworden sind.

Ob und wieweit du die Freiheit vom Konflikt des dissoziierenden Geistes beim »Kurs-Lehren« vermittelst, kannst du daran erkennen, wie dein Umfeld auf dich reagiert, denn:

Heilen ist glücklich machen.[2]

Nicht im luftleeren Raum, sondern mitten in deiner Welt.

---

[1] *Kurs 2019, Ü-II.303.2:7-8*
[2] *Ebd., T-5.Einl.1:1*

Tag 304

Im Spiegel der Wahrheit

»Meine Welt«, das heißt also meine persönliche Sicht auf die Welt, verschleiert gewohnheitsmäßig die »Schau CHRISTI« (vgl. Ü-II.304).

Es ist vielleicht eine gute Idee, sich ab und an zu erinnern, dass diese »private« Sicht samt der »Welt«, auf die sie schaut, dazu gemacht wurde: als Schleier über der Wahrheit. Das rückt den »Schuldgedanken«, auf den die Vergebung sich richtet, um den Schleier wieder aufzulösen, gleich an die Stelle, wo er entstand. Er ist einfach nur unsere kollektive und irrtümliche Idee, die Trennung könne wahr werden.

Wir sind weit gekommen seit den ersten Lektionen, die auch schon über die »Konstruktion« dieses Schleiers als ein Machwerk unserer trennungsgläubigen Gedanken gesprochen haben, das die »Bedeutungslosigkeit« einer Wahrnehmung in Trennung und mit ihr die WAHRHEIT verdecken sollte (vgl. Lektionen 1-50).

Siehst du, wie uns der Kurs behutsam über das Verständnis unserer alten Welt- und Selbstbildkonstruktion hinaus und immer intensiver in das Praktizieren der »Schau« führt?

Das hätte man uns anfangs wohl noch nicht so sagen können:

Die Wahrnehmung ist ein Spiegel, keine Tatsache. Und das, worauf ich schaue, ist mein Geisteszustand, der sich außen spiegelt. Ich möchte die Welt segnen, indem ich durch die Augen CHRISTI auf sie schaue.[1]

Das ist die volle Übernahme der Verantwortung für das, was ich wahrnehme. Und daran muss und darf ich mich gewöhnen, dafür brauche ich viele, viele Erfahrungen des Segens dieses Geisteswandels, bevor ich ein volles »Ja« dazu gebe.

---

[1] *Kurs 2039, Ü-II.304.1:3-4*

Das Bild des »Spiegels« für meine Wahrnehmung ist ganz wunderbar: Es geht nicht darum, die Bilder, die mir dieser Spiegel zeigt, zu beurteilen, sondern zu wählen, was die Reflexionsschicht sein soll, welche die Bilder hervorbringt. Was sehe ich, wenn ich einen »Terroristen« sehe? Um ein Beispiel zu nennen. Welche Gedanken bringen mir die Botschaft von dem, was meine Augen sehen? Aus welcher Quelle speisen sich diese Gedanken? Von was werde ich sagen: »So ist es!«, was »spricht« das Bild zu mir?

*Ich habe gesagt, dass du nicht dadurch anderen Geistes werden kannst, dass du dein Verhalten änderst, aber ich habe auch – und das viele Male – gesagt, dass du anderen Geistes werden **kannst**. Wenn deine Stimmung dir sagt, dass du die falsche Wahl getroffen hast – und das trifft jedesmal zu, wenn du nicht froh bist –, dann wisse: Das muss nicht sein.[1]*

Stellen wir uns doch einfach mal die »Reflexionsschicht« unseres Wahrnehmungsspiegels – all die Gedanken, von denen unser Glaube dessen, was »ist«, ausgeht – als das zärtliche *Lächeln* der QUELLE, der LIEBE auf IHRESGLEICHEN vor. Werden wir froh *mit* allem, auf das wir schauen – mit dieser einfachen Änderung unserer Geisteshaltung:

Jedesmal hast du über irgendeinen Bruder, den GOTT schuf, falsch gedacht und nimmst Bilder wahr, die dein Ego in einem verdunkelten Spiegel macht. Überlege ehrlich, was du gedacht hast, das GOTT nicht gedacht hätte, und was du nicht gedacht hast, wovon GOTT möchte, dass du es denkst.[2]

Das Verhalten folgt – und lass Wunder es begleiten – der Wahl meiner Sicht, nicht der Beurteilung scheinbar »objektiver« Tatsachen.

[1] *Kurs 2019, T-4.IV.2:1-2*
[2] *Ebd., 2:3-4*

Tag 305

Der Tellerrand der Angst

Während wir uns – jeder auf seine individuelle Weise – immer sicherer werden in den Mitteln, mit denen wir uns einen Zugang eröffnen zum Erleben inneren Friedens, gegenwärtiger Präsenz und der Allverbundenheit, bestärkt uns der Kurs darin und deutet gleichzeitig unbeirrbar auf den magischen Kreis, der unsere Wahrnehmung noch umschließt mit den »Resten der Angst«, die uns in der Identifikation mit Körper und Welt halten wollen. Und er bittet uns wahrhaft »von Herzen«, IHM auch den Schritt über diesen »Rand der Welt« hinaus anzuvertrauen und die Hand anzunehmen, die ER uns reicht:

Du bist ernstlich versucht, IHN am äußeren Ring der Angst zu verlassen, ER aber möchte dich sicher dort hindurch und weit darüber hinaus führen.[1]

Alles aus der Hand zu geben, was bisher zu meiner Orientierung gedient hat, all meine Urteile, Glaubenssätze und Definitionen von dem, was »ist«, bedeutet, diesen »Rand der Welt« zu berühren. Dort haben wir beschlossen, selbst die Schöpfer des Lebens in Trennung von unserer QUELLE sein zu wollen. Und dort nehmen wir jetzt die Hand des CHRISTUS, unseres wahren SELBSTES, und lassen IHN den scheinbaren Graben zwischen uns und dem SEIN in LIEBE überbrücken.

Wer nur CHRISTI Schau anwendet, findet einen Frieden, der so tief und still ist, so unstörbar und gänzlich unveränderbar, dass die Welt kein Gegenstück dafür enthält.[2]

Dafür ist das »Gebet« aus der Welt der Illusion heraus notwendig, die Hinwendung zu etwas »Höherem«, das wir zwar selbst SIND, aber diese Wahrheit unseres SEINS mit allen Kräften, die aus der Trennung kommen, nicht

---

[1] *Kurs 2019, T-18.IX.3:9*
[2] *Ebd., Ü-II.305.1:1*

230

mehr »selbst« erreichen können. Die »Einladung« an den HEILIGEN GEIST in jede Situation wird zur »Anwendung« der Schau CHRISTI.

An diesem »Rand« meiner Welt also, wo ich doch noch lieber »mir« als dem Wunder SEINER hilfreichen ANWESENHEIT vertraue, werde ich gebeten, SIE mit anderen zu teilen, was nichts anderes ist als die Schau anzuwenden:

GOTT, DER alles Sein umfasst, schuf Wesen, die ein jedes für sich alles haben, es aber mit andern teilen wollen, um ihre Freude zu mehren. Nichts Wirkliches lässt sich vermehren außer durch Miteinanderteilen. Deshalb hat GOTT dich erschaffen. Die GÖTTLICHE ABSTRAKTION freut sich am Teilen. Das ist es, was Schöpfung bedeutet. »Wie«, »was« und »mit wem« ist unerheblich, weil die wirkliche Schöpfung alles gibt, da sie nur so erschaffen kann, wie sie selbst ist.[1]

Der Fluss des nicht mehr auswählenden »Gebens, um zu empfangen«, des permanenten Anwendens und damit Teilens der Schau, trägt mich sicher durch den äußersten Kreis der Angst (vgl. T-18.IX.4).

Helfen und Heilen, ohne auszuwählen. Ist das nicht eine schöne Perspektive? ER kennt den Weg! Die LIEBE SELBST sagt mir, was meine konkrete Rolle ist.

Ich werde dich überallhin führen, wo du wahrhaft hilfreich sein kannst, und zu jedem hin, der meiner Führung durch dich folgen kann.[2]

Danke für diese nach wie vor unfassbare Hilfe!

---

[1] *Kurs 2019, T-4.VII.5:1-6*
[2] *Ebd., 8:8*

Liebe – und sei ...

Wo bleibt HEINZ GERD?

Da geht es in meinem letzten Kapitel »Vergebung(en)« um das Loslassen, um Vergebung und um Liebe – und für einen langjährigen Vorturner in Sachen »*Ein Kurs in Wundern*« gab es bei diesen »Kurs-Kernthemen« ausgesprochen selten die Vokabeln »Heiliger Geist« oder »Jesus«! Liegt das vielleicht daran, dass diese »Figuren« mal Fersengeld gegeben hatten und mir nicht mehr antworteten, wie ich im besagten Kapitel beschrieben habe? Und daher lasse ich diese »Helden des Kurses« nun links liegen?

Mitnichten und -neffen, weit gefehlt! Ich verwende die »eigenständigen Helden« nur nicht mehr als willkommenen – und meist nicht bewussten – Vorwand, unangenehme Gefühle und Trigger umgehend zu unterdrücken: »Mach du, mach weg!« Unterdrückung bedeutet, dass ich einen Deckel über meine Emotionen halte, sie zurückdränge, verleugne und so tue, als würden sie nicht (mehr) existieren: Ich habe sie ja reflexartig »ihm« gegeben, Jesus, dem Heiligen Geist, Heinz Gerd ... Heinz Gerd? Na ja, die in meiner Internet-Foren-Zeit häufig genutzte Abkürzung HG nutze ich gelegentlich auf diese Weise.

In dem erwähnten Kapitel bewege ich mich ein wenig im Dunstkreis des »*Direct Inquiry*«, der »Direkten Selbsterforschung«, die häufig mit einer Frage zu deiner Identität beginnt. Diese Idee kommt übrigens aus den vedischen Schriften und wird dir mit Sicherheit aus deiner Kurspraxis bekannt sein, wenn es an verschiedenen Stellen direkt oder indirekt um das Hinterfragen deiner vermeintlichen Identität geht. Bei der von mir verwendeten Vorgehensweise wird »deine« Antwort zum Ausgangspunkt für die nächste Frage – mit entsprechender Antwort, die wiederum zur nächsten Frage führt. Es ist eine recht verbreitete und bekannte Methode im »Erleuchtungszirkus«. Aber an »wen« stellst du die Fragen? Von welchem »Berater« kommt die Antwort? Mit »wem« verbindest du dich, mit dem »Ich« oder mit ...? (Vgl.T-30.I.14).

Betrachten wir die in meinem letzten Kapitel angefangene Vorgehensweise, Gefühle, die nicht Liebe sind, die also »... in unterschiedlichem Maße hasserfüllt« sind, wie Lester Levenson[1] zu sagen pflegte, in Liebe umzuwandeln – die nicht nur ein Gefühl, sondern auch deine grundlegende Natur ist. »Gott ist nur Liebe, und daher bin ich es auch.« (Ü-I.5.Wdh.Einl.4:3) Also lade ich dich ein, deine Aufmerksamkeit auf das zu richten, was gerade *jetzt*, in diesem Augenblick, *da* ist.

Ist es bedingungslose Liebe? Vermutlich nicht. Also beginne mit dieser Frage: »Könnte ich das, was ich stattdessen fühle/denke/empfinde oder erlebe, in Liebe verwandeln?« Und dann sei einfach präsent, heiße das, was dir in den Sinn kommt, so weit du dazu in der Lage bist, willkommen oder lasse es schlichtweg zu. Ist da etwas, das du korrigieren, verändern, kontrollieren oder verstehen willst? Wenn ja, könntest du auch das zulassen? Könntest du das jetzt, nur für diesen Moment, in diesem heiligen Augenblick, willkommen heißen? Könntest du akzeptieren, dass Liebe zu *sein* bedeutet, auf »natürliche« Weise das, was sich zeigt, zuzulassen oder willkommen zu heißen? Und vergiss bitte nicht: An *wen* stellst du deine Fragen, mit *wem* verbindest du dich?

Und wenn ein »Bruder« die Ursache für die fehlende Liebe ist, dann überprüfe, ob da irgendein Erleben eines getrennten *Du* vorhanden ist, ein *Du*, das sich von der Liebe unterscheidet. Ist da keine bedingungslose Liebe, dann ist da eine Idee von einer getrennten »Person« oder einem getrennten »Körper-Geist«. Ich sage nicht, dass du das bekämpfen sollst. Frage nur: »Könnte ich auch zulassen, dass es ›persönlich‹ ist, also dass sich das Erleben auf ein ›Ich‹ und ein ›Du‹ bezieht?« Heiße es willkommen, so gut du kannst. Sei damit *präsent*. Oder stelle fest, dass die Liebe, die du *bist*, sich auch der Erscheinung des Persönlichen nicht widersetzt.

---

[1] Siehe Kapitel »Vergebung(en)«

Gibt es in diesem Moment noch ein Erleben, das weniger als bedingungslose Liebe ist? Könntest du es loslassen? Lass einfach zu, dass es sich auflöst. Und dann schau dir die ganze Angelegenheit noch einmal an und überprüfe: »Bin ich etwas davon? Oder bin ich das, was sich dessen gewahr ist?« Nimm es wahr, wie die Liebe es sieht. Ohne Gedanken. Ohne Etikettierung. Ohne Anstrengung. Ganz natürlich. Ohne nach Anerkennung, Kontrolle, Sicherheit oder Trennung zu suchen.

Und konzentriere dich auf jedes verbleibende Festhalten oder Zurückhalten, auf Widerstände, wie immer sie sich zeigen – falls sie vorhanden sind. »Bin ich das? Oder bin ich das, was gewahr ist?« Nur Sein. Und wenn du das bist, nimm wahr, dass da Liebe ist. Die Idee deiner selbst, gleichzeitig die Idee der Heilung – der Heilige Geist (vgl. T-5.III.2:1-4). Hier – und nicht als »Gegenüber«.

»Könnte ich das *Verlangen* nach Liebe loslassen und einfach die Liebe *sein*, die ich bin?«

Liebst du dein Lastenfahrrad anders als deine Eltern?

Die Ausgangsfrage lautete: »Könnte ich *das* in Liebe umwandeln?« Du kannst sie auf alles anwenden, was du aktuell, also jetzt, in diesem Augenblick als »Nicht-Liebe« erlebst. Dabei muss es sich nicht zwangsläufig nur um »negative Emotionen« handeln! Es lohnt sich durchaus, diese Vorgehensweise auf einige deiner positivsten Emotionen anzuwenden, die du nicht mit Liebe in Verbindung bringst! Und – lass dir genügend Zeit. Es geht in diesem Fall nicht darum, auf »jeden Zug aufzuspringen«, also quasi wie ein Mantra auf jedes Ereignis, das gerade auftaucht, mit der Frage zu reagieren. Es ist eher etwas für die ruhige Minute zwischendurch oder die längere »Auszeit« tagsüber, statt für Situationen, in denen du ständig wechselnden »Auslösern« ausgesetzt bist.

Du registrierst ohne besondere Erwartung, vielleicht mit ein wenig Neugierde, was aktuell in deinem Gewahrsein auftaucht – unabhängig von der vermeintlichen oder tatsächlichen Ursache. Dann stellst du die Frage – und wartest ab, was passiert. Gefühle, Bewertungen, Gedanken und andere unwillkürliche Reaktionen stehen üblicherweise nicht alleine da, sondern lassen zusätzliche Assoziationen, Gedanken und weitere damit verbundene Gefühle auftauchen. Könntest du das alles, so gut du kannst, willkommen heißen, zulassen oder einfach nur damit *präsent* sein? Wie bereits früher erwähnt: Verwechsle das bitte nicht damit, alles zu mögen oder gut finden »zu müssen«. Könntest du, so gut du kannst, den üblichen Widerstand bei den »negativen«, und das »Anhaften« bei den »positiven« Reaktionen loslassen? Gefühle, Gedanken oder Assoziationen tauchen in deinem Gewahrsein auf. Leistet das Gewahrsein Widerstand? Oder will es irgendetwas behalten? Oder sind Widerstand und Anhaftung »nur« weitere Reaktionen in deinem Gewahrsein, bei Gefühlen in der Regel körperlich im Bauchbereich oder im Bereich des Solar Plexus als subtiles Empfinden lokalisierbar?

Und stelle wieder die Frage: »Könnte ich *das* in Liebe umwandeln?« Du kannst die Frage natürlich auch variieren: »Könnte ich zulassen, dass sich *das* in Liebe wandelt?« Wir verwenden keine »Zauberformeln« oder »magischen Sprüche«. Wenn du diese Frage stellst, dann formulierst du mehr eine Absicht, als dass du eine wirkliche Frage stellst. Im Grunde genommen sagst du: »Ich möchte, dass sich *das* in Liebe wandelt«. Und dann warte jedes Mal einfach ab, was bei der Frage oder Intention passiert! Es gibt auch keine »Obergrenze«, wie oft du die Frage stellst oder die Absicht bekundest. Lass dich einfach führen, mische dich nicht in das »Wie« ein. Du legst fest, was du wirklich willst. Punkt. Damit ist deine Funktion erfüllt. Und solltest du dich auf einmal in einem inneren Dialog verstrickt ertappen, dann konzentriere die Aufmerksamkeit wieder auf die Frage: »Könnte ich *das* in Liebe umwandeln (lassen)?«

»Liebe« ohne jegliches »Objekt« – klingt das für dich zu abstrakt? Denn es gibt ja verschiedene Arten von Liebe, oder? Ist die Liebe zu deinem Goldhamster nicht etwas anderes als die Liebe zu deinem Partner? Die sich wieder unterscheidet von der Liebe zu deinem Kind oder deinen Eltern? In welche Liebe soll sich dein gegenwärtiges Erleben oder Gefühl wandeln?

Erinnere dich doch einmal an eine Situation, als du wirklich verliebt warst. Das »Objekt« war vielleicht eine Person, dein Pony, dein Lastenfahrrad, dein Auto oder ein wundervoller Ort. Und nun – dehne diese Liebe aus, so gut du dir das vorstellen kannst, bis sie alle »anderen« Lebewesen, Dinge und Orte umfasst. Jetzt hast du eine klitzekleine Ahnung von der Liebe, die du in jedem Augenblick wählen oder zulassen kannst, um das aktuelle Erleben umzuwandeln. Es gibt nur die eine Liebe – die du bist.

Entspann dich. Perfektion ist keine Option! Es geht nicht um irgendeinen »Erleuchtungssport«. Die Liebe ist allgegenwärtig, nur »ein wenig versteckt« durch Gedanken, Gefühle und Empfindungen, die sich vermeintlich in den Vordergrund schieben. Du stellst einfach nur die Frage, ohne Anstrengung, ohne Erwartung, mit ein wenig Neugierde.

»Könnte ich *das* in Liebe umwandeln?«

Und dann schau gespannt oder neugierig, was passiert – ohne dich zu widersetzen. Ohne festzuhalten. Stattdessen wende die Frage auf alles an, das daraufhin auftaucht – wenn es »Nicht-Liebe« ist.

Deine Schattengestalten

Wenn du festgestellt hast, dass die Wandlung aktueller Erlebnisse in Liebe, oder »die Liebe« als »Methode« eine gewisse »Resonanz« bei dir hervorgerufen hat, könntest du einen Schritt weitergehen. Fühlt sich diese Praxis jedoch ein wenig »holprig« an, ist sie mit einem gewissen Empfinden von Anstrengung verbunden oder bringt sie auch nach einer Woche regelmäßiger Anwendung keine »Ergebnisse« – wende dich besser einer anderen Praxis zu.

Das gilt nicht nur für diese Art der Praxis, sondern auch für andere Formen. Bei Anhängern des Kurses kommt es häufiger vor zu glauben, man müsse jede Lektion, ob sie sich nun aus dem Übungsbuch ergibt oder den Praxisbeispielen des Textbuches, gleichermaßen bis zu einem gewissen Grad »beherrschen«. Für den »Ersttäter« des Übungsbuches ist es eine gute Empfehlung, jede Lektion so anzuwenden, wie sie beschrieben ist – so gut wie gerade möglich. Dabei wird jedoch schnell klar, dass bestimmte Lektionen, Begriffe und praktische Übungen leichter von der Hand gehen als andere. Einschlägige Untersuchungen haben gezeigt, dass es zu einem gegebenen Zeitpunkt nur eine Handvoll an grundsätzlichen Vorgehensweisen gibt, die »Ergebnisse« hervorrufen. Und dass es kontraproduktiv ist, auf Biegen und Brechen an Übungen oder Routinen festzuhalten, die keine oder nur minimalste Ergebnisse oder »Fortschritte« bewirken. Einem »Kursanhänger« kann ich daher nur empfehlen, sich nach dem »Kurs-Diplom«, dem Jahr des Kennenlernens aller Lektionen, auf die Aspekte des Kurses zu konzentrieren, die gerade jetzt »Resonanz« hervorrufen – oder, um es im Kursjargon zu sagen: Folge deinem *Inneren Lehrer* statt dem »Mainstream« oder sinnfreier Routine – auch, was deine Vorgehensweise und Auswahl angeht.

Ist also »die Liebe« momentan ein »geeignetes« Thema für dich – und wie mittlerweile klar sein sollte, halte ich mich bewusst damit zurück, festzulegen, was Liebe ist oder nicht ist – könntest du die Anwendung erneut ausweiten, vom gerade aktuellen Erleben oder Gefühl auf den kompletten »Container« an Erinnerungen, Triggern, Assoziationen, Gedanken im Zusammenhang mit deinen »Zeitgenossen«, um *alles* in Liebe umzuwandeln: »Ein jeder bevölkert seine Welt mit Gestalten aus seiner persönlichen Vergangenheit, [...] Doch die Gestalten, die er sieht, waren niemals wirklich [...] Deshalb sieht er nicht, dass er sie gemacht hat ...« (T-13.V.2:1-3)

Also wende die Frage »Könnte ich *das* in Liebe umwandeln?« ganz speziell auf *alle* Gestalten an, die du irrtümlich mit deinen Brüdern assoziierst. Denn bei ehrlichem Hinsehen wirst du feststellen, das diese Gestalten nichts weiter als Objekte oder Symbole in deinem Geist sind, die für eine ganze Sammlung an Erinnerungen, Gedanken, Gefühlen und Assoziationen stehen – positive wie negative.

Beginne vielleicht mit den Gestalten, die dir jeden Tag begegnen. Aber bitte überfordere dich nicht durch den Versuch der »Vollständigkeit«: Wähle so spontan wie möglich eine aus – im Bus, im Supermarkt, im Fernseher, im

Büro, auf der Straße beim Blick aus dem Fenster, am Frühstückstisch ... es sind genügend vorhanden. Und dann lass dir wieder ein wenig Zeit.

Wie fühlt sich die Person (ich will nicht immer »Gestalt« sagen) an? Welche Gefühle, Beurteilungen oder Einschätzungen verbindest du mit der Person? Die unmittelbaren Gefühle und Gedanken sind am besten geeignet, ohne großartiges Nachdenken oder Untersuchen. Vielleicht tut diese Person gerade etwas, das dir missfällt oder gar gefällt. Vielleicht ist sie dir spontan unsympathisch – oder ganz im Gegenteil.

»Könnte ich *das* in Liebe umwandeln?« – einschließlich der Tatsache, dass du diese Person als »getrennte Gestalt« ansiehst. Und dann warte wieder ab und schau, was passiert. Vielleicht glaubst du, die Person hätte aus welchem Grund auch immer keine Liebe verdient. Aber denk einfach daran, du beziehst dich auf eine Gestalt, eine Figur, die nur du siehst, niemand sonst – und die nicht dein Bruder ist! (Vgl. T-13.V.2ff). Du setzt dir nur selbst Grenzen.

»Könnte sich *das* in Liebe wandeln?«

Vielleicht gibt es jetzt einige Zeitgenossen mehr in deinem Umfeld, die deine »Liebesbehandlung« genießen durften – ohne etwas davon mitbekommen zu haben. Oder vielleicht doch? Was ist mit dir: Hast du möglicherweise den Eindruck, die Frage: »Könnte ich *das* in Liebe umwandeln?« sei ergebnislos verpufft? Oder war deine spontane Antwort sogar ein unmittelbares »Nein«? Vielleicht mit dem Zusatz: »Bei dem doch nicht!«? Oder, was sehr viel wahrscheinlicher ist – es wollte sich einfach keine Liebe einstellen?

Es kann natürlich auch sein, dass du genau die Vorgehensweise gefunden hast, die gerade »Resonanz« erzeugt – und die »Ergebnisse« bringt: Negative Gefühle und Gedanken lösen sich auf, alte nervtötende Triggerpunkte und Aufreger werden seltener, und irgendwie werden die Gestalten in deinem Umfeld freundlicher oder zuvorkommender.

In beiden Fällen ist es hilfreich, etwas tiefer einzusteigen – denn Glück heißt ja *nicht*, geliebt zu werden. Sondern zu *lieben*. Also könntest du deine stille

Zeit auch dazu nutzen, deine Phantasien und Projektionen in Liebe umzuwandeln. Das gibt dir zusätzlich die Gelegenheit, alte »Feindschaften« und nachwirkende alte Beziehungen aufzuarbeiten, denn du kannst dich auf *alle* deine »Begegnungen« beziehen, auch auf diejenigen, die gegenwärtig nicht mehr als Gestalten dein Umfeld bevölkern.

Mache dir dazu einfach eine Liste mit den »Lebewesen«, mit denen du dich befassen willst, sei es die kürzlich verstorbene Katze, die nicht mehr unter uns weilende Schwiegermutter oder eine alte verflossene Liebe, die Spuren hinterlassen hat. Vergiss auch nicht »die Politiker« oder andere Gestalten aus deinem persönlichen »Verschwörungsuniversum«, oder andere »Meinungsmacher«, die völlig falschliegen. Suche dir »positive« wie »negative« virtuelle Kandidaten für diesen Zweck.

Beginne mit dem ersten Eintrag in deiner Liste und rufe dir die Person ins Gedächtnis. Und nun spüre wie bereits praktiziert nach: »Wie fühlt sich die ›Gestalt‹ für mich an? Was löst sie bei mir aus?« Schau einfach wieder, was passiert. Unabhängig davon, was auftaucht – lasse es geschehen oder heiße es willkommen. Und dann frage dich wieder, ob du *das* in Liebe umwandeln kannst oder es sich in Liebe ändern könnte. Wie oft du die Frage stellst, hängt sicherlich vom Einzelfall ab. In »schwierigen Fällen« versuche wieder, »aktiv« Liebe zu erzeugen. Du denkst an die Gestalt und überschüttest sie förmlich mit Liebe: Du tust es für dich!

Und warum spreche ich so betont nur von Gestalten, nicht von Personen, »Brüdern« oder Menschen? Weil unabhängig von der Wortwahl jedes von dir getrennt wahrgenommene »Ding« nicht dein Bruder ist! Du übernimmst die Verantwortung für das, was der/die/das »Andere« für dich ist – und wandelst es in Liebe um, die du bist, gemeinsam mit deinem Bruder.

Und vergiss nicht, mit WEM du fragst – mit der Idee deiner selbst, dem HEILIGEN GEIST. Wie bereits oben gesagt.

Tag 306

Ist »beten« von gestern?

Gestern versammelten sich etwa hundertfünfzig Kursfreunde virtuell, um angesichts der vielen derzeit brennenden Kriegsschauplätze etwas für den Frieden zu »tun«, indem Gebete aus den Lektionen vorgelesen wurden.

Besonders am Anfang empfand ich dabei eine starke, ganz stille Verbundenheit in dem einen Ziel: dass Friede sei.

Vielleicht ist das noch zu schwach ausgedrückt. Das Empfinden war eher: dass in dieser Verbundenheit der Friede bereits da ist.

Eine der ausführlichsten und behutsamsten Beispiele einer Führung in die Transzendenz eines Begriffes, der schrittweise und allmählich von seinen urteilenden Assoziationen befreit wird, findet sich in den »Ergänzungen« – im »Lied des Gebets«.

Wenn das Fenster im »Gebet« offensteht, um das Licht einzulassen, an das es sich wendet, wird es zu einem herz- und geistoffenen, wundergesinnten Dabeisein:

> *Das Gebet ist ein Beiseitetreten; ein Loslassen, eine stille Zeit des Hörens und des Liebens. Es sollte nicht verwechselt werden mit irgendeiner Art von Bittgesuch, weil es eine Weise ist, dich an deine Heiligkeit zu erinnern. Weshalb sollte Heiligkeit denn flehen, wo sie doch volles Anrecht hat auf alles, was die LIEBE bieten kann? Und die LIEBE ist es, zu der du hingehst im Gebet.[1]*

Wenn ich mir vorstelle, dass »Leben« das ist, was mir in diesem Moment und in alle Ewigkeit gegeben wird, dann vergeht die »Vorstellung« sofort in ein Miteinander-Teilen. Das ist es, was ich dir »geben« kann, auch wenn du

---

[1] *Die Ergänzungen zu Ein Kurs in Wundern, 8. Aufl., Freiburg, Br.: Greuthof, 2019, L-1.I.5:1-4*

240

gerade unter erbärmlichen Umständen in einen grausamen Krieg verwickelt bist. Weil es nur für uns beide gelten **kann**. Und damit ohne Ausnahme ist.

Alles spirituelle »Üben« mündet in dieses totale »Beiseitetreten«, das darauf vertraut, *etwas* Platz zu machen, das uns *jetzt* das ewig unschuldige Leben gibt als bedingungsloses Geschenk.

Es kommt von unserem höheren SELBST, zu dem ich noch »bete«, das ich noch einlade in mein beschränktes Denken, damit es meine Beschränkungen heile. Immer, wenn ich denke, dass ich nichts zu geben habe, dass ich mit etwas nichts zu tun habe oder mir die Kraft fehlt, zu helfen, kann ich um diese *Kraft* bitten:

In tiefer Dankbarkeit kommen wir, mit leeren Händen und einem offenen Geist und Herzen, und bitten nur um das, was DU gibst. Wir können keine Gabe bringen, die DEINEM SOHN genügen würde. In DEINER LIEBE ist die Gabe CHRISTI jedoch sein.[1]

Die »leeren Hände« und der »offene Geist« sind also kein Selbstzweck, sondern immer auch ein »Gebet«, eine Offenheit dafür, das zu empfangen und damit zu geben, was immer DA ist als das SEIN in LIEBE.

Wie ist es bei dir? Was löst inzwischen das Wort »Gebet« in dir aus? Und hat sich etwas verändert in deinem Empfinden seit dem Beginn des Kurslernens?

In den Frieden werden wir »hineingeboren« – was für ein starkes Bild für das »Ergebnis« des Betens, der vorbehaltlosen Hinwendung an die LIEBE:

Heute bin ich erlöst und werde neu in eine Welt des Erbarmens und der Fürsorge, der liebevollen Güte und des Friedens GOTTES hineingeboren.[2]

Und darin darf auch das »Gebet« vergehen.

---

[1] *Kurs 2019, Ü-II.306.2:2-4*
[2] *Ebd., 1:4*

Die »kleine Bereitwilligkeit« unterm Mikroskop

In Wahrheit kommt alles aus dem EINEN WILLEN, es existiert kein zweiter Wille. Das kann man so sagen, ohne rot zu werden. Folgt man der Idee, dass wir eins sind im Geist, ist das nur logisch. Aber es entspricht eben so gar nicht unseren »normalen« Erfahrungen. Der »Wille« scheint von Haus aus der Impuls zu sein, der mich in eine bestimmte Richtung bewegt, mit einem speziellen Ziel eine unter vielen Möglichkeiten anpeilt und sich gegen den Widerstand des »anderen Willens« durchsetzt. Der Wille scheint der Urimpuls zu sein, der die Trennung notwendig braucht, um sinnvoll zu sein: Was soll der EINE GEIST »wollen«, wenn er doch schon alles IST?

Dennoch findet alles weiterhin IN DER WAHRHEIT statt, was auch immer wir daraus zu »machen« glauben. Das, was wir als unseren »Willen« erleben, nennt der Kurs »Wunsch«, und was wir in unserem Inneren und in der Begegnung mit den »anderen« als unsere Normalität erfahren, sind ganz zwangsläufig die »widerstreitenden Wünsche«, von denen heute die Rede ist und die wir gewohnt sind, »irgendwie« in halbwegs (für unsere Ego-Ziele) sinnvolle Bahnen zu lenken, falls uns das gelingt. Das aber »kann nicht mein Wille sein.« (Vgl. Ü-II.307)

Wenn ich also erfahren möchte, was mein wahrer Wille ist, muss ich den in mein Wunschdenken abgelenkten Willen mit SEINEM Licht transzendieren. Aus meiner Position wird die WAHRHEIT, SEIN Licht, für mich zu SEINEM WILLEN, DER meine Ziele zurückführt auf das eine letztendliche Ziel, wieder in dieses Licht einzutauchen und es zu SEIN.

Allein DEIN WILLE kann mich glücklich machen, und nur der DEINE existiert. Wenn ich das haben möchte, was nur DU geben kannst, dann muss ich DEINEN WILLEN für mich akzeptieren und in den Frieden eingehen, in dem Konflikt unmöglich ist, DEIN SOHN im Sein und

Willen eins mit DIR *ist und nichts der heiligen Wahrheit widerspricht, dass ich so bleibe, wie* DU *mich schufst.*[1]

Es ist alles schon DA. Es gibt nichts zu tun. Und gerade deswegen wird es zur herausforderndsten Übung, die sagenumwobene »kleine Bereitwilligkeit« – die der Kurs uns als unseren einzigen Beitrag, wieder in die WAHRHEIT zurückzufinden, ans Herz legt – auch »klein« sein zu lassen: Immer, wenn ich mich mit dem, was mein »Wunsch-Wille« mir diktieren will, nicht in ein Geschehen einmische, und stattdessen volles, rückhaltloses Vertrauen in den EINEN WILLEN setze, immer dann wird mein Glück, das »schon da« ist, für mich auch wahr und erfahrbar werden – in einem Wunder der Heilung, Aufrichtung, Versöhnung und Ganzwerdung.

Glückliche Träume werden wahr, nicht weil es Träume sind, sondern nur deshalb, weil sie glücklich sind. So müssen sie denn liebevoll sein. Ihre Botschaft lautet: »DEIN WILLE *geschehe« und nicht:* »Ich will es anders haben.« *Die Ausrichtung der Mittel und des Zieles ist ein Unterfangen, das für dich unmöglich zu verstehen ist. Du merkst nicht einmal, dass du das Ziel des* HEILIGEN GEISTES *als dein eigenes akzeptiert hast, und würdest nur unheilige Mittel mitbringen, um es zu erreichen.*[2]

»Klein« ist meine Bereitwilligkeit, weil sie auf alles verzichtet, von dem ich glaube, dass ich es ihr hinzufügen könnte, um sie effektiver zu machen:

Der kleine Glaube, der nötig war, um das Ziel zu verändern, ist alles, was erforderlich ist, um die Mittel zu empfangen und sie anzuwenden.[3]

Und mit diesem »kleinen Glauben« kannst du rausgehen in den Tag, in deinen ganz normalen Alltag, mitten in ein scheinbar undurchdringliches Energiefeld widerstreitender Wünsche. Und nur noch lieben wollen.

---

[1] *Kurs 2019, Ü-II.307.1:4-7*
[2] *Ebd., T-18.V.4:1-5*
[3] *Ebd., 4:6*

Tag 308

Gegenwart und Zeitlosigkeit

Klingt doch gut: Die gesamte Wirklichkeit spielt sich in der Gegenwart ab. Die Zukunft an die Vergangenheit zu ketten, um die beiden Geschwister als eins zu erhalten (vgl. Ü-II.308.1:3), macht überhaupt keinen Sinn. Sei hier, sei jetzt, sei einfach präsent!

So weit, so gut und genug für die Jünger der Achtsamkeit.

Aber ist die »Gegenwart« nicht auch eine »Zeit«, also dieselbe Illusion wie Vergangenheit und Zukunft?

Zeit und Raum, sagt der Kurs (vgl. T-26.VIII.1:3-5), sind eine einzige Illusion in verschiedenen Formen. Sie sind die Grundkoordinaten unserer Wahrnehmung, was auch hier plastisch zum Ausdruck gebracht wird:

Zeit ist ein Kunstgriff, ein Taschenspielertrick, eine Riesenillusion, in der Figuren wie durch Zauberei kommen und gehen.[1]

Meine »Gegenwart«, so, wie ich sie erlebe, wenn ich hier zum Beispiel im Café sitze und mich in diesem für mich gerade mit Sinn und Verstand erfassbaren Rahmen erfahre, ist zweifellos innerhalb der Zeit.

Je mehr ich hier, in dieser Gegenwart »ankomme«, um so weniger werde ich mich dabei allerdings auf Gedanken der Vergangenheit beziehen und meine Wahrnehmung wird unmittelbarer. Ich nehme mehr und mehr direkte Verbindung auf mit denen, die lebendig da sind, statt meine Gedanken mit Figuren meiner Vergangenheit zu beschäftigen. Ich werde achtsamer. Statt meiner Bewertungen und Deutungen tritt eine direktere Wahrnehmung in den Vordergrund, die mehr aus der Verbundenheit kommt. Statt des »Ich« finde ich eher das »bin« im Zentrum.

Die Gegenwart ist also auch in der Zeit etwas Spezielles, ein ganz besonderes »Intervall«, wie heute die Lektion sagt. Und dann geht der Kurs mit uns

---

[1] *Kurs 2019, Ü-I.158.4:1*

weit über die Achtsamkeit innerhalb dieser speziellen Zeit hinaus, indem er mich sozusagen aus meiner Gegenwart abholt in die Freiheit von der Zeit:

Das einzige Intervall, in dem ich von der Zeit erlöst sein kann, ist jetzt. Denn in diesem Augenblick kommt die Vergebung, um mich zu befreien.[1]

Die Gegenwart gibt mir die Möglichkeit, mich mit dem, was gerade »da« ist, gegenwärtig zu verbinden. Sie ist die einzige Zeit, die das Potential in sich birgt, Vergebung für den Gedanken der Trennung zuzulassen. Und damit ist sie das »Intervall«, in dem das Wunder geschehen kann, die Zeit kollabieren und überflüssig werden zu lassen.

CHRISTI Geburt ist jetzt, ohne eine Vergangenheit oder Zukunft. ER ist gekommen, um der Welt SEINEN gegenwärtigen Segen zu geben und sie der Zeitlosigkeit und Liebe zurückzuerstatten. Und die Liebe ist all-gegenwärtig, hier und jetzt.[2]

Die einzige Zeit, die es gibt – die also die WAHRHEIT nicht mehr leugnet – ist dieser Augenblick in der Akzeptanz SEINER Anwesenheit (vgl. Ü-II.308). Ein Fenster für das LICHT, in DEM keine Zeit mehr gebraucht wird.

Sei »wundergesinnt«!

---

[1] *Kurs 2019, Ü-II.308.1:4-5*
[2] *Ebd., 1:6-8*

Tag 309

Innenschau

»Nach innen« zu schauen beginnt bei einem Gewahrwerden meiner Gefühle und Gedanken, die meinen Geist bewegen. Normalerweise ein ziemliches Chaos, das ganz »natürlicherweise« von den »widerstreitenden Wünschen« hervorgerufen wird, von denen in Lektion 307 die Rede ist.

Mehr und mehr haben wir mit dem Kurs die Botschaft in diese Innenschau mitgenommen, dass wir unsere Welt selbst »machen«, das heißt, dass wir außen sehen, was wir innen denken. Wir haben die »Ursache« der Welt begonnen, dort zu sehen, wo sie ist, und konnten zumindest in Frage stellen, ob unsere Suche nach der Quelle in einem selbstentworfenen »Außen« überhaupt Sinn macht.

Und wir haben gesehen, dass es tatsächlich eine alternative Sicht gibt, die »Schau«, welche die Ursache dort lässt, wo sie ist, und die sich selbst aus dieser QUELLE speist.

Das hat unseren Geist ruhig genug werden lassen, in unserem »Innen« auch die Stille und den Frieden als Reflexionen der LIEBE zu finden. Und dort hat uns auch unser wahrer Wille angefunkt, den wir in ein egohöriges Wunschdenken verzerrt hatten:

Ich, SEIN SOHN, dessen Wille so grenzenlos ist wie SEIN EIGENER, kann keine Veränderung darin wollen.[1]

Dieses Finden des wahren Willens macht die »Innenschau« vollständig und lässt mich im »Außen« eine Welt sehen, der vergeben ist und die ausschließlich den Willen der QUELLE spiegelt, den ich als den meinen wiedergefunden habe.

---

[1] *Kurs 2019, Ü-II.309.1:2*

Nach innen schauen heißt nur meinen Willen finden, wie GOTT ihn schuf und wie er ist.[1]

Und hier wird es wieder ungemein praktisch. Die Einladung an die alternative Sicht, die Schau des HEILIGEN GEISTES oder des CHRISTUS, meines wahren SELBSTES, kann jetzt aus der ruhigen Meditation in das Kampffeld der Konflikte, in den Alltag mitgenommen werden. Ich kann ja nicht davon ausgehen, dass ich »schauend« Bomben am Himmel festkleben, rote Ampeln auf Grün schalten und Zahnarztbohrer zu Lollies verwandeln kann.

Wenn wir »schauend« in den allgemeinen Wahnsinn unseres Miteinanders eintauchen, hilft keine Autosuggestion im Sinne von: ›Eigentlich ist das alles nur Liebe‹. Aber Wundergesinntheit hilft! Und die sagt etwas anderes – als Ausdruck meines wiedergefundenen wahren Willens: Ich will nur LIEBE **sehen**! Dann suche ich den guten Ausgang nicht mehr in der grünen Ampel, sondern in dem Wunder, das mir gegeben wird in der Form, die ER als hilfreich beurteilt.

Du kannst den HEILIGEN GEIST nicht sehen, aber du kannst SEINE Manifestationen sehen. Und wenn du sie nicht siehst, wirst du nicht merken, dass ER da ist. Wunder sind SEINE Zeugen und sprechen für SEINE GEGENWART.[2]

Ich sehe im Außen das, was ich innen sehen will, wo ich den »Altar« der Schuld, des Opfers und Mangels oder den der Vergebung und der Hingabe an SEINEN WILLEN finde und wähle, was für mich wahr sein soll.

Du siehst, was du erwartest, und du erwartest, was du einlädst. Deine Wahrnehmung ist das Ergebnis deiner Einladung und kommt zu dir, wie du nach ihr gesandt hast. Wessen Manifestationen möchtest du sehen? Von wessen Gegenwart möchtest du überzeugt sein?[3]

---

[1] *Kurs 2019, Ü-II.309.1:4*
[2] *Ebd., T-12.VII.4:1-3*
[3] *Ebd., 5:1-4*

Tag 310

Der Duft der Freude

»Wir« sind gemeint, nicht »ich«! Die »Freude«, in der ich heute nach dem Vorschlag der Lektion den Tag verbringen werde, ist »unsere« Freude, die ich als eine Tatsache wiederentdecke, und nur dadurch kann ich diesen Tag auch in »Furchtlosigkeit« erleben. Wenn wir miteinander in der Freude sind, kann da niemand sein, der einen anderen bedroht. Und das wäre (ist) wahrhaftig das Paradies:

Wir verbringen diesen Tag gemeinsam, du und ich. Und alle Welt verbindet sich mit uns in unserem Lied der Dankbarkeit und Freude für IHN, DER uns die Erlösung gab und DER uns freigelassen hat.[1]

Stell dir das nur mal vor! Kein lokaler, halbherziger »Waffenstillstand«, kein »humanitärer Korridor« durch ein von Hass vermintes Gelände. Sondern vielleicht nur zehn Minuten lang eintauchen in eine weltweit von allem Leben gemeinsam empfundene Freude in der Verbundenheit der Schöpfung. Das würde die Zeit wirklich aufheben:

Die Freude, die zu mir kommt, ist nicht von Tagen oder Stunden, denn sie kommt vom HIMMEL zu DEINEM SOHN.[2]

Das geht zwar entschieden an der Realität vorbei – niemand von uns wird einen solchen Frieden als weltweiten Konsens erleben – nicht aber an meiner Wirklichkeit: Jeder von uns kann die vollkommen furchtlose Freude als weltweiten Einklang erfahren.

Einfach deshalb, weil nur dieser Einklang wahr ist, und jeder Misston in dieser Welt eine Interpretation, eine Deutung, Teil des einen Irrtums, getrennt zu sein: Er ist nur geträumt.

---

[1] *Kurs 2019, Ü-II.310.2:1-2*
[2] *Ebd., 1:3*

Diesen Einklang lernen wir, unabhängig von den Manifestationen des Irrtums, also mitten in der Welt, so wie wir sie wahrnehmen, zu »hören« und so neu auf die Welt zu »schauen«: Hinter all ihren Formen wartet die WAHRHEIT auf unser Einverständnis, SIE das Heil dieser Welt sein zu lassen.

Aber der Hund, der mir unbemerkt an die Hose pinkelt, ohne zu berücksichtigen, dass ich in zehn Minuten eine wichtige Begegnung habe, deren Ausgang möglicherweise durch die mitgebrachte Duftnote negativ beeinflusst werden könnte, stellt mit seinem Verhalten sehr aufdringlich und mit perfekter Unschuldsmiene die Frage, ob die »Wahrheit unseres Einklangs« mich auch in solchen banalen, aber doch extrem störenden Situationen beschützt wird. Ist das »Heil der Welt« vielleicht doch eher passiv oder sogar abstrakt – eine schöne Idee, die aber in der Welt des Konflikts wirkungslos bleibt? Oder »hilft es«, wenn ich stark bleibe in meinem Einverständnis, heute den Tag in furchtloser Freude zu verbringen – also auch den Hund, der seinen Reflexen folgt, von dieser Freude nicht auszuschließen?

Was meinst du? Beschützt dich deine Wahl, in die furchtlose Freude einzutauchen, auch im »ganz normalen« Alltag, dessen Ausdrucksformen nicht immer nach Freude und Furchtlosigkeit aussehen? Beschützt du vielleicht sogar andere damit?

Jesus meint zweifellos, dass dem so sei. Und er bietet seine Hilfe auch im Fall von verdächtig duftenden Hosenbeinen an:

Alles Unwichtige kann meiner Kontrolle überlassen werden, während alles Wichtige von meiner Führung gelenkt werden kann, wenn du das willst.[1]

Klar will ich das! Gib mir die Wunder, die mir heute unsere gemeinsame Freude in jeder Situation als die Tatsache zeigt, die sie ist!

---

[1] *Kurs 2019, T-2.VI.1:3*

Tag 311

Die Matrix des Urteils

Die heutige Nachricht ist eine gute Gelegenheit, an mir selbst zu beobachten, wie der HEILIGE GEIST als mein wahres SELBST allmählich zu mir vordringt.

Seit dreißig Jahren schon sickert folgende Wahrheit in mich ein und schlägt ihre Wurzeln in meinem Glauben und Vertrauen:

Ich beurteile alle Dinge so, wie ich sie haben möchte.[1]

Ich weiß längst, dass dies wahr ist. Aber diese Worte gehen so tief und sind derart umfassend, dass ich auch weiß, dass ich sie noch »nötig« habe. Noch halte ich an ihnen fest, mit den Resten meiner Zweifel. Sie gänzlich in mein Vertrauen zu entlassen, heißt die Angst vor GOTT ganz und gar der LIEBE zu »opfern«.

Wie wunderbar: Bei diesem scheinbar viele Jahre dauernden Prozess, mich zu überzeugen, dass dieses Vertrauen gerechtfertigt ist, ist mein SELBST, ist der CHRISTUS, oft als Bruder Jesus oder einfach als der heilende, heilige Geist neben und mit mir, in unendlicher Geduld. In IHM ist keine Zeit, kein Prozess, kein Konflikt.

Und mit IHM an meiner Seite kann ich diesen gewaltigen Schritt tun, meine gesamte Beurteilung von allem und jedem als »falsch« anzusehen – auch wenn ich gerade nur den Kaffee als »zu heiß« beurteile –, und muss mich auch darin nicht verurteilen, weil es im Rahmen dessen, was ich derzeit erkenne, vernünftig erscheint.

»Höre« ich – das kann ich mich dennoch immer fragen – in dieser banalen Situation noch SEINE Botschaft, »sehe« ich die Manifestationen SEINER Sicht darin als »wahr« an oder die meiner Beurteilung?

---

[1] *Kurs 2019, Ü.II.311*

Die Wiederkunft CHRISTI schenkt dem SOHN GOTTES diese Gabe: die STIMME FÜR GOTT verkünden zu hören, dass das, was falsch ist, falsch ist und das, was wahr ist, sich nie geändert hat.[1]

Was wahr ist, kann sich nicht verändern. Und weil ich mich hier mit meiner Wahrnehmung in der Welt der veränderlichen Formen erfahre und die unveränderliche Wahrheit »nur« in ihren Reflexionen erkennen kann, bleibt jederzeit meine Entscheidung gefragt: Wem will ich mein Vertrauen schenken, die Wahrheit zu repräsentieren? Erinnerst du dich an diese Textstelle?

Du siehst, was du erwartest, und du erwartest, was du einlädst. Deine Wahrnehmung ist das Ergebnis deiner Einladung und kommt zu dir, wie du nach ihr gesandt hast. Wessen Manifestationen möchtest du sehen? Von wessen Gegenwart möchtest du überzeugt sein?[2]

Diese Wahl bildet sozusagen die Matrix meiner Wahrnehmung. Und genau da wird der Leitgedanke von heute zur Befreiungserklärung. Jedes meiner Urteile hat in der Leugnung der Wahrheit seine Wurzel. Und dafür werde ich eben nicht verurteilt, sondern liebevoll von der WAHRHEIT begleitet und sanft ermahnt:

Lass es uns heute nicht anwenden, sondern eine Gabe daraus machen an IHN, DER eine andere Verwendung dafür hat.[3]

Der Kaffee war wirklich zu heiß. Schön, dass DU da bist, mir zu sagen, dass ich nur falsch geurteilt habe. Die Wahrheit ist still DIESELBE geblieben. Und ER, mein SELBST, ist immer noch da, lindert den Schmerz und verwendet mein Urteil, wie es IHM gefällt. Ich bin einverstanden.

---

[1] *Kurs 2019, Ü-II.10.1:1*
[2] *Ebd., T-12.VII.5:1-4*
[3] *Ebd., Ü-II.311.1:5*

Tag 312

Das andere Sehen

Zuerst ist da mein Urteil. Damit entscheide ich, was für mich »wahr« sein soll: Trennung oder EINSSEIN. Dieser Entscheidung folgt meine Wahrnehmung eins zu eins. Was ich sehe, ist komplett von meiner Wahl, was für mich wahr sein soll, abhängig.

In meiner Welt kann ich das EINSSEIN nicht mit meinen Sinnen erfassen und nicht mit meinem Verstand begreifen. Aber ich kann auf DESSEN Wahrheit vertrauen – und das heißt SEINEM statt meinem Urteil zu glauben.

Das pulverisiert nicht den Baum, den mir meine Wahrnehmung zeigt, wie er gerade seine herbstgelb gefärbten Blätter fallen lässt, zu einem Nichts, sondern zeigt mir, was der »Baum« wahrhaft ist: eine Gestalt in meinem Traum vom Leben in Trennung, die vom SELBEN GEDANKEN gedacht und hervorgebracht wird wie »ich« und alles um mich herum.

Als Manifestation meines Urteils kann ich den Baum sehen, ich kann hingehen zu ihm und ihn anfassen, seine Rinde spüren, sein nasses Laub riechen. Ich kann mir viel Wissen über Bäume aneignen und ihn klassifizieren und von anderen Bäumen unterscheiden lernen. Und bei all dem kann ich dennoch den Willen in mir stark werden lassen, nicht zu vergessen, dass ich immer nur die Früchte meines Urteils sehe und die WAHRHEIT unveränderlich unsere *gemeinsame* bleibt: Das, was wirklich »da« ist, ist unsichtbar, aber wahr:

Und er kann nicht umhin, auf das zu schauen, wovon CHRISTUS möchte, dass er es sehe, und CHRISTI LIEBE zu dem zu teilen, worauf er schaut.[1]

---

[1] *Kurs 2019, Ü-II.312:1:6*

252

Wir können also nicht »auf die WAHRHEIT schauen«, SIE IST ja einfach nur alles in allem, und DARIN ist keine Distanz möglich, aus der der Geist SIE irgendwie betrachten könnte.

Aber wir können im Vertrauen auf diese allumfassende WAHRHEIT lernen, auf die »Dinge« zu schauen, die unser Urteil hervorgebracht hat. Die Schau ist »wahre Wahrnehmung« der »wirklichen Welt«.

Auf die WAHRHEIT in einem Baum, oder in dir, oder in meinen Schmerzen, oder in meinen Freuden – auf die WAHRHEIT, DIE ich mit »dir« teile, kann ich sehr wohl schauen. Und Wunder werden die Antwort sein – was sonst?

Wunder sind natürlich. Wenn sie nicht geschehen, ist etwas fehlgegangen.[1]

Wenn wir darauf nicht vertrauen, bleibt die »Schau« eine nette Sichtweise, die – weil sie ja »nichts tut« – keine Auswirkungen auf die »Realitäten der Traumwelt« hätte.

Neulich war ich zu Besuch bei einer älteren Dame, die von ihrem Sohn betreut wird. Die beiden bilden ein gut funktionierendes Tandem und halten das Leben auf der Spur. Die Schattenseite davon ist, dass sie beide »beratungsresistent« sind und auch Dinge, die ich ihnen dringend nahelegen will, strikt abwehren. Es wird also tatsächlich nur ein »Besuch« daraus. Mit IHM auf diese Szene zu schauen, heißt für mich, trotz aller »vernünftigen« Einwände nicht zu vergessen, dass ich dennoch nur auf meine Urteile schaue, wenn ich die Einwände zu »Wahrheiten« erhebe. Es sind Realitäten, aber sie können keine WAHRHEIT enthalten, die auch in diesem Fall in der Frau, ihrem Sohn und mir die EINE SELBE bleibt.

Und deswegen musste ich nicht auf meinen Einwänden bestehen, sondern konnte darauf vertrauen, dass jeder liebevolle Gedanke ankommt. Und dass ER die Wunder gibt, die wahrhaft helfen.

---

[1] *Kurs 2019, T-1.I.6*

Tag 313

Im freien Fall

Das Lernziel des Kurses heißt nach wie vor, die »Schau« zu erlangen. Sie ist die »Gabe GOTTES«, die uns befähigt, in allem, was wir wahrnehmen, das Falsche vom Wahren unterscheiden zu können, indem wir auf SEINE STIMME vertrauen (vgl. Ü-II.10.1:1).

Aus vielen Blickwinkeln heraus sind wir bis hierher an dieses Schauen mit dem »dritten Auge«, die geistige Sicht, herangeführt worden. Heute wird es sehr direkt:

> *Lass uns heute einander in CHRISTI Sicht erblicken. Wie schön wir sind! Wie heilig und wie liebend! Komm, Bruder, und verbinde dich heute mit mir.*[1]

Wie geht es dir damit? Ehrlich gesagt musste ich an dieser Stelle schon jedes Mal schlucken: Nicht, dass ich den heiligen Augenblick und heilige, vollkommen unschuldige Wahrnehmung nicht kennen würde. Aber diese Zeilen der Lektion beziehen »mich« da mit ein: »Wie schön wir sind, wie heilig und wie liebend«. Und da muss ich passen, so sehe ich mich nicht wirklich.

Aber der Kurs hat auch dafür eine Antwort. Das Gefühl drängt sich auf, dass Jesus es schade fände, wenn ich zwar lernen würde, dich im Licht der LIEBE GOTTES zu »schauen«, dabei aber vor mir selbst haltmachen würde. Er bietet mir etwas an, das mich zuverlässig »schützt« vor dieser Selbstbegrenzung. Er bittet mich, die Fähigkeit des »Heilens« zu akzeptieren, und so begründet er diese faszinierende Lösung:

> *Heilen ist eine Fähigkeit, die nach der Trennung entwickelt wurde, vor welcher sie unnötig war. Wie alle Aspekte des Glaubens an Raum und*

---

[1] *Kurs 2019, Ü-II.313.2:1-4*

Zeit ist sie vorübergehend. Solange jedoch die Zeit anhält, wird die Heilung als ein Schutzmittel benötigt.[1]

Jetzt schnall dich an – oder vielmehr ab! Um wirklich zu erfahren, dass auch du gemeint bist mit »schön, heilig und liebend«, geht der Weg im freien Fall des Vertrauens an deinem Bruder vorbei, der zu deinem Fallschirm wird, mit dem du mehr oder weniger sanft auf dem Boden der Tatsache deiner unwiderstehlichen Liebenswürdigkeit landen kannst:

Das rührt daher, dass Heilung auf Nächstenliebe beruht und Nächstenliebe eine Art ist, die Vollkommenheit eines anderen wahrzunehmen, auch wenn du sie in dir nicht wahrnehmen kannst.[2]

Gemeint ist also kein herzliches Händeschütteln im gegenseitigen Einvernehmen unserer Heiligkeit, sondern ein momentanes »Geben« der Liebe an den, der sie gerade glaubt, nicht zur Verfügung zu haben:

Die Nächstenliebe ist eine Art, einen anderen so anzusehen, als sei er schon weit über das hinausgegangen, was er in der Zeit tatsächlich erreicht hat. Da sein eigenes Denken fehlerhaft ist, kann er die SÜHNE nicht für sich selber sehen, sonst bräuchte er keine Nächstenliebe.[3]

Macht Sinn, oder? Wenn ich diesen Bruder als »schön, heilig und liebend« sehen kann, muss ich langsam begreifen, dass ich auf MICH blicke!

---

[1] *Kurs 2019, T-2.V.9:1-3*
[2] *Ebd., 9:4*
[3] *Ebd., 10:1-2*

Tag 314

Was ist kontinuierlich da?

Die Lektion spricht nicht von der Ewigkeit, dem SEIN in LIEBE, sondern von unserem Leben in Wahrnehmung und damit in Zeit: Im Erleben der »wirklichen Welt« gibt es eine Zukunft, die aber auf der Ausdehnung einer vom Trennungs- und Schuldgedanken befreiten Gegenwart beruht:

Wer kann sich grämen oder leiden, wenn die Gegenwart befreit worden ist und ihre Sicherheit und ihren Frieden in eine stille Zukunft ausdehnt, die erfüllt von Freude ist?[1]

»Die Gegenwart befreien«, das klingt gut. Frei sein von allem Anhaften an »vergangene Gedanken« – also alle Gedanken, die dazu da sind, die Trennung als wahr zu bezeugen. Und das sind ... alle meine privaten Gedanken.

Da könnte mir schwindlig werden, aber zum Glück ist ja hier nicht die Rede vom Loswerden, Aussondern oder auch nur Verdrängen meiner Gedanken, sondern davon, frei von ihnen zu sein, nicht mehr anzuhaften an dem Trennungsglauben, der sie erst zu »privaten Gedanken« macht.

Sie hatten meinen Geist von meiner wahren, kontinuierlich wahr bleibenden IDENTITÄT abgeschnitten und die *Gegenwart* für mich verdeckt. Der »Stich« des Schuldgedankens »motivierte« mich, daran festzuhalten:

Schuld ist also eine Art und Weise, die Vergangenheit und Zukunft in deinem Geiste festzuhalten, um die Kontinuität des Ego zu sichern. Denn wenn das, was gewesen ist, bestraft wird, ist die Kontinuität des Ego garantiert. Die Garantie deiner Kontinuität aber ist von GOTT und nicht vom Ego. Und Unsterblichkeit ist das Gegenteil von Zeit, denn die Zeit geht vorbei, während die Unsterblichkeit konstant ist.[2]

---

[1] *Kurs 2019, Ü-II.314.1:5*
[2] *Ebd., T-13.I.8:6-9*

Der HEILIGE GEIST führt alles, was ich für getrennt halte, in die Transzendenz, nicht in die Leugnung oder Vernichtung. Das geistige *Licht* zeigt mir, dass nicht der Baum unwahr ist, sondern mein Glaube, er sei getrennt von mir. Wunderbar, wie folgende Textstelle diese Transzendenz am Beispiel der wichtigsten Bastion des Ego erläutert – am Beispiel des Körpers:

> *In keinem einzigen Augenblick existiert der Körper überhaupt. Immer erinnert man sich an ihn oder nimmt ihn gedanklich vorweg, aber er wird nie gerade **jetzt** erfahren. Nur seine Vergangenheit und Zukunft lassen ihn wirklich erscheinen.*[1]

Hast du Lust auf eine Übung?

Dann setze dich in Ruhe hin und beobachte nach und nach alle Empfindungen, die von deinem Körper ausgehen. Nase juckt, Schulter zwickt, Magen knurrt, Beine wollen lieber spazierengehen als meditieren.

Mache dir klar, dass du tatsächlich ständig damit beschäftigt bist, dich mithilfe der Körperwahrnehmungen der Kontinuität deines Daseins zu versichern. Solange der Hals kratzt, muss ich da sein! Egon freut's! Solange ich den Arm spüre, wie er auf der Stuhllehne liegt, auch bei geschlossenen Augen noch Bilder auftauchen und Wörter durch meinen Geist ziehen, auch wenn sie statt ordentliche Sätze zu bilden Purzelbäume schlagen ... muss ich mir keine Sorgen machen, dass ich verloren gegangen bin.

Auch bloßes »In-Gedanken-Sein« dient diesem »Beweis« der Kontinuität des Ego. Im fruchtlosen »Grübeln« kann sich das arg zuspitzen.

Kämpfe nicht an gegen das, was in deinem Erleben auftaucht, sondern lasse es ruhig in deinem Geist vorbeiziehen. Würdige es als das, was du gerade erlebst.

Und jetzt gib IHM lediglich den Gedanken der »Kontinuität« ganz in die HAND, und lass SEINE LIEBE das *Licht* sein, das die »Kontinuität« transzendiert zu DEINER Anwesenheit in diesem *Licht*. Du bist, was immer IST.

---

[1] *Kurs 2019, T-18.VII.3:1-3*

Tag 315

Wunder der Kommunikation

Die Lektion heute ist ungemein praktisch. Wir »benutzen« den Bruder quasi als Geburtshelfer, um uns von ihm in die Erinnerung unserer wahren IDENTITÄT holen zu lassen.

Das kennt jeder:

> *Ein Bruder lächelt einen anderen an, und mein Herz ist erfreut. Jemand spricht ein Wort der Dankbarkeit oder des Erbarmens, und mein Geist empfängt diese Gabe und nimmt sie als seine eigene an.*[1]

Ein Erlebnis dieser Art hatte ich neulich, als ich (mal wieder!) auf meine Frau wartend im Eingangsbereich der Schwimmhalle saß: Seit längerer Zeit schon steht da ein Mann ganz in meiner Nähe und beobachtet den Eingang. Dann endlich kommt »Sie« – offensichtlich haben sie sich lange Zeit nicht gesehen – und ohne irgend ein Wort zu sprechen legen beide einfach ihre Stirn an die des anderen und stehen so minutenlang einfach miteinander da.

Und ich bin voll mit dabei, vergesse mich total und bin nur in dieser stillen Berührung. Werde ich nie vergessen, so wunderbar und erholsam und ...

... kommunikativ.

Das ist für mich das Eigentliche daran: das Erleben von wahrer Kommunikation, die sich aus sich selbst heraus nicht begrenzt. Sie schließt niemanden aus, sie kennt keine »Fremden«, keine Distanz, keine Zeit. Diese Art Kommunikation ist das Gewahrwerden des Verbundenseins.

Solche Situationen machen es uns leicht, in diese Erfahrung zu kommen. Es gibt jeden Tag dafür tausend Gelegenheiten, wenn mein Geist sie sehen will. Die wortlose Einigung zwischen zweien, die durch dieselbe Tür wollen, die kurze dankbare Geste der Frau, als im Sturm ein kleiner Ast vom Baum

---

[1] *Kurs 2019, Ü-II.315.1:3-4*

abbricht und knapp neben ihr auf den Boden fällt, der verständige Blick des Kindes, das den stummen Wunsch der Mutter, für zwei Minuten mal in Ruhe gelassen zu werden, einfach erfüllt.

Jede Menge Geschenke, die mich MIR näherbringen. Wahre Wahrnehmung sieht die Tatsache der Allverbundenheit als Vergebung auf jeder Situation liegen. In »unendlicher Geduld« (vgl. T-5.VI.12:1) bereitet sie die »direkte Kommunikation« mit GOTT vor:

Richtige Wahrnehmung ist notwendig, bevor GOTT die direkte Kommunikation mit SEINEN Altären aufnehmen kann, die ER in SEINEN SÖHNEN errichtet hat. Dort kann ER SEINE Gewissheit kommunizieren, und SEINE Erkenntnis wird Frieden ohne Fragen bringen.[1]

Nähe und Intimität, die wir immer nur auf spezielle Beziehungen begrenzt haben, sind im »Heiligen Augenblick« zur Verbundenheit als einer grenzenlosen Tatsache transzendiert:

Er ist die Einsicht, dass jeder Geist mit jedem anderen in Kommunikation steht. Der heilige Augenblick sucht deshalb nichts zu verändern, sondern nur alles anzunehmen.[2]

Und dass wir in dieser Kommunikation sind und bleiben, auch wenn wir uns grade mal angiften und auf Distanz halten, das ist unsere Rettung! ER bleibt wach, wenn wir wieder mal auf den Bühnen der Trennung das Leben träumen wollen.

---

[1] *Kurs 2019, T-3.III.6:1-2*
[2] *Ebd., T-15.V.6:7-8*

Staune – und lebe jetzt ...

Der Werkzeugkasten zur wirklichen Welt

Mittlerweile hat sich hier eine Art »Werkzeugkasten« an Methoden, Techniken und Vorgehensweisen gebildet, der sich auf die stets vorhandenen, aber häufig gar nicht aktiven »Erfahrungsschichten des Erlebens« bezieht. Dass diese »Schichten des Bewusstseins« überhaupt vorhanden sind, bemerkst du erst, wenn sich plötzlich eine »Tür« öffnet: Eine Art von »Einfach-So« Frieden, Stille, die nicht gestört, oder Ruhe, die nicht erschüttert werden kann, tauchen unvermittelt auf – ohne jede erkennbare Ursache.

Oder der gegenwärtige Moment tritt glasklar als einziger Moment oder als einzige Zeit, die es gibt, in den Vordergrund.

Oder die Wahrnehmung verändert sich plötzlich, wird intensiver und klarer.

Oder der Unterschied zwischen den »Dingen« hebt sich auf und wird zu einem einzigartigen »Feld« aus puren Sinneseindrücken.

Vielleicht wird auch das Empfinden von »Ich« als eigenständige und abgegrenzte »Entität« mit »persönlichen« Eigenschaften als pure Idee erkannt, zwar »real«, aber nicht WIRKLICH – und du erfährst »dich« als *Apperzeption* oder »reines Bewusstsein«: als Wahrnehmung des Geistes von sich selbst.

Oder das »Selbst« hört auf, als Wahrnehmender zu fungieren, das LEBEN an sich geschieht in seiner ganzen überwältigenden Perfektion und Schönheit. Nicht zu vergessen das Empfinden einer grenzenlosen und alles durchdringenden »Präsenz« oder »Fülle«: Nenne sie »die erfahrbare Anwesenheit des HEILIGEN GEISTES«.

Kurz gesagt: Du erlebst ein nicht symbolisches *grundlegendes Wohlbefinden*, das nicht von irgendwelchen »äußerlichen Ursachen« abhängt. Ich bezeichne es auch gerne als die »ganz andere Erfahrung«, da sie sich radikal von den bekannten »Alltagserfahrungen« unterscheidet. Ob du Anhänger des Kurses bist, einem buddhistischen Weg folgst, ob Advaita Vedanta, christliche Kontemplation oder ein anderer »Erfahrungsweg« dich zur »Wahrheit« führen soll: Die »ganz andere Erfahrung« bestätigt dir unmittelbar und ohne Zweifel, was im Kurs u.a. so formuliert wird: »Wir warten auf die Erfahrung und begreifen, dass Überzeugungskraft nur hierin liegen kann.« (Ü-I.5.Wdh.Einl.12:3) »Buchwissen« ist verglichen damit nur ein ärmlicher Ersatz *ohne* Überzeugungskraft.

Diese Erfahrungen kannst du nicht »machen« – aber die Tür kannst du »finden« (vgl. u.a. Ü-I.131.11:8, 12:1, 13:1). Dazu dienen ja die Methoden, Praktiken und Vorgehensweisen im Übungsbuch wie im »Werkzeugkasten«, um von der bereits erwähnten »Alltagsschicht der narrativen Erfahrung«, der Dominanz von Gedanken, Bewertungen, Erinnerungen, »Wissen« und Emotionen, tiefer zu gehen. Darum enthält unser »Werkzeugkasten« bis hierher Türöffner für die beiden stets vorhandenen *tieferen* Erfahrungsschichten der »Leerheit« und Nondualität (mit den »Werkzeugen« Headless Way[1], Loslassen von Anhaftung und Aversion[2], Stille/Gewahrsein/weiter Raum/räumliche Weite[3]) sowie die noch tiefere Erfahrungsschicht der »Fülle« und alles durchdringenden »Präsenz« (mit den »Werkzeugen« Dankbarkeit[4] und verschiedenen Liebesübungen in Anlehnung an Lester Levenson[5]).

Der Kurs spricht bekanntlich *alle drei* dieser Erfahrungsschichten an. Als Beispiel seien die Leitgedanken zur Anwendung in der Alltagsschicht genannt, während die Aufforderung: »Wir wollen still sein einen Augenblick, vergessen alle Dinge, die wir je gelernt, alle Gedanken, die wir je gedacht, und jedes Vorurteil, das wir darüber hegten, was die Dinge bedeuten und was ihr Sinn und Zweck ist.« (T-31.I.12:1) stellvertretend für

---

[1] *Vgl. Kapitel »Der Schlüssel zum ›torlosen Tor‹«*
[2] *Vgl. Kapitel »Vergebung(en)«*
[3] *Vgl. Kapitel »Nichts, was ich sehe, bedeutet etwas«*
[4] *Vgl. Kapitel »Mantra in die Fülle«*
[5] *Vgl. Kapitel »Vergebung(en)« und »Wo bleibt HEINZ GERD?«*

viele andere Kursstellen dieser Art auf die *Leerheit* abzielt – um Raum zu schaffen für die Fülle (ein Beispiel von vielen: »Jetzt ist dein Bruder frei zu leben, so wie du frei bist, weil ein altes Lernen schwand und einen Platz gelassen hat, auf dass die Wahrheit wiedergeboren werde.« (Vgl. T-31.I.13:5)

Der Werkzeugkasten ist jedoch nicht dazu da, möglichst viele »Methoden« zu kennen, sondern er ist der Tatsache geschuldet, dass es höchst individuell ist, was bei wem gerade jetzt »Resonanz« erzeugt. Nicht jeder kann mit jeder Methode etwas anfangen. Außerdem hat eine Methode immer nur eine bestimmte »Halbwertszeit«, in der sie Nutzen bringt. Es ist auch häufig der Fall, dass eine Kombination aus verschiedenen »Werkzeugen« den Schlüssel zur »türlosen Tür« bildet.

Gehen wir für den Rest des Jahres tiefer in die Erfahrung der Fülle und der alles durchdringenden allgegenwärtigen Präsenz in diesem Moment des Lebendigseins – dem einzigen Moment, den es gibt. Und wie geht das? Die einfachste Methode ist: Genieße die Perfektion und Schönheit dieses heiligen Augenblicks, jetzt – es gibt keinen anderen. Das ist alles.

Leider ist das wie üblich viel zu einfach, oder?

Da lohnt es sich, zunächst zu rekapitulieren, was eigentlich das Ausbildungsziel des Übungsbuches ist – nämlich die Aufhebung deiner bisherigen Sichtweise und anschließend die Aneignung der *wahren Wahrnehmung* (vgl. Ü-Einl.3:1). Es geht nicht darum, nach Abschluss des Kurses mit dem »Kopf im Himmel« zu leben, sondern »Sorge für die Welt« zu tragen. Denn die Sichtweise beinhaltet die Verbindung mit einem »Begleiter und Ratgeber«, der niemals scheitern kann. »ER kennt den Weg, um alle Probleme zu lösen und alle Zweifel aufzulösen. SEINE Gewissheit ist die deine.« (Ü-Epilog.1:7-8) mit einer solchen Verbindung kann dir die Welt mit deinen Brüdern darin nicht gleichgültig sein.

Kommen wir zurück zur Erfahrung der Fülle und Präsenz – der wahren Wahrnehmung oder wirklichen Welt, die immer nur *jetzt* stattfindet. Nicht morgen, nicht nächstes Jahr und nicht in Abhängigkeit von irgendeiner Übung oder Aktivität oder irgendeinem Tun. Denn hier, in diesem einen Augenblick, wohnt dein »Begleiter und Ratgeber«, um sich mit dir zu verbinden. »Dieser Augenblick ist die einzige Zeit, die es gibt.« (Ü-II.308) Du »findest« diesen einen Augenblick nicht in deinen Gedanken, Ideen und Gefühlen. Denn »dort« befinden sich nur Vergangenheit und Zukunft. Du glaubst das nicht? Du bist davon überzeugt, du wärst heute Morgen aufgewacht? Und aufgestanden? Wo ist der Beweis? Du erinnerst dich genau daran, sagst du? Das will ich nicht bestreiten, es ist sogar sehr wahrscheinlich. Aber was ist »Erinnerung«? Ein Gedanke, wie jeder andere Gedanke auch, eine Idee. Wie die Idee vom Weihnachtsmann oder die Idee von einem eigenständigen »Ich«, ist auch Zeit eine Idee, ein »[...] Kunstgriff, ein Taschenspielertrick, eine Riesenillusion« (Ü-I.158.4:1) – nichts weiter.

Höre ich den spontanen Kalenderspruch »Lebe im Hier und Jetzt«? Das klingt wie ein Ausdruck des Empfindens oder Fühlens? Ein Gefühl ist jedoch kein »Sein«, sondern die *Interpretation* des SEINS. Und damit ist es nicht annähernd das Gleiche wie hier und genau jetzt vollkommen in diesem einen Augenblick »involviert« zu sein – vollkommene »Inklusion«. Du lebst nicht im Jetzt, sondern nimmst voll und ganz am Dasein teil, indem dieser eine Augenblick »dich lebt«. Du *bist* das »Tun« dessen, was gerade geschieht, und nicht mehr der »Held« des Traums, sondern die Erfahrung des Träumers *von sich selbst*.

Dieser unberührte, ursprüngliche und unverdorbene »Ort« im unendlichen Raum und in der ewigen Zeit ist die *wirkliche Welt*. Sie war immer schon da. Es kann beängstigend sein, diese unmittelbare »Intimität« und Unverfälschtheit zu spüren – weshalb du zunächst davor zurückschreckst, dich zurückziehst und ihre Existenz verleugnest. Gehst du dann das Risiko ein, könntest du entdecken, dass du selbst ebenfalls makellos und ursprünglich bist. Und das gilt für jeden Bruder, für *alle* Lebewesen, denn keines ist besonders. Damit wandeln sich Anteilnahme, Mitleid, Empathie, Sorgen, Kummer, Sympathie für andere in ein *tatsächliches Interesse* am Wohlerge-

263

hen jedes Lebewesens, frei von allen anhaftenden Gefühlen – Verbindung statt »Objekt«.

Aber wieso nenne ich diesen unberührten, ursprünglichen und unverdorbenen Augenblick des Lebendigseins »Ort«? Namen und Symbole sind Schall und Rauch, und so ist das Symbol »Ort« genauso gut als Metapher geeignet wie »Zeitpunkt«, »Augenblick« oder »Moment«.

Wenn »ich« jedoch versuche, in diesem Augenblick oder an diesem Ort zu »leben«, muss es zunächst »jemanden« geben, der eine *Beziehung* zum Leben hat – und damit zu diesem Ort bzw. Augenblick. Sobald die Beziehung begründet ist, gibt es »mich«, das Leben und den Augenblick. Dieser »Jemand« (also »Ich«) muss sich nun mit dem Leben auseinandersetzen und wissen, wie es kontrolliert werden kann, damit es gefälligst in diesem einen Augenblick verbleibt. Also muss »ich« Wege finden, damit das Leben nicht einfach so frei fließt. Das ist »mein« Job, den »ich« selbstverständlich sehr gewissenhaft ausübe – als Generaldirektor meines Universums. Oder als »Held« des Traums, um eine bekannte Vokabel aus dem Kurs zu verwenden.

Dem »Helden« des Traums, diesem »Jemand« mit dem verbreiteten Vornamen »Ich«, ist dieser eine Moment des Lebendigseins nicht zugänglich. Denn er ist nichts weiter als eine Idee, die in der wirklichen Welt keine Bedeutung hat. So wird dieser eine ursprüngliche und makellose heilige Augenblick zu einem Empfinden, einem Glauben und einem Gefühl – vielleicht sogar erhaben, großartig und trügerisch überzeugend, aber unbeständig und unberechenbar. Gefühle sind genauso wie Gedanken Interpretationen einer »Identifikation«, dem Sargnagel jeder Ursprünglichkeit und Makellosigkeit.

Dieser heilige Augenblick, die wirkliche Welt, ist auch der »Ort« der Verbindung, sei es mit deinem Inneren Lehrer, dem HEILIGEN GEIST oder welches Symbol auch immer du bevorzugst – und mit deinem Bruder. »Es braucht nur zwei, die Glück an diesem Tage haben möchten, um es der ganzen Welt zu verheißen.« (T-30.I.17:1) Denn nur »hier und jetzt« ist echte Fürsorge, ein echtes Interesse an deinem Bruder möglich. Vielleicht bist du der Ansicht, dein Mitgefühl, deine »Liebe« oder dein Einfühlen sei Fürsorge – aber affektive (emotionale) Fürsorge ist von Natur aus unaufrichtig. »Ich« kann nicht *erleben*, wie es ist, fürsorglich *zu sein*. »Ich« kann stattdessen nur *das Gefühl erleben*, fürsorglich zu sein. Wer kennt ihn nicht, den typischen Elternspruch: »Wir machen uns Sorgen um dich.« Und dieses Gefühl der Besorgnis und Angst bedeutet für sie, fürsorglich zu sein. Sie meinen es natürlich gut, so wie die meisten Menschen auch. Und wenn Einfühlen oder Mitgefühl dazu beiträgt, Leiden zu lindern, findet unbestritten Fürsorge statt – aber als nicht nachhaltige Gefühlsaktivität im Traum der Gegensätze. In der wirklichen Welt, dem Ziel des Übungsbuches, findet keine affektive Fürsorge statt.

Wie kommst du aus dieser vermeintlichen Nummer raus? Beispielsweise indem du anerkennst, dass gefühlsmäßige Fürsorge »selbstzentriert« und darum unaufrichtig und korrumpiert ist – der erste Schritt zur Aufrichtigkeit. Und im nächsten Schritt machen wir dem »Held« des Traums den Garaus? Sicher, wenn du wirklich erkennst, dass »Ich« nur eine Idee ist, und egal, wo du nach diesem »Ich« suchst, nichts dergleichen zu finden ist, wird das »funktionieren«. Beim Weihnachtsmann hat das in deiner Kindheit ja auch funktioniert. Aber vielleicht erzeugt das irgendwie keine Resonanz bei dir. Oder sogar Verlustangst, die Angst vor »Auflösung«. Dann versuche mal für ein Weilchen einen anderen Ausgangspunkt:

»GOTT ist in allem, was ich sehe.« (Ü-I.29) Also fange nach dieser etwas längeren Einführung gleich heute damit an, alle Dinge mit Liebe, Anerkennung und einem offenen Geist zu betrachten (vgl. Ü-I.29.3:1). Staune einfach über die Perfektion und Schönheit, die du in diesem Moment des Lebendigseins erlebst – und das immer wieder neu, wann immer sich eine Gelegenheit ergibt.

»Ist es nicht jede Stunde fünf Minuten deiner Zeit wert, das Glück, das GOTT dir gab, annehmen zu können?« (Ü-I.98.5:1)

Tag 316

Gib alles!

»Damit du hast, gib allen alles.« (T-6.V.A.5:13), das ist so etwas wie die Zuspitzung der heutigen Lektion. Die Erfahrung des »Habens« meines inneren Friedens ist auf mirakulöse Weise von meinem »Geben« abhängig, ein Akt, der mein SELBST, das, was ich BIN, sozusagen »freilegt« durch jede einzelne »Gabe«:

Jede erlaubt es einem vergangenen Fehler, zu vergehen und keinen Schatten auf dem heiligen Geist zu hinterlassen, den mein VATER liebt.[1]

Wir SIND der EINE GEDANKE, den wir allein nicht denken können, weil dieser GEDANKE und »allein« unvereinbar sind. Meine »privaten Gedanken«, die ich »allein« denke, haben mich von der Erkenntnis dessen, was ich BIN, abgeschnitten. Das macht die »Heilung« nötig, die ebenso wie das »Geben und Empfangen« der »Gaben« ein Konzept ist, das aber als »Vergebung« nicht mehr der Trennung, sondern der Vereinigung und Ganzwerdung dient. Wunder zu geben ist nichts anderes als die Gabe des ewigen EINSSEINS im Geist zu akzeptieren, auch wenn ich dieses EINSSEIN nicht direkt erkenne.

VATER, heute möchte ich DEINE Gaben akzeptieren. Ich erkenne sie nicht. Doch vertraue ich darauf, dass DU, DER DU sie gabst, die Mittel bereitstellen wirst, durch die ich sie erblicke, ihren Wert sehen und nur sie als das hegen kann, was ich will.[2]

Wir biegen beim »Geben« häufig da ab, wo wir den »Erfolg« sehen wollen, den Beweis, dass unsere Gabe angekommen ist.

---

[1] *Kurs 2019, Ü-II.316.1:2*
[2] *Ebd., 2:1-3*

Das ist genau das, was der Bettler, der regelmäßig hier vor dem Café sitzt, ziemlich schamlos auszunutzen versucht. Begrüßt man ihn freundlich, erntet man das zauberhafteste Lächeln, das aber zu einer Maske des Hasses, der Feindseligkeit und der Verachtung gerinnt, wenn man sich erdreistet, die Gabe der Freundlichkeit und Brüderlichkeit nicht mit Geld zu »beweisen«.

Kann ich – ohne zu zahlen – an diesem Bruder vorbeigehen und immer noch »allen alles geben«?

Das Wunder-Geben muss auf den »Beweis« und den äußerlichen Dank verzichten. Das Schöne ist, dass mich genau dieser Verzicht frei werden lässt, auf das »Mitgehen des Ganzen« zu blicken, das immer stattfindet und auch wahrnehmbare Aspekte hat, die aufzeigen, dass wir auf keiner Ebene alleingelassen sind und die *Hilfe* immer umfassend ist. Das heißt im konkreten Fall, dass ich hin und wieder dem Bettler sicher auch Geld gebe. »Frieden« erlebe ich damit aber nur, wenn ich ihm vor allem das Wunder der Brüderlichkeit gegeben habe.

Wunder sind Lehreinrichtungen, die aufzeigen, dass Geben ebenso selig ist wie Nehmen. Sie mehren gleichzeitig die Kraft des Gebenden und verleihen dem Empfangenden Stärke.[1]

Meine »Gaben« werden in jedem Moment gegeben, in dem mein Geist sich der Wahrheit des EINSSEINS öffnet, bereit, tatsächlich zu erfahren, dass dieses Vertrauen gerechtfertigt ist. Jeder Anblick, jede Begegnung, jede Situation kann dann zum »Geben der Gabe« werden. Ob dafür ein materielles »Geben« hilfreich ist oder nicht, werde ich im Einzelfall spüren. ER weiß, wo, wem, wann und wie die wahre Gabe gegeben wird:

Ein Wunder geht niemals verloren. Es mag viele Menschen berühren, denen du nicht einmal begegnet bist, und ungeahnte Veränderungen erzeugen in Situationen, deren du nicht einmal gewahr bist.[2]

---

[1] *Kurs 2019, T-1.I.16*
[2] *Ebd., I.45*

Tag 317

Warum warten?

Mal ehrlich: Wann hast du einen »anderen« ganz und gar als einen »Bruder« ansehen können? War es, wenn ihr im Konsens ward über irgend ein Ziel, vielleicht auch über ein spirituelles Ziel? Beispielsweise mit einem anderen Kursler?

Oder doch eher, wenn du jemanden ganz so sein lassen konntest, wie er gerade war?

Mir ist das gestern in einer Kursgruppe wieder einmal klar geworden: Es hilft niemandem, auf einen »Gleichklang« zu warten, in dem der andere dasselbe Lied singt wie ich. Das kann natürlich auch mal schön sein, aber es heilt nicht die Distanz zwischen uns!

Was aber hilft, ist unsere radikale Unterschiedlichkeit zu akzeptieren, die meine Wahrnehmung immer und zwangsläufig hervorbringt: Ich kann dich nur als »den anderen« sehen, weil mein Sehen mein privates Denken ist.

Dann erst kann ich auch meinen »besonderen Platz«, meine »Rolle für mich allein« annehmen, die mir die Erlösung zugeteilt hat (vgl. Ü-II.317.1:1-2).

Die Distanz zwischen uns ist ein Irrtum, und ich habe jetzt eingewilligt, meine ganz persönliche Situation, meine individuelle Spielart dieses Irrtums für dessen Heilung zur Verfügung zu stellen.

Solange ich diese Wahl nicht treffe, bin ich Sklave der Zeit und des menschlichen Schicksals.[1]

Es ist doch immer wieder erstaunlich, wenn man es erlebt: Sobald ich »dich« loslassen kann aus meinen Vorstellungen, was die Beziehung zwi-

---

[1] *Kurs 2019, Ü-II.317.1:3*

schen uns »bringen« soll, ist der Raum für die Einladung an den HEILIGEN GEIST da:

*Die Änderung des Zweckes, die der HEILIGE GEIST in deine Beziehung gebracht hat, hat alle Wirkungen, die du sehen wirst, in sich. Sie können **jetzt** angesehen werden. Warum warten, bis sie sich in der Zeit entfalten, und fürchten, dass sie nicht kommen könnten, obgleich sie bereits da sind?[1]*

Alles bange Schauen auf die Zukunft als Bringer der Erlösung kann jetzt in diesem Augenblick ersetzt werden durch die Gewissheit, dass sie schon da ist – für dich und mich. Jetzt sehe ich dich wirklich als Bruder.

Den »Weg, der mir bestimmt ist«, kann ich damit annehmen als ein Durchwandern des Raums der scheinbaren Distanz zu dir, in dessen Auflösung ich eingewilligt habe. Die Zukunft wird zum Ort der Ausdehnung der gegenwärtigen Vergebung.

Schau nicht auf die Zeit, sondern auf den kleinen Raum, der noch immer zwischen euch ist und von dem du befreit werden musst.[2]

Was für ein Rat! Keine Verzweiflung mehr, dass irgendwas nicht so läuft, wie ich es mir wünsche. Kein Hoffen mehr auf irgendeine bessere Zukunft. Nur noch die Frage: Warum halte ich an einer Distanz zu dir fest, die nicht existiert?

So wie Erschaffen deine Funktion im HIMMEL ist, so ist deine Funktion auf Erden Heilung. GOTT teilt SEINE Funktion mit dir im HIMMEL, und der HEILIGE GEIST teilt SEINE Funktion mit dir auf Erden. Solange du glaubst, andere Funktionen zu haben, so lange wirst du der Berichtigung bedürfen.[3]

Also folge ich doch einfach dem Weg, der mir bestimmt ist (vgl. Ü-II.317).

---

[1] *Kurs 2019, T-26.VIII.6:3-5*
[2] *Ebd., 9:7*
[3] *Ebd., T-12.VII.4:7-9*

Tag 318

Urknall der Erinnerung

Erst suchen wir die Wahrheit, dann finden wir sie zunächst nur in flüchtigen Erfahrungen und begreifen schließlich, dass wir sie als unstörbaren Frieden nur als eine Tatsache in uns finden können und nicht durch Änderungen unserer scheinbaren »Lebensbedingungen« in der äußeren Welt, wie wir sie erleben.

Und dann? Dann bleibt ja nur noch die Frage übrig, wie wir diesen Frieden in uns zu etwas Permanentem stabilisieren – ihn also durch die Welt des Konflikts tragen können, ohne ihn ständig zu vergessen und scheinbar zu verlieren.

In »mir«, in meinem Geist treffen sich Mittel und Zweck der Erlösung (vgl. Ü-II.318) in einer Art sanftem »Urknall« des Wiedererinnerns – ein »Aha-Erlebnis« der besonderen Art:

Ich wurde als das Ding erschaffen, das ich suche. Ich bin das Ziel, nach dem die Welt sucht. Ich bin GOTTES SOHN, SEINE eine ewige LIEBE.[1]

Für ein »Ding« hielt ich mich, als Ding fing ich an, die Wahrheit über mich in der dinglichen Welt zu suchen. Bis ich begann, alle »Dinge« als Hilfsmittel anzusehen, mich daran zu erinnern, dass ich als Teil des Geistes der Liebe erschaffen bin. Ich bin das Mittel und der Zweck in *einem* Geist.

Wenn dieser eine Geist LIEBE ist – wovon wir ja ausgehen – dann könnte man alle Formen des Irrtums, in dem ich getrennte »Dinge« sehe, samt ihrer »Beziehungsprobleme«, als meinen Geisteszustand beschreiben, in dem ich an die Möglichkeit glaube, es könne irgendwo einen Mangel an LIEBE geben.

Schüttel doch einfach mal einen deiner Tage durch dieses Sieb. Da wird wahrscheinlich schon noch einiger Sand der Lieblosigkeiten zurück-

---

[1] *Kurs 2019, Ü-II.318.1:5-7*

bleiben, wenn dein Geist sich derart durchsieben lässt. Und dann lies mal das hier:

Es gibt keine Rangordnung der Schwierigkeit bei Wundern. In Wirklichkeit bist du von allen Äußerungen mangelnder Liebe vollkommen unberührt. Diese können von dir selber und von anderen stammen, sie können sich von dir anderen gegenüber zeigen oder von anderen dir gegenüber.[1]

Der letzte Satz ist eine treffende Beschreibung unseres Alltags, stimmt's? Ich will dir ja nichts einreden, für mich stimmt das so: Ich nehme noch jede Menge Lieblosigkeiten wahr. Auch wenn ich weiß, dass ich in Wirklichkeit davon »vollkommen unberührt« bin. Ich nehme also weiter »Mangel an Liebe« wahr, den man auch als »Krankheit« bezeichnen kann, wenn man bedenkt, dass er definitiv nicht unser natürlicher Zustand ist. Und hier beantwortet sich die Frage, wie ich den »inneren Frieden« stabilisiere und zu einer permanenten und heilsamen Schau werden lasse:

Frieden ist eine Eigenschaft in dir. Du kannst ihn nicht außen finden. Krankheit ist eine Form der äußeren Suche. Gesundheit ist innerer Frieden. Er macht es möglich, dass dich ein äußerer Mangel an Liebe nicht erschüttert und du dadurch, dass du Wunder akzeptierst, fähig bleibst, die Zustände zu berichtigen, die von einem Mangel an Liebe in anderen herrühren.[2]

Nehmen wir den letzten Satz ruhig ernst, auch wenn er sehr weitreichende Auswirkungen auf unser Selbstverständnis haben wird. Das Wunder führt den EINEN SOHN zu sich selbst zurück, und das muss sich in der Wahrnehmung der »dinglichen Welt« als Heilung manifestieren. Darauf zu vertrauen und es dann als wahr zu erleben, macht es mir möglich, in Situationen scheinbar vorenthaltener Liebe wach, liebevoll und wundergesinnt zu bleiben.

---

[1] *Kurs 2019, T-2.I.5:5-7*
[2] *Ebd., 5:8-12*

Tag 319

Total erlöst

Ist es das erste Mal, dass du an dieser Lektion vorbeikommst? Oder erinnerst du dich, was du gedacht hast, als die Feststellung, dass du gekommen bist, »um die Welt zu erlösen« (vgl. Ü-II.319) noch taufrisch und unreflektiert für dich war? Und wie ist es jetzt? Wie liest du das?

Man könnte den Kurs auch als einen Weg aus der Arroganz in die Demut beschreiben. Jede Vorstellung über eine Identität als Weltenerlöser muss fallen, bevor ich sehen kann, was mir hier angeboten wird. Die Welt zu erlösen heißt, mich daran zu erinnern, dass sie erlöst IST und ich der Einzige bin, der aus dem Traum ihrer Unerlöstheit aufwachen muss. Das ist ganz sicher nicht, was ich anfangs bei diesem Leitgedanken gedacht habe.

Die WAHRHEIT ist total, und auf diese Totalität kann kein Schatten fallen. Den »Schatten« der Totalität – wenn man so will: den Tod – haben wir in sie hineingeglaubt, er existiert nicht. Seine Wirklichkeit aber ist jetzt »meine Welt« der Wahrnehmung, in der zunächst, sozusagen von Haus aus, das Ego spricht. Und es kann mit allem etwas anfangen, nur nicht mit der Totalität. Es kann sie auch nicht vollkommen leugnen – sie ist ja da – aber es kann sie uns als etwas völlig Absurdes verkaufen, als so eine Art gemeinsamen Kuchen, der sofort seine Gänze verliert, wenn nur einer sich ein Stück herausnimmt:

Das Ego denkt, die Totalität müsse das, was einer gewinnt, verlieren. Und dennoch ist es GOTTES WILLE, dass ich lerne, dass das, was einer gewinnt, allen gegeben wird.[1]

Herrlich, oder? Mitten in Egons Unsinn ist der HEILIGE GEIST immer bereit, mich eines Besseren zu belehren.

---

[1] *Kurs 2019, Ü-II.319.1:5-6*

Der »Wille GOTTES« ist der »Wille« der Totalität selbst. Eigentlich muss das GANZE ja nichts mehr »wollen«, es IST ja schon alles. Aber wenn wir unseren Willen für das Wunder der Belehrung durch das, was »alles IST«, zur Verfügung stellen, ist dies wie ein Einwilligen in SEINEN WILLEN. Die Totalität erschlägt uns nicht – wie Egon das fürchtet und als sicher voraussetzt – sondern nimmt unseren Willen in SICH auf, auf »wunderbare«, das heißt mit der Wahrnehmung jedes Einzelnen verträgliche Art und Weise.

*Du **bist** der WILLE GOTTES. Akzeptiere nichts anderes als deinen Willen, sonst verleugnest du, was du bist. [...]*

Sieh SEINEN Überfluss in allen, und du wirst erkennen, dass du mit ihnen in IHM bist. [...]

Verstehe total, indem du die Totalität verstehst.[1]

Die »Totalität verstehen« heißt ganz praktisch, das Wunder der Berichtigung zuzulassen. Wenn ich in dir SEINEN Überfluss sehen will, aus ganzem Herzen dir das Sein in der Totalität der LIEBE »gebe«, wird das Wunder meine Wahrnehmung von dir erhellen, so weit, wie ich gerade bereit bin, zu *sehen*. Und diese aufgehellte *Sicht* wird auch bei dir »ankommen«, weil wir in der Totalität *eins* sind. Und so lerne ich, »total zu verstehen«:

Das Wunder ist eine Lektion in totaler Wahrnehmung. Dadurch, dass du irgendeinen Teil der Totalität in die Lektion einbeziehst, hast du das Ganze einbezogen.[2]

Mach einfach mal. Mit dem nächsten »Teil der Totalität«, der dir begegnet.

[1] *Kurs 2019, T-7.VII.10:1-2,5,10*
[2] *Ebd., IX.7:4-5*

Tag 320

Magie und Wunder

Will ich das überhaupt: »alle Gewalt« (vgl. Ü-II.320)? Welche Gewalt ist gemeint? Bestimmt nicht die verletzende. Aber auch die neutrale »Power«, die Dinge bewegt, Situationen zielgerichtet verändert oder Missstände korrigiert, ist wohl nicht das, was der Kurs an dieser Stelle meint. »Alle Gewalt« klingt nach dem (spirituellen) Superman, den nur das Kryptonit (die einzige Schwachstelle des Comic-Helden aus den 1940-er Jahren) des eigenen Zweifels umhauen kann. Klar ist nur: Der Kurs meint immer alles so, wie er es sagt, und heute sagt er das über den »Sohn Gottes«, also dich und mich:

Was er mit seinem SCHÖPFER und ERLÖSER will, das muss geschehen.[1]

Allerdings: Jeder Versuch, meinen Willen auf die Verwirklichung einer meiner Vorstellungen und Wünsche auszurichten, ist letzten Endes Magie, indem er den Glauben enthält, man könne Illusionen »wahr« machen.

Alle Magie ist ein Versuch, das Unvereinbare miteinander zu vereinbaren.[2]

Dass der Hammer den Nagel tatsächlich in die Wand treibt, wenn ich das beabsichtige und nicht zu oft danebenhaue, macht weder den Hammer noch den Nagel »wahr«, und es macht auch meine »Absicht« nicht zu einem »Willen« – jedenfalls zu keinem »wahren Willen«. Mein »eigentlicher« Wille richtet sich auf die Überwindung der Illusionen der Trennung:

Wie überwindet man Illusionen? Sicher nicht mit Gewalt oder Ärger oder indem man sich ihnen auf irgendeine Weise widersetzt. Einfach dadurch, dass du die Vernunft dir sagen lässt, dass sie der Wirklichkeit widersprechen.[3]

---

[1] *Kurs 2019, Ü-II.320.1:3*
[2] *Ebd., T-10.IV.1:1*
[3] *Ebd., T-22.V.1:1-3*

274

Erst mit diesem Eingeständnis beginne ich, »mit meinem SCHÖPFER und ERLÖSER« zu *wollen*, und erst in der vollkommenen Offenheit meiner »Absicht« für das Wunder – in meinem Niederlegen von Widerstand und persönlicher Wunsch-Vorstellung – erfahre ich meine »Stärke« und die »Gewalt«, die mir zur Verfügung stehen.

Nur Illusionen brauchen eine Abwehr um ihrer Schwäche willen. Und wie kann es schwierig sein, den Weg der Wahrheit zu beschreiten, wenn sich nur Schwäche in den Weg stellt? **Du** *bist der Starke in diesem scheinbaren Konflikt.*[1]

Die Schwäche der Magie und die Stärke der Wunder trennt meine Wahl, wem ich meine Absichten anvertraue.

Meine Absicht ist, einen Parkplatz zu finden, mein Wunsch, es möge bald gelingen: dringender Termin. Meine fordernde Bitte an die himmlische Exekutive, die ich vielleicht sogar »Heiliger Geist« nenne, wird zum Erfolg führen – oder auch nicht. Und ist in jedem Fall der klägliche Versuch, die Wahrheit meiner »Gewalt« in die Illusion zu bringen.

Was aber, wenn ich dieselbe Absicht, einen Parkplatz zu finden, ein offenes Fenster meiner Bitte um ein Wunder sein lasse? Und dies aus der Überzeugung kommen lasse, dass nur die WAHRHEIT SELBST weiß, was für wen in dieser Situation hilfreich ist? Spürst du den Unterschied? Magie oder Wunder, an wen wenden wir uns mit unseren Bitten um Hilfe – an die Welt oder die QUELLE unseres Geistes? An das Ego oder wahrhaftig an den HEILIGEN GEIST?

Wunder zeugen für die Wahrheit. Sie sind überzeugend, weil sie aus Überzeugung entstehen. Ohne Überzeugung verkommen sie zu Magie, die geistlos und daher zerstörerisch oder, besser gesagt, die unschöpferische Verwendung des Geistes ist.[2]

---

[1] *Kurs 2019, T-22.V.1:8-10*
[2] *Ebd., T-1.I.14*

Der kleine Wunderschied

Kennst du das auch, in Phasen deines Kurslernens völlig das Vertrauen zu verlieren, dass dir der Kurs tatsächlich in deinem Leben, in deiner konkreten Wirklichkeit eine Hilfe ist? Um dann wieder neuen Mut zu schöpfen, die andere *Perspektive* wieder klar zu sehen – und sie doch immer wieder zu verlieren?

Ich frage das ganz aufrichtig, es mag ja diejenigen geben, die das Kurslernen als ein lineares Aufbaustudium erleben. Ich jedenfalls kenne ihn sehr gut, diesen »Punkt Null«, wo Egon gelangweilt wie ein Toilettenmann sitzt und zu sagen scheint: »Du musst sowieso immer wieder hierherkommen!«

Ich habe allerdings auch gelernt, dieses Erleben als eine fundamentale Nachricht zu würdigen, die mir mein SELBST so lange in der Form eines »Nullpunkts« vermittelt, bis ich zuhöre:

Ich habe nicht verstanden, was mich frei gemacht hat noch was meine Freiheit ist, noch wo ich suchen muss, um sie zu finden. VATER, vergeblich habe ich gesucht, bis ich DEINE STIMME hörte, die mich lenkte.[1]

Die QUELLE meiner Befreiung und meine wahre IDENTITÄT sind nicht Teil dieser Welt, wie ich sie mit meinen Mitteln begreifen will. Und das ist schon der ganze Inhalt der Nachricht vom »Nullpunkt«: Erlaube deinem Geist, sich dem Wunder zu öffnen.

»SEINE STIMME« bringt mir keine »anderen« Inhalte zu Ohren, sondern lässt sie mich anders hören. Alles, was ich höre, kann ich ohne IHN oder mit IHM hören. Mein Hören wird zu SEINEM, wann immer ich das wähle – auch wenn ich Kriegslärm im Außen oder meinen urteilenden »Gedankenlärm« im Inneren höre. Es ist das Licht der EINEN QUELLE, das auch in dem

---

[1] *Kurs 2019, Ü-II.321.1:1-2*

dunkelsten Nullpunkt ist und in meiner Wahrnehmung den Unterschied macht, wenn ich es zulasse – oder besser gesagt: den »Wunderschied«.

Dann höre ich mit IHM, genauso, wie ich mit IHM schaue (vgl. Ü-II.3.5:5).

Auch der »Nullpunkt« ist ein Gedanke, den ich ohne IHN oder mit IHM denken kann:

Doch hinter allen unseren Zweifeln, jenseits all unserer Ängste herrscht nach wie vor Gewissheit. Denn die Liebe bleibt bei all ihren GEDANKEN, und ihre Sicherheit ist die ihre.[1]

Erfolglosigkeit ist immer nur das Versagen des Versuchs, ohne das heilende *Licht* zu sehen, ohne die *Stille* SEINER STIMME zu hören und ohne LIEBE zu denken.

Den Tag heute verbringe ich in SEINEM Frieden, aufrichtig dankbar dafür, was mich all meine »Nullpunkte« gelehrt haben:

*ER ist in Frieden, **weil** ER keine Sünde sieht. Identifiziere dich mit IHM, und was hat ER, das du nicht hast? ER ist deine Augen, deine Ohren, deine Hände und deine Füße. Wie sanft sind die Anblicke, die ER sieht, die Klänge, die ER hört. Wie schön ist SEINE Hand, die SEINES Bruders Hand hält, und wie liebevoll geht ER neben ihm und zeigt ihm, was zu sehen und zu hören ist und wo er nichts erblicken wird und wo kein Ton zu hören ist.*[2]

Wo ist jetzt der Zweifel daran, dass mir der Kurs in meinem täglichen Leben eine Hilfe ist? Ich kann ihn nicht mehr finden.

---

[1] *Kurs 2019, Ü-II.11.4:3-4*
[2] *Ebd., T-24.V.3:3-7*

Tag 322

Schuldball

Das SEIN in LIEBE – unsere wahre IDENTITÄT – kann keinen Aspekt von sich »opfern«, sonst wäre es nicht mehr ES SELBST.

Gedanken wie »etwas aufgeben«, »opfern«, »verlieren«, »weggeben«, »vernichten«, » auslöschen« oder »töten« können nur in der Illusion der Trennung, im Traum, erlebte Wirklichkeit erlangen. Und das tun sie auf zweifellos oft sehr schmerzhafte Weise.

Aber was wahr ist, muss dennoch wahr bleiben:

So wie DU mich schufst, kann ich nichts aufgeben, was DU mir gegeben hast. Was DU nicht gabst, hat keine Wirklichkeit. Welchen Verlust kann ich erwarten als den Verlust der Angst und die Wiederkehr der Liebe in meinen Geist?[1]

Vergebung wird als Mittel zur Rückkehr in die Wahrheit unseres liebenden DASEINS so wesentlich, weil es der Gedanke der Schuld ist, der unsere Welt des Mangels, Verlustes und Opfers im Inneren zusammenhält. Die »Wahrheit der Schuld« macht aus unserer Welt der getrennten Dinge erst eine erlebte »Realität«.

Unser Leben könnte man als ein »Schuldballspiel« ansehen, das konnte ich gestern zum Beispiel hier beobachten:

Im Fernsehen sah ich eine Diskussion um einen speziellen Kriegsschauplatz. Viele unterschiedliche Meinungen wurden geäußert, mal wurde dieser, mal ein anderer Aspekt betont, wenn es um die Ursachen der Auseinandersetzung ging. Es gab zwar einen allgemeinen Konsens darüber, wer der »Aggressor« war, der mit der Kriegshandlung angefangen hatte, nicht aber über die »Schuld«. Der Schuldball wurde heftig hin- und hergekickt, mal fiel hier ein Tor, mal da.

---

[1] *Kurs 2019, Ü-II.322.2:3-5*

An der für mich aufschlussreichsten Stelle der Diskussion wagte es eine Teilnehmerin, im Zusammenhang mit den Motiven des »Aggressors« von einem »Hilferuf« zu sprechen. Das wurde von dem bis dahin sehr weise ausgleichenden Moderator heftigst abgelehnt und quasi als Gedanke »verboten«.

Den Ball auf diese Weise – indem man ausgerechnet dem »Verursacher« keine »Schuld« zusprach – aus dem Spiel zu nehmen, hätte die Mitspieler ratlos hinterlassen. Das ganze Bezugssystem wäre »verloren« gewesen – und damit das »Unschuldsgesicht« jedes einzelnen Teilnehmers.

Aber mit ein bisschen Distanz betrachtet: Was wäre das für eine Welt, wenn wir mit diesem »Schuldspiel« in einer Solidarität der Irrenden aufhören würden und anfingen, auf unsere »Hilferufe« zu hören und sie mit Liebe und Vergebung zu beantworten?

Jeder von uns »Gottessöhnen« hat ja eine mächtige Garantieerklärung mit auf die Reise bekommen:

Die Unversehrtheit seines Einsseins ist verbürgt auf ewig, auf ewig gehalten in SEINEM heiligen WILLEN, jenseits jeder Möglichkeit von Schaden, Trennung, von Unvollkommenheit und irgendeinem Flecken auf seiner Sündenlosigkeit.[1]

Lassen wir das allmählich zu uns durchsickern, durch welche Lücken unserer schuldgläubigen Denkgewohnheiten auch immer. Öffnen wir unsere Augen für die Wunder, die uns die Wahrheit unseres EINSSEINS anschaulich machen wollen.

---

[1] *Kurs 2019, Ü-II.11.3:3*

Heilstrom

Wo Angst war, wird LIEBE sein, wo wir den »Feind« sahen, wird der Bruder stehen, wo wir Bilder der Wirklichkeit machten, die von der Zeit gerahmt waren, wird der Moment der Gegenwart ewig SEIN.

Und das lediglich durch unsere Bereitschaft, die Angst zu »opfern« (vgl. Ü-II.323):

Wir lassen uns nicht länger täuschen.[1]

Gerade komme ich aus einem Gespräch mit einer Frau, die neuerdings und für sie zum ersten Mal die Betreuung älterer Menschen übernommen hat. Sie zeigt sich entsetzt darüber, wie oft sie sehr unzufriedene Menschen anträfe, die sich anklagend, oft willkürlich aggressiv und undankbar verhielten.

Aber wir kommen schnell dahin, dass sich hinter solchem Verhalten eine empfundene Machtlosigkeit verbirgt, und dass die mitgenommenen und ungeheilt gebliebenen Ängste und Schuldgefühle diktieren, wie der »sichere Hafen«, das eigene Weltbild und damit das Gefühl der »Autonomie« aufrechterhalten werden kann.

Mir fiel gleich wieder die Dame ein, deren Leben im Alter nur noch aus Anklage zu bestehen schien. Als junge Frau war in einem Moment ihrer Unachtsamkeit ihr kleines Kind aus dem Fenster gefallen und gestorben. Um vor sich selbst bestehen zu können, existierten in der Welt für sie seitdem nur noch Menschen, die alles falsch machten.

Wie dringend ist vor diesem Hintergrund die Bitte des HIMMELS SELBST an uns alle – den einen »Gottessohn« –, unsere Ängste loszulassen, um Raum zu schaffen für das, was wirklich da ist:

---

[1] *Kurs 2019, Ü-II.323.2:2*

Hier ist das einzige >Opfer<, das DU von DEINEM geliebten SOHN erbittest: DU bittest ihn, alles Leiden, jedes Empfinden von Verlust und Traurigkeit, jede Angst und jeden Zweifel aufzugeben und DEINE LIEBE, die ihn von Schmerzen heilt und ihm DEINE EIGENE ewige Freude gibt, uneingeschränkt in sein Bewusstsein strömen zu lassen.[1]

Ich stelle mir oft vor, dass Jesus seine Hand über einen anderen hält, grade, wenn ich wahrzunehmen meine, dass dieser »andere« Probleme hat, Ängste, Schmerzen, ein schwieriges Verhalten zeigt, aggressiv oder sogar gewalttätig ist, körperlich krank, depressiv oder einfach nur mir oder anderen mit seiner schlechten Laune begegnet.

Und dann versuche ich, alles »Eigene« loszulassen, einschließlich meines »Verständnisses« für den anderen. Alles – außer dem direkten Erleben, Teil dieser zärtlichen Berührung zu sein, mit der Jesus den anderen still begleitet, ohne sich irgendwie aufzudrängen.

Wo keine Frage mehr ist, ist nur noch ANTWORT.

Das Heer der Machtlosen ist wahrlich schwach. Weder hat es Waffen, noch hat es einen Feind. Ja, es kann die Welt wohl überrollen und sich einen Feind suchen. Doch kann es niemals finden, was nicht da ist.[2]

Was wirklich immer DA ist und in jeder Lebenslage zur Verfügung steht, ist diese Berührung der LIEBE, die wir mit jedem teilen können, indem wir die *Alternative* »uneingeschränkt« in unser Bewusstsein strömen lassen, um die Angst zu ersetzen. Was beispielsweise Bruno Gröning als »Heilstrom« genutzt hat, um Kranken zu helfen und sie von ihrem Leiden zu befreien, war ganz sicher nichts anderes als genau das. Einfach nur Liebe.

---

[1] *Kurs 2019, Ü-II.323.1:1*
[2] *Ebd., T-21.VII.4:1-4*

Tag 324

Personal Trainer Jesus

Wie bleibt mein innerer Friede bei mir, wenn ich mich durch meinen Alltag bewege? Wie kann ich mir das Erleben von endloser Weite und Allverbundenheit bewahren, wenn mein Nachbar das partout nicht will oder das Schicksal mir mit Zahnschmerzen oder anderen – meinem heiligen Willen offensichtlich querlaufenden – Ausdrucksweisen scheinbar klarmachen will, dass ich im Zusammenspiel der Kräfte wenig bis nichts zu melden habe?

Die Erkenntnis, dass das grenzenlose SEIN in LIEBE das Einzige ist, was IST, liegt weit außerhalb meiner Reichweite und ich kann mich nur auf Reflexionen davon in meiner wahrgenommenen Welt berufen. Immerhin! Das rückt die WAHRHEIT eindeutig in einen Bereich, in dem ich sie authentisch akzeptieren kann.

Aber es bleibt die Frage, wie ich mich mit dieser »unvollkommenen Erkenntnis« durch meinen Tag bewegen soll. Die bloße Akzeptanz der allumfassenden LIEBE hilft entscheidend:

DEINE liebende STIMME wird mich immer zurückrufen und meine Schritte richtig lenken.[1]

Meine »Schritte« aus der Täuschung der Getrenntheit hinaus werden also »gelenkt«, wenn ich es zulasse und tatsächlich darauf vertraue. Dabei hat die Einsicht sehr geholfen, dass ich niemals irgendetwas »selbst« entscheide, sondern immer einer »Führung« folge. Das »Ego« war mir solange als Führer unbekannt, bis ich die Alternative ernst genommen habe. Das Ego war für mein Bewusstsein verdeckt, weil es immer in die Bestätigung der Getrenntheit »führte«, und Getrenntheit eine »Selbstverständlichkeit« für mich war. Die »Täuschung« war als solche gar nicht erkennbar, solange die Alternative nicht aufgetaucht war:

---

[1] *Kurs 2019, Ü-II.324.1:5*

Lass uns denn EINEM folgen, DER den Weg kennt.

Solange ich »wahrnehme«, entscheide ich mich immer für eine der beiden Alternativen einer Führung. Wer soll mir die Bedeutung des Wahrgenommenen geben? Wer soll meine ganz konkreten Schritte, die Worte, die ich wähle, die Entscheidungen, die ich treffe und die Gedanken, die ich denke – wer soll »mich« lenken und führen? »Ich selbst« ist keine Alternative: Das ist die Einsicht, die eine Wahl möglich werden lässt.

Jesus macht mir ein Angebot, das ich nicht ausschlagen kann:

Alles Unwichtige kann meiner Kontrolle überlassen werden, während alles Wichtige von meiner Führung gelenkt werden kann, wenn du das willst.[1]

Wie stark ist mein Glaube inzwischen schon geworden, dass dem wirklich so ist? Welche Erfahrungen konnte ich sammeln, die mein Vertrauen in die neue Wahl gestärkt haben? Welche Wunder habe ich erlebt? Wie überzeugend waren sie für mich?

ER lässt nicht nach, mich zu ermutigen:

Du hast noch sehr wenig Vertrauen in mich, aber es wird wachsen, wenn du immer öfter mich statt dein Ego um Führung bittest. Die Folgen werden dich zusehends davon überzeugen, dass dies die einzig vernünftige Wahl ist, die du treffen kannst. Keiner, der aus Erfahrung lernt, dass die eine Entscheidung Frieden und Freude mit sich bringt, die andere aber Chaos und Unglück, braucht noch zusätzlich überzeugt zu werden.[2]

So viel Geduld. So viel Liebe und Treue. Solch eine Gewissheit. Danke.

---

[1] *Kurs 2019, T-2.VI.1:3*
[2] *Ebd., T-4.VI.3:1-3*

Trau dich, an Heilung zu denken

Was wir sehen, hat keine wirkliche »Objektivität«, es ist nicht einfach »da«, sondern ist die direkte Wirkung unseres Denkens, an dessen Wurzel unser Wille darüber entscheidet, was gesehen werden soll: eine Welt des Urteils oder der Vergebung. Der Kurs wird nicht müde, uns diesen Gedanken ans Herz zu legen. Wir »verursachen« selbst für uns das, was wir als unsere Wahrheit erkennen wollen – und dann sehen wir es.

> *[...] Das, was ich sehe, spiegelt einen Prozess in meinem Geist, der mit meiner Idee dessen beginnt, was ich will.*[1]

Was »will« ich? Da geht es natürlich nicht um Vanilleeis oder deine neue Segelyacht, sondern darum, ob ich meinen Willen in Einklang mit GOTTES WILLEN sein lasse oder ihn – dann ginge es doch um Vanilleeis – als Instrument meiner Wünsche in einer von GOTT getrennten Welt erträume.

> *Von wahnsinnigen Wünschen kommt eine wahnsinnige Welt. Vom Urteil kommt eine verurteilte Welt. Und aus vergebenden Gedanken ersteht eine sanfte Welt, erbarmungsvoll dem heiligen SOHN GOTTES gegenüber, um ihm ein freundliches Zuhause anzubieten, wo er eine Weile ruhen kann, bevor er weiterreist, und seinen Brüdern helfen kann, mit ihm voranzugehen und den Weg zum HIMMEL und zu GOTT zu finden.*[2]

Mit einer vergebenden Sicht sehen wir nicht einfach eine hübschere Variante derselben Welt, sondern schließen uns wieder GOTTES WILLEN an und »verursachen« keine Trennung mehr. Stattdessen gestatten wir der Vergebung, für uns »wahr« werden zu lassen, was in absoluter Kontinuität die

---

[1] *Kurs 2019, Ü-II.325.1:1*
[2] *Ebd., 1:4-6*

WAHRHEIT geblieben ist, während wir von einem Leben in Trennung träumten.

Was wir »verursacht« haben, wird wundersamerweise in der Zeit für uns von allen seinen Folgen geheilt in jedem Moment, in dem wir nicht weiter auf der alten Ursache bestehen – dem Glauben an die »Wahrheit« der Trennung.

Vergebung lässt einfach nur die LIEBE SELBST Ursache sein für den gegenwärtigen Moment. Die Wunder helfen dabei, diesen Wechsel der Ursache für uns verträglich in unserem Gewahrsein als ein Heilungsgeschehen zu entfalten.

Diese Welt war schon vor langer Zeit vorbei. Die Gedanken, von denen sie gemacht ward, sind nicht mehr in dem Geist, der sie sich ausgedacht hat und eine kleine Weile liebte. Das Wunder zeigt nur, dass die Vergangenheit vorüber ist, und was wahrhaft vorüber ist, hat keine Wirkungen. Sich an eine Ursache zu erinnern kann nur Illusionen ihrer Gegenwart erzeugen, nicht Wirkungen.[1]

Schau mal auf eine Krankheit. Mach dir alles klar, was du als ihre Ursache kennst oder vermutest. Entdecke auch den Gedanken der Schuld darin.

Und dann lass einfach die LIEBE die gegenwärtige Ursache sein von allem, was ist. Spüre, wie ganz tief in dir dein Wille sich an seine Heimat erinnert. Trau dich, dabei an Heilung zu denken.

---

[1] *Kurs 2019, T-28.I.1:6-9*

Sei jetzt – und tauche darin ein …

Dieser Moment des Lebendigseins

»[…] komm mit völlig leeren Händen zu deinem GOTT.« (Ü-I.189.7:5) So schließe ich nun nahtlos an »diesen Moment des Lebendigseins« an, die abschließende Vorgehensweise aus meinem letzten Kapitel.[1] Und damit an die wunderbare Aufforderung, mit völlig leeren Händen zu kommen: Lass das Gedöns weg, also alles, was der innere Geschichtenerzähler dir über dich, deine Mitmenschen und GOTT weismachen will oder was du meinst, über die Welt zu wissen. Vergiss dabei nicht das Gemüse, das von diesem ganzen Tohuwabohu getriggert wird: den Ärger, die Angst, den Unmut oder die Wut wegen irgendwelcher Kinkerlitzchen. Kinkerlitzchen? Ja, vom Nachbarn, der nicht grüßt bis zur Atombombe, die dir auf den Kopf fällt. Und vergiss nicht die Freude und das Glück, das dich ebenfalls von Kinkerlitzchen abhängig macht, vom Strandspaziergang bis zur großen Liebe. Was bleibt übrig? Was für eine Frage! Natürlich alles – denn nichts steht mehr zwischen »dir« (ich vergaß, die Ideen »ich«, »mir« und »mein« gehen dabei natürlich auch flöten) und der Tür zu ALLEM, deinem GOTT. Die Tür wird übrigens von innen aufgemacht, also mach dir keinen Kopp, wo du den Schlüssel herbekommst.

Es ist der Weg zurück zum Ursprung der Welt, zum Anfang des Traums – zumindest zu dessen zweiten Teil, der mit der ersten Spaltung des Geistes nach der Trennung beginnt: dem Bewusstsein, der Ebene der Wahrnehmung (vgl. T-3.IV.2). An diesem ursprünglichen und von jeglichem Gedöns und allen Kinkerlitzchen unberührten »Ort« offenbart sich, dass alles bereits (oder noch?) perfekt ist und sich an seinem rechtmäßigen Platz befindet. Deine Weltsicht ist in diesem heiligen Augenblick vollkommen irrelevant – die Idee »Ich« sowieso, da es »hier« ohne ein Gefühl des »Seins« keine Grundlage für ein »Ich« gibt. Verwechsle das nicht mit

---

[1] *Vgl. Kapitel »Der Werkzeugkasten zur wirklichen Welt«*

286

besonderen spirituellen oder ästhetischen Erfahrungen oder gar intellektuellen Einsichten – von emotionalen Intuitionen ganz zu schweigen. Es ist die Erfahrung des unverdorbenen Bewusstseins *von sich selbst*, in diesem Moment des Lebendigseins.

[...] komm mit völlig leeren Händen zu deinem GOTT. (Ü-II.189.7:5)

Klingt das zu theoretisch? Oder wie eine wunderbare Vision unter völliger Missachtung der »Realität«? Etwas, das in sehr ferner Zukunft vielleicht wahr werden könnte – nach deiner 58. Wiederholung des Übungsbuchs? Klingt es »zu schön, um wahr zu sein«? Natürlich, so klingt alles im Kurs. Oder in den teilweise Jahrhunderte alten Lehren, die über diese Erfahrung reinen Bewusstseins in der einen oder anderen Form berichten.

Bevor du jetzt wieder einmal geneigt sein solltest, die Flinte ins Korn zu schmeißen (und dadurch das Brot unnötig nach Eisen schmecken zu lassen), weil du erst bei der vierten Wiederholung des Kurses bist, dann lass dir gesagt sein: Wirf bitte auch diese Bedenken und »gefühlten Überlegungen« auf den Haufen von Gedöns und Kinkerlitzchen. Die Erfahrung des reinen unverdorbenen Bewusstseins hast du nämlich irgendwann in deinem Leben bereits gemacht, in einem spontanen Moment, in dem alles und jeder einschließlich deiner selbst als das gesehen wurde, was es ist. Schau nicht so ungläubig, aber es ist so. Vielleicht als Kind in einem Moment der »Selbstvergessenheit«, ins Spiel vertieft, verwurzelt in Unschuld und Staunen. Vielleicht als »Gipfelerlebnis«, wie kurz auch immer. Es spielt keine Rolle.

Die Erfahrung ist unauslöschlich im Gedächtnis verankert, wird aber üblicherweise vom Alltagsbewusstsein überdeckt. Diese »Erinnerung« ist es auch, die dich – meist von dir unbemerkt – in der Welt auf der Suche »nach einem besseren Leben« oder nach »Erfüllung« antreibt.

Versuche einfach, die Sinnes-, Wahrnehmungs- und Erfahrungseindrücke zu erinnern, wie unvollständig auch immer, und vertiefe dich darin – in das Staunen über die Schönheit, Perfektion und Unmittelbarkeit dieses Moments.

»Die wirkliche Welt ist tatsächlich wahrnehmbar.«[1]

Ist das wirklich so verblüffend, wie es klingt? Nein, natürlich nicht, denn die wirkliche Welt ist jetzt da. Du hast sie bereits erfahren, wie kurz auch immer. Gibt es vielleicht diese Regung in dir: »Ja, aber ...«? Und du hast sicher kein Problem, eine Menge »Abers« aus dem Hut zu zaubern. Nun, die wirkliche Welt ist das Ziel des Übungsbuches und daher mit Sicherheit erfahrbar – sie ist also »real« und nicht nur eine Idee wie das »Ich«, die auf nichts »Reales« zeigt, sondern ein erlerntes Konzept ist. Wie du weißt, hat die *tatsächlich erlebte* »Realität« nichts mit der WIRKLICHKEIT zu tun, aber: Ein LKW hat trotzdem Vorfahrt, wenn er von rechts kommt. Und wenn du nicht abbremst, weil du dir sagst, du würdest ihn sonst »wirklich machen« – dann brauchst du anschließend mit hoher Wahrscheinlichkeit den Kurs nicht mehr. Denn du verlässt den Traum nicht mit »Buchwissen«.

Obwohl das Bewusstsein in der Domäne des Ego angesiedelt ist, zeigt es dir in seiner »unverfälschten Reinform« die wirkliche Welt: Nicht WIRKLICH, aber »real«, also tatsächlich *erfahrbar* und nicht nur als ein Konzept, eine Erinnerung, ein erlerntes gedankliches Konstrukt, das du glaubst, wahrzunehmen oder zu erfahren. »Das einzige, was dazu nötig ist, ist die Bereitwilligkeit, nichts anderes sonst wahrzunehmen.« (T-11.VII.2:7) Sieh also nur das, was »real« ist, was gleichbedeutend mit »wirklich« oder »wahr« ist, wenn der Kurs es als »wirkliche Welt« oder »wahre Wahrnehmung« benennt.

Einer der direktesten Wege zur wirklichen Welt ist tatsächlich, dich lebhaft an die Momente »reinen Bewusstseins« zu erinnern. Wie hat sich das angefühlt? Und dann tauchst du ein in die Aspekte dieser Erfahrung, die du in deinem gegenwärtigen Erleben abrufen kannst. Denn das ist ein *unmittelbarer Weg*, deine ausschließliche Bereitwilligkeit zum Ausdruck zu bringen: »Das will ich jetzt erleben«. Damit da kein falscher Zungenschlag reinkommt: Du »machst« die wirkliche Welt oder wahre Wahrnehmung nicht. Und du führst sie nicht durch irgendwelche Techniken herbei. Du bringst

---

[1] *Kurs 2019, T-11.VII.2:6*

nur deine Bereitwilligkeit zum Ausdruck und dir wird »gegeben« – allerdings nicht gegen deinen irgendwie gearteten Widerstand.

Ach so, du erinnerst dich nicht an die Momente unverfälschten Gewahrseins oder Bewusstseins? Mensch, sag das doch gleich! Da gebe ich mir so eine Mühe ... Nein, lass dich nicht ins Bockshorn jagen, es ist doch überhaupt kein Problem. Es geht doch hier um einen Kurs in Wundern: »Jedes Wunder, das du dem SOHN GOTTES schenkst, ist nichts als die wahre Wahrnehmung eines Aspekts des Ganzen.« (T-13.VIII.5:2) Also dann – bereite den Boden für das Wunder, indem du aufhörst, dir vorzustellen oder zu hoffen, dass es eine andere Version von dem gibt, was gerade jetzt einfach geschieht, in diesem Augenblick, der einzigen Zeit, die »existiert« (vgl. Ü-II.308). Es ist unerlässlich, die Tatsache zu begreifen, dass genau dieser Augenblick, der jetzt gerade geschieht, der einzige Augenblick ist, in dem du existierst. Was immer heute Morgen, letzte Woche oder vor vielen Jahren geschah, ist jetzt nicht »real«, sondern Erinnerung. Was gleich, morgen oder demnächst passieren soll oder auch wird – ist jetzt ohne jede Bedeutung, weil es nicht »real« ist. Vergiss das Glück und die Unschuld von gestern, wenn du jetzt unglücklich oder boshaft bist. Das erhoffte Glück oder die Unschuld von morgen lasse bitte ebenfalls stecken – verzichte besser auf die Verschwendung von Lebenszeit durch Abwarten.

Bringe einfach deine Bereitwilligkeit durch fortwährendes Wohlbefinden und die Wertschätzung des Augenblicks zum Ausdruck – Mittel und Ziel sind also identisch. Lass dich beispielsweise von dem, was du gerade wahrnimmst, faszinieren und in Staunen versetzen – von dieser allgegenwärtigen, alles durchdringenden »Präsenz«, von der Perfektion und Einzigartigkeit dessen, »was geschieht«.

»GOTT ist in allem, was ich sehe.«[1]

Damit bewegen wir uns mit Riesenschritten auf das Ziel zu, das am Ende des Übungsbuches steht, die »Aneignung der wahren Wahrnehmung«

---

[1] *Kurs 2019, Ü-I.29*

(Ü-Einl.3:1). Oder nenne es die Erfahrung der wirklichen Welt. Wobei immer wieder betont werden muss: »Dieser Kurs bleibt innerhalb des Rahmens des Ego, wo er gebraucht wird« (B-Einl.3.1), die Vokabeln »wahr« und »wirklich« beziehen sich ja »nur« auf die Widerspiegelung der WAHRHEIT im Traum der Welt. Daher ist diese Erfahrung eine zeitlich begrenzte, *selbstlose* und sensorische Erfahrung der wirklichen Welt, die für jeden gleich ist, unabhängig von jeglichen persönlichen Einflüssen, kulturellen Unterschieden oder gar Geschlechtsmerkmalen – im Gegensatz zu »Erleuchtungszuständen«, die ein ganzes Kontinuum teils recht unterschiedlicher Bewusstseinszustände umfasst. Die »Unio Mystica« des Christentums ist beispielsweise nicht in einen Topf zu werfen mit der »Nondualität« des Zen oder des Advaita Vedanta, wobei sich letztere sogar in der nondualen Erfahrung unterscheiden.

Also ist diese »wahre Wahrnehmung der wirklichen Welt« etwas ganz besonderes, ein Alleinstellungsmerkmal, das den Kurs von den vielen bekannten und unbekannten »Erleuchtungswegen« abhebt? Sicher, es gibt bestimmt genügend Kursadepten, die dem AGABU-Konzept huldigen (**A**lles **G**anz **A**nders **B**ei **U**ns), denn »Besonderheit« ist nun einmal eine starke (egozentrische) Motivation. Aber der Kurs bezeichnet sich ja sogar selbst als eine von vielen Varianten des »universellen (Pflicht)Kurses«, den jedes Lebewesen lernen *wird*. Und selbst die Wissenschaft erwähnt diese Erfahrung. Von den Angelsachsen kenne ich die bereits in meiner Autorenbeschreibung erwähnte Bezeichnung PCE (Pure Consciousness Experience oder reine Bewusstseinserfahrung). In einem aktuellen deutschen Forschungsprojekt[1] wird die Bezeichnung MPE (minimale phänomenale Erfahrung) als direktes Erleben des Bewusstseins »als solches« verwendet.

Du hast nun die Varianten kennengelernt: dich an die selbstvergessenen spontanen *PCEs* oder *MPEs* zu erinnern, sei es aus der Kindheit oder auch später, oder stattdessen deine »kleine Bereitschaft« durch die permanente

---

[1]   Das »*Minimal Phenomenal Experience* «-Projekt: *http://mpe-project.info* [abgerufen: 19.03.2024]

Wertschätzung des Augenblicks zum Ausdruck zu bringen. Mittlerweile sollte es klar geworden sein, dass der Kurs intensiv deine Bereitschaft und Absicht fordert – deine Funktion wahrzunehmen, Entscheidungen mit GOTT statt mit Götzen zu treffen, die SÜHNE anzunehmen und viele Dinge mehr. Die Wahrscheinlichkeit ist hoch, dass etwas dabei ist, was »Resonanz« bei dir erzeugt und was du daher vertiefen kannst. Außer, du scheiterst – zwangsläufig – bei dem Versuch, alles, was der Kurs vorschlägt, buchstabengetreu in der dargebotenen Reihenfolge »erreichen« zu wollen.

Also versuche lieber, dein Leben der Aufgabe zu widmen, glücklich, harmonisch und hilfreich zu sein, also tatsächlich frei zu sein von den üblichen »menschlichen Boshaftigkeiten« und den Bedingungen, die Leid hervorrufen. Das provoziert früher oder später nahezu unweigerlich das Erleben der »wahren Wahrnehmung«. Ohne diese Absicht mündet der Versuch, die wirkliche Welt zu erleben, nur in die Frustration des Scheiterns, auch wenn du dich mit IHM verbindest – jedoch ohne IHM bedingungslos zu folgen!

Bekräftige deine Absicht und Bereitschaft – und genieße »diesen heiligen Augenblick«. Die einfachste Möglichkeit ist, dich immer wieder zu fragen: »Wie erlebe ich diesen Moment des Lebendigseins?« oder »... diesen heiligen Augenblick?«

Verbinde dich mit der alles durchdringenden »Präsenz«, dem »reinen Sein« dieses Augenblicks – und erlebe das »glückliche Wunder«, in diesem Augenblick der achtsamen Sinnlichkeit.

Betrachte das Erleben der Perfektion, der Unschuld, der Schönheit dessen, was du siehst und hörst, als Erfahrung, die ein Kind machen würde – eingebettet und verwurzelt in Unschuld und Staunen. Genieße die Reise – wie Urlaub von deinen Gedanken.

Überlasse dich der Führung dieses Moments der alles durchdringenden Präsenz. Und folge ihr – denn Führung ohne Folgen ist Zeitverschwendung.

Tag 326

Wunderwirksam sein

Die Lektion ist selbst ein Beispiel dafür, wovon sie spricht. Auch sie entfaltet die »Wirkung«, die wir als der eine GEDANKE mit GOTT als dessen URSACHE sind und die wir als Wunderwirkende auf jeden einzelnen Aspekt des Ganzen haben: die Wirkung der Erinnerung, welche wir miteinander teilen als »Gedanken der QUELLE«.

VATER, ich wurde in DEINEM GEIST erschaffen als ein heiliger GEDANKE, der sein Zuhause nie verlassen hat. Ich bin für immer DEINE WIRKUNG, und DU bist meine URSACHE auf immer und auf ewig.[1]

Die »Wirkung«, die wir sind als die Ausdehnung der LIEBE GOTTES, entfaltet sich hier in der Welt als die heilsame Aufhebung des Traumes einer nie wahr gewordenen, aber als tatsächlich existent erlebten Wirklichkeit – unserer »Realität«. Und da sind wir wieder mit den Füßen auf der Erde. Allerdings mit einer völlig neuen Perspektive.

Wenn ich akzeptiere, dass ich die Wirkung der LIEBE SELBST bin – eine Wirkung, die ich mit dir und allem Leben teile – dann kann ich die Angst vor dieser Perspektive endgültig ablegen:

DEINEM Plan folge ich hier, und am Ende erkenne ich, dass DU DEINE Wirkungen in den ruhigen HIMMEL DEINER LIEBE einsammeln wirst, wo die Erde dahinschwinden wird und alle getrennten Gedanken sich in Herrlichkeit als GOTTES SOHN vereinen werden.[2]

Nicht der Tod ist der Ausgang des Lebens, sondern die Erkenntnis dessen, was ich BIN. Und auch, wenn die Erkenntnis selbst für uns hier nicht direkt erreichbar ist, solange wir noch in Wahrnehmung leben, gibt es tatsächlich

---

[1] *Kurs 2019, Ü-II.326.1:1-2*
[2] *Ebd., 1:8*

einen PLAN ganz speziell für dich und mich. Und diesem PLAN zu folgen, wird zum wahren Abenteuer. Der Weg der Wunder ist unser Pfad in den HIMMEL der Erkenntnis: Hier in der Welt sind wir miteinander und füreinander da, um heil zu werden und zu heilen (vgl. T-12.VII.4:7).

Entfalten wir uns also als die »Wirkungen GOTTES«, in Solidarität mit jedem einzelnen Aspekt, den die Wahrnehmung uns anbietet:

Jedes Wunder, das du dem SOHN GOTTES schenkst, ist nichts als die wahre Wahrnehmung eines Aspekts des Ganzen. Obwohl jeder Aspekt das Ganze ist, kannst du dies nicht erkennen, solange du nicht siehst, dass jeder Aspekt dasselbe ist, im selben Lichte wahrgenommen und deshalb eins.[1]

Die »Schau« zu erlernen, bereitet die Erkenntnis vor und ist das Lehrangebot des Kurses. Auf das »Einzelne« nicht weiter als Einzelner, sondern mit IHM zu schauen, der das Licht der GEGENWART in jeden Aspekt bringt, heißt, wundergesinnt zu vergeben, einander zu heilen. Jeder »Aspekt« kehrt dabei in das eine GANZE zurück:

Jeder, der ohne die Vergangenheit gesehen wird, bringt dich somit dem Ende der Zeit dadurch näher, dass er eine geheilte und heilende Sicht in die Dunkelheit bringt und der Welt das Sehen ermöglicht. Denn das Licht muss in die verdunkelte Welt kommen, um die Schau CHRISTI sogar hier zu ermöglichen.[2]

Lassen wir uns einsammeln von dieser Lektion! Wirksamkeit garantiert!

---

[1] *Kurs 2019, T-13.VIII.5:2-3*
[2] *Ebd., 5:4-5*

Tag 327

Schau'n wir mal ...

... dann seh'n wir schon, dass wir EINS sind im Geist der LIEBE.

Wir müssen nicht blind glauben, was jenseits aller Erfahrungen unserer Vergangenheit liegt und unerreichbar, unrealistisch und schier unmöglich scheint. Wir sind unverletzlich, frei von Angst und Schmerz, unsterblich und ewig geliebt: Wer mag das glauben?

GOTT wird immer und ohne Ausnahme Antwort geben, wenn ich mich an IHN wende. Das ist SEIN Versprechen. ER wird all meine konkreten Einwände, die ich gegen die WAHRHEIT unseres EINSSEINS anbringen werde, entkräften – wenn ich es zulasse.

Denn so werde ich sicher sein, dass ER mich nicht verlassen hat und mich noch immer liebt und nur meinen Ruf erwartet, um mir alle Hilfe zu geben, die ich brauche, um zu IHM zu kommen.[1]

Wunderbar. Aber glaube ich das? Sicher, die meisten von uns haben viele Erfahrungen gemacht, die dafür sprechen, dass einem »Ruf an GOTT« eine Antwort folgt. Aber es gibt auch viele Enttäuschungen in der Erwartung dieser Antwort, stimmt's?

Zur Zeit begleite ich einen Weggefährten, der am Ausbleiben der Antwort schier verzweifelt. Er hat auch tatsächlich viel zu verkraften, Geld, Partner, Gesundheit: Alles scheint gerade ins Negative zu kippen und von überall kommt offensichtlich die Botschaft von Verlust, Scheitern und Bedrohung.

Er wendet sich regelmäßig auf seine Weise an GOTT, und er hört – nichts.

Das kennt jeder von uns. Solidarität ist immer eine solide Basis jeder Begegnung. Weil ich das also auch genau so kenne, konnten wir besprechen, dass es eben nicht stimmt, dass wir *keine* Antwort hören, wenn ER nicht zu ant-

---

[1] *Kurs 2019, Ü-II.327.1:5*

worten scheint. Wir hören vielmehr wie üblich unsere eigene Antwort, die zum Beispiel so aussieht: »GOTT antwortet mal wieder nicht.«

Und dann konnten wir den HEILIGEN GEIST einfach da sein lassen zwischen uns.

Dass dies fühlbar wurde, als unbezweifelbare Anwesenheit eines uns verbindenden Geistes, war bereits die ANTWORT. Für diesmal war es unsere spezielle Aufgabe dabei, nicht an IHR zu zweifeln, als wir auseinandergingen, scheinbar ohne konkrete Hilfe erfahren zu haben und ohne auf fassbare Lösungen für die ziemlich verfahrene Situation gekommen zu sein.

Mir wurde so klar dabei, dass ich tatsächlich immer Antwort bekomme, wenn ich meine Erwartungen an eine Situation oder einen Bruder loslasse und dabei vor allem jeden Gedanken an irgendeine Schuld, die mich taub macht für SEINE Antwort. Dann schaut ER durch das, was ich wahrnehme, auf mich und IST die Antwort – auch dann, wenn ich die konkreten Aspekte des Wunders nicht mitbekomme.

Hast du dich schon einmal von einem Baum anschauen lassen? Oder einem Begrenzungspfosten oder einem Mülleimer? Lass doch mal die Idee fallen, dass dies unmöglich oder sinnlos sei. Es ist vielmehr einfache Aufrichtigkeit: Ich gebe mein Sehen und Verstehen in SEINE HAND. Meine »Schau« wird zum Kanal für SEINE. Was außen scheint, kehrt als SEINE Antwort nach INNEN zurück – als reine, grenzenlose Liebe.

VATER, ich danke DIR, dass DEINE Versprechen in meiner Erfahrung nie versagen werden, wenn ich sie nur ausprobiere. Lass mich deshalb versuchen, sie zu erproben und kein Urteil über sie zu fällen.[1]

---

[1] *Kurs 2019, Ü-II.327.2:1-2*

Zweiter Wille

In der heutigen und morgigen Lektion taucht ein ansonsten im Kurs nicht verwendeter Begriff auf, der plastischer nicht sein könnte, wenn es darum geht, unseren grundsätzlichen Irrtum darzustellen, der alle Dinge »auf dem Kopf stehen« lässt (vgl. Ü-II.328.1:1):

Der »zweite Wille«.

Erst in dieser Tiefe unseres Glaubens von dem, was für uns wahr ist – dass es also einen »zweiten Willen« neben GOTTES und damit neben unserem wahren Willen überhaupt gibt – wird die Entscheidung, den »zweiten Platz« zu wählen (vgl. Ü-II.328), sinnvoll: Meine Wahl, einem dominanten, siegreichen, »eigenen« Willen den Glauben zu versagen, stellt alle Dinge wieder auf die Füße.

Der »zweite Wille« hat es aber in sich. Er ist sozusagen der Dreh- und Angelpunkt unseres Irrtums. Alles hier basiert auf der Annahme, wir hätten GOTTES Willen besiegt, denn offensichtlich wird die Welt nicht nur von einem einzigen Willen belebt und gelenkt. Das »Getrennt-sein-Wollen« ist also für uns nicht nur das »Selbstverständlichste von der Welt«, sondern es scheint der Überlebensreflex an sich, der Motor allen Wachstums und die Grundlage jeder Heilungsvorstellung zu sein:

Es scheint, dass wir nur durch unser Streben, getrennt zu sein, Autonomie gewinnen werden und dass unsere Unabhängigkeit von GOTTES übriger Schöpfung die Weise ist, in der die Erlösung erlangt wird.[1]

Eigentlich ist der »zweite Wille« ja kein »Wille« (der immer heilig und unverändert bleibt), sondern ein Wunschdenken, das sich wie der Mond das Licht von der Sonne seine Kraft aus dem *einen* Willen borgt.

---

[1] *Kurs 2019, Ü-II.328.1:2*

Eine Gelegenheit, bei der wir die Auswirkung des Glaubens an einen »zweiten Willen« beobachten können, ist das Überlesen der Lektionen. Schau mal in dich: Wann hat dich eine Lektion oder ein Satz aus dem Kurs wirklich erreicht? Was der Kurs sagt, entfaltet nur dann seine Bedeutung für mich, wenn ich den *einen* Willen GOTTES durch die Zeilen schimmern lasse.

Bleibe ich im Wunschdenken (was der betreffende Satz für mich bedeuten soll, was der Inhalt mir bringen soll, wie es anders gesagt werden könnte, was ich erst noch lesen muss, bevor ich das verstehe, was gerade da steht etc.), bleibt das leere Gefühl des Unverständnisses zurück. Kennst du das?

Den »zweiten Platz« zu wählen, heißt, mich auf den *einen* Willen einzulassen. Und das bedeutet ganz konkret, aus dem Sieger- und Verliererspiel auszusteigen, den Schuldball als wertlos und überflüssig zurückzugeben, und mein Denken SEINEM WILLEN zu unterstellen, DER uns einfach nur daran erinnert, dass wir einen »zweiten Willen« nicht brauchen und nicht »wollen« können. Meine Angst, GOTT besiegt zu haben, ist unbegründet, ER antwortet auf alle meine Einbildungen mit LIEBE:

Und ich bin froh, dass nichts, was ich mir einbilde, dem widerspricht, wovon DU möchtest, dass ich es sei. Es ist DEIN WILLE, dass ich gänzlich sicher bin, ewig in Frieden.[1]

Und es sieht ja ganz so aus, als sei das auch mein ureigener Wille.

---

[1] *Kurs 2019, Ü-II.328.2:2-3*

Bruder, ich bin da!

Der Glaube an einen »zweiten Willen« taucht heute noch einmal auf als die Quelle des Irrtums, den einzigen wahrhaft existierenden WILLEN besiegen zu können und besiegt zu haben.

Das scheinen wir »gewählt« zu haben, und aus dieser Sicht ist die Rückkehr zur Wahrheit ebenfalls eine Wahl. Der »zweite Wille« konnte aber nur als eine Illusion, ein Traum gewählt werden, nicht als eine Alternative zur Wahrheit. So gesehen, ist das EINSSEIN in GOTT, das SEIN in LIEBE keine echte »Wahl«, da sie ohne Alternative ist:

Diese Wahl wurde für alle Ewigkeit getroffen. Sie kann sich nicht verändern und im Gegensatz zu sich selbst sein.[1]

Die einzig mögliche wahrhaftige »Wahl« ist also nur die Erinnerung an eine *Tatsache,* und ich habe bereits gewählt, was GOTT für mich will (vgl. Ü-II.329).

GOTT und du, GOTT und ich sind in ununterbrochener Kommunikation über unser EINSSEIN, und genau das verbindet mich mit dir. Das macht es unmöglich, dass ich nicht »weiß«, was du denkst, wo du bist, was du fühlst und wohin dein Weg geht. Du weißt alles über mich, so wie ich über dich.

Eigentlich.

Allerdings macht mich jeder Gedanke, den ich privat halten und für mich »haben« will, blind für diese totale Kommunikation mit dir. Genau hier zeigt sich mein Glaube an einen »zweiten Willen«: Du bist der Andere.

Frage dich ehrlich: ›Möchte ich vollkommene Kommunikation haben und bin ich gänzlich willens, alles für immer loszulassen, was sie beeinträchtigt?‹ Ist die Antwort nein, dann reicht die Bereitwilligkeit des HEILIGEN GEISTES, sie dir zu geben, nicht aus, um sie zu deiner zu

---

[1] *Kurs 2019, Ü-II.329.1:6-7*

machen, denn du bist nicht bereit, sie mit IHM zu teilen. Und sie kann nicht in einen Geist einkehren, der beschloss, sich ihr zu widersetzen. Denn der heilige Augenblick wird mit der gleichen Bereitwilligkeit gegeben und empfangen, da er das Annehmen des einzigen WILLENS darstellt, der alles Denken regiert.[1]

In der Begegnung und Kommunikation mit dir erfahre ich die Möglichkeit, mich an die »Wahl« zu erinnern, die ich schon längst getroffen habe und die vollkommen alternativlos ist.

Im wundergesinnten Denken, im vergebenden Schauen, im urteilsfreien Hören, in der Geisteshaltung des gebenden Empfangens sehe ich dich, wie du dich mir schon immer unter der Oberfläche deines Verhaltens wahrhaftig zuwendest: »Bruder, ich bin da. Bist du mit mir? Sag ja, dann ist GOTT mit uns!«

Die Aufhebung des Irrtums ist unsere Aufgabe hier. Heilung auf allen Ebenen, Vergebung, Erinnerung, Ganzwerdung – in dem *einen* Geist, der wir SIND.

Heilen ist ein Zeichen, dass du ganz machen willst. Diese Bereitwilligkeit öffnet deine Ohren für des HEILIGEN GEISTES STIMME, DESSEN Botschaft Ganzheit ist.[2]

Mit diesen Gedanken im Geist bin ich eine ganze Weile in meinem Auto einem Fahrradfahrer hinterhergefahren, an dem ich einfach nicht vorbeigekommen bin. Und dann – einfach so – ist mein »Wollen« von etwas aufgenommen worden, das von uns beiden ausgegangen ist: »Bruder, ich bin da. Bist du bei mir?«

Ja. Pure Gegenwart. Liebe to go.

---

[1] *Kurs 2019, T-15.IV.8:3-6*
[2] *Ebd., T-11.II.4:1-2*

Tag 330

Um Nasenlänge voraus

Passend zur heutigen Lektion (»Ich will mich heute nicht selbst verletzen«), durfte ich schon am frühen Morgen statt wie geplant schwimmen zu gehen, eine ältere Nachbarin in die Notaufnahme des nahe gelegenen Krankenhauses begleiten. Sie war frontal gegen die untypischer- und deswegen überraschenderweise geschlossene Glastür zu ihrem Wohnzimmer angerannt. Die Folgen dieses bedauerlichen Zusammenstoßes waren eine deutliche Schwellung ihrer Nase, die leise vor sich hinblutete, und die aufkeimende Sorge um den artgerechten und nachhaltigen Zusammenhalt des bislang recht hübschen Riechorgans. Kurz und gut, ich hatte stattliche zweieinhalb Stunden Zeit, über folgende Frage nachzudenken:

Warum sollten wir unseren Geist angreifen und ihm Bilder des Schmerzes geben? Weshalb sollten wir ihn lehren, dass er machtlos ist [...]?[1]

»Weil da eine Glastür ist, wo ich sie nicht vermute«, fällt als Antwort aus. Die Ursache im Außen zu suchen, haben wir uns als Kursler ja schon deshalb abgewöhnt, um nicht unangenehm aufzufallen. Eine viel bessere Annäherung an eine echte Antwort wäre da die Erinnerung an die Frage von gestern: »[...] Möchte ich vollkommene Kommunikation haben und bin ich gänzlich willens, alles für immer loszulassen, was sie beeinträchtigt?« (T-15.IV.8:3) Vielleicht hatte die Nachbarin diesen tieferen Sinn und Zweck kurz aus den Augen verloren?

Einen Körper als irgendetwas anderes als ein Mittel zur Kommunikation zu sehen heißt deinen Geist begrenzen und dich selbst verletzen. Gesundheit ist deshalb nichts anderes als ein geeinter Zweck.[2]

---

[1] *Kurs 2019, Ü-II.230.1:2-3*
[2] *Ebd., T-8.VII.13:3-4*

300

Vorsicht, das war ein Scherz! Obwohl – wenn ich den Willen, die vollkommene Kommunikation nicht zu beeinträchtigen, mit der »kleinen Bereitwilligkeit« übersetze, dann wär's doch kein Scherz. Die geistige Öffnung für die Korrektur ist ja schließlich keine Verhaltensänderung, sondern die Einwilligung, alle Ursache im eigenen Geist zu suchen und zu finden – und damit den gespaltenen Geist heilen zu lassen (was möglicherweise segensreiche Auswirkungen auf die Gesunderhaltung der Nase gehabt hätte).

So saßen wir also da und warteten und warteten und warteten. Wir waren als allererste in ein vollkommen leeres Wartezimmer gekommen und erlebten nun, wie das »Ermessen des Arztes« unseren »Fall« offenkundig als minder schwer einordnete und etwa fünfzehn nach uns Kommende vorzog.

Nach über zwei Stunden stießen wir deutlich an die Grenzen unseres Verständnisses für dieses weiter unerklärt bleibende Auswahlverfahren, zumal die anderen auch nur ein bisschen humpelten oder die Schulter hochzogen und keineswegs im Koma lagen. Gelegenheit, dieses schmerzhaft spürbare Kommunikationsleck mit der »kleinen Bereitwilligkeit« unsererseits, die lebendige Kommunikation unter Geschwistern im Geist aufrechtzuerhalten, zu beantworten. Vergebung für den Arzt, der alle anderen vorzog:

Wenn du den Irrtum in jemand anderem angreifst, wirst du dich selbst verletzen. Du kannst deinen Bruder nicht erkennen, wenn du ihn angreifst. Angriff erfolgt immer einem Fremden gegenüber. Du machst ihn durch deine Fehlwahrnehmung zu einem Fremden, und somit kannst du ihn nicht erkennen. Weil du ihn zu einem Fremden gemacht hast, hast du Angst vor ihm.[1]

Wir haben uns dann nach einem letzten Nachfrageversuch wirklich nett von dem inzwischen sehr beschäftigten Personal der Notfallambulanz verabschiedet. Die Nachbarin geht morgen zu ihrem Hausarzt. Und auch die Nase sitzt überraschenderweise immer noch an ihrem üblichen Platz.

---

[1] *Kurs 2019, T-3.III.7:1-5*

Tag 331

Wunsch und Wille

Wie eine Aura heilenden Lichts legt sich der WILLE um all die Formen meines Wunsches, mehr zu sein als das GANZE, vollständiger als das ALL-EINE. Mein Wunsch ist es, die Bilder in meinem Geist – welche von Trennung, Vereinzelung, einer kleinen Zeit des Lebens in Sieg und Niederlage, in Gelingen und Scheitern, und vom sicheren Tod sprechen – mögen wahr werden. Das Licht des EINEN WILLENS hebt alle diese Formen meines »Traums von der Dunkelheit« auf »wunderbare« Weise in die Erinnerung daran auf, dass ich dieses Licht BIN. Dazu ist die Zeit da, und dafür darf ich mir die Zeit lassen, die ich brauche, den Weg zurück zu gehen.

So viel hat uns der Kurs bisher gelehrt! Dankbarkeit ist ein bescheidenes Gegengeschenk.

Dass das, was ich als meinen »Willen« bezeichnet habe, nur mein Wunschdenken gewesen ist, das sich seine Kraft lediglich von meinem eigentlichen Willen geliehen hat, ist der Schlüssel gewesen zu der Tür, hinter der sich das Ego eingeschlossen hat, um unerkannt zu bleiben.

Das Ego ist die Behauptung, mein Wunsch sei mein Wille, das Leben in Trennung sei mein Erbe und ohne Alternative.

Es ist der »Wille«, der den WILLEN GOTTES als Feind sieht und eine Form annimmt, in der dieser verleugnet wird.[1]

Das Ego ist meine Erfindung, es ist ein »Glaube«, den ich der Wahrheit entgegensetze. MICH aber kann das nicht verändern. Nur die Identifikation mit dem Ego macht meine Heilung überhaupt notwendig. Schau mal in dich. Wie liest du das, wie empfindest du folgende Zeilen?

Das Ego ist wahnsinnig. Voll Angst steht es jenseits des ÜBERALLSEIEN-DEN, von ALLEN abgesondert und in Trennung vom UNENDLICHEN.

---

[1] *Kurs 2019, Ü-II.12.1:2*

In seinem Wahnsinn denkt es, es sei Sieger über GOTT SELBST
geworden. Und in seiner schrecklichen Autonomie »sieht« es, dass der
WILLE GOTTES vernichtet worden ist.[1]

Ist da schon pure Freude, ein Jubel der Erleichterung und eine totale
Zustimmung? Oder empfindest du wie ich noch ein teilweises »Hängen«
an der Idee, das da eine gute Beschreibung von »mir« abgegeben wird?
Dieses Gefühl des Abgesondertseins, Alleinseins und eines vielleicht ganz
unspezifischen Getrenntheitsempfindens – ist es dir unbekannt? Oder findest du es in dir und hältst es noch für einen Teil von »dir«?

Und auch um dieses Eingeständnis herum legt sich die Aura heilenden
Lichts, wenn ich es ihm erlaube:

DU liebst mich, VATER. DU könntest mich nie trostlos lassen, um in
einer Welt des Schmerzes und der Grausamkeit zu sterben. Wie könnte
ich denken, dass die LIEBE SICH SELBST verlassen hat? Es gibt keinen
Willen außer dem WILLEN der LIEBE. Angst ist ein Traum und hat
keinen Willen, der mit dem DEINEN in Konflikt sein könnte.[2]

Vom Wunsch zum Willen geht der Weg der Erlösung. Mein Wunsch sieht
mich immer getrennt von dir, während mein Wille immer auch deiner ist
und bleibt.

Mit der Vergebung lernen wir, die Welt unserer Wünsche zu übersehen und
unseren gemeinsamen Willen zu spüren und ihn als »wahr« anzuerkennen
– die KRAFT, DIE das Licht ist, das alles umgibt:

Die Wirklichkeit erkennen heißt, das Ego und seine Gedanken, seine
Werke, seine Taten, seine Gesetze und seine Überzeugungen, seine
Träume, seine Hoffnungen, seine Heilspläne und den Preis, den der
Glaube an es nach sich zieht, nicht zu sehen.[3]

---

[1] *Kurs 2019, Ü.II.12.2:1-4*
[2] *Ebd., Ü-II.331.1:3-7*
[3] *Ebd., Ü-II.12.4:1*

Freiheit

Die Welt »freigeben« (vgl. Ü-II.332), was für ein schöner, friedfertiger Gedanke!

Nur dafür hat uns der Kurs unsere Egohörigkeit und unser angstgetriebenes Denken so gründlich vor Augen geführt. Diese Alternative wollte er uns zeigen: Du kannst die Welt aus deiner Angst entlassen und sie freigeben!

Unsere alte Entscheidung für das Ego macht die Vergebung zu einer »Aktion im Geist«, einer aktiven Wahl für die Alternative, für das, was »einfach IST«:

Die Wahrheit greift nie an. Sie IST einfach. Und durch ihre Gegenwart wird der Geist aus Phantasien zurückgerufen und erwacht zum Wirklichen. Die Vergebung bittet diese Gegenwart, einzutreten und ihren angestammten Platz im Geiste einzunehmen.[1]

Geistige Offenheit, die »kleine Bereitwilligkeit«, meine Sicht korrigieren zu lassen, und Wundergesinntheit charakterisieren diese Vergebung, die nicht »von mir«, sondern aus DEM, WAS immer als Wahrheit anwesend IST, kommt.

Wir müssen keinen Zentimeter weit gehen, um zur QUELLE zu gelangen, nicht eine Bewegung der Hinwendung ist nötig, keine äußere Veränderung – es reicht eine stille Einladung: SIE ist schon DA, um mich darin zu unterstützen, die Welt freizugeben.

Wundergesinntes Vergeben ist meine »geistige Aktion«, mit der ich die Wahrheit zu mir einlade.

Wunder zeigen auf, dass das Lernen unter der richtigen Führung stattgefunden hat, denn Lernen ist unsichtbar, und das Gelernte ist nur an den Ergebnissen erkennbar. Seine Verallgemeinerung wird dadurch

---

[1] *Kurs 2019, Ü-II.332.1:3-6*

aufgezeigt, dass du es in immer mehr Situationen anwendest. Du begreifst, dass du gelernt hast, dass es keine Rangordnung der Schwierigkeit bei Wundern gibt, wenn du sie in jeder Situation anwendest. Es gibt keine Situation, auf die Wunder sich nicht anwenden lassen, und indem du sie auf alle Situationen anwendest, gewinnst du die wirkliche Welt.[1]

Jeder Situation ein Wunder zu schenken, statt sie mit meinem Urteil in der Angst festzuhalten, jeder Begegnung ein Lächeln des Wiedererkennens und der Zuversicht zu geben statt sie dafür zu benutzen, meine Projektionen aufrechtzuerhalten, jeden Gedanken mit der Erinnerung an seine QUELLE zu segnen, statt ihn die Trennung von IHR beweisen zu lassen ... die Welt freigeben in das, was einfach DA ist:

Denn in dieser heiligen Wahrnehmung wirst du ganz gemacht, und wenn du die SÜHNE für dich annimmst, strahlt sie auf jeden aus, den der HEILIGE GEIST dir sendet, damit du ihn segnest. In jedem Kind GOTTES liegt SEIN Segen, und in dem Segen, den du GOTTES Kindern schenkst, liegt SEIN Segen für dich.[2]

Lassen wir uns heute frei?

---

[1] *Kurs 2019, T-12.VII.1:1-4*
[2] *Ebd., 1:5-6*

Konfliktlösungsstrategie

Mit was bist du gerade so in Konflikt? Na ja, das Thema ist uferlos. Wenn man das Fernrohr weglegt, mit dem man die Konflikte in fernen Ländern und bei eigenartig agierenden Fremden gesucht und gefunden hat, und zum Mikroskop wechselt, unter dem man die eigene Wirklichkeit betrachtet, dann wird schnell klar, dass alles aus Konflikt zu bestehen scheint. Das fängt morgens beim Konflikt zwischen dem Wunsch, noch liegenzubleiben und den Vorgaben meines Terminplans an, und endet abends mit dem Konflikt zwischen meinem Heißhunger und dem durch meine Lebensabschnittsgefährtin unangenehm in Erinnerung gebrachten Vorhaben, nach achtzehn Uhr nichts mehr zu essen. Es scheint einfach nichts zu geben, das nicht – zumindest potentiell – mit seiner gesamten Umgebung um die Vorfahrt im täglichen Überlebenskampf ringt.

Was die Lektion mir heute deutlich macht, ist die zunächst nicht verwunderliche Tatsache, dass ich jeden Konflikt, wenn ich ihn nicht nur verschleiern, verdrängen oder leugnen will, da lösen muss, wo »[...] gedacht wird, dass er sei [...]« (Ü-II.333.1:3). Das heißt: Ich kann konkrete Probleme nicht mit abstrakten heiligen Ideen lösen!

So weit käme wohl jeder vernünftige Ratgeber. Auch der Kurs sagt mir also, dass ich zur Lösung des Konfliktes die Form, in der ich ihn erlebe, nicht verleugnen darf. Aber gleichzeitig und darüber hinaus sagt er mir auch, dass jede Form von Konflikt der Versuch ist, die WAHRHEIT zu leugnen, und dass dies der eigentliche »Zweck« ist, den mein Geist dem Konflikt »zugewiesen« hat (vgl. Ü-II.333.1:3).

Nur diese Einsicht kann Konflikte wirklich lösen, indem sie den Geist im Blick auf die konkrete Situation der Korrektur des nur scheinbaren Konflikts zwischen mir und der WAHRHEIT öffnet.

Denn dann allein wird seine Abwehr gelüftet und kann die Wahrheit
auf ihn leuchten, während er verschwindet.¹

Ich muss also auf den Konflikt mit meinem Chef schauen, ohne irgendein Detail zu verbiegen, zu beschönigen oder zu leugnen. Genau so, wie meine Wahrnehmung mir die Situation zeigt, kann ich sie als eben das akzeptieren: meine Wahrnehmung. Die speziellen Umstände, die verschiedenen Motivationen, die ich sehe, meine Einschätzung der Ursachen für die Zuspitzung, die Meinung anderer dazu – das ganze Bild. Und dann lasse ich in diese einschätzende, parteiische (»ich« bin die Partei) und interpretierende Wahrnehmung die VOLLKOMMENHEIT eintreten, lasse den HEILIGEN GEIST von der Vollkommenheit der Situation zu mir sprechen:

Doch ist es sicherlich klar, dass die Vollkommenen nichts brauchen, und du kannst die Vollkommenheit nicht als eine schwierige Leistung erfahren, weil sie das ist, was du bist. Das ist die Weise, in der du GOTTES Schöpfungen wahrnehmen musst, indem du all deine Wahrnehmung auf die eine Linie bringst, die der HEILIGE GEIST sieht. Diese Linie ist die Linie direkter Kommunikation mit GOTT und lässt deinen Geist mit dem SEINEN zusammenfließen.²

Kannst du sehen, wie wesentlich es ist, dass du für eine solche Sicht nichts veränderst, alles ehrlich und authentisch genau so da sein lässt, wie es sich dir zeigt, ohne diese begrenzende Sicht »anzuwenden« und damit »wahr« zu machen? Dann übernimmt ER die Führung und bringt auch alle Veränderungen mit SICH, die hilfreich für die Situation sind.

Nur der HEILIGE GEIST kann Konflikte lösen, weil nur der HEILIGE GEIST konfliktfrei ist. ER nimmt nur das wahr, was in deinem Geiste wahr ist, und dehnt sich nach außen nur zu dem aus, was in andern Geistern wahr ist.³

---

¹ *Kurs 2019, Ü-II.333.1:4*
² *Ebd., T-6.II.11:4-6*
³ *Ebd., 11:8-9*

Tag 334

Bist du der Liebe würdig?

Wie ist es bei dir? Kannst du annehmen, vollkommen geliebt zu sein, kannst du schon glauben, dass dir nichts, aber auch rein gar nichts, was du in deinem Leben verbockt hast, angerechnet wird? Kannst du es wirklich ertragen, unschuldig zu sein? Bist du also bereit, die Gaben, die »die Vergebung gibt«, tatsächlich »in Anspruch zu nehmen« (vgl. Ü-II.334)?

Die Vergangenheit ist vorbei, und die unschuldige Gegenwart nimmt uns jederzeit in die Arme, wann auch immer wir dazu bereit sind.

Die Illusionen sind samt und sonders nichtig, und Träume sind vergangen, noch während sie gewoben werden als Gedanken, die auf falschen Wahrnehmungen beruhen.[1]

Ich habe jederzeit die Wahl, die STIMME GOTTES hinter meinen Gedanken vom Unfrieden des Getrenntseins zu hören:

Die STIMME GOTTES bietet allen GOTTES Frieden an, die hören und beschließen, IHM zu folgen.[2]

Dafür muss ich dich mit einbeziehen in meinen Wunsch nach Frieden. Die Unschuld, die ich als mein Erbe erfahren will, muss ich in dir sehen lernen, um glauben zu können, dass sie auch in mir die Quelle meines Seins ist.

Heute möchte ich meinen Bruder sündenlos sehen. Dies ist DEIN WILLE für mich, denn also werde ich meine Sündenlosigkeit erblicken.[3]

Aus Träumen der Trennung, gewoben aus Gedanken der Schuld, des Versagens, der Gewalt und der Krankheit kommt beispielsweise in meinem konkret erfahrenen Leben die betreuende Beziehung zu einer jüngeren Frau, die

---

[1] *Kurs 2019, Ü-II.334.1:2*
[2] *Ebd., 1:4*
[3] *Ebd., 2:4-5*

ich seit fünf Jahren durch den Dschungel des Gesundheitssystems, der Behörden, Beratungsstellen und der Insolvenzabwicklung begleite.

Ist sie der LIEBE GOTTES würdig, bin ich es? Die Frage ist leicht mit »ja« zu beantworten, wenn ich mich frage, was ich »glaube«.

Gestern aber habe ich meine helfende Hand zurückgezogen, aus Selbstschutz, es schien mir die einzige vernünftige Option zu sein, die ich hatte. Und heute merke ich, wie mich das schlechte Gewissen fast umbringt. Ich werde bei der Entscheidung bleiben, weil ich keinen anderen Weg sehe. Und IHN einladen, zu mir von der Vollkommenheit der Situation zu sprechen und mich in allem zu führen.

Schon der Gedanke erleichtert. Ich muss nirgendwo »die Schuld« suchen. Es bleibt nur das Eingeständnis, den Weg nicht zu kennen und es bleibt der Wille, so gut ich kann, IHM zu folgen. Ich muss den Bruder nicht angreifen, um mich zu rechtfertigen.

Kann ich also meine Unschuld schon annehmen? Heute wird mir sonnenklar, dass ich sie nur für uns beide annehmen kann. Und dass nur ER die Antwort geben kann, ob wir der LIEBE würdig sind:

ER wird nie fragen, was du getan hast, um dich der Gabe GOTTES würdig zu erweisen. Richte diese Frage deshalb nicht an dich. Nimm stattdessen SEINE Antwort an, denn ER weiß, dass du aller Dinge würdig bist, die GOTT für dich will. [...] Du brauchst nicht zu entscheiden, ob du es verdient hast oder nicht. GOTT weiß, dass du es verdienst.[1]

Ja, danke!

---

[1] *Kurs 2019, T-14.III.11:4-6,9-10*

Schau mal her!

Die »Schau« ist eine Wahl. Sie ist meine aktive Entscheidung, die Quelle meiner Wahrnehmung SEINE LIEBE sein zu lassen statt meine Angst.

Das muss ich »tun«, obwohl dieses Tun kein »Machen« ist: Ich lasse lediglich die Einsicht zu, dass die Angst nicht existiert, wenn ich sie nicht für mich wahr mache. Wenn ich sie wirklich nicht will, sehe ich, dass sie nicht da ist, sondern das, was ich mit ihr verbergen wollte. Insofern »wähle« ich nur etwas, was ohnehin immer alternativlos da ist – ob ich es will oder nicht. Ich entscheide mich lediglich gegen eine Selbsttäuschung.

Allerdings ist alle Wahrnehmung bereits Ausdruck dieser Täuschung.

Ich sehe meinen Bruder nie so, wie er ist, denn das ist weit jenseits der Wahrnehmung.[1]

»Gegen meine Wahrnehmung« kann ich mich nicht entscheiden, das macht nicht den geringsten Sinn. Meine neue Wahl richtet sich auf ihre Quelle: Woraus lasse ich meine Wahrnehmung kommen?

Was willst du in diesem Moment, dass es die Wahrheit sei? Angst oder Liebe? Wessen Zeugen willst du sehen? Unsere Wahl: Der CHRISTUS in uns wartet darauf, dass wir sie miteinander neu treffen.

Wenn wir das nur mal für einen Moment als Möglichkeit zulassen, wird uns die unfassbare Freiheit aufgehen, die darin liegt. Wir entscheiden tatsächlich in jedem Moment, ob wir eine Welt sehen wollen, in der alles von der Liebe umfangen, geheilt und heimgeholt wird, oder weiter eine Welt, die sich in Kämpfen der Angst zerfleischt und in den Tod treibt, während sie Urlaubsreisen des Wohlgefühls auf winzige Inseln der Zeit organisiert, die sie als das Maximum der Menschenmöglichkeit anpreist.

---

[1] *Kurs 2019, Ü-II.335.1:2*

Meine Wahrnehmung wird mir dich also nie zeigen, »wie du bist«, aber mein Wunsch, deine »Sündenlosigkeit« zu sehen, meine Entscheidung, die Angst zugunsten der Liebe als Quelle abzuwählen, wird meiner Wahrnehmung eben die Zeugen bringen, die von dem »sprechen«, was du bist, was ich bin – und davon, dass dies eins ist.

Meines Bruders Sündenlosigkeit zeigt mir, dass ich auf meine eigene schauen möchte. Und ich werde sie sehen, da ich die Wahl getroffen habe, meinen Bruder in ihrem heiligen Licht zu erblicken.[1]

Die geistige Sicht, die Schau, transzendiert das Sehen und Verstehen der Wahrnehmung. Sie »sieht« dich und mich im SELBEN Licht und lässt die Elemente der Wahrnehmung zurücktreten aus dem, was für mich »wahr« sein soll. Ich werde gewahr, dass sie allesamt Bilder in meinem Geist sind, mit denen ich jetzt das Licht der WAHRHEIT nicht mehr verdecken will. Das ist meine Wahl, und das heilt meine Sicht zur Schau.

Schau doch mal kurz her. Was siehst du?

---

[1] *Kurs 2019, Ü-II.335.1:6-7*

Higher Shopping Service

Das kennst du bestimmt: Da taucht ein Thema oder ein Begriff auf, beides stößt zunächst nicht so wirklich bei dir auf Resonanz, aber irgendwie lässt es dich nicht ganz los. So ging es mir mit dem Begriff »Charmed Life«. Auslöser war vermutlich ein umfangreicher Austausch in einer Telegram-Gruppe, in dem es weitgehend um das »Manifestieren« ging. Dort fiel dann auch der Begriff »Charmed Life«, der für mich wie »ein Leben nach meinen Wünschen« klang. Da mich das Thema »Manifestation« nicht interessierte, vergaß ich es wieder – bis der Begriff erneut in einem etwas anderen Zusammenhang auftauchte.

Erst dann kapierte ich, dass die banale »magische« Wunscherfüllung beim »Charmed Life« überhaupt nicht im Vordergrund steht. Der entscheidende Auslöser für mein Umdenken war dann ein Büchlein von Richard Dotts[1], der wohl mehr als 30 kleine Schmökerlein verfasst hat, die häufig das Wörtchen »Manifestation« im Titel tragen und bei so einigen Bestsellerchen auch das Wörtchen »Dollars«. Und wieso »entscheidend«? Erstens habe ich das Büchlein in einem Rutsch innerhalb kürzester Zeit ausgelesen – na ja, es hatte nur schlappe 72 Seiten – und zweitens, weil Richard irgendwo sinngemäß schrieb, dass er den Begriff »Manifestation« bewusst gewählt habe, weil die Zielgruppe für spirituelle Themen viel zu klein sei und er auf diese Weise seine Botschaft besser unters Volk bringen konnte: »NOT-MIND«.

Vielleicht sollten Michael und ich ernsthaft über unsere Buchtitel nachdenken, da fehlen eindeutig Schlüsselwörter wie »Euro«, »Sex« und »Porsche«, um die Botschaft »[...] komm mit völlig leeren Händen zu deinem Gott« (vgl. Ü-I.189.7:5) mit größtmöglicher Wirkung zu verbreiten.

---

[1] *Richard Dotts: Thoughtless Mindless Spiritless Forceless Manifestations, 1st Kindle Edition, 2021*

Und das kennst du bestimmt auch: Hat sich einmal so ein Begriff – wie in diesem Fall »Charmed Life« – im Kopf festgesetzt, begegnen dir Zusammenhänge auf Schritt und Tritt. Bei Lester Levenson[1] stieß ich auf die »wundersamen Fügungen« und Anekdoten aus seinem Leben, die man als »Charmed Life« bezeichnen kann, dann gab es in der »Finders Community« einen (nicht öffentlichen) Workshop zu dem Thema, und ... und ... und ...

Und dann tauchte für mich endlich der entscheidende Aha-Moment auf: »Charmed Life« übersetzte sich für mich am besten mit »wundervolles Leben« – und das ist ein zentrales Thema des Kurses! Statt langatmiger Erklärungen lasse ich ein Beispiel sprechen:

»Sage dir tagsüber – immer, wenn du daran denkst und einen Augenblick der Ruhe zur Besinnung hast – noch einmal, welche Art von Tag du haben willst, welche Gefühle du empfinden möchtest, was dir geschehen soll und welche Dinge du erfahren möchtest, und sage:

Wenn ich keine Entscheidung selber treffe, ist dies der Tag, der mir zuteil wird.

[... Du] ***kannst*** *[...] keinerlei Entscheidung selber treffen. Die einzige Frage ist tatsächlich die,* ***womit*** *du sie zu treffen wählst. Das ist tatsächlich alles.« (T-30.I.4:1-2, 14:3-5)*

Verbünde »dich« mit der alles erfüllenden Präsenz, die dich innen und außen durchdringt, mit der unbegrenzten Lebendigkeit, dem reinen ursprünglichen, unverursachten und unveränderlichen SEIN, der »Idee deiner selbst« (vgl. T-5.III.2:4) wie auch immer du ES erfährst – und lege deine Intention fest. Punkt. Und das immer wieder neu. In diesem einen Augenblick des Lebendigseins, dem heiligen Augenblick, dem »[...] Intervall, in welchem der Geist still genug ist, dass er eine Antwort hört, die nicht bereits in der gestellten Frage liegt.« (vgl. T-27.IV.6:9) Und vergiss jede weitere Kontrolle, jeden Impuls, in diese Richtung etwas zu »tun«, sondern

---

[1] *Vgl. Kapitel »Vergebung(en)« und »Wo bleibt HEINZ GERD?«*

313

bemerke stattdessen die Schönheit, Reinheit und Perfektion in dem, was du siehst, oder hörst, empfindest oder schmeckst. »GOTT ist in allem, was ich sehe.« (Ü-I.29) Genieße das »Charmed Life« – und den »Higher Shopping Service« Jesu[1], der jedoch *nicht* deiner Bequemlichkeit oder deinem Komfort dient, sondern dir die Zeit verschafft, dich mit den *wesentlichen* Dingen im Leben zu befassen:

Wunder hängen vom richtigen Moment ab.

Deshalb solltest du keine Zeit verschwenden [...] Es gibt einen besseren Gebrauch der Zeit. Du musst daran denken, mich zu bitten, alle kleinen Dinge zu erledigen, und ich werde sie so gut und so schnell erledigen, dass du dich nicht darin verlieren kannst ... Wenn du zum Beispiel einen Mantel brauchst, frag mich, wo du einen findest. Ich kenne deinen Geschmack sehr gut und weiß auch, wo der Mantel ist, den du am Ende sowieso kaufen würdest ... Ich kann dir nicht mehr Zeit ersparen, als du mir erlaubst, aber wenn du bereit bist, den Höheren Einkaufsservice auszuprobieren, der auch alle niederen Notwendigkeiten und sogar eine ganze Reihe von Launen abdeckt, habe ich eine sehr gute Verwendung für die Zeit, die wir sparen könnten. [2]

Also vergiss den »automagischen« göttlichen Lieferservice als Garant für die Versorgung von Liegestuhlpotatoes mit €, 6 und ⚓. Das ist nicht seine Funktion. Daher werden wir unsere Buchtitel wohl doch nicht anpassen.

Ich fand irgendwo noch ein etwas komplexeres Beispiel zu einem Aspekt dessen, was »Charmed Life« und »Göttlicher Lieferservice« bedeuten können: Ein Profitüftler im Logistik-ohne-Computer-Zeitalter, vulgo Elektroingenieur, sollte eine elektrische Steuerung aufbauen. Mit Termindruck, versteht sich. Dazu brauchte er ein bestimmtes Bauteil. Null problemo, denn ihm stand das turnhallengroße Ersatzteillager seiner Firma zur Ver-

---

1 *A Course in Miracles: Complete&Annotated Version, 1. Aufl., Sedona, AZ, USA: Circle of Atonement, 2017, T-1.25.6:1*

2 *CE 2017, T-1.25,2:1,3:7,4:1,5:2-3,6:1 (Übersetzungen durch Autor)*

fügung, mit Regalen bis zur Decke und vielen kleinen Kästchen. Aber der Fummel- und Herausfind-Experte wusste genau, wo »seine« Teile lagen. Also griff er ohne langes Suchen in den richtigen Behälter – und Panik kam auf: Der Behälter war leer!

Aber er wusste (theoretisch), dass man das Bedürfnis, ein Problem verstehen und mehr darüber herausfinden zu müssen, getrost loslassen kann. Er hielt *diesen* Aspekt seines »Buchwissens« allerdings für Kokolores, denn in seinem Job ging es ja gerade darum, etwas austüfteln und herausfinden zu wollen! Aber zumindest war er offen genug für das Prinzip »Versuch macht kluch« und sagte sich: »Will ich herausfinden, ob es funktioniert? Oh ja, ich will das Teil *wirklich* finden. Ich muss! Ich stecke fest – könnte ich es der Führung überlassen? Ja, könnte ich! Bin ich dazu wirklich bereit? Ja! Und wann?«[1]

Das tat er mehrmals hintereinander. Er gab das Herausfinden*müssen* auf. Anschließend bog er spontan einer Eingebung folgend um die nächste Ecke zu einem Regal, auf dem in Kopfhöhe ein Kasten mit ausrangierten elektrischen Bauteilen stand, griff hinein, wühlte etwas darin herum – und hatte das gewünschte Bauteil in der Hand!

Und nun abstrahiere bitte ein wenig und dehne dieses einfache Beispiel auf alle »Probleme« aus. Willst du ein Problem verstehen? Suchst du Antworten in den »Umständen«, die das Problem ausmachen? Willst du auf diese Art herausfinden, wie du das Problem »löst«? Dann suchst du die erforderlichen Antworten an der falschen Stelle und verbindest dich mit dem falschen Ratgeber. Und wenn du dich nun in einem weiteren Schritt nicht auf »Probleme« beschränkst, sondern auf alles (in Worten: *alles*), das dich auf irgendeine Art und Weise begrenzt: Ängste, Schmerzen, Neurosen, Traumata, … – dann landest du beim »General Problem Solver«: Ich nenne es »Fragen, Führung und Folgen«. Und damit meine ich *nicht*, das Interesse an den notwendigen Antworten aufzugeben oder gar das logische Denken

---

[1] *Vgl. auch: Hale Dwoskin: The Sedona Method, https://www.sedona.com [abgerufen: 25.03.2024]*

wegen irgendwelcher merkwürdigen Interpretationen zu verweigern – das wäre unverantwortliche Dummheit –, sondern festzustellen, dass die eigenen Fragen meistens die bereits vorhandenen Antworten und Lösungen verbergen.

Am besten nutzt du deine auftauchenden Fragen dazu, dir klarzumachen, mit welchem »Berater« du dich gerade verbindest. Hört der auf Vokabeln wie »Ich«, »mir« oder »meins«? Dann lass das *Herausfindenwollen* los und wende die Aufmerksamkeit auf die alles durchdringende zeitlose Präsenz, die stille Glückseligkeit des SEINS – und tauche darin ein, verbinde dich mit der strahlenden Stille – ob du das nun Jesus, GOTT, HEILIGER GEIST, Universum oder SEIN nennst. Und bitte um »Antworten« – ohne deine Festlegungen. Und ohne dein Bedürfnis nach Kontrolle.

Oder willst du lieber der bereits früher erwähnten »narrativen Wahrnehmung«, den Dampfplauderern und Geschichtenerzählern im Kopf vertrauen, die nur darauf warten, »dir« die Welt zu erklären und zu deuten? Und ja, ich meine »die Labertaschen« (Plural), denn meistens werkeln da mehrere gleichzeitig im Kopf herum, die sich üblicherweise widersprechen. Bist du schon mal auf die Idee gekommen, ihrem Geblubber *nicht* zu glauben?

Die Laberheinis scannen den ganzen Tag lang die »Welt« – meistens nach den Themen »Anerkennung« oder »Respekt«, »Sicherheit« und der Mutter aller Themen: »Kontrolle«. Stell dir beispielsweise vor, du willst dich erstmalig selbstständig machen und brauchst einen »Businessplan« für die Bank. Oder ein Familienangehöriger wird plötzlich zu einem Pflegefall und du darfst dich subito durch den Dschungel der Pflegebürokratie hindurchkämpfen. Dann geht die Lucy ab im Kopf, da wird abgewogen, geplant, angenommen und verworfen, simuliert, vorweggenommen, phantasiert und nichtverstanden, bis das eigentliche Problem kaum noch sichtbar ist und fast schon in den Hintergrund tritt. Kontrolle und Urteilsvermögen sind nun einmal wichtiger als banale Lösungen und Antworten.

»Tritt sanft beiseite, und lass die Heilung für dich geschehen.« (T-16.I.3:7) Stell dir vor, du bemühst dich daraufhin ernsthaft, die Kontrolle aufzugeben – ohne jedoch dein *Urteilsvermögen* zumindest zeitweise vollständig ad acta gelegt zu haben! Du wirst wahrscheinlich Erfolg mit deinem Bemühen haben und die Kontrolle zumindest schwächen, aber landest wahrscheinlich in einem Sumpf aus Schuldgefühlen und Angst, weil du eigentlich, bewusst oder unbewusst, Kontrolle und Urteilsvermögen als unerlässliche Verteidigungsstrategie zum Selbsterhalt ansiehst. Und nun schwächst du deine »Verteidigungslinien«. Absichtlich! Da ist es nur folgerichtig, dass die selbst geschaffene Verwundbarkeit Angst macht.

Also verdoppelst du deine Anstrengungen? Vergiss es. Versuche gar nicht erst, es *überhaupt* selbst weiter zu versuchen. Verbinde dich mit deinem SEIN, deinem *Inneren Lehrer*, Jesus etc. zu einer *gemeinsamen Praxis!* Wann? Sobald »ES« den richtigen Zeitpunkt identifiziert hat. Den ES jedoch nicht kennt! Weil *du* es IHM mitteilen wirst, wahrscheinlich ohne es selbst zu bemerken. Das ist der Grund, warum du die Verbindung mit dem »Berater« benötigst: Um dir DEINER Botschaften bewusst zu werden!

*Es wäre sehr unklug, es zu versuchen, bevor wir es **gemeinsam** tun können. Ich versichere dir, dass ich den richtigen Zeitpunkt finden werde. Ich kann dir nicht sagen, wann das sein wird, weil ich es nicht weiß. **Du** wirst es mir sagen, aber du wirst es vielleicht nicht merken. Deshalb brauchst du mich, um dir deine eigene Botschaft zu überbringen.*[1]

Der landläufige »Berater«, an den du dich klammerst und den du »Ich«, »mein«, »mir« oder »mich« nennst, ist Experte darin, dich von DEINEN Botschaften zu trennen.

*Wenn wir **beide** bereit sind, kann es keine Angst geben.*[2]

---

[1] *CE 2017, T-4.IX.2:2-6*
[2] *Ebd., 2:7*

Tag 336

Miese-Stimmung-Übung

Gestern haben wir schon gesehen, dass ich »dich« nie so wahrnehmen kann, wie du wirklich bist, weil die Wahrnehmung selbst schon Ausdruck des Trennungsirrtums ist. Der Leitstern des Kurslernens bleibt etwas, das für unser übliches Denken sehr gewöhnungsbedürftig ist. Deswegen jubelt uns der Kurs diese Nachricht auch aus den unterschiedlichsten Perspektiven auf 1400 Seiten immer wieder unter die Haut, bis unser Immunsystem die Abwehr dagegen endlich aufgibt:

Die Vergebung ist das Mittel, das zur Beendigung der Wahrnehmung bestimmt ist.[1]

Letztendlich natürlich. Unterwegs dürfen wir schon noch den Segen der Vergebung in den Reflexionen, welche die »Erkenntnis« des Einsseins in unserer Wahrnehmung spiegeln, genießen: die Wunder der Heilung, Versöhnung und Ganzwerdung. Es geht mehr darum, den Leitstern nicht aus den Augen zu lassen, ohne den die ganze Kursmetaphysik nicht den geringsten Sinn ergeben würde: unser EINSSEIN in GOTT.

Die Erkenntnis ist wiederhergestellt, nachdem die Wahrnehmung zuerst verändert wird und dann dem völlig weicht, was ewig weit jenseits ihrer höchsten Reichweite bleibt.[2]

Apropos »Heilung, Versöhnung und Ganzwerdung«:

Wenn du gerade Lust auf eine konkrete Erfahrung der »Wundergesinntheit« hast, dann leg doch mal ganz in Ruhe alles vor deinem geistigen Auge ab, was in dir nach irgendeiner Form von Dunkelheit aussieht: die Verluste, die du erlitten hast, die Gedanken, die dich quälen, die Zweifel, die du beispielsweise an deinem Kurslernen hast und dessen Erfolg, die Bedenken

---

[1] *Kurs 2019, Ü-II.336.1:1*
[2] *Ebd., 1:2*

bezüglich deiner Gesundheit, deiner finanziellen Situation oder ganz generell deiner Zukunft. Alles, was deine Laune tatsächlich oder potentiell verhagelt. Leg es vor dir ab, nur, um es zu betrachten, mehr nicht. Kein Deuten, kein Beurteilen, kein Hinzufügen von eigenen Lösungsideen.

Kommt ein kleiner Berg zusammen, stimmt's? Wunderbar, alles normal also.

Und jetzt nimm dir irgendetwas heraus ... und SEI ihm ein Licht. Mach dir klar, dass das Licht schon in diesem Ding war, als du etwas Dunkles, Bedrohliches in ihm gesehen hast. Du »gibst« ihm nur den lebendigen Funken zurück, der lediglich in deiner Sicht verborgen war.

Und dann sieh dieses kleine, unaufdringlich und selbstverständlich anwesende Licht in weiteren Details deines »Schuldenbergs«. Irgendwann wird dir das vielleicht zu viel werden, die Aufgabe scheint dir zu groß oder das Licht zu schwach.

Dann nimm diese Hilfe an, die nicht mehr daran zweifelt, dass du selbst das Licht BIST, das alle deine Zweifel heilt:

CHRISTUS hat keinen Zweifel, und aus SEINER Gewissheit kommt SEINE Ruhe. ER wird SEINE Gewissheit gegen alle deine Zweifel tauschen, wenn du zustimmst, dass ER EINS mit dir ist und dieses EINS-SEIN endlos, zeitlos und in deiner Reichweite ist, weil deine Hände SEINE sind. ER ist in dir, doch geht ER neben dir und vor dir her und auf dem Weg voran, auf dem ER gehen muss, um SICH als vollständig zu finden. SEINE Ruhe wird zu deiner Gewissheit. Und wo ist der Zweifel, wenn die Gewissheit gekommen ist?[1]

Was überwiegt in dir? Die schlechte Laune wegen der Erinnerung an deinen »Berg des Mangels« oder die Freude über deine Heilkraft?

---

[1] *Kurs 2019, T-24.V.9:3-7*

319

Tag 337

Unkaputtbares Selbst

Vor »jedem Schaden geschützt« (vgl. Ü-II.367) zu sein, das klingt gut. Unsere »Sündenlosigkeit« soll uns das garantieren. Schau mal in dich, ob das in dir eine Resonanz erzeugt, oder platter gefragt: Glaubst du das?

Okay – unser »eigentliches« Sein, das »wahre Selbst«, das Einssein in GOTT oder das SEIN in LIEBE lässt sich kaum als »sündig« oder anfällig für Schäden denken. Und vermutlich jeder von uns hat schon in »heiligen Augenblicken« diesen Zustand des Friedens erfahren, in dem das »Ich« still geworden ist und man sich mit einem unangreifbaren Frieden mehr oder weniger identisch erlebt hat. Die Frage aber bleibt: Ist dies ein Paralleluniversum meines Erlebens, und die körperliche Welt, in der Schaden, Mangel, Verlust und Tod zur Normalität gehören, muss irgendwie »ausgehalten« werden, bis ich den Körper ablege und in einer »schadensfreien« Seele weiterleben kann? Oder bezieht sich die Garantie, »vor Schaden geschützt« zu sein, doch auf mein Leben hier und jetzt und in der Wirklichkeit, die ich gerade als meine Realität erlebe?

Der HEILIGE GEIST berührt mich und meine Welt durch die Erinnerung, dass ich nicht hier wohne. ER nimmt die Last von mir, meine Welt als mein Zuhause verteidigen zu müssen gegen die Bedrohungen, denen sie unausweichlich ausgesetzt ist. Der CHRISTUS in mir weiß, wo mein Zuhause ist, und dass ich es nie verlieren kann. Und in der Verbindung mit dem CHRISTUS in meinem Bruder nehme ich SEINE HAND an, DIE mich sicher in dieses Zuhause zurückführt. Die Elemente meiner Welt mit meinem Körper-Geist-Konstrukt als ihrem Mittelpunkt werden jetzt zu einem Hilfsmittel dieser Rückkehr. Und damit ist die Antwort gegeben: Nein, ich erfahre mich hier nicht in einem körperlichen Paralleluniversum meiner wahren Heimat, sondern im Augenblick der Heilung meiner vermeintlich »dinglichen« Welt, und kann den Körper in seiner wahren Funktion sehen:

*Wenn **dies** sein Zweck ist, ist der Körper geheilt. Er wird nicht dazu verwendet, den Traum der Trennung und der Krankheit zu bezeugen. Noch wird ihm müßig die Schuld dafür zugewiesen, was er nicht tat. Er dient dazu, der Heilung von GOTTES SOHN zu helfen, und zu diesem Zweck kann er nicht krank sein. [...] Alle Wunder sind auf dieser Wahl gegründet und werden dir in jenem Augenblick gegeben, wenn sie getroffen wird.[1]*

Die Wunder sind uns als Hilfe in der Welt unserer Wahrnehmung gegeben. Heilung ist nur eine Gehhilfe auf dem Weg ins reine SEIN zurück, aber eine notwendige. Nur der Geist muss und kann geheilt werden, aber mit dem Zulassen dieser Heilung akzeptiere ich, dass sie vom CHRISTUS in uns allen kommt und damit unbegrenzt in ihren Wirkungen ist. Mein Geist erlaubt die bedingungslose Verwandlung meiner Welt:

Er wird geheilt sein von all den krankhaften Wünschen, denen zu gehorchen er den Körper zu ermächtigen versuchte. Jetzt ist der Körper geheilt, weil die Quelle der Krankheit der Linderung geöffnet wurde.[2]

Wenn wir die Heilung freilassen aus den Beschränkungen, unter denen wir sie bisher haben sehen können – wenn wir also die HAND des CHRISTUS nehmen, ohne IHN auf einen Körper zu reduzieren – werden wir sie überall sehen, weil sie überall der einzige wahre Impuls ist, der sich auf unsere Wahrnehmung richtet:

Der heilige Augenblick ist deine Einladung an die Liebe, in dein ödes und freudloses Reich einzukehren und es in einen Garten des Friedens und Willkommens zu verwandeln. Die Antwort der Liebe ist unvermeidlich. Sie wird kommen, weil du ohne den Körper gekommen bist und keine Schranken dazwischenstelltest, um ihr frohes Kommen zu behindern.[3]

---

[1] *Kurs 2019, T-28.VII.4:1-4,6*
[2] *Ebd., Ü-I.136.16:4,17:1*
[3] *Ebd., T-18.VIII.11:1-3*

Denken ohne Schuld

Die »Berichtigung« unserer Wahrnehmung von dem, was ist und was wir sind, findet mit dem Kurs auf der Ebene der Gedanken statt. Wir haben gelernt, dass wir gewohnheitlich »ohne IHN« denken und damit eine ganze Welt der Vereinzelung und des künstlichen Zusammenhalts hervorgebracht haben, die um den Gedanken des Mangels, der Schuld und des Todes kreist.

Um uns zu »beruhigen«, haben wir unseren Gedanken die Macht abgesprochen, wählen zu können, mit dem Ego die Trennungsidee wirksam werden zu lassen oder mit der LIEBE unsere Wirklichkeit zu »erschaffen«. In der Tiefe aber ist die Sehnsucht nach Wahrhaftigkeit wach geblieben – GOTT sei Dank!

*Wenn du glaubst, das, was du denkst, sei wirkungslos, hörst du möglicherweise auf, Angst davor zu haben, aber du wirst es wahrscheinlich auch kaum achten. Es **gibt** keine nichtigen Gedanken. Alles Denken bringt Form auf irgendeiner Ebene hervor.[1]*

Was regt sich in dir bei dieser Nachricht? Angst, Zweifel, einschränkende Gedanken, der Impuls zum Rückzug – oder Freude, Erleichterung, das Gefühl, endlich wahrhaftig angesprochen zu werden? Lass uns ehrlich bleiben vor uns selbst. Wenn wir unseren Irrtum nicht sehen, können wir das Angebot seiner Berichtigung nicht annehmen als der eine Geist, der wir sind:

Seine Gedanken können ihn in Angst versetzen, doch da diese Gedanken ihm allein gehören, hat er die Macht, sie zu verändern und jeden Gedanken der Angst gegen einen glücklichen Gedanken der Liebe einzutauschen.[2]

---

[1] *Kurs 2019, T-2.VI.9:12-14*
[2] *Ebd., Ü-II.338.1:5*

Das ist weit jenseits der Psychologie und der Verhaltensänderung. Dieser »Austausch« meiner Angstgedanken gegen die der Liebe ist nicht mehr »machbar«. »Mein Denken« ist ein Denken ohne IHN, und es gründet sich auf SEINE Abwesenheit und Unwirklichkeit. Schau einfach nüchtern deine »normalen« Gedanken an. Sie kennen keinen GOTT als ihren wahren Ursprung. Der »Austausch« der Gedanken ist eigentlich nur die Erinnerung an eben diese QUELLE unserer Gedanken, DIE immer wahr und wirksam geblieben ist. Ausgetauscht werden also nur die Idee unserer Herkunft, der Quelle unseres SEINS und die Idee davon, was wahr und was unwahr ist:

Wenn du jedoch so bist, wie GOTT dich schuf, kannst du nicht getrennt von IHM denken und nichts machen, was SEINE Zeitlosigkeit und LIEBE nicht teilt. Gehören diese zu der Welt, die du jetzt siehst? Erschafft sie wie ER? Wenn dieses nicht der Fall ist, ist sie nicht wirklich und kann überhaupt nicht sein. Wenn du wirklich bist, ist die Welt, die du siehst, falsch, denn GOTTES Schöpfung ist in jeder Weise anders als die Welt. Und wie es SEIN GEDANKE war, durch den du erschaffen wurdest, so sind es deine Gedanken, die sie gemacht haben und sie befreien müssen, damit du die GEDANKEN erkennen kannst, die du mit GOTT teilst.[1]

Meine Gedanken fangen an, die »Welt zu befreien«, wenn sie sich wieder ihrer QUELLE öffnen. Das befreit die Idee der Schuld aus der dunklen Gruft meiner vereinzelten Seele und entlässt sie in den blauen Himmel unserer ewigen Verbundenheit, wo sie einfach vergeht und nicht mehr ist.

---

[1] *Kurs 2019, Ü-I.132.11:1-6*

Tag 339

Die Magie der Wunder

»Was auch immer« ich erbitte, das werde ich empfangen (vgl. Ü-II.339). Das ist im Kurs Methode: Er packt uns bei unserem geheimsten Wunsch, der allmächtige Magier unseres Lebens zu sein. Nicht, um uns bloßzustellen und unsere Kleinheit aufzuzeigen, sondern ganz im Gegenteil: Er führt uns an den Gipfel unserer Wünsche, um uns den Ausblick auf das Wunder zu ermöglichen, das weit über alles hinausgeht, was die Magie der Formenwelt vermag. »Verlust ist nicht Verlust, wenn er richtig wahrgenommen wird. Schmerz ist unmöglich. Es gibt keinen Gram mit irgendeiner Ursache. Und Leiden jeder Art ist nichts als ein Traum.« (Ü-II.284.1:1-4) – das macht genau wie der heutige Gedanke nur in der Einflusssphäre des Wunders Sinn.

Jeder wird das empfangen, um was er ansucht. Doch kann er fürwahr verwirrt sein über die Dinge, die er will, und über den Zustand, den er erlangen möchte.[1]

»Ansuchen« ist ein herrlich antiquiertes Wort! Aber es ist für das, was hier gesagt werden soll, genial: »An« wen wende ich mit meiner Bitte um Heilung, Veränderung, Wahrheit und Erkenntnis? Was also »suche« ich wirklich, wenn ich zum Beispiel eine Krankheit loswerden will, oder den Schmerz in meinem Knie, oder wenn ich um die Beendigung eines Krieges bitte – »ansuche«?

Wir haben wohl tatsächlich nicht gewusst, um was wir bitten, als wir unsere Wünsche formuliert haben, weil uns nicht klar gewesen ist, dass wir in der Tiefe immer erst eine Wahl treffen, wer unsere Bitten beantworten und erfüllen soll, bevor wir konkret werden und das leere Bankkonto oder den streitsüchtigen Nachbarn ins Auge fassen.

---

[1] *Kurs 2019, Ü-II.339.1:5-6*

»Der Schmerz soll verschwinden« wollte zuerst den Schmerz, damit er dann erst überwunden werden kann, »der Krieg soll aufhören« wollte den Krieg, um ihn beenden zu können. Das Ego will die Trennung und Zersplitterung, um uns ein selbstzusammengefügtes Ganzes verkaufen zu können, und es bietet uns die Magie an, um uns seiner derart beschränkten Welt bemächtigen und uns in ihr eine kleine Weile bewegen zu können.

Es ist der » Wille«, der den WILLEN GOTTES als Feind sieht und eine Form annimmt, in der dieser verleugnet wird.[1]

Wenn aber mein »Ansuchen« an IHN geht, DER in der WAHRHEIT der alles ermächtigenden und bewegenden LIEBE bereitsteht, um uns als Brüder heimzubegleiten, werde ich Wunder wirken und in ihrer Einflusssphäre erleben, das wahr ist, was mir heute gesagt wird. Das wird jetzt mein »Bitten« sein. Alles ist dir und mir bereits gegeben, um was ich bei IHM ansuche: Frieden, Unverletzlichkeit, Angst- und Schmerzfreiheit, ewiges Leben und unendliche Freude.

Jedes Wunder ist ein Beispiel für das, was die Gerechtigkeit vollbringen kann, wenn sie jedem gleichermaßen angeboten wird. Sie wird gleichermaßen empfangen und gegeben. Sie ist das Gewahrsein, dass Geben und Empfangen dasselbe sind. Weil sie dasselbe nicht ungleich macht, sieht sie keine Unterschiede, wo es keinen gibt.[2]

Danke für die schlichte Wahrheit.

---

[1] *Kurs 2019, Ü-II.12.1:2*
[2] *Ebd., T-25.IX.10:4-7*

Tag 340

Experimentelle Schmerztherapie

Hast du Lust auf ein Experiment? Ich weiß selbst noch nicht, wie es ausgehen wird, es kam mir gerade in den Sinn, als ich dies gelesen habe:

Sei heute froh! Sei froh! Heute gibt es keinen Raum für irgendetwas anderes als Freude und als Dank.[1]

Ich weiß natürlich nicht, wie dein Tag bisher verlaufen ist, meiner könnte als Gegenbeweis dienen, dass die Ansage der Lektion irgendetwas mit der Wirklichkeit zu tun hat: zu viel Eis auf der Windschutzscheibe, zu wenig Benzin im Tank, zu hoch der Unlustlevel, bei diesem Wetter in kaltes Wasser zu springen, um meinem Fitnessprogramm treu zu bleiben, und Leid ohne Ende, als der wohlverdiente »Kaffee danach«, den ich auf dem rutschigen Autodach abgestellt hatte ... ich will gar nicht mehr dran denken! Mein beruflicher Termin ist auch ins Wasser gefallen, weil einfach niemand die Tür geöffnet hat, und die ganze fast einstündige Reise durch das verschneite Verkehrschaos – für die Katz.

Klagen auf hohem Niveau – sicher. Aber was »meine Welt« stört oder gar in ihren Fundamenten erschüttert, ist höchst individuell, mit welchen konkreten Aspekten »meiner Welt« ich das Leid über die vermeintliche Trennung von GOTT durchspiele, das ist mein ganz persönlicher »Leidensweg«.

Das »Experiment« wäre also dies: Lassen wir doch einfach mal – unabhängig davon, ob du gerade auch an irgendetwas »leidest« oder nicht – gemeinsam die Aussage, dass es heute keinen Raum für irgendetwas anderes gibt als für Freude und Dank, eine Tatsache sein. Zweifeln wir sie nicht an. Und gestehen wir ein, dass wir den Willen dazu beitragen können, diesen Raum zu erfahren, dass aber die Gewissheit von IHM, vom CHRISTUS, von unserem vereinten SELBST kommt. Und lassen wir uns diesen nur scheinbaren

---

[1] *Kurs 2019, Ü-II.340.2:1-3*

ANDEREN, DEN wir zum Beispiel »Jesus« nennen können oder HEILIGER GEIST, oder IHN auch unbenannt lassen wollen, den »einzigen« Raum öffnen, in dem wir zu unserem SELBST finden werden. Zweifeln wir auch das nicht an.

Hierhin darf ich alles mitbringen, was in mir das Leid noch sehen will als einen Beweis für die Wahrheit des Körpers und seiner Bedingungen und scheinbaren Gesetze. Hier kann der Schmerz vom Leid befreit werden und so seinen Ausgang in die Heilung finden:

Verbirg das Leiden nicht vor SEINEN Augen, sondern trage es froh zu IHM hin. Leg deinen ganzen Schmerz vor SEINE ewige Vernunft, und lasse IHN dich heilen. Halte keine einzige Schmerzensstelle vor SEINEM Licht verborgen, und erforsche deinen Geist sorgfältig nach allen Gedanken, die du möglicherweise aufzudecken fürchtest. Denn ER wird jeden kleinen Gedanken heilen, den du behalten hast, um dich zu verletzen, und ihn von seiner Kleinheit reinigen und ihn der Größe GOTTES zurückerstatten.[1]

Bist du noch dabei? Dass wir uns alleinlassen können in unserem speziellen Schmerz und im Irrtum unseres Leidens – das war der schmerzlichste aller Gedanken. Lassen wir ihn gemeinsam in SEINEN ewig offenen *Raum* vergehen.

---

[1] *Kurs 2019, T-13.III.7:3-6*

Was also genau ist ein Wunder?

Mit der heutigen Lektion könnte man sagen: Ein Wunder ist das, was du siehst, wenn du deine Sündenlosigkeit nicht angreifst. Wenn du also deine gewohnte Sicht zur »Schau« transzendiert hast:

> *Wie rein, wie sicher, wie heilig also sind wir, die wir in DEINEM LÄCHELN weilen [...]*[1]

Manch einer, der eine spirituelle Abkürzung gesucht hat, hat sich ein solches »Lächeln« angewöhnt und zum Grundmuster seiner Mimik auftrainiert. Das Geheimnis des »geistigen Lächelns« ist aber das »Wir«: Sehe ich SEIN Lächeln auf dir liegen? Dann erst lächelt ES wirklich in mir. Sehe ich das Lächeln über jedem Bruder, in jedem Baum, in jedem Stern am Himmel? Seh ich es in der Krankheit, im Krieg, im Sterben? Seh ich es als das Funkeln des »Überall-Seienden«?

Was lässt mich dieses Lächeln glauben? Wann sehe ich es wirklich und tue es nicht mehr als Phantasie ab? Wenn ich in einer Geisteshaltung bin, die unabhängig von den konkreten Aspekten der Situation ein Wunder erwartet. Ich erwarte eine fundamentale Alternative zu dem, was ich bislang aufgrund eines alten Vertrages mit dem Ego pflichtgemäß erwartet habe: den höchstens vorübergehend guten Ausgang – letzten Endes aber ausnahmslos das Scheitern und den Tod. An der Stelle darf man ruhig mal kurz Schnappatmung bekommen. Wenn es nur durchdringt: Genau das habe ich im Dienste des Ego von meiner Zukunft erwartet.

> *Das Wunder wird zuerst durch Glauben angenommen, weil darum bitten implizit besagt, dass der Geist vorbereitet worden ist, sich das vorzustellen, was er nicht sehen kann und nicht versteht. Doch wird der*

---

[1] *Kurs 2019, Ü-II.341.1:3*

Glaube seine Zeugen bringen, um zu zeigen, dass das, worauf er beruhte, auch wirklich da ist.[1]

Da lächelt ES tatsächlich ganz fein hindurch, findest du nicht auch?

Ich kann ehrlich bleiben und muss meine Wahrnehmung nicht durch mein eigenes Umdeuten in Frage stellen und weiter verzerren. Es ist zunächst nur mein »Glaube«, meine »kleine Bereitwilligkeit« gefragt, dich »in SEINEM LÄCHELN« sehen zu wollen. Dafür ist das Wunder da, um mir im Rahmen meiner Wahrnehmung das Ewige, Unveränderliche und wahrhaft Liebevolle zu zeigen.

Die »Schau«, die ich mit dem Kurs erlerne, hat akzeptiert, dass die LIEBE immer alles und jedes als eins sieht und dadurch den gespaltenen Geist heilt. Das, was sich meiner dualistischen Wahrnehmung definitiv entzieht, kann ich mit SEINER Hilfe als Wunder erfahren. Dann lächelt nicht mehr meine Vorstellung von einem Wunder durch den rosaroten Nebel meiner wahrgenommenen Welt, sondern das Wunder selbst:

Die Bedeutung der Liebe geht in jeder Beziehung verloren, die sich an die Schwäche wendet und hofft, dort Liebe zu finden. Die Macht der Liebe, die ihre Bedeutung ist, liegt in der Stärke GOTTES, die über ihr schwebt und sie still segnet, indem sie sie in heilende Flügel hüllt. Lass dies geschehen und versuche nicht, es durch dein »Wunder« zu ersetzen.[2]

Was also ist ein Wunder? Das, was ich immer dann sehe, wenn ich »meine« Sündenlosigkeit nicht mehr angreife.

[1] *Kurs 2019, Ü-II.13.4:1-2*
[2] *Ebd., T-16.I.6:1-3*

329

Kannst du mal endlich ruhig sein?!

Drei Wochen vor Beendigung des strukturierten Kursübens fragt die Lektion heute netterweise und sicherheitshalber nochmal nach, inwieweit die »Vergebung« in uns »zur Ruhe« gekommen ist. Wie ist es bei dir? Hat sich in dir vollständig geklärt, wie »Vergebung« vom Kurs gemeint ist? Da sind wir ja alle mit unserem »Verstehen« nicht wirklich weit gekommen. Jede einzelne Erfahrung jedoch, die wir mit der Vergebung haben machen können, hat ihre Bedeutung in uns ein wenig mehr sich entfalten, manchmal auch aufblühen lassen. Du hast bestimmt auch Momente erlebt in diesem Jahr, in denen es nichts gegeben hat, was einfacher zu begreifen gewesen wäre als eben die Vergebung. Und dann – oder bin ich damit allein? – ist da doch wieder dieses Brett vor der Stirn gewesen, auf dem vielleicht noch die Aufschrift »Vergebung« zu erkennen gewesen ist, das aber von ihrer Bedeutung so gar nichts in deinen Geist hat durchsickern lassen? Das kennst du doch hoffentlich? Ich will hier nicht der Einzige sein, der tausend Anläufe braucht, um die Vergebung endlich dauerhaft im Herzen zu spüren als das, was sie wirklich ist!

Heute also soll die Vergebung ihre verdiente Ruhe in meinem Geist bekommen, indem ich aufhöre, zu warten, bis ich sie vollständig verstehe. Dieses Beenden meiner Einmischung beim Definieren ihrer Bedeutung ist offensichtlich das, was ihre VOLLSTÄNDIGKEIT zu mir einlässt:

Lass mich heute nicht wieder warten. Lass mich allen Dingen vergeben, und lass die Schöpfung sein, so wie DU möchtest, dass sie sei, und wie sie ist.[1]

Wir sind an einer Art Wegkreuzung angelangt, wo wir endgültig wählen können, die Dissoziation des Weltlichen vom Göttlichen, des Dinglichen vom Formlosen, der Dualität vom Einen in uns aufzuheben und den

---

[1] *Kurs 2019, Ü-II.342.1:6-7*

CHRISTUS als unseren Wegbegleiter zu akzeptieren. In der »Ruhe der Vergebung« ist die Trennung von IHM endlich vergeben und vorbei.

Lass alle Dinge genau so sein, wie sie sind.[1]

Die »Schöpfung« so sein zu lassen, wie sie ist, und »alle Dinge« ebenfalls so sein zu lassen, wie sie sind – das beißt sich jetzt nicht mehr. In der Vergebung berühren sich die Formenwelt und die Formlosigkeit der Wahrheit – in dem Geist, der glaubte, irgendetwas von irgendetwas trennen zu können. In »meinem« Geist, der eine Weile von dieser Möglichkeit träumen wollte.

Jetzt schaue ich auf dich, Bruder, und gebe dich aus meinem Traum frei. Wir erleben uns beide noch in der Wahrnehmung, erfahren uns in Körpern, die in der Formenwelt unterwegs sind, und können endlich zu jeder einzelnen dieser Formen und zu jedem Aspekt unserer Begegnungen und Beziehungen ein glasklares und schattenloses »Ja« sagen, weil wir den Ausgang der Form nicht mehr im Tod sehen, sondern die Vergebung auf ihr ruhen lassen können, deren sicherer Ausgang Heilung und Vollständigkeit ist. Geben wir alles in diese Ruhe, die nicht von dieser Welt ist, sondern aus SEINER LIEBE kommt.

Die Vergebung ihrerseits ist still und tut ganz ruhig gar nichts. Sie kränkt keinen Aspekt der Wirklichkeit, versucht auch nicht, sie zu Erscheinungen, die ihr gefallen, zu verdrehen. Sie schaut nur und wartet und urteilt nicht. Derjenige, der nicht vergeben will, muss urteilen, denn er muss sein Versagen, zu vergeben, rechtfertigen. Der aber, der sich selbst vergeben möchte, muss lernen, die Wahrheit genauso willkommen zu heißen, wie sie ist.[2]

Danke, Bruder, für dein Mit-mir-Sein.

---

[1] *Kurs 2019, Ü-II.268*
[2] *Ebd., Ü-II.1.4:1-5*

Tag 343

Frieden statt Krieg

Es sind nicht nur keine Opfer nötig, um in den Frieden GOTTES zurückzufinden, die Vollständigkeit und Lückenlosigkeit der LIEBE macht Opfer sogar unmöglich:

> *DEIN SOHN kann keine Opfer bringen, denn er muss vollständig sein, weil er die Funktion hat, DICH vollständig zu machen.*[1]

Die Vergebung erinnert mich also in dieser Welt, in der »Opfern« etwas Unausweichliches zu sein scheint, an die Unmöglichkeit irgendeines Verlustes. Und das Wunder »[...] schaut lediglich auf die Verwüstung und erinnert den Geist daran, dass falsch ist, was er sieht.« (Ü-II.13.1:3)

Wir brauchen diesen radikalen Standpunkt, um auf Vergebung und Wunder vertrauen zu lernen, um uns zu ermutigen, sie in immer mehr konkreten Situationen anzuwenden. Es ist SEINE Position, SEINE Sicht und SEIN Wissen, das wir nicht »selbst« behaupten können. Aber wir können uns dieser Sicht anschließen und unsere Erfahrungen damit sammeln. Wir können wundergesinnt werden und uns allmählich unserer IDENTITÄT in IHM gewahr werden. ER ist unser wahres SELBST.

Das »Opfer« wird auf vielen Bühnen der Welt inszeniert. Es ist der Preis der Schuld und der immer vergebliche Versuch, sie zu bezahlen.

Der Kurs lehrt uns keinen »privaten« Frieden, sondern den totalen, er lehrt immer nur die Vollkommenheit ohne Ausnahme. Und deshalb führt er uns sehr behutsam und nervenschonend an die Tatsache heran, dass jeder Gedanke »Form hervorbringt« (vgl. T-2.VI.9:12-14) und entweder Krieg, Schuld und Opfer unterstützt – oder eben die Vollkommenheit des Friedens GOTTES. Letzteres bedeutet, darauf zu vertrauen, dass ein einziger Augenblick, in dem ich lieben kann, ohne anzugreifen, ohne Bedingungen zu stel-

---

[1] *Kurs 2019, Ü-II.343.1:9*

len und ohne Doppelbotschaften mit meiner Liebe auszuschicken, der ganzen Welt Wunder der Heilung schenkt (vgl. T-27.V.2:10-14,4:1-2).

Wir leben im Moment in einer Zeit furchtbarer Kriege. Hat das »Wunderwirken«, hat das Hinlieben zu den Tätern und Opfern – hat das »Lieben ohne anzugreifen« wirklich Macht?

Der Kurs jedenfalls bittet uns darum, daran zu glauben und nicht nachzulassen, Vergebung konkret anzuwenden und der »Ort des Friedens« zu sein, von dem aus das Wunder sich auf SEINEN Flügeln über die ganze Welt ausbreitet:

Es trägt Trost vom Ort des Friedens auf das Schlachtfeld und zeigt auf, dass Krieg keine Wirkungen hat. Denn alle die Verletzungen, die der Krieg zu bringen suchte, die gebrochenen Körper und zerschmetterten Glieder, die schreienden Sterbenden und die stummen Toten, sie alle werden sanft emporgehoben und getröstet.[1]

Krieg ist eine Inszenierung des »Beweises«, dass Schuld und Opfer wahr sind.

Aber können wir die *Vollkommenheit* der LIEBE tatsächlich unvollständig machen? Wir brauchen die Wunder der Heilung, um wirklich glauben zu können, dass dies unmöglich ist.

Wunder fallen wie Tropfen heilenden Regens vom Himmel auf eine trockene und staubige Welt, wohin hungernde und dürstende Kreaturen kommen, um zu sterben.[2]

Machst du mit? Einen Augenblick nur liebend und ohne Angst an Täter und Opfer der Kriege zu denken, ohne anzugreifen? Geben wir ihnen das Wunder SEINER ewigen Anwesenheit, und demonstrieren wir unser Heil-Sein, indem wir akzeptieren, dass wir tatsächlich Wunder schenken können.

---

[1] *Kurs 2019, T-27.V.3:3-4*
[2] *Ebd., Ü-II.13.5:1*

Gib allen alles

So, wie zum Ende des Übungsbuchs »Vergebung und Wunder« noch einmal betrachtet worden sind als das, was sie sind, steht heute ein zentraler Aspekt der neuen Geistesausrichtung im Fokus: »Geben ist Empfangen«.

Jetzt sind mehr und mehr die Erfahrungen gefragt, die wir mit diesem Prinzip bisher gemacht haben: Zwischen lesen, hören, verstehen, begreifen, erfahren und durchdrungen sein von der ganzen Tragweite dieser Kernbotschaft des Kurses ist es ein Weg – deiner und meiner. Und dabei ist DAS, WAS uns als die Bedeutung von »Geben ist Empfangen« durchdringt, bei jedem einzelnen Schritt, den wir auf sie zutun, *vollständig* bei jedem von uns, zu jeder Zeit, in jeder Situation.

»Damit du hast, gib allen alles.« (T-6.V.A.5:13), das klingt wunderbar einfach und ist es auch. Wie an so vielen Stellen begegnet uns hier der Kurs in einem einzigen lapidaren Satz. Geht es dir wie mir? Im ersten Moment ist da volle Zustimmung, und dann ...

Das Ego stellt an dieser Stelle sehr viele und sehr unangenehme Fragen. Natürlich nur, um die schlichte Wahrheit, die in einem solchen Satz steckt, zu zerstören. Das wissen wir alle schon lange, aber wir sind in der Regel an diesem Punkt noch empfindlich zu stören. Darf ich »wir« sagen? Unterschreibst du das für dich?

Gibst du dem Bettler dein Geld oder nicht? Kündigst du deine Arbeitsstelle und ziehst um, wenn deine Eltern pflegebedürftig werden? Kümmerst du dich um den Nachbarn, wenn der zu viel trinkt? Nimmst du Flüchtlinge bei dir zu Hause auf? Gehst du zu den Armen und schaust, was sie brauchen? Trägst du Bäume in die abgeholzten Gebiete der Welt? Hörst du auf zu atmen, um anderen keinen Sauerstoff wegzunehmen? Gibst du allen alles?

Uferlos. Wie gesagt, die Fragen des Ego bezüglich unserer Freigebigkeit werden nicht aufhören, solange *wir* nicht aufhören, ihm zuzuhören. Jesus sagt einfach: Darum geht's nicht.

Wer kann einen Traum mit andern teilen?[1]

Das Geben und Empfangen von »allem« kann nicht die Formel der Welt sein, aber sie ist die Formel der Wunder.

Das Wunder, welches du empfängst, das gibst du. Ein jedes wird zu einem anschaulichen Beispiel des Gesetzes, auf dem die Erlösung fußt: dass Gerechtigkeit allen widerfahren muss, wenn irgendjemand geheilt werden soll. Niemand kann verlieren, und jeder muss einen Nutzen haben.[2]

Stell dir doch mal den Wasserstrahl deiner Dusche vor, dessen einzelne für dein Auge langgezogenen Tropfen im Licht einer nahen Lichtquelle funkeln. Stell dir vor, jeder einzelne Tropfen ist ein Gedanke, deiner, meiner, oder von irgend jemandem anderen zu irgend einer Zeit. Wir werden jeder bei »seinen eigenen« Gedanken bleiben müssen, wenn sie für uns irgendetwas erkennbar machen sollen. Aber wir können wählen, uns gleichzeitig auch der »Sicht« der LICHTQUELLE selbst anzuschließen, die jedem Gedanken, welche Form er auch grade repräsentiert – ob gut oder schlecht, meiner oder deiner, hell oder dunkel – DASSELBE Licht gibt. Spürst du die Ruhe, in die dein Geist dabei eintaucht?

Jedes Wunder ist ein Beispiel für das, was die Gerechtigkeit vollbringen kann, wenn sie jedem gleichermaßen angeboten wird. Sie wird gleichermaßen empfangen und gegeben. Sie ist das Gewahrsein, dass Geben und Empfangen dasselbe sind.[3]

---

[1] *Kurs 2019, Ü-II 344.1:4*
[2] *Ebd., T-25.IX.10:1-3*
[3] *Ebd., 10:4-6*

Wunderwirksam

Wunder werden im Licht gesehen.[1]

Du wirst schon gemerkt haben, dass du keine einzige halbwegs vernünftige Aussage über das »Wunder« treffen kannst, wenn du es nicht direkt erlebst.

Wir können »von« Wundern sprechen, aber kaum »über« sie. Kennst du auch die Frage in dir, ob und welche Wunder du erlebt hast, und dass du dann nach ihren erzählbaren Wirkungen in dir forschst? Da gibt es auch sicher einiges zu finden und zu erzählen, aber es bleibt doch irgendwie unbefriedigend und blass. Kennst du das?

Dabei ist uns die »Heilung« als ganz praktische und wahrnehmbare »Wirkung« des Wunders vom Kurs sogar garantiert:

Selbst hier nimmt es eine Form an, die wahrgenommen und am Werk gesehen werden kann. Die Wunder, die ich gebe, werden mir in eben-jener Form zurückgegeben, die ich brauche, um mir bei den Problemen zu helfen, die ich wahrnehme.[2]

Aber die »Wirkung« des Wunders ist nicht das Wunder selbst. Das Wunder ist das Licht, in dem ich es sehe.

Ein Wunder kehrt die Wahrnehmung, die vordem auf dem Kopf stand, um, und also macht es den seltsamen Verzerrungen ein Ende, die manifest waren. Jetzt steht die Wahrnehmung der Wahrheit offen. Jetzt wird die Vergebung als gerechtfertigt gesehen.[3]

Akzeptiere ich die Anwesenheit der LICHTQUELLE, wenn ich die Einzelheiten betrachte, die sich meiner Wahrnehmung bieten – die Dinge um mich herum, dich, wie du gerade zur Tür hereinkommst, die Gedanken um

---

[1] *Kurs 2019, Ü-I.91*
[2] *Ebd., Ü-II.345.1:3-4*
[3] *Ebd., Ü-II.13.2:3-5*

das »Wunder«, die Geschichten seiner Heilkraft: In welchem Licht nehme ich das alles wahr? Ist die Wahrheit der Trennung meine Lichtquelle oder das unteilbare Licht SELBST? Wunder werden nur im Licht gesehen. Die LIEBE ist die QUELLE dieses Lichtes.

Akzeptiere ich die Anwesenheit des gemeinsamen SELBSTES, des CHRISTUS, kann ich dasselbe Licht auf alle Gedanken scheinen lassen? Bin ich still genug, um das Wunder einzuladen?

Wunder ehren dich, weil du liebenswert bist. Sie zerstreuen die Illusionen über dich und nehmen das Licht in dir wahr. Damit sühnen sie deine Irrtümer, indem sie dich von deinen Alpträumen befreien. Indem sie deinen Geist aus der Gefangenschaft deiner Illusionen befreien, stellen sie deine geistige Gesundheit wieder her.[1]

Es ist die schlichte Wahrheit über das Wunder: Wenn ich »es« in dir sehe, sehe ich es in mir. Mein grundlegender Irrtum war die Trennung von dir, deine und meine Vereinzelung. Das Wunder tut nichts anderes, als diesen Irrtum als solchen aufzuzeigen. Und löst damit ganz nebenbei und selbstverständlich alle meine konkret erfahrenen und doch nur scheinbar existierenden Probleme.

---

[1] *Kurs 2019, T-1.I.33*

Verbinde dich – immer wieder neu?

»Hab DU die Führung«

Wie oft verbindest du dich mit DEM, DER/DIE/DAS *nichts* mit den Wolken-
kuckucksheim-Ideen »Ich«, »mir«, »mich« oder »mein« am Hut hat? Ja,
ich weiß, das oder Ähnliches fragte ich bereits. Und ich werde dich auch bis
zum Ende des Übungsbuches damit »behelligen«, denn die »Wirksamkeit«
der letzten Lektion ist von deiner Antwort abhängig.

Mit wem triffst du Entscheidungen, die dann dein Handeln bestimmen: mit
deinem Lieblingsgötzen oder mit GOTT, mit dem Antichristen oder mit
CHRISTUS? Ich liebe die wunderbar drastische Unterscheidung des Kurses
in dieser Frage (vgl. T-30.I.14). Vielleicht gehst du mittlerweile als versierter
Kursgeübter davon aus, dass »du« die *Wahl* hast, dich mit einem »Ding«
namens »Ego« oder alternativ mit einer »Figur« zu verbinden, die du mit
Etiketten wie »Jesus« oder »Heiliger Geist« versiehst. Oder bist du aufgrund der vielen Hinweise im Kurs tatsächlich bereits auf die Idee
gekommen, dass die Identifikation mit der Idee »Ich« die Verbindung mit
dem Götzen und Antichristen *ist?*

Aber lass mich auf die Eingangsfrage zurückkommen: *Wie oft* verbindest du
dich mit der Alternative zur Idee »Ich«? Die Bandbreite reicht vermutlich
von »hab's mal versucht« bis »immer« – unabhängig davon, womit du
dich identifizierst oder ob du deine »Verbindungspartner« als getrennt von
dir verortest. Wenn du um Führung bittest, signalisierst du bereits eine
gewisse Bereitschaft, die Kontrolle abzugeben. Geschieht das nur mal so ab
und zu, ist das allerdings ein Ausdruck von Angst: Zu weit willst du nun
doch nicht gehen, da ist wohl die Angst vor einem Kontrollverlust noch zu
groß. Immerhin ist da eine gewisse Kooperationsbereitschaft oder *Wundergesinntheit* – und »Fragen« oder Verbindung ist ihr Ausdruck. Das begründet bereits dein Recht auf eine Antwort.

Leider stößt du nun auf die nächste Hürde, nachdem du zumindest bereit bist zu fragen: Beginnst du, »Antworten« zu hinterfragen, indem du beispielsweise die *Form* einer Antwort bestimmst? Oder legst du die *Form* der »Kooperation« fest, indem du vielleicht glaubst, du müsstest unbedingt passiv bleiben? Oder du dürftest auf keinen Fall auf »Impulse« oder »Ideen« reagieren, weil das nicht die *Form* akzeptierter Antworten sein kann? Und überhaupt: Eine Reaktion wäre doch »Einmischung« – und das »darfst« du ja nicht.

All das sind typische Begleiterscheinungen fehlender Akzeptanz folgender »Einfachheit«: Du »fragst« und folgst unmittelbar den »Antworten«, ohne sie zu beurteilen oder zu hinterfragen. Denn andernfalls rutschst du unwillkürlich im weiteren Verlauf mehr und mehr in eine Abwehrhaltung hinein. Daher ist es *wichtig*, dass du dich darin übst, nicht nur zu fragen, sondern auch unmittelbar zu folgen!

Wunder sind, wie du weißt, »zwischenmenschlich« (vgl. T-1.II.1:4). Also entlaste dich von der Verantwortung, der du nicht gewachsen bist, nämlich dem Versuch vorwegzunehmen, was »andere« tun werden. Widme dich stattdessen den vielen anderen Verantwortlichkeiten, die du ohne Anstrengung erfüllen kannst – indem du mithilfe der Führung *alles*, was »Andere« tun, zum Guten verwendest. Wobei es deine Verantwortung ist, den Unterschied zu erkennen, denn jede Verwechslung in dieser Hinsicht ist *Arroganz*. (Vgl. CE 2017, T-4.IX.4, 6:2, 7:1-2).

Wenn du fragst, was du tun sollst, und bereit bist, die Kontrolle über die Entscheidung abzugeben, wird alles, was du tust, nur gut sein. (CE T-4.IX.4.9:6).

Verbinde dich mit der LIEBE, die keine Trennung kennt, keine verschiedenen Arten, keine Unterschiede, keine Widerstände und kein Gegenteil – und folge IHREN »Antworten« – als Erfahrung, nicht als »Buchwissen« oder »Verständnis«. *Erlebe* IHRE alles durchdringende »Präsenz« in *allem*, was du siehst. Oder hörst. Oder riechst, schmeckst, berührst ... oder denkst, fühlst, empfindest – innen wie außen. Sei vollständig von IHR umgeben und erfüllt.

»Moment, wieso LIEBE, wo kommt DIE denn jetzt her? Ich verbinde mich doch mit Jesus.« Genau davon spreche ich. Allerdings *nicht* von dem *Symbol* »Jesus«, das viel zu häufig auf eine »Figur« oder ein »Idol« außerhalb von dir zeigt:

> *Der Name Jesu CHRISTI als solcher ist nur ein Symbol. Aber er steht für Liebe, die nicht von dieser Welt ist. Er ist ein Symbol, das sicher verwendet werden kann als Ersatz für die vielen Namen all der Götter, zu denen du betest.[1]*

Fragst du nur ab und zu, ist das ein Ausdruck von Angst. Das sah wie eine Behauptung von mir aus – ohne wirkliche Begründung. Im Grunde genommen heißt das doch auch, dass dieses Verbinden, Fragen und Folgen »systembedingt« immer (in Worten: *ständig*) »zu wenig« zu sein scheint: »Wenn du nicht oft um Rat fragst, bedeutet das, dass du nicht bereit bist, auch nur so weit zu gehen. Nicht um Rat zu fragen, ist ein Zeichen von Angst.« (CE 2017, T-4.IX.4:2-3. Siehe da: Es war keine Behauptung von mir, ich hatte bewusst nur noch nicht darauf hingewiesen.

Was bedeutet denn »nicht oft«? Stündlich, wie in manchen Lektionen des Übungsbuches? Oder mindestens viertelstündlich? Oder anlassbezogen, also immer dann, wenn es etwas zu entscheiden gibt? Habe ich diese Aussage aus den Entscheidungsregeln schon einmal erwähnt? »Du *kannst* keinerlei Entscheidung selber treffen. Die einzige Frage ist, *womit* du sie zu treffen wählst.« (Vgl. T-30.I.14:2-3) Ja ja, tut mir leid, die Frage war rhetorisch.

Ich stelle mir das jetzt einmal ganz praktisch vor: Jedes Mal, wenn es etwas zu entscheiden gibt, frage ich. Soll ich wirklich aufstehen? Soll ich erst den Tee machen oder die Klamotten für das Frühstück aus dem Kühlschrank holen? In welcher Reihenfolge arbeite ich den Einkaufszettel im Supermarkt

---

[1] *Kurs 2019, H-23.4:1-3*

ab? ... Wenn ich so weitermache, bin ich den ganzen Tag mit der Formulierung von Fragen beschäftigt. Aber da der Kurs nicht weltfremd ist – schließlich bewegt er sich ausschließlich in der Domäne des Ego, denn die WIRKLICHKEIT muss nicht geheilt werden –, ist das selbstverständlich ein Kurs-Thema:

Entscheidungen finden fortlaufend statt. Nicht immer weißt du es, wenn du sie triffst. Doch mit ein wenig Übung bei denen, die du wahrnimmst, beginnt sich eine innere Haltung herauszuschälen, die dich durch die übrigen geleitet. Es ist nicht klug, dich allzu sehr mit jedem deiner Schritte zu befassen. Die angemessene innere Haltung, bewusst angewendet jedesmal, wenn du erwachst, wird dich gut weiterbringen.[1]

Da schau guck: die *innere Haltung*. Das nehme ich mal zum Anlass, die Situation »umgekehrt« zu betrachten: Wie funktioniert im täglichen Leben die popelig »normale« Verbindung ohne den Kurs, also die gewohnte und in aller Regel gar nicht in Frage gestellte Verbindung, die Verbindung mit dem Götzen oder dem Antichristen (vgl. T-30.I.14:8,9)? Es ist die Verbindung bzw. Identifikation mit der *Idee* einer eigenständigen »Entität«, die »Ich« heißt – und alles, was *nicht* »Ich« heißt, ist fremd, irgendwie angsterregend oder getrennt und damit eine Bedrohung. Fragst du »dich«, die Identifikation, permanent, was du tun sollst? Nein, ganz bestimmt nicht, höchstens im Abwägen von Alternativen, bei denen letztlich »dein Komfort« die ausschlaggebende Rolle spielt. Allerdings: Diese Verbindung ist – zumindest gefühlt – permanent. Und wird gerne »übersehen«, indem sie durch das »Buchwissen« eines vorgestellten »Egos« verborgen wird, mit dem »ich« mich verbinden kann oder nicht.

Und so kam mir vor nicht allzu langer Zeit eine Idee: Wenn ich mich permanent mit dem »Ich« verbinden kann, muss es doch möglich sein, »mich« *permanent* mit der LIEBE zu verbinden und »mich« dadurch *direkt* führen zu lassen! Nun ja, die Idee war wohl den Umständen geschuldet. Ich hatte ein »Geschenkpaket« vom Wunderfestival mitgebracht, das aus den Ele-

---

[1] *Kurs 2019, T-30.I.1:1-5*

menten Husten, Schnupfen, Gliederreißen und leichtes Fieber bestand. Dummerweise trieb mich das mehrfach mitten in der Nacht aus dem Bett und Schlaf schien irgendwie ein Fremdwort zu sein. Jetzt gibt es nichts »Schöneres«, als nachts wachzuliegen, und immer mal wieder staunend auf die Uhr zu schauen, die sich irgendwie um besondere Langsamkeit bemüht … Nun ja, offenbar hatte ich genügend Zeit und so tauchte plötzlich und unvermittelt besagte Idee auf.

Verblüffend. Es ist tatsächlich möglich.

Ich wiederhole es noch einmal: Wenn die Verbindung oder Identifikation mit »mir«, der Idee »Ich«, so problemlos funktioniert und »ich« permanent den Ton angebe – obwohl dieses »Ich« nur eine Idee, ein Gedanke, eine Geschichte oder Vorstellung ist – sollte das doch auch mit der LIEBE funktionieren, oder? Statt »ich« also das Symbol »Jesus«, das für Liebe steht, die nicht von dieser Welt ist und »das sicher verwendet werden kann als Ersatz für die vielen Namen all der Götter, zu denen du betest.« (Vgl. H-23.4) Wenn dir ein anderes Symbol für das »ganz Andere« mehr zusagt, nutze es. Aber vermeide bitte, Erfahrung durch »Buchwissen« oder »Kalendersprüche« zu ersetzen.

Da liege ich also nun, schlaflos, miserables körperliches Empfinden, emotional »Sch… drauf« und gedanklich in der Sphäre »Lass den Unsinn und penne endlich!« Der erste Schritt gilt daher der »narrativen Wahrnehmung« und heißt: »Danke!« Einfach nur ein paarmal: »Danke!« Mit den erwarteten Reaktionen: »Danke? Wofür?! Geht es noch nicht Sch… genug?« Also weiter mit: »Danke für …«. Und plötzlich tauchen da eine ganze Menge »bedankenswerter Kleinigkeiten« auf – nebst einem gewissen Rückzug des »Dampfplauderers« in den Hintergrund.

Ich habe ja alle Zeit der Welt, die Nacht ist noch lang, kein Grund zur Eile. Also auf zur nächsten wesentlichen »Blockade«: den aktuellen Gefühlen, den »negativen« Emotionen, die sich gerade körperlich als eine Art unangenehmes »Zusammenziehen« ausdrücken. »Nur für diesen Moment – könnte ich das Empfinden willkommen heißen? Nur ›könnte ich‹?« Klar doch, da ist Widerstand, ich will das loswerden, und jetzt soll ich ein »Willkommen« absondern?! Nein, soll ich nicht. Nur ein: »*Könnte* ich ...«. Denn wenn ich ein Empfinden so festhalte, dass es schmerzt – wie üblich bei überbordenden Emotionen – lockert sich der »Griff« bei einem »Willkommen«. Und das Empfinden oder Gefühl kann auf »natürliche« Weise gehen.

Ach so, bisher tauchen »Jesus« oder der »HEILIGE GEIST« noch gar nicht auf, sagst du? Klar doch, denn noch halte »ich« das Ruder fest in den Händen. Und es geht um Verbindung und Identifikation, nicht um Phantasie unter Beibehaltung des Götzen »Ich«. Das bewusste Verbinden ist nicht »immer zu wenig«, wie oben angedacht, sondern die »innere Haltung« der Orientierung an der Liebe ist IHR genug.

Und so widme »ich« mich anschließend der »Basis« des »Ich-Empfindens«: »Sei still, und lege alle Gedanken darüber, was du bist und was GOTT ist, weg, alle Konzepte über die Welt, die du gelernt hast, alle Bilder, die du von dir selber hast.« (Ü-189.7:1)

Was bleibt? Da-Sein. Oder Ist-Sein. Oder Gewahrsein. Bin »ich« krank, habe »ich« Schnupfen, huste »ich« permanent, geht es »mir« schlecht? Oder bin ich DAS, was sich all dessen gewahr ist? Die Liebe, die alles umfasst? (Vgl. T-Einl.1:8). Die üblicherweise ständig »springende« Aufmerksamkeit entspannt sich und sinkt »zurück« in ihre *Quelle*, das einfache Gefühl des *Seins*. Da ist – friedliche Stille. Der Frieden der »Leerheit« als Freiheit von allen »Dingen«, die immer anwesend ist, war und sein wird. Die »Leerheit«, die wie eine Sphäre alle »Dinge« der Welt, alle Gedanken, Gefühle, Empfindungen und Wahrnehmungen »enthält« – wie der Ozean die Wellen »enthält«, ohne von ihnen berührt zu sein. Die Welle ist das Meer, Form ist Leere, Leere ist Form – Frieden ist.

Endstation. Frieden IST. Da-Sein IST. Stille IST. Wirklich Endstation? Für diesen Moment – ja. Bist du bereit, es zu erfahren? Ja? Wann?

Die Nacht ist lang. Entspann dich. Nimm dir die Zeit, die nötig ist.

Tag 346

Durchblickerkurs

Ganz und gar eintauchen in die LIEBE GOTTES, das Licht der VOLL-KOMMENHEIT hervortreten lassen vor die Erscheinungen, die SIE in Frage stellen und ad absurdum führen wollen: Heute ist der Tag für die Durchblicker!

Das, was ich heute suche, transzendiert jedes Gesetz der Zeit und alle Dinge, die wahrgenommen werden in der Zeit.[1]

Schon im zweiten Monat des Übens mit dem Kurs hat uns eine bemerkenswerte Folge von Lektionen die Richtung zu dem Erleben gewiesen, das heute anvisiert wird:

»GOTT ist meine QUELLE, ich kann nicht getrennt von IHM sehen« (Ü-I.43), »GOTT ist das Licht, in dem ich sehe« (Ü-I.44), »GOTT ist der GEIST, mit dem ich denke« (Ü-I.45), »GOTT ist die LIEBE, in der ich vergebe« (Ü-I.46), »GOTT ist die Stärke, auf die ich vertraue« (Ü-I.47), und die wunderbare Konsequenz: »Es gibt nichts zu fürchten« (Ü-I.48).

Der Übergang von der »normalen« Wahrnehmung, die unsere Getrenntheit von GOTT und unsere Vereinzelung als »wahr« annimmt, zu der »wahren Wahrnehmung« der »wirklichen Welt« ist kein Schrauben an der Oberfläche, sondern ein Wechsel meines Vertrauens vom Getrenntheitsglauben zur wahren Quelle meines Denkens. Die »Schau« stellt dabei wunderbarerweise alle Dinge vom Kopf auf die Füße.

Dies ist ein Kurs in Ursache, nicht in Wirkung.[2]

Wie weit sind wir mit dieser Lehre von der wahren Ursache gekommen? Die LIEBE verursacht alles und kennt keine Ausnahme? Na ja, ich würde sagen,

---

[1] *Kurs 2019, Ü-II.346.1:4*
[2] *Ebd., T-21.VII.7:8*

wir sind genau so weit gekommen, wie wir vor unseren Bedenken nicht doch wieder die Fahne der neuen Sicht eingerollt haben.

GOTT verursacht die Krankheit, den Krieg, die Vergewaltigung, Folter, Hunger und Tod? So könnten die Bedenken sich anhören.

Aber Moment: Das hat niemand behauptet, jedenfalls der Kurs nicht. Der meint lediglich: GOTT verursacht alles, was IST.

Und wenn du dir jetzt die Reihe der Lektionen (43-48) in Erinnerung rufst, ihren unwiderstehlichen Zug in dein Vertrauen zur QUELLE, dann lies doch mal mit diesem Rückenwind folgende Textstelle, in der es um die härteste Nuss des Glaubens an Trennung – den Tod – geht:

> *Das Gegenteil von Leben kann nur eine andere Form von Leben sein. Als solches lässt es sich mit dem versöhnen, was es erschaffen hat, weil es in Wahrheit nicht gegenteilig ist. Seine Form mag sich verändern, es mag als etwas erscheinen, was es nicht ist. Doch Geist ist Geist, wach oder schlafend. Er ist weder sein Gegenteil in irgendetwas, was erschaffen ist, noch in dem, was er zu machen scheint, wenn er zu schlafen glaubt.[1]*

Das »Böse« ist nur eine andere Form des GUTEN, die »Krankheit« nur eine andere Form des HEILSEINS, der »schmerzliche Verlust« nur eine andere Form der VOLLKOMMENHEIT:

Alle Formen lassen sich in tausend Richtungen verdrehen und verzerren, und ihre Quelle kann unkenntlich werden, aber niemals unwahr: Der sie denkt, hat sie hervorgebracht, und Denken hat nur eine QUELLE. GOTT ist nicht zu verändern und bleibt immer die Ursache von allem.

GOTT ist das Lot, in dem ich stehe, GOTT ist das EINE, in dem ich zwei sehen wollte, GOTT bleibt meine LIEBE, in der ich Krieg führen wollte. ER hat MICH nie von der Hand gelassen. Und das ist die schlichte Wahrheit.

---

[1] *Kurs 2019, Ü-I.167.7:1-5*

Tag 347

Ärgerlich!

Du merkst schon: Gegen Ende der Lektionen werden noch einmal viele wesentliche Prinzipien wiederholt und zusammengefasst, auf denen die Kurslehre beruht. Vergebung und Wunder, Geben und Empfangen, das Leben »in GOTT« umkreisen unsere Rückkehr in den natürlichen Zustand des Geistes, das SEIN in LIEBE.

Heute geht es um den »Ärger« als Indikator dafür, dass ich noch »urteile«, also noch glaube, statt GOTT auf dem Thron der Schöpfung zu sitzen.

Alle meine »privaten« Gedanken kommen aus diesem Urteil und unterstützen die Idee der Trennung. Diese Gedanken im heilsamen Licht der LIEBE an ihre QUELLE zu erinnern, bietet mir der Kurs kontinuierlich an – und das hebt »den Kurs« aus dem blauen Buch in die ewige Selbstverständlichkeit SEINER Anwesenheit für alle und jedes Leben zu jeder Zeit.

Die »privaten« Gedanken erfahren eine Zuspitzung in den »unversöhnlichen Gedanken«, die sich hartnäckig der Vergebung entziehen wollen, um ihr »Recht« zu behaupten (vgl. Ü-II.1.2,3).

Und noch einmal weiter zugespitzt können Gedanken »magisch« werden. »Total verrückt« könnte man dazu auch sagen, wenn man betrachtet, dass ihre wesentliche Eigenschaft die ist, dass sie sich ihrem Umfeld, das sie in eine Realität einbetten will, verschließen und zu entziehen versuchen.

Der Kurs widmet diesen »extrem privaten« Gedanken ein eigenes Kapitel im Handbuch für Lehrer. Magische Gedanken kommen auch immer wieder in unserer »ganz normalen« Alltagskommunikation vor. Du hast dich sicher auch schon mal »total übergangen« gefühlt oder hast gemerkt, dass du selbst jemanden mit deinem Denken, Sprechen oder Tun missachtest und dein Recht einfach an ihm vorbei behauptet hast. Da ist die Quelle des Ärgers, sagt uns der Kurs, und die Wurzel der Schuld:

Ein magischer Gedanke anerkennt durch seine bloße Anwesenheit eine Trennung von GOTT. Er besagt in der deutlichsten Form, die es gibt, dass der Geist, der glaubt, er habe einen separaten Willen, der sich dem WILLEN GOTTES widersetzen kann, auch glaubt, dass dies gelingen kann. Dass dies kaum eine Tatsache sein kann, ist offensichtlich. Dass es jedoch als Tatsache geglaubt werden kann, ist gleichermaßen offensichtlich. Und hierin liegt die Geburtsstätte der Schuld. Wer den Platz GOTTES usurpiert und ihn für sich selbst einnimmt, hat jetzt einen »Todfeind«.[1]

Ich habe gerade noch einmal an den Bruder gedacht, dem ich gestern solche »magischen«, gegen mich verschlossenen Gedanken unterstellt habe, was eine einigermaßen heftige Auseinandersetzung zur Folge hatte. Es geht jetzt nicht im Geringsten darum, Positionen aufzuweichen und irgendetwas »zurückzunehmen«. Vielmehr habe ich das dringende Bedürfnis, etwas hinzuzufügen. Auch wenn ich noch so »gerecht« urteile, ohne die LIEBE GOTTES fühlt sich das alles halb, irgendwie falsch und unbefriedigend an.

Lausche heute. Sei ganz still, und höre die sanfte STIMME FÜR GOTT, die dir versichert, dass ER dich als den SOHN beurteilt hat, den ER liebt.[2]

Das hat gefehlt, danke. Jetzt kann ich noch einmal klarer sehen, dass magische Gedanken nur die ohnmächtige Frage nach dem Ausweg sind. Sie »töten« offensichtlich den Geist, und stellen doch nur unser aller Irrtum dar, dass dies möglich sei:

Lass dir dieses finstere Schwert jetzt abnehmen. Es gibt keinen Tod. Dieses Schwert existiert nicht. Die Angst vor GOTT ist ursachlos. Doch SEINE LIEBE ist die URSACHE alles dessen, was jenseits aller Angst und damit für immer wirklich ist und wahr.[3]

---

[1] *Kurs 2019, H-17.5:3-8*
[2] *Ebd., Ü-II.347.2:1-2*
[3] *Ebd., H-17.9:9-13*

Tag 348

Weihnachtsgeschenke

Der Inhalt des Begriffs »Gnade« hat sich sicherlich im Laufe dieses Jahres für dich verändert. Vielleicht hat er auch schon alle alten Assoziationen einer unguten »Begnadigung«, die wir uns durch Wohlverhalten verdienen müssen, verloren. Gnade ist für den Kurs der natürliche Zustand des Geistes, der aus der QUELLE heraus sich ausdehnend an jeder Idee von Schuld, Mangel und Getrenntheit einfach vorbeifließt, ohne sie durch eine Investition von Glauben für sich wahrzumachen. Es ist der Seinszustand unseres GEEINTEN und HEILIGEN GEISTES – unseres SELBSTES.

Man könnte sagen, DERJENIGE, DER sich durch den Kurs an uns wendet, erkennt uns als SEINESGLEICHEN und ruft uns zu SICH zurück, und gleichzeitig spricht er uns mit der Sprache des gespaltenen Geistes an, der wir zu sein glauben. »Gnade« ist ein Wort dieser Sprache, und seine Transzendenz zeigt beispielhaft, wie wir den Weg aus der vermeintlichen Gespaltenheit hinausfinden. Wir haben gelernt, den CHRISTUS zu uns »einzuladen«, aus der Einsicht heraus, dass wir das, was in unserer beschränkten Welt für uns unsichtbar ist, hereinbitten müssen, um an den Folgen dieser Bitte ablesen zu können, dass ER tatsächlich DA ist. ER bringt das Geschenk der Gnade mit, das wir verschmäht hatten, um getrennt von GOTT zu leben.

Dein GAST ist gekommen. Du hast IHN gebeten, und ER ist gekommen. Du hast IHN nicht eintreten hören, denn du hießest ihn nicht ganz und gar willkommen. Und doch sind SEINE Gaben mit IHM gekommen. ER hat sie dir zu Füßen hingelegt und bittet jetzt darum, dass du auf sie schauest und sie als dein Eigen akzeptierst. ER braucht deine Hilfe, um sie allen zu geben, die für sich des Weges gehen und glauben, dass sie getrennt sind und allein.[1]

---

[1] *Kurs 2019, T-29.II.4:1-6*

Auch die »Wundergesinntheit« hat vielleicht inzwischen das Eigenartige, möglicherweise sogar Befremdliche für dich verloren. Am Ende fließen alle Begriffe um unsere neue Geistesausrichtung zusammen und werden einfach still, um sich auch mit keinem weiteren Wort mehr dem Wunder in den Weg zu stellen.

Wir werden schlicht und ergreifend zu Helfern des CHRISTUS hier in der Welt der Beschränkungen, Bedürfnisse und Konflikte, Helfer DESSEN, DER wir letztlich SELBST SIND.

Denn was du jetzt zu tun vermagst, könnte nicht getan werden ohne die Liebe und die Gnade, die SEINE GEGENWART birgt.[1]

Also los, gehen wir wundergesinnt in die Weihnachtszeit, und bauen wir bei den Geschenken, die wir machen werden, auf SEINE Gnade, auch wenn es lange Gesichter der Enttäuschung unterm Weihnachtsbaum geben sollte. Wir kennen jetzt das wahre Geschenk:

*Dass das Wunder Wirkungen auf deine Brüder haben kann, die du möglicherweise nicht wahrnimmst, soll dich nicht kümmern. Das Wunder segnet immer **dich**. Wunder, die du nicht gebeten wirst zu wirken, haben ihren Wert nicht eingebüßt. Sie sind immer noch ein Ausdruck deines eigenen Zustands der Gnade, doch sollte der Handlungsaspekt des Wunders meiner Kontrolle unterstehen, weil ich des ganzen Planes vollständig gewahr bin. Der unpersönliche Charakter der Wundergesinntheit sichert deine Gnade, aber nur ich bin in der Lage zu erkennen, wo sie gewährt werden können.*[2]

Ein neuer Laptop wäre allerdings nicht schlecht ... ich meine, natürlich nur, wenn das in den göttlichen Heilsplan passt. Mein Handy ist auch schon überfällig ...

---

[1] *Kurs 2019, T-29.II.5:8*
[2] *Ebd., T-1.III.8:1-5*

Tag 349

Schauen »mit IHM«

Mit der »Schau« der »wirklichen Welt« sehen wir die Vergebung auf allen nur scheinbar getrennten Dingen ruhen. Und wir werden uns der wahren Verbundenheit im Geist gewahr, die als »Wirklichkeit« die Wahrnehmung der illusionären Körperwelt ablöst. Insofern sehen wir auf dieselbe Welt, die wir zuvor auch gesehen haben, aber es »gibt« in ihr keine Gebäude und Straßen, »auf denen Menschen einzeln und alleine wandeln« (vgl. T-13.VII.1).

Diese »Schau« wird heute wieder als »CHRISTI Schau« bezeichnet, die ich »für mich auf alle Dinge blicken« lasse (vgl. Ü-II.349).

Bei aller Veränderung unserer Wahrnehmung, die wir inzwischen in Richtung Gewahrsein des inneren Friedens und der Verbundenheit in uns etabliert und mehr oder weniger stabilisiert haben, ist da immer wieder der Hinweis und die Bitte, den CHRISTUS als den Stellvertreter unseres SELBSTES zu akzeptieren und vor allem für unsere Schau zu nutzen. Denn dies ist das Abenteuer:

So möchte ich denn alle Dinge, die ich sehe, befreien und ihnen die Freiheit, die ich suche, geben.[1]

Gleich alle Dinge als EINS in GOTT zu schauen, ist auch ein bisschen viel verlangt! Besonders wenn die »Dinge« mit einem Willen ausgestattet sind, der sich zu dem eigenen irgendwie inkompatibel verhält. Und dass der »eigene Wille« dann auch noch die eigentliche Bremse ist, das EINSSEIN überhaupt wiedererkennen zu »wollen«, macht die Sache ja auch nicht leichter. Gott sei Dank können wir uns an IHN wenden:

Der HEILIGE GEIST ist deine Stärke, weil ER nur den reinen Geist als dich erkennt. ER ist vollkommen gewahr, dass du dich selber nicht

---

[1] *Kurs 2019, Ü-II.349.1:1*

erkennst, und auch vollkommen gewahr, wie ER dich lehren kann, dich
daran zu erinnern, was du bist.[1]

Ich finde es immer berührend, wenn Jesus im Kurs in der »Ich-Form«
spricht und sich so ganz direkt an mich wendet. Es wird so klar dabei, dass er
denselben Weg hat gehen müssen wie ich jetzt. Und er darf mich auch an
meine vermeintliche »Todsünde« erinnern:

Du hast die Wahl getroffen, deinen VATER zu vergessen, aber du willst
es gar nicht wirklich, und deshalb kannst du dich anders entscheiden.
Wie es meine Entscheidung war, so ist es deine.[2]

Was für eine Begleitung auf dem Weg! Jeden Tag wird in mir der Glaube
stärker, dass tatsächlich geschieht, was hier nur in Worten geschrieben steht:

Die Augen CHRISTI sind geöffnet, und ER wird mit Liebe auf alles
schauen, was du siehst, wenn du SEINE Schau als deine annimmst.[3]

Und dankbar nehme ich SEINE ANWESENHEIt für mich an und erfülle
SEINE Bitte, so gut ich eben kann:

Und indem ich gebe, wie ich empfangen möchte, lerne ich,
dass deine heilenden Wunder mir gehören.[4]

---

[1] *Kurs 2019, T-12.VI.2:1-2*
[2] *Ebd., 2:7-8*
[3] *Ebd., 4:4*
[4] *Ebd., Ü-II.349.1:6*

Tag 350

Der Linderung geöffnet ...

Wie wunderbar uns die Lektion heute wieder an die Hand nimmt, um uns auf etwas Wesentliches hinzuweisen: Auf dem Weg der Erinnerung an unsere wahre IDENTITÄT trennen wir uns nicht von den »Dingen« unserer wahrgenommenen Welt, sondern wir vereinigen uns wieder mit der Wahrheit in ihnen:

Der SOHN GOTTES vereinigt alle Dinge in sich, wie DU ihn schufst. Die Erinnerung an DICH hängt von seiner Vergebung ab. Das, was er ist, ist von seinen Gedanken unbeeinflusst. Doch das, worauf er schaut, ist ihre direkte Folge.[1]

Gedanken, die subtilsten Formen des Geistes, liegen wie ein Rahmen um deine und meine Welt. Als »Formen des Geistes« sind sie zwar schon Teil der träumenden Welt (Formen des Formlosen, Begrenzungen des Grenzenlosen), aber sie können sich der hinter ihnen liegenden Wahrheit des GEEINTEN GEISTES entweder verschließen oder öffnen.

Die Öffnung meiner Gedanken lädt den CHRISTUS ein, in meine Welt zu kommen und Wunder sie heilen zu lassen:

Wunder fallen wie Tropfen heilenden Regens vom Himmel auf eine trockene und staubige Welt, wohin hungernde und dürstende Kreaturen kommen, um zu sterben. Jetzt haben sie Wasser. Jetzt ist die Welt grün. Und überall sprießen die Lebenszeichen, um zu zeigen, dass das, was geboren ist, nie sterben kann, denn was Leben hat, hat Unsterblichkeit.[2]

Und das ist es, was ich »schaue«, wenn ich meine Gedanken »wundergesinnt« sein lasse – wenn ich zulasse, dass sie sich aus ihrer wahren QUELLE

---

[1] *Kurs 2019, Ü-II.350.1:2-5*
[2] *Ebd., Ü-II.13.5*

inspirieren. Ich trenne mich also nicht von den »Dingen«, sondern verbinde mich mit der WAHRHEIT in ihnen, wenn ich IHR meine Gedanken öffne.

Eine der häufigen Aufforderungen im Kurs spiegelt diese »Schau«: »Sieh deinen Bruder nicht als Körper«. Wie »mache« ich das?

Deine Frage sollte nicht lauten: » Wie kann ich meinen Bruder ohne Körper sehen?« Frage nur: » Ist es wirklich mein Wunsch, ihn sündenlos zu sehen?« Und vergiss beim Fragen nicht, dass seine Sündenlosigkeit dein Entrinnen aus der Angst ist.[1]

Ein wirklich guter Tipp, oder? Wir können aufhören, zu versuchen, den anderen irgendwie körperlos sehen zu wollen. Statt dieses negativen, trennenden und letztlich unmöglichen Versuchs ein ganz und gar positiver Ansatz: Überprüfen wir nur, ob unser Wunsch und Wille, einander ohne Schuld anzusehen, authentisch ist. Und wenn wir das in uns finden, ist das Wunder gewirkt und die »körperlose Sicht« wird auf diese oder jene Weise zu uns kommen.

Jetzt ist der Körper geheilt, weil die Quelle der Krankheit der Linderung geöffnet wurde.[2]

Ich krebse hier gerade mit einer – sagen wir mal verharmlosend: »Erkältung« herum. Der Rat von eben erweist sich dabei als äußerst hilfreich: Ich kann von mir wegschauen auf andere, denen es auch gerade nicht gut geht, und sie in ihrem Heilsein und ihrer Unschuld sehen – das »Wunder-Schenken« strahlt sofort auf mich zurück und lindert das Leid.

Die Antwort der Liebe ist unvermeidlich. Sie wird kommen, weil du ohne den Körper gekommen bist und keine Schranken dazwischenstelltest, um ihr frohes Kommen zu behindern.[3]

---

[1] *Kurs 2019, T-20.VII.9:1-3*
[2] *Ebd., Ü-I.136.17:1*
[3] *Ebd., T-18.VIII.11:2-3*

Stille kommunizieren

Ich bin GOTTES SOHN, vollständig und geheilt und ganz, leuchtend in
der Widerspiegelung SEINER LIEBE.[1]

Wie anders kann ich erfahren, dass diese Aussage über »mich« stimmt als in
dem direkten Erlebnis, dass sie für dich stimmt!

»Mir« in meiner Privatheit von irgendjemandem sagen zu lassen, dass ich
etwas tauge, dass ich würdig bin und der Liebe wert, das hat in meinem
Leben nur in sehr dürftigem Ausmaß geklappt. Wie ist es bei dir? Hat dir
der Spiegel der Welt genug Wert gegeben? Bist du zufrieden?

Aber auch der HEILIGE GEIST war relativ erfolglos, mir meine Bitte um
Würdigung meiner Person zu erfüllen. In einer stillen Stunde hat er mir verraten, dass ER sich niemals auch nur an dem Versuch beteiligt hat. ER hat
vielmehr däumchendrehend gewartet, bis ich bereit war, IHM bei deiner
Würdigung zu helfen. SEIN schlauer Plan war dieser: Ich sollte lernen, die
Stille zu erfahren, indem ich meine urteilenden Gedanken zur Ruhe
kommen ließ. Die Stille ist einfach DA, ich brauche sie nur hervortreten zu
lassen. Nichts ist in ihr und alles ist in ihr, sie ist das, worin ich bin. Und
gleichzeitig sollte ich mit dir über und mit dieser Stille kommunizieren und
so sehen lernen, dass du im Geist der QUELLE unseres SEINS diese leuch-
tende, mit allem verbundene Stille bist. ER versicherte mir, dass ich diese
Sicht auf dich erfahren kann, wenn ich IHN bitte, sie für mich zu wählen:

So wähle denn für mich, mein VATER, durch DEINE STIMME. Denn
ER allein urteilt in DEINEM NAMEN.[2]

Ohne IHN, ohne den CHRISTUS als meine Begleitung zu akzeptieren und als
DEN, DER für mich wählt, was ich wahrnehme, hätte ich sicher auch einen

---

[1] *Kurs 2019, Ü-II.14.1:1*
[2] *Ebd., Ü-II.351.1:6-7*

gewissen Frieden in mir gefunden. Schon deswegen, weil »ohne IHN« nur einseitig ist: ER hätte mich auch dann nicht verlassen. Aber dieser Friede wäre egoistisch geblieben, begrenzt, und er hätte keine Wunder mit sich gebracht. Einfach deshalb, weil ich sie nicht hätte sehen wollen.

Auf jeden schauen wir so wie auf einen Bruder und nehmen alle Dinge als freundlich und als gut wahr.[1]

Still kommunizieren wir miteinander unser Einssein im Geist. Hast du das mal beispielsweise mit deiner Partnerin oder deinem Partner ausprobiert? Gerade bei den Beziehungen, bei denen ein gewisser »Deal« eine Rolle spielt, die auf Dauer angelegt sind und Geborgenheit und Sicherheit garantieren sollen, ist das nicht ganz so einfach. Nach meiner Erfahrung jedenfalls. Und die »Dinge«, die sich zum Beispiel auf den derzeitigen Kriegsschauplätzen finden, allesamt als »freundlich und gut« anzusehen, klingt ja auch eher nach der Abschluss- als nach der Aufnahmeprüfung des »Lehrgangs für stilles Kommunizieren des Einsseins«.

Aber mit IHM wird es dann doch leicht. Lass IHN die Stille sein, die sich zwischen dir und deinem Bruder kommunizieren will. ER weiß, dass sie es tatsächlich WILL. Die Stille der Allverbundenheit. Sei du diejenige, die einfach nur Ja dazu sagt, sei der, der nicht mehr zweifelt. Dann kann es laut werden auf der »anderen Seite«, unwillig, sogar widerwillig oder aggressiv: Bleib bei deinem Ja. Zu IHM und dem, was ER kommunizieren will.

Unsere Augen sind es, durch welche die Schau CHRISTI eine Welt sieht, die von jedem Gedanken der Sünde erlöst ist. Unsere Ohren sind es, die die STIMME FÜR GOTT verkünden hören, dass die Welt sündenlos ist. Unsere Geister sind es, die sich miteinander verbinden, indem wir die Welt segnen.[2]

Und dann ist die Stille das, worin ich bin, was du bist und endlich auch: Was ich bin.

---

[1] *Kurs 2019, Ü-II.14.3:4*
[2] *Ebd., 4:1-3*

Tag 352

Werner und Frau Hansen

Hast du dir auch hin und wieder die Zähne ausgebissen an dem »Urteile nicht!« des Kurses?

Klar kann man auf »Verurteilungen« verzichten lernen, oder »nicht so schnell« zu urteilen. Aber gar nicht urteilen – wie soll das gehen?

Wir sind allerdings inzwischen nicht mehr untrainiert und dir wird es sicher heute auch leichterfallen als in den ersten Wochen deines Kursübens, dieses nur scheinbare Dilemma zu lösen: Dem Kurs geht es nicht um Nicht-Urteilen, sondern um die Transzendenz des Urteils. Er bittet uns lediglich, zu akzeptieren, dass ein »Urteilen ohne IHN« immer ein Fehlurteil ist, egal, wie richtig oder notwendig es in der Realität der Welt aussehen mag. »Urteile nicht« heißt also eigentlich: »Urteile mit MIR«, oder »Gib allen Dingen den neuen Zweck, ihnen mit MEINER Hilfe zu vergeben«, was dasselbe in anderen Worten ist.

Leicht gesagt. Der Alltag schlägt uns immer wieder die Keule des Konflikts zwischen »meinem« und SEINEM Urteil über den Kopf, und manch einer hat dadurch den Kurs schon vollends aus seinem Alltag abgezogen und fürs Wochenendseminar reserviert, um in Ruhe weiter seiner Arbeit nachgehen zu können, mit der er die Kohle für das Seminar verdienen muss.

Vielleicht heißt du ja zufällig Werner und bist Klempner. Frau Hansen hat gerade panisch in der Firma angerufen: Wasserrohrbruch. Du klappst das blaue Buch zu, in dem du gerade noch die heutige Lektion gelesen hast, und fährst zum Einsatzort. Heute nimmst du dir vor, den Kurs eins zu eins umzusetzen – wie schon so oft. Bevor du klingelst, rufst du dir schnell noch einen Reminder auf: »Die Vergebung schaut allein auf Sündenlosigkeit und urteilt nicht.« (Ü-II.352.1:1)

Und dann ist es doch wie immer: Deine Gelassenheit wankt schon leicht, als du Frau Hansens hochroten Kopf siehst und ihre Vorwürfe bezüglich deines angeblich späten Erscheinens über dir zusammenschlagen. Du wirfst still in deinem Geist noch einen Rettungsanker nach dem Kurs aus: »Wir sind die Bringer der Erlösung.« (Ü-II.14.3:1), und schmeißt noch einen hinterher, als die Dame des Hauses angesichts deines eher mickrigen Werkzeugkoffers deine Kompetenzen bezweifelt: »Wir kümmern uns nur darum, der Wahrheit das Willkommen zu entbieten.« (14.3:7)

Dann gehst du – auch wie immer – einfach an deine Arbeit, stemmst die Wand auf, reparierst den Schaden und lässt eine seltsam zufriedene Frau Hansen mit ihrem zertrümmerten Badezimmer zurück. Rechnung kommt.

Abends bist du erschöpft und enttäuscht: Hat wieder nicht geklappt mit dem Kurs. Die Fakten des Alltags sind einfach »zu hart«, um ihren illusionären Charakter sozusagen live zu durchschauen! Schon allein die Wand, das Stemmeisen … ganz zu schweigen von Frau Hansen!

Irgendetwas bewegt dich, deine Hand flach und leicht an die Wand neben dem Schreibtisch, auf dem immer noch das blaue Buch liegt, zu legen – vielleicht hast du den Impuls, die aufgebrochene Wand von Frau Hansen wieder heil zu machen. Auf der einen Seite deine Hand, auf der anderen die Wand, die deinem leichten Druck gelassen standhält. Möglicherweise ist es wegen deiner Erschöpfung – aber etwas in dir gibt alle Einteilungen auf: Da ist ein Ort zu spüren zwischen euch, zwischen deiner Hand und der Wand, an der ihr beide anwesend seid. Und an diesem Ort »ist« weder eine Hand noch eine Wand, aber in der Leere seid ihr eindeutig beide anwesend. Beide? Vielleicht sogar auch Frau Hansen? Und alle und alles, was du an diesen Ort einlädst? Sogar das Stemmeisen? Und … »Gott«? Du spürst an diesem Ort etwas »Selbstverständliches«: den gemeinsamen Willen, einem einzigen geeinten Zweck zu dienen. »Wozu hat mein Einsatz heute gedient?«, fragst du dich? Wen habe ich urteilen lassen? Und irgendwie ist jetzt wirklich die Antwort im Raum: Lass die Vergebung von IHM her kommen, »mache« sie nicht selbst, sei du der, der IHN einlädt. ER weiß.

Jesus – nur ein Symbol?

Na klar ist Jesus nur ein Symbol – genau wie alle anderen »Dinge« zwischen HIMMEL und Erde, also zum Beispiel auch »du« oder »ich«. Der Kurs definiert für uns das »Symbol«, den »Hinweis auf das Eigentliche«, auf seine Weise, nämlich indem er uns gleich sagt, worauf alle Symbole deuten:

»Alle Dinge sind ein Echo der STIMME FÜR GOTT« (Ü-I.151), und »Alle Dinge sind Lektionen, die GOTT mich lernen lassen möchte.« (Ü-I.193)

Die heutige Lektion hebt endgültig die Dissoziation zwischen Welt und HIMMEL, Körper und Geist, zwischen dem Finger, der auf den Mond zeigt, und dem Mond selbst auf. Alles, einschließlich des eigenen Körpers, wird dem CHRISTUS gegeben, damit ER es verwende, »um die Welt mit Wundern zu segnen« (vgl. Ü-II.353).

Vermutlich empfindest du ja, dass du existierst, und fühlst dich (vielleicht außer am Montagmorgen) einigermaßen lebendig. Verzeih mir die Frage: Wer, glaubst du, ist lebendiger: Du oder Jesus? Wenn doch beides – »du« und »Jesus« – nur leblose Symbole sind. Ich meine ernsthaft: Kann meine zänkische Tante F. für mich lebendiger sein als Jesus, nur weil der Letztgenannte bereits körperlich gestorben ist? Die Versuchung besteht, schon aus der Perspektive der »Sündenlosigkeit« denken zu wollen, also sozusagen aus der »Erkenntnis«. Und da, sozusagen im HIMMEL, sind Tantchen und Bruder Jesus natürlich mehr als auf Augenhöhe, da sind sie eins. Aber wir leben nun mal noch miteinander im Trubel der irdischen Wahrnehmung, und wir sollten dieses doch auch spannende Stadium unserer Entwicklung nicht versuchen, auszulassen. »Lebt« Jesus also, von dir aus betrachtet?

Apropos »Augen« – auch diese Körperteile sind natürlich »nur« Symbole und »können wech«, wenn sie ihre hindeutende Funktion erfüllt haben:

Die Sünde gab dem Körper Augen, denn was gibt es, das die Sünden-
losen sehen möchten? Wozu bedürfen sie der Anblicke oder Geräusche
oder der Berührung? Was möchten sie hören, oder wonach möchten sie
greifen? Was möchten sie denn überhaupt empfinden? Empfinden ist
nicht erkennen. Und die Wahrheit kann nur mit Erkenntnis und mit
sonst nichts erfüllt sein.[1]

Das geht nun nicht klarer. Also stehen wir doch einfach dazu, Symbole zu ...
nein, nicht »zu sein«, aber zu verwenden, um in das, was wir SIND, heimzu-
kehren. Bruder Jesus kann uns dabei die Hand geben, eine »symbolische«
Hand, die aber sicher lebendiger als alles an mir und dir auf das zeigt, was
wir alle als IDENTITÄT miteinander teilen:

Was ist dir gegeben worden? Die Erkenntnis, dass du Geist bist, im
GEIST, und ausschließlich Geist, für immer sündenlos und gänzlich
furchtlos, weil du erschaffen wurdest aus der Liebe. Auch hast du deine
QUELLE nicht verlassen und bleibst so, wie du erschaffen wurdest. Das
wurde dir als Erkenntnis gegeben, die du nicht verlieren kannst. Es
wurde ebenfalls jedem Lebewesen mitgegeben, denn nur durch diese
Erkenntnis lebt es.[2]

Jedes Lebewesen. Jeder Wurm, jede Amöbe teilt mit uns die Erkenntnis. In
unseren besseren Momenten spüren wir das, stimmt's? Fühl mal hin: »Ich«,
»Jesus«, die »Amöbe«, auch »Vergebung«, »Wundergesinntheit«, jedes
einzelne Wort in »Ein Kurs in Wundern«: Alles Symbole, Finger, die auf die
LIEBE zeigen. Aber »CHRISTUS«? Da klingt das Assoziationsfeld
des Wortes »Symbol« nicht mehr mit, stimmt's? CHRISTUS IST. GOTT IST.

Eine Weile arbeite ich mit IHM, um SEINEM Zweck zu dienen. Dann
verliere ich mich in meiner IDENTITÄT und erkenne wieder,
dass CHRISTUS nichts anderes als mein SELBST ist.[3]

---

[1] *Kurs 2019, Ü-II.4.1:4-9*
[2] *Ebd., Ü-I.158.1:1-5*
[3] *Ebd., Ü-II.353.1:4-5*

Tag 354

Im Spiegel des Geistes

Unser Geist findet nur in der Eindeutigkeit Ruhe, Konflikt ist für ihn Stress. Der gespaltene Geist sucht diese Eindeutigkeit in klaren Abgrenzungen der körperlichen Welt, wo er sie nie lange halten, immer erneuern und schließlich aufgeben muss: »Woher komme ich?«, »Wohin gehe ich?«, »Wer bin ich?« und »Was soll ich hier?« bleiben für ihn letztlich unbeantwortbare Fragen.

Den Konflikt und die Gespaltenheit unseres Geistes haben wir uns selbst mit dem Glauben, von unserer QUELLE getrennt zu sein, in die Wiege gelegt. Die Vergebung löst den Konflikt nicht, indem sie ihn in der Welt austrägt und abhandelt, sondern indem sie ihn heilt. Sie ist selbst noch ein Traum, aber einer, der vom Erwachen träumt und es anbahnt, so, wie der CHRISTUS der nur scheinbar »Andere« ist, der mich an die Hand nimmt, um mir zu zeigen, dass ich ER SELBST bin.

Ich habe kein Selbst außer dem CHRISTUS in mir.[1]

Wir gehen den Weg der Vergebung, um unser Einssein mit dem CHRISTUS zu erfahren. In der Welt der Wahrnehmung haben wir uns als Körper-Geist »erkannt«, indem wir einander den Spiegel der Erscheinungen dieser Welt vorgehalten haben. Die Vergebung »reinigt« diesen Spiegel immer mehr von der Angst, die zwangsläufig hinter ihm lauert, weil seine innerste Reflexionsschicht die Ablehnung der Wahrheit ist. Wunder leuchten jetzt durch diesen Spiegel, und die »Lilien der Vergebung« ersetzen Angst durch Liebe. Und mehr und mehr »sehen« wir hinter der gewohnten Welt die »wahre Welt«, der vergeben ist, und im Bruder erkennen wir das »Andere«, sein eigentliches Gesicht – immer noch ein Bild von dem, was er in Wahrheit ist, aber es ist endlich konfliktfrei und damit eindeutig.

---

[1] *Kurs 2019, Ü-II.354.1:2*

Könntest du auch nur einen einzigen Augenblick die Heilkraft erfassen, welche die Spiegelung GOTTES, die in dir leuchtet, der gesamten Welt zu bringen vermag, dann könntest du es nicht erwarten, den Spiegel deines Geistes zu reinigen, um das Bild der Heiligkeit zu empfangen, das die Welt heilt. Das Bild der Heiligkeit, das in deinem Geiste leuchtet, ist nicht verschleiert und wird sich auch nicht ändern. Seine Bedeutung ist für diejenigen, die es erblicken, nicht verschleiert, denn alle nehmen es als dasselbe wahr. Alle bringen ihre unterschiedlichen Probleme zu seinem heilenden Licht, und all ihre Probleme finden dort nur Heilung.[1]

Das »Bild der Heiligkeit« wird im Kurs auch das »Antlitz CHRISTI« genannt, vielleicht eine seiner provozierendsten Vokabeln – bis wir auch nur einmal dieses »Antlitz« gesehen haben, das nur noch GOTTES LIEBE widerspiegelt und sozusagen der höchste Ausdruck der Vergebung ist. Dann ist es keine Provokation mehr, sondern ein angemessenes Wort für eine Schönheit, die nicht von dieser Welt ist. Deine Schönheit.

*Das **Antlitz Christi** muss gesehen werden, bevor die Erinnerung an GOTT zurückkehren kann. Der Grund ist offensichtlich. Das Antlitz CHRISTI zu sehen beinhaltet Wahrnehmung. Niemand kann auf Erkenntnis schauen. Doch das Antlitz CHRISTI ist das große Symbol der Vergebung. Es ist die Erlösung.[2]*

CHRISTUS und wir stehen beieinander, in Frieden und in Zielgewissheit (vgl. Ü-II.354), bis wir – du und ich – erst einander und schließlich GOTT als unsere QUELLE erkennen. Wo wir Gedanken der Angst auf die »leere Tafel« des Geistes geschrieben hatten, offenbart sich uns diese »Leere« als die Fülle des CHRISTUS, sie unseren Gedanken wieder ihre Heimat zurückgibt.

---

[1] *Kurs 2019, T-14.IX.7:1-4*
[2] *Ebd., B-3.4:1-6*

Die Quelle der Bedeutung

GOTTES WORT ist die Transzendenz aller Bedeutung. ES zu geben heißt, ES zu empfangen und aus der LIEBE zu leben, aus der Fülle IHRER grenzenlosen Bedeutung, die heute unser »Schatz« genannt wird:

Ich bin sicher, dass mein Schatz auf mich wartet und dass ich nur die Hand auszustrecken brauche, um ihn zu finden. Sogar jetzt berühren meine Finger ihn. Er ist ganz nahe.[1]

Meine Fähigkeit, Friede, Freude und Wunder zu geben, den »Schatz« mit allen zu teilen, war also nie verloren, sondern nur von mir geleugnet.

ER hat nicht gewartet, bis du IHM deinen Geist zurückgibst, um dir SEIN WORT zu geben. ER hat SICH nicht vor dir versteckt, während du eine kleine Weile von IHM fortgegangen bist. ER hegt die Illusionen nicht, die du über dich selbst hegst.[2]

Alles Dingliche ist Symbol und steht für den Gedanken, der es hervorgebracht hat. Es hat für sich allein keine Bedeutung, ist »bedeutungslos«. Während Symbole wie Vergebung, Jesus, Gott, oder die Worte des Kurses auf die Wahrheit des Einsseins deuten, hat das Ego wie alles auch die Funktion des Symbols missbraucht, um mit den weltlichen Dingen hartnäckig auf eine Quelle zu deuten, die es nicht gibt: auf die »Wahrheit« der Getrenntheit.

Wohin weist das Symbol? Wir haben nach wie vor die Wahl, dem Ego den Gehorsam zu verweigern und nur EINE QUELLE für alles zu akzeptieren. Und das wird bereits in Lektion zwölf mit dem Einverständnis gleichgesetzt, die Wahrheit »auf die Welt schreiben« zu lassen:

---

[1] *Kurs 2019, Ü-II.355.1:3-5*
[2] *Ebd., Ü-I.125.5:1-3*

Wenn du die Welt als bedeutungslos akzeptieren und zulassen könntest, dass die Wahrheit für dich auf sie geschrieben werde, würde es dich unbeschreiblich glücklich machen. Aber weil sie bedeutungslos ist, bist du genötigt, auf sie zu schreiben, was sie für dich sein soll. Das ist es, was du in ihr siehst. Das ist es, was in Wahrheit bedeutungslos ist. Unter deinen Worten steht GOTTES WORT geschrieben. Die Wahrheit regt dich jetzt auf, aber wenn deine Worte ausgelöscht worden sind, wirst du die SEINEN sehen. Das ist das letztendliche Ziel dieser Übungen.[1]

Insofern sind wir »eine kleine Weile fortgegangen«: Wir haben zugelassen, dass sich in unserem Geist die Symbole der Welt vom LICHT sozusagen wegdrehen, auf dass sie dennoch klammheimlich und zuinnerst zeigen. Wir aber starren auf ihre angebliche Quelle, in der die »Wahrheit« von Trennung, Schuld und Tod dem Leben bei seiner »Geburt« gleich mitgegeben wird. Und aus dieser »Quelle« stammt die schwarze Tinte, mit der wir unsere Bedeutungen auf die Welt geschrieben haben und immer wieder neu schreiben.

Vergebung schaut sanft auf alle Dinge, die unbekannt im HIMMEL sind, sieht sie verschwinden und belässt die Welt als eine reine und unbeschriebene Tafel, auf der nun GOTTES WORT die sinnlosen Symbole ersetzen kann, die zuvor dort aufgeschrieben waren.[2]

Meine Finger berühren den »Schatz«, den mir SEIN WORT schenkt: Mein Geist wird still und hört auf, eigene Bedeutungen auf die Welt meiner Wahrnehmung zu schreiben. Der Wunsch, die Trennung als absolute Wahrheit permanent zu bestätigen, damit meine Welt stabil bleibe, kann seinen Athem aushauchen und vergehen. Alle Symbole drehen sich wieder in ihre natürliche Richtung zurück, ihrer QUELLE zu, ins Licht SEINES WORTES, DAS uns alle den EINEN nennt. Und auch die tiefste Dunkelheit ist jetzt der Moment, in dem die Sonne aufgeht.

---

[1] *Kurs 2019, Ü-I.12.5:3-9*
[2] *Ebd., Ü-I.192.4:1*

363

»Denn dir möchte ich folgen ...«

»Die Nacht ist lang«. Mit diesen Worten und dem Frieden der »Leerheit«, die wie eine Sphäre alle »Dinge« der Welt und alle Gedanken, Gefühle, Empfindungen und Wahrnehmungen »enthält«, endete mein letztes Kapitel.[1] Die Erfahrung dieser »Leerheit« oder des Gewahrseins des Gewahrseins entspricht dem, was du in einschlägigen Texten mit Begriffen wie Nondualität, Gipfelerfahrung, kosmisches Bewusstsein, Einheitsbewusstsein, Erleuchtung oder weiteren 200 Namen beschrieben findest. Die unermessliche »Weite«, das Gefühl von bewusst seiender Leere, in der alles entsteht und vergeht, lässt die erlernten Etiketten, Erinnerungen und Deutungen des Verstandes in den Hintergrund treten und gibt dadurch Raum für diesen *heiligen Augenblick*. Nicht umsonst wird die Erfahrung auch als Frieden, der das Verständnis übersteigt, beschrieben.

Dieses Erleben wird nicht selten als »Ende der spirituellen Suche« angesehen – die erlebte »Stille« und der erreichte »Frieden« sind offenbar überzeugend genug, mehr kann es doch nicht geben – was die Erfahrung tieferer Schichten des Erlebens verhindern und auch dazu führen kann, dass wesentliche Konditionierungen, die im Alltagsbewusstsein durchaus bekannt sind, verleugnet oder ignoriert werden (echtes »Spiritual Bypassing«). Etwas burschikoser ausgedrückt: Man sollte als Suchender nicht fälschlicherweise annehmen, dass ein erleuchteter Vollpfosten und Stinkstiefel ja gar nicht erleuchtet sein kann!

Aber wie passt der Ausgangspunkt meines letzten Kapitels, die Verbindung mit der Liebe statt mit dem »Ich« als Lieblingsgötzen, in die erlebte »leere Weite«? Nun kenne ich im Kurs keinen für mich wirklich passenden Hinweis auf diese Erfahrung der »Leerheit«, der bei mir ein unmittelbares »Aha, das ist also die Erfahrung, auf die der Kurs hinweist« auslöst –

---

[1] Siehe »Hab DU die Führung«

abgesehen von einigen konkreten Beschreibungen der Vergebung – welche ja nichts ist, was du »tust«. Ein »Kunstgriff« wäre, das Gewahrsein des Gewahrseins, das reine Bewusstsein der alles umschließenden und alles hervorbringenden Weite, mit der Liebe gleichzusetzen. Und schon ist das »Problem« konzeptionell erledigt. Aber es gibt naheliegendere »Lösungen« – wenn es denn überhaupt einer Lösung bedarf: Vertiefe die Erfahrung!

> *Die Liebe ist eins. Sie kennt keine getrennten Teile und keine Grade, keine Arten noch Ebenen, keine Abweichungen noch Unterschiede. Sie ist sich selber gleich, durch und durch unverändert. Sie verändert sich nie je nach Mensch oder Umstand.[1]*

Und damit kehre ich zurück zur beschriebenen schlaflosen Nacht: Das Gewahrsein, die Leerheit, der »Container« dehnen sich mehr und mehr aus – bis »es« die Eigenschaft des »umfassenden Behälters« verliert und eine »Fülle« beginnt, die »Leerheit« durch ihre grenzenlose *Präsenz* zu ersetzen, die alles durchdringt und alles ist.

Liebe ist einfach da. Liebe, die jeder ist. Da ist ein Spüren dieser alles durchdringenden schimmernden Präsenz, in allem, was ich »sehe« – auch in der umgebenden Dunkelheit der Nacht. Oder höre oder empfinde. Innen wie außen.

Eine Präsenz, die jedes Lebewesen, an das ich denken kann, vollständig erfüllt. Jeder Bruder ist »hier«, wo ich bin, als nichts ausschließende Präsenz. Unabhängig vom Husten, der laufenden Nase und dem Gliederreißen.

»Die Welt ist neu als Kind geboren.« (Ü-I.127.11:1)

Als Schimmer der Liebe. Und es kostet keinerlei Anstrengung oder besondere Aufmerksamkeit, diese Verbindung aufrechtzuerhalten.

Ups, dann bin ich endlich eingeschlafen.

---

[1] *Kurs 2019, Ü-I.127.1:3-6*

Die »Reise«, wie ich sie als nächtliche Beschäftigung geschildert habe, wird in dieser Form, also als »Methode«, nicht »funktionieren«. Alle die beschriebene Schritte oder Vorgehensweisen greifen ineinander und führen in die Richtung der »wahren Wahrnehmung« und »wirklichen Welt«, nur eben nicht als »Gesamtmeditation« oder »Session«.

Also war diese ganze Gute-Nacht-Geschichte nur genau das, eine Geschichte? Nein, ganz und gar nicht, es ging mir in der Nacht der schlafabweisenden Zipperlein tatsächlich um die Frage der Verbindung mit der *»Liebe, die nicht von dieser Welt ist«*, für die das Symbol »Jesus« steht, eine Verbindung mit der »Innigkeit« und Selbstverständlichkeit, die wohl jeder aus der Verbindung mit der Idee »Ich« kennt. Und es ging um den Weg der *unmittelbaren Erfahrung* dorthin, statt in der Faszination der Erklärungen, der Erzählungen, Mantras und der hochgepuschten Emotionen in unendlicher, nie das Ziel erreichender Annäherung um das »Wunschobjekt« zu kreisen.

» Wir warten auf die Erfahrung und begreifen, dass Überzeugungskraft nur hierin liegen kann.« (Ü-I.5.Wdh.Einl.12:3)

Der Weg führte mich tatsächlich über die Leerheit, die räumliche Weite oder das sich selbst bewusst seiende Gewahrsein, das nicht nur alle Dinge enthält, sondern in dem auch alles entsteht und wieder vergeht. Bis hin zur Leerheit ausfüllenden und alle Wahrnehmungen durchdringenden »Präsenz« – und dem damit verbundenen Frieden der tiefen Stille. Allerdings war das kein »technischer Weg der einzelnen Methoden«. Das hätte tatsächlich nicht funktioniert. Es ist eine Folge recht unterschiedlicher Erfahrungen, und jede davon war bestens geeignet, bei ihr zu verweilen.

Sinnvoller ist es jedoch, jede Vorgehensweise oder Methode eine Weile für sich zu praktizieren. Aber sobald bei einem Vorgehen die »Technik« in den Hintergrund sinkt, die bewusste »Tätigkeit« und »Absicht« kurz zur Ruhe kommen – »geschieht« das »ganz Andere«. Es fühlt sich an wie eine Art »Transition«, also ein »Übergang« zu etwas bisher nicht Erlebten. Vielleicht braucht das zwanzig Jahre des Praktizierens, vielleicht zwei Wochen, vielleicht geschieht es einfach spontan. Und manchmal geschieht es sukzessive, so dass der Übergang übersehen wird. Das »Ergebnis« jedoch nicht.

Eine typische Reaktion auf ein solches (unerwartetes) Erleben ist der frustrierende Versuch, es zu wiederholen. Hat ja einmal »funktioniert«, da muss dieser ungewöhnliche Frieden, dieses tiefe Wohlbefinden doch auf demselben Weg erneut herbeigeführt werden können. Aber das geht schief, denn das grundsätzliche »Ok-Sein«, die »nicht-symbolische« Erfahrung ist nun mal nicht von Bedingungen, Techniken, Übungen, Absichten oder irgendwelchen Tätigkeiten abhängig.

Aber du kannst dich an die Erfahrung *erinnern*. Du kennst zumindest Aspekte oder Qualitäten des Erlebten. Ich erinnere mich beispielsweise an einige »Ausprägungen« einer »ganz anderen Erfahrung« aus den 90ern. Oder an die Klarheit eines anderen Erlebens mitten in der Fußgängerzone in München einige Jahre später. Oder eine Begegnung mit der *Liebe* in Rom – wobei das übrigens keine Römerin und kein Römer war.

Und genau das war das Vorgehen in der beschriebenen Nacht: das Hervorrufen von Dankbarkeit mit anschließender Erinnerung an das Erleben von offener Weite – und dann das Eintauchen und tiefere Einsinken in diesen Aspekt der Erinnerung, ohne irgendeine »Technik« oder »Vorgehensweise«. Bis sich dieses »weite Gewahrsein« ohne eigenes Zutun »stabilisiert«. Um dann zur Erinnerung der »Fülle« überzugehen, der »Präsenz«, was den Frieden und die Stille deutlich vertieft – und die Verbindung quasi »automagisch« aufrechterhält.

Tag 356

Heilen mit dem Geist

Ein einfacher »Ruf nach GOTTES Namen« – so wird heute das »Wunder« umschrieben: Es ist gleichzeitig ein »Ruf nach IHM« und SEINE Antwort an SEINEN SOHN, in welcher Form er/sie/es sich auch immer gerade wahrnimmt und mit welchen Problemen dieser verirrte SOHN sich herumschlägt.

Es spielt keine Rolle, wo er ist, was sein Problem zu sein scheint noch was er glaubt, dass er geworden ist. Er ist DEIN SOHN, und DU wirst ihm Antwort geben. Das Wunder spiegelt DEINE LIEBE wider, und also antwortet es ihm.[1]

Was für ein schönes Begreifen des »Wunders«! Was ist der »Name GOTTES«? Ganzheit, Ewigkeit, gegenteilsloses Leben, Liebe – *Vollkommenheit*. In welcher Lage und Situation ich gerade sein mag – ich kann von den eigenen Antworten weg auf die *Vollkommenheit* schauen und sie als mein Erbe anrufen. Heilung wird in dieser Geistesöffnung unausweichlich. Ich habe um ein Wunder gebeten und es wird genau so zu mir und der gesamten Situation kommen, wie es meiner Bereitschaft und der aller Beteiligten entspricht, uns die *Vollkommenheit* aller Aspekte dieses Ausschnitts in Zeit und Raum zeigen zu lassen. Im »heiligen Augenblick« des offenen Geistes lerne ich sehen, dass alles nur auf Heilung ausgerichtet ist:

Versuche keine Probleme zu lösen, außer in der Sicherheit des heiligen Augenblicks. Denn dort wird das Problem beantwortet und gelöst. Außerhalb dessen gibt es keine Lösung, denn dort ist keine Antwort, die zu finden wäre.[2]

Der »heilige Augenblick« ist die Hinwendung an die *Vollkommenheit*, die Bitte an das Wunder, in die Welt des Zweifels einzutreten, um ihn zu heilen. Heute wird speziell »Krankheit« genannt als Quelle des Zweifels. Den

---

[1] *Kurs 2019, Ü-II.356.1:2-4*
[2] *Ebd., T-27.IV.3:1-3*

Körper aus dem festen Griff der Ego-Identität und des Habenwollens zu entlassen, um auch diese zentralen Aspekte der Wahrnehmung für die Heilung erreichbar werden zu lassen, heißt nichts anderes, als sich gegen die halbherzigen und die Trennung aufrechterhaltenden Lösungsvorschläge der Angst und für die *Vollkommenheit* der Liebe zu entscheiden.

Das Einzige, was für eine Heilung erforderlich ist, ist das Fehlen von Angst. Die Angstvollen werden nicht geheilt und können nicht heilen. Das heißt nicht, dass zum Heilen der Konflikt für immer deinen Geist verlassen haben muss. Hätte er es, so würde Heilung nicht gebraucht. Vielmehr bedeutet es, dass du – wenn auch nur einen Augenblick – liebst, ohne anzugreifen. Ein Augenblick reicht aus. Wunder harren nicht der Zeit.[1]

Ohne Angst sein heißt »lieben, ohne anzugreifen«, das geht tief!

»Wunder harren nicht der Zeit«, kannst du das schon sehen? Du wirst es um so besser erkennen, je entschiedener du darin bist, dich nicht auf deine Wunschvorstellungen zu fixieren. Und dann wirst du sicher auch sehen, dass sich das gegenwärtige Wunder in der Zeit als konkrete Heilung entfaltet.

Das Wunder schafft das Bedürfnis nach Belangen niederer Ordnung ab. Da es ein Zeitabschnitt außerhalb des normalen zeitlichen Musters ist, gelten die gewöhnlichen Überlegungen von Zeit und Raum nicht. Wenn du ein Wunder wirkst, werde ich sowohl Zeit als Raum so arrangieren, dass sie sich ihm anpassen.[2]

Das nenne ich Full Service!

Von mir ist nur ein Ja zur *Vollkommenheit* erbeten, und zwar zu der des EINEN, nicht zu »meiner Vollkommenheit«. Das lädt nicht weiter den Konflikt, sondern die Wunder seiner Berichtigung ein.

---

[1] *Kurs 2019, T-27.V.2:8-14*
[2] *Ebd., T-2.V.11*

Tag 357

Aufhebung der Dissoziation

Als jemand, der immer noch jedes Jahr von Weihnachten im Innersten berührt wird, darf ich das sagen: Das Weihnachtsfest ist bei allem Schönen, Wahren und Verbindendem, das es für mich bedeuten mag, vom Kurs aus betrachtet auch ein Beispiel für die Dissoziation des Geistes: Wir packen das »Heilige« in ein ganz spezielles Ritual, das zu einer festgesetzten Zeit abgehandelt wird und dessen verbindender, beschenkender und vom Frieden singender Inhalt von materiellen Geschenkorgien und kulinarischen Völlereien handfest in die »Realität« unseres Wunschdenkens eingebettet bleibt. Vor dem Friedensritual ist es die ganz normale Jahresabschluss- und Geschenkejagd-Hektik, und danach das Niemandsland »zwischen den Jahren«, das die scharfe Grenze der Dissoziation zieht: Weltliche und heilige Sicht, kriegerisches und friedliches Denken, das Ego-Denksystem und das des Heiligen Geistes, die eigentlich miteinander unvereinbar sind, werden nebeneinander aufrechterhalten, indem sie an klar voneinander abgegrenzten Orten untergebracht werden. Spätestens an Silvester ist Schluss mit »heilig«.

»Weihnachten als Ende des Opferns« heißt die Überschrift über einem Abschnitt im Textbuch:

Versuche nicht länger, deine Gedanken und den GEDANKEN, der dir gegeben wurde, getrennt zu halten. Wenn sie zusammengebracht und da wahrgenommen werden, wo sie sind, dann ist die Wahl zwischen ihnen nicht mehr als ein sanftes Erwachen und so einfach wie das Öffnen deiner Augen für das Licht des Tages, wenn du keinen Schlaf mehr brauchst.[1]

Auch die intensivste Beschäftigung mit Spiritualität, das gründlichste Verstehen der Metaphysik und das hartnäckigste Besuchen von Seminaren und

---

[1] *Kurs 2019, T-15.XI.1:5-6*

Workshops kann immer noch im Dienst der Aufrechterhaltung der Dissoziation stehen. Wie ich die Dissoziation aufheben kann, wird mir von meinem wahren SELBST als offenes Geheimnis ins Ohr geflüstert: Sieh zunächst auf deinen Bruder, und schenke ihm ein Wunder der Wahrheit, indem du es allen schenkst. Dann kommt die Wahrheit als SIE SELBST zu dir zurück. Der fraglose »Wunder-Dienst am Bruder« ist das Mittel, wie ich meine Unfähigkeit, unterschiedslos und ganz und gar ohne Angriff zu lieben, überwinden und heilen kann. Auch, wenn mir krasse Ablehnung, Ignoranz oder Aggressivität zu begegnen scheinen:

> *Die Nächstenliebe ist eine Art, einen anderen so anzusehen, als sei er schon weit über das hinausgegangen, was er in der Zeit tatsächlich erreicht hat. Da sein eigenes Denken fehlerhaft ist, kann er die SÜHNE nicht für sich selber sehen, sonst bräuchte er keine Nächstenliebe. Die Nächstenliebe, die ihm zuteil wird, ist sowohl eine Anerkennung, dass er Hilfe braucht, als auch die Einsicht, dass er sie akzeptieren wird.[1]*

Schau dir mal den letzten Satz an. Der Bruder *wird* die Hilfe akzeptieren. Zu dieser Einsicht käme niemand von uns aus eigener Kraft, stimmt's? Nur das Wunder zeigt uns die Unausweichlichkeit des bedingungslosen »Ja«, das mir mein Bruder schon immer gibt, wie verdeckt es auch sein mag.

> *Wunder machen die Geister eins in GOTT. Sie sind auf Zusammenarbeit angewiesen, weil die SOHNSCHAFT die Summe all dessen ist, was GOTT erschaffen hat. Daher spiegeln Wunder die Gesetze der Ewigkeit wider, nicht die der Zeit.[2]*

Die Ewigkeit kennt keine Grenzen, die durch Rituale der Zeit in ihre Wirklichkeit gezogen werden, und kein berührungsloses Nebeneinander unvereinbarer Wahrnehmungen. Wunder heilen die Dissoziation, und das heißt: Die Wahrheit kommt als ein Segen zu mir zurück und eben nicht als die Strafe und Abrechnung, wie die Angst es mir einflüstern will.

---

[1] *Kurs 2019, T-2.V.10:1-3*
[2] *Ebd., T-I.1:19*

Tag 358

Du hast das letzte Wort

Der Geist ist nicht im Körper, sondern der Körper ist ein Bild im Geist. Der Körper kann in unserem Erleben überhaupt nur manifest werden, weil unser Geist nach unwiderlegbaren Zeugen für seinen Glauben an Trennung gesucht hat. Und wir sehen das, was wir glauben wollen.

Hast du dich schon mal beobachtet, wie dein Geist »loslegt«, wenn du beginnst, über etwas nachzudenken, oder wenn du in irgendeine Situation kommst, in der du Entscheidungen treffen musst, oder wenn dir jemand eine Frage stellt?

Da gibt es eine Art »Initialzündung«, auf einer tiefen, instinkthaften Ebene triffst du eine Entscheidung: Die Antwort wird aus deinen vergangenen Erfahrungen kommen. Du hast sie also schon, und musst sie nur noch geben, um sie real zu machen. Dein Wille wird die Aufgabe bewältigen und sich so seiner Stärke und Überlebensfähigkeit versichern.

Dein Körper-Geist-Konstrukt bekommt ein »eigenes Leben«.

Begriffe wie »Instinkte«, »Reflexe« und Ähnliches stellen Versuche dar, den Körper mit nichtgeistigen Antriebskräften auszustatten. Tatsächlich benennen oder beschreiben solche Begriffe lediglich das Problem. Sie geben darauf keine Antwort.[1]

Hinter den »Instinkten« und »Reflexen« war also die Entscheidung des Geistes verborgen, dass der Körper beziehungsweise der Körper-Geist etwas »von sich aus« tun kann, Entscheidungen treffen, Antworten geben, Ursache von allen möglichen Zuständen, krank, hungrig, lustvoll sein kann etc.

Der Körper aber ist nur ein Bild im Geist. Dieser Geist bleibt fähig, zu akzeptieren, dass alle Wahrnehmung nur die Frage sein kann, niemals die Antwort. Der Körper kann nicht Ursache sein und hat deshalb keine Ant-

---

[1] *Kurs 2019, T-5.II.1:8-10*

worten, er ist selbst nur eine Frage. Der nur scheinbar gespaltene Geist aber kann jederzeit um die Antwort bitten, indem er die Wahrnehmung als Frage an SICH SELBST stellt – indem er den HEILIGEN GEIST um ein Wunder bittet.

Indem sie den reinen Geist anerkennen, rücken Wunder die Ebenen der Wahrnehmung zurecht und zeigen sie in ihrer richtigen Anordnung. Das stellt den reinen Geist in den Mittelpunkt, wo er unmittelbar kommunizieren kann.[1]

Wundergesinnt werden heißt also, hinter meinem scheinbar instinkt- und reflexhaften Denken eine neue Wahl zu treffen: Antworte DU. Ich trete mit »meinen« Antworten zurück und lasse wieder wahre Kommunikation zu.

Doch lass mich DEINE Liebe und Fürsorge nicht vergessen, indem ich DEIN Versprechen an DEINEN SOHN in meinem Bewusstsein stets bewahre. Lass mich nicht vergessen, dass mein Selbst nichts ist, dass aber mein SELBST alles ist.[2]

Was diese Kommunikation von meiner gewohnten unterscheidet, ist nur das Fehlen meiner Einbildung, ich könne auf irgendetwas »allein« Antwort geben. Die einfache Korrektur ist die Akzeptanz des CHRISTUS in dir und mir.

Wunder sind natürlich. Wenn sie nicht geschehen, ist etwas fehlgegangen.[3]

So will ich mit dir kommunizieren und mit allem, was mir begegnet. Die Liebe soll wieder das erste und das letzte Wort haben.

---

[1] *Kurs 2019, T-I.1:30*
[2] *Ebd., Ü-II.358.1:6-7*
[3] *Ebd., T-I.1:6*

Tag 359

Verändert sich die Welt?

Der ganze Kurs in der Kompaktfassung – die wohl längste Überschrift aller Übungen liefert den Schlüssel für ein Rätsel, dessen Lösung uns erst dämmert, wenn wir die unendliche Liebe und Gnade, mit der das ALLUMFASSENDE sich uns zuneigt, tatsächlich für möglich zu halten beginnen.

Das Rätsel ist die Frage, ob und wie genau sich die Erlösung in der Welt ausdrückt. Verändert sich die reale, manifeste Welt durch meine Ausrichtung auf den Frieden GOTTES, oder verändert sich »nur« meine Wahrnehmung von ihr? Anders gefragt: Ist der Friede, den ich in der Stille der Meditation erfahre, der Einklang mit dem Bruder, die grenzenlose Weite des Gewahrseins, die Erfahrung von einem liebenden Licht, das alles umfängt – ist die Unmöglichkeit der Trennung eine Tatsache, die sich mir nur als Einsicht und persönliches Erleben vermittelt, oder zeigt sie sich auch ganz handfest in einer Veränderung der manifesten Welt?

Der zweite Teil der Überschrift spricht davon, dass die Welt überwunden ist in der Erinnerung an die wahre QUELLE meines Geistes, DIE ihn als konfliktfrei begründet hat. Dies als Tatsache zu akzeptieren, befreit meinen Geist aus der Spaltung:

... Jeder Schmerz ist geheilt, alles Elend ist ersetzt durch Freude. Alle Gefängnistüren sind geöffnet. Und jede Sünde wird lediglich als Fehler aufgefasst.[1]

Die Welt der Konflikte, in der ich mich erfahre – nur ein Traum. So weit, so gut. Aber bleibt diese Traumwelt als solche »links liegen«, wenn ich mich in die Erlöstheit verabschiede? Oder was geschieht mit ihr, während sich meine Wahrnehmung von ihr und von mir in ihr verändert?

---

[1] *Kurs 2019, Ü-II.359*

Die Antwort, die der Kurs gibt, zeigt mir auf, dass ich einen künstlichen, nicht wirklich vorhandenen Unterschied mache zwischen der »Welt, in der ich mich erfahre« und meiner »Wahrnehmung« von ihr. In Wahrheit kann sich das eine nicht ohne das andere verändern, weil sie dasselbe sind. Mich von den »Dingen« verschieden zu sehen, ist mein Irrtum, und der »Traum« vergeht nur als Ganzes in die Wirklichkeit:

Wir haben alle Dinge missverstanden. Aber wir haben aus den heiligen Söhnen Gottes keine Sünder gemacht.[1]

Wir haben die Wirklichkeit und unsere Wahrnehmung von ihr nie wirklich voneinander trennen können. Die »Welt« ist unser Denken von der Wirklichkeit geblieben und wird mit uns als Eins erlöst. Hier wird die unfassbare Gnade des EINEN GEISTES deutlich, der keine abstrakte und seelenlose Wahrheit ist, sondern einen WILLEN entfaltet, mit dem ER alles scheinbar Getrennte IN SICH versammelt:

Die Antwort GOTTES ist irgendeine Form des Friedens.[2]

Während wir auf unserem individuellen Weg die Veränderung unserer Wahrnehmung erleben, verändert sich das, was wir wahrnehmen, mit uns, eben weil die Trennlinie nicht wirklich existiert. Die Welt »vergeht« mit uns in die Wahrheit, und ER gibt die Wunder ihrer und unserer Heilung da, wo sie wahrhaft helfen. Es ist ein großer Unterschied, dem Wunder die Möglichkeit einzuräumen, »im Außen« zu helfen oder die Zwangsläufigkeit zu sehen, mit der es dies tut, auch wenn wir dies nicht immer mit unseren Sinnen erfassen können. GOTT antwortet immer dem EINEN.

Ein Wunder geht niemals verloren. Es mag viele Menschen berühren, denen du nicht einmal begegnet bist, und ungeahnte Veränderungen erzeugen in Situationen, deren du nicht einmal gewahr bist.[3]

---

[1]   *Kurs 2019, Ü-II.359.1:2-3*
[2]   *Ebd., Ü-II.359*
[3]   *Ebd., T-I.1.45*

Strahlend schöne Perspektive

Wir kommen aus dem EINEN WILLEN, und in jedem von uns ist der Wille als Lichtfunke geblieben, auch wenn wir ihn in den Dienst des Ego und seines Angebots der Körperidentifikation gestellt und damit sein Licht mit der Idee der Trennung und Dunkelheit verschattet haben.

Du **bist** *das HIMMELREICH, aber du hast den Glauben an die Dunkelheit in deinen Geist eindringen lassen, deshalb brauchst du ein neues Licht. Der HEILIGE GEIST ist das Strahlen, dem du erlauben musst, die Idee der Dunkelheit zu verbannen.*[1]

Stell dir doch mal vor, sozusagen als waschechte Weihnachtsübung, dass du in allem, was du gerade um dich herum siehst, und in allen, die um dich sind oder an die du denkst, den WILLEN als heiligen Funken akzeptierst und siehst.

Die Macht eines Geistes kann in einen anderen leuchten, weil alle Lichter GOTTES durch den gleichen Funken entzündet wurden. Er ist überall, und er ist ewig. In vielen bleibt nur noch der Funke übrig, denn die GROSSEN STRAHLEN sind verschleiert. Doch GOTT hat den Funken lebendig erhalten, sodass die STRAHLEN nie vollständig in Vergessenheit geraten können.[2]

Versuche, in Ruhe zu sein. Wenn du nicht allein bist, setzt du dich vielleicht für eine Weile etwas abseits der anderen in eine stille Ecke. »Friede sei mir, und Friede sei meinem Bruder« (vgl. Ü-II.360) ist eine gute Hilfe, Kontakt aufzunehmen, sozusagen von Lichtfunke zu Lichtfunke. Schon davon geht Heilung aus, weil der eigene und der Wille des anderen aus dem Schattendasein seiner vermeintlichen »Privatheit« herausgerufen wird.

---

[1] *Kurs 2019, T-5.II.4:1-2*
[2] *Ebd., T-10.IV.7:5-6,8:1-2*

Wenn du nur den kleinen Funken siehst, wirst du lernen, was das grö-
ßere Licht ist, denn die STRAHLEN sind unsichtbar da. Den Funken
wahrzunehmen wird heilen, aber das Licht zu erkennen wird erschaf-
fen. Indes muss bei der Rückkehr zuerst das kleine Licht anerkannt
werden, denn die Trennung war ein Abstieg von der Größe zur Klein-
heit.[1]

Jetzt erlaube dir, die STRAHLEN der Willensverbundenheit spürbar und den
Bruder so für dich geistig berührbar werden zu lassen. Vielleicht ist es eine
Hilfe, deine Hände ganz sanft und leicht zu bewegen, vielleicht auch nur
einzelne Finger, um dir glaubhaft werden zu lassen, dass jede deiner
Bewegungen – also im Innern jeder deiner Gedanken – das Potential in sich
trägt, diese alles verbindenden STRAHLEN der LIEBE erfahrbar zu machen.

Das wird nicht permanent zu halten sein. Aber versuche, wenn du ins Alltagsbewusstsein zurückkehrst, zumindest deine Sehnsucht danach ernstzunehmen, den Willen in dir und dem anderen nicht mehr unter den Schatten
der Dunkelheit absinken zu lassen, auch und gerade, wenn du den Bruder
als »dunkel agierend« wahrnimmst.

So, wie das Ego deine Wahrnehmung deiner Brüder auf den Körper
begrenzen möchte, so möchte der HEILIGE GEIST deine Schau befreien
und dich die GROSSEN STRAHLEN sehen lassen, die aus ihnen leuchten
und so unbegrenzt sind, dass sie bis zu GOTT reichen. Es ist dieser Wech-
sel zur wahren Schau, der im heiligen Augenblick vollbracht wird.[2]

Der durch den Kurs zu uns spricht, entlässt uns mit einer Bitte in das Licht,
das uns zueinander führen wird:

Lehre nicht, dass ich umsonst gestorben bin. Lehre vielmehr, dass ich
nicht gestorben bin, indem du aufzeigst, dass ich in dir lebe.[3]

---

[1]   *Kurs 2019, T-10.IV.8:3-5*
[2]   *Ebd., T-15.IX.1:1-2*
[3]   *Ebd., T-11.VI.7:3-4*

FRIEDEN

Irgendeine Form von Frieden ist die einzige Widerspiegelung der WIRK-
LICHKEIT, die am Ende dieses einjährigen strukturierten Übungspro-
gramms von Bedeutung ist. Dieser Frieden ist genauso wenig eine aufkom-
mende und wieder abebbende Emotion wie die Liebe, die keine getrennten
Teile kennt, keine Grade, Arten oder Ebenen, keine Unterschiede und keine
Widerstände, welche irgendetwas ausschließen. Und genauso ist der Frieden
durch und durch unverändert, jenseits jeglicher Emotionen »einfach da«,
ungeachtet irgendwelcher Umstände – und unabhängig von irgendeinem
Menschen. Denn der Frieden ist das Herz, also das »Wesen« der LIEBE – die
EINS mit dir ist (vgl. Ü-I.127.1:4-7).

Der Frieden ist das Ergebnis der Aneignung der wahren Wahrnehmung,
nach der »Macherphase« des ersten Halbjahres, die sich mit dem Aufheben,
Aussortieren und Aufgeben deiner Sichtweise auf die Welt und auf deine
erlernte Identität beschäftigt hat (vgl. Ü-Einl.3). Der »Macher« stellt sich
als Idee heraus, ein grandioser Lernschritt aus der Vergangenheit, der aus der
undifferenzierten Existenz die »Dinge« scheinbar herausmeißelt – und
damit den Frieden, der nie abwesend ist, aus dem Gewahrsein verbannt.
Aber die »Macheridee«, die sich so wenig auf die Wirklichkeit bezieht wie
die Idee vom Weihnachtsmann, ist nichts, was irgendetwas »machen« kann,
ob du das »Macher« nennst, Beobachter, Handelnder, Zeuge, Interpret der
Erfahrung, Geschichtenerzähler oder Problemlöser. Keiner dieser »Weih-
nachtsmänner« existiert oder hat irgendeinen Grad von Wirklich-
keit/»Realität«. Die Idee existiert natürlich, so, wie auch eine Fata Morgana
»existiert«.

Der Frieden ist der »Begleiter« der unmittelbaren Erfahrung von *Existenz:*
keine Unterscheidung zwischen einem wahrnehmenden *Subjekt* und wahrgenommenen *Objekten*, zwischen Sein und Nichtsein, Innerhalb und

Außerhalb, Form und Formlosigkeit – da ist nur »Das«, unteilbare Wirklichkeit, die sich spontan entfaltet, ohne irgendeinen Sinn für Dualität oder überhaupt die Möglichkeit von Dualität. »Möchtest du Frieden? Die Vergebung schenkt ihn dir.« (Ü-I.122.1:2-3) Welche nichts ist, was du »tust«.

Der Frieden ist die »Deutung« durch den Heiligen Geist, wenn jede Form von Angst nicht mehr »geschützt« wird, sei es durch Widerstand, durch Festhalten, durch Wertschätzung oder Bedürfnisse nach Kontrolle, Anerkennung und Sicherheit. Oder – und das ist eine der am weitesten verbreiteten Motive, um an der *Angst*, von der kleinsten Unpässlichkeit bis zur blanken Wut, festzuhalten – durch den Glauben, mit der Angst irgendetwas »machen« zu müssen. Dazu zählt auch, sie »dem HEILIGEN GEIST zu übergeben«. Dabei wird gerne »vergessen«, die Angst ohne ihre Verkleidung anzuschauen – als »unpersönliches Geschehen«, als Hilferuf nach Liebe. Die Existenz oder das Leben an sich, DAS, braucht deine Aufforderung nicht, irgendetwas zu »tun«. Außer, du willst mit aller Hartnäckigkeit deine vermeintliche Identität oder »Persönlichkeit« beibehalten und DEINE Existenz oder den HEILIGEN GEIST auf »Abstand« halten. Das gelingt für lange Zeit vorzüglich – die Angst kommt und geht, ungeachtet wie oft du sie »abgibst« oder »vergibst«.

Die wirkliche Welt ist jenseits aller Eigenschaften und Bedingungen, einschließlich der des Seins oder »Ich bin«. Wie erlebst du diesen Moment des Lebendigseins, ohne ihn durch Ideen, Vorstellungen, Sinnsprüche und Konzepte zu verhindern?

Kommst du mit leeren Händen, auch ohne »blaue Hintertür«, zu deinem GOTT? (Vgl. Ü-I.189.7:5)

Lasst uns damit in die Zielgerade der letzten Kurs-*Arbeits*woche einbiegen, mit den Lektionen, die uns nach dem Abschluss eines Jahres der Transformation »ins Leben« entlassen: »IHM überlassen wir diese Lektionen, wie wir auch IHM von nun an unser Leben übergeben.« (Ü-II.LL.1:4) Das Thema »Führung *und Folgen*«, das sich durch das ganze Übungsbuch hindurchzieht, kommt nun zum Höhepunkt und bestimmt deine weitere

»Laufbahn zum grundsätzlichen Glück«. Es geht nicht mehr um die mehr oder weniger häufige Hinwendung an ein konzeptionelles »Gegenüber« als Lieferservice für irgendwelche akuten »Problemlösungen« – die selbstverständlich erst von dir geprüft werden müssen, ob sie genehm sind. »Deinen Weg« der Kontrolle, des Beurteilens und der Entscheidungen in enger Verbindung mit deinen »Götzen oder dem Antichrist« (vgl .T-30.I.14:8-9) kannst du nicht sehenden Auges fortsetzen. Deine Identifikation mit einem einsamen, eigenständigen, abgrenzenden und abgegrenzten »handelnden Wesen« hat sich als wirkungslose Illusion herausgestellt, als Fata Morgana, als winzige Wahnidee (vgl. T-20.VI.8). Urteile und Entscheidungen obliegen nun dem »Leben selbst«, dem HEILIGEN GEIST, DEM, was du BIST, immer schon warst und immer SEIN wirst. Die »Antworten«, die du auf deine »Fragen« bekommst, unterliegen nicht mehr »deiner Beliebigkeit«: Die Suche ist beendet.

Ach ja? Das erinnert mich an eine Anekdote von Hale Dwoskin (»Erbe« der Sedona-Methode von Lester Levenson[1]): Seine Begegnung mit einem Mann, der Jahrzehnte mit der Suche nach der Wahrheit verbracht hatte – und von dem Gefühl extrem frustriert war, immer noch auf der Suche zu sein. Kommt dir das irgendwie bekannt vor? Schon viermal das Übungsbuch »gemacht«, aber irgendwie fluppt das nicht wie erwartet? Hale begann mit der einfachen Frage: »Okay, *könntest* du dieses frustrierende Gefühl jetzt, nur für diesen Moment, willkommen heißen? Einfach nur: *Könntest* du?«

Wie meinen? Das soll funktionieren?! Ja, denn die wahre Wahrnehmung, das Gewahrsein selbst, das »Leben an sich« lässt alles zu, hat keine Vorlieben, kennt keinen Widerstand. Der HEILIGE GEIST hält an nichts fest, lehnt nichts ab, nichts muss sich jetzt ändern. Durch das Willkommen »lockerst« du deinen festen Griff – und lässt dadurch einfach los, um das zu entdecken, was schon immer da war. Nicht irgendwann zu einem zukünftigen Zeitpunkt: »Diesen heiligen Augenblick möchte ich DIR geben.«

---

[1] *Vgl. Kapitel »Vergebung(en)« und »Wo bleibt Heinz Gerd?«*

(Ü-II.361-365) Sondern jetzt, in diesem heiligen Augenblick, dem einzigen Augenblick, den es gibt. Aber auf die Anekdote kam ich aus einem anderen Grund: Die Suche war tatsächlich beendet – der Seminarteilnehmer erkannte, dass er bereits genau das war, wovon er immer dachte, dass es irgendwo außerhalb von ihm zu finden sei.

Und das ist ein entscheidender Punkt: Die Widerspiegelung der LIEBE, die nicht von dieser Welt ist (wofür bekanntlich das Symbol »Jesus« steht), das »Leben an sich«, die QUELLE, DAS, was du BIST, der HEILIGE GEIST, das »ganz Andere« – nichts davon ist außerhalb von dir. »Dort« kannst du nichts finden. Erfahre das, unmittelbar, nicht als Buchwissen oder Glauben. Dann wird unmittelbar klar, dass dieser heilige Augenblick natürlicherweise nur »IHM« gehören *kann* und dass nur »SEINE« Führung Frieden bringt.

Bisher bist du wohl fest in der Vorstellung verankert, dass »du« dich mit Fragen an den HEILIGEN GEIST oder Jesus wendest – ohne auch nur einen Gedanken daran zu verschwenden, dass es »Selbstgespräche« sind, trotz vieler Hinweise darauf im Kurs. Die alles durchdringende Präsenz der Liebe oder des Seins, DAS, was du BIST, hat keine Stimme und spricht gleichzeitig mit jeder Stimme. Also wende »dich« an DICH, mit der Bitte, direkt mit »dir« zu sprechen. Schreibe eine Nachricht an »dich selbst«, als DU SELBST, als grenzenlose Weite des Gewahrseins, als Präsenz der Fülle, als HEILIGER GEIST – vielleicht nur einen Satz oder gar einen ganzen Brief.

Beginne mit »Liebe ...« oder »Lieber ...«: Verwende deinen Namen als Anrede oder eine beliebige Anrede, die das Gewahrsein auswählt. Aber bitte leite das nicht mit »heiligen Übungen« ein oder dem Versuch, erst einmal besondere Bedingungen zu schaffen. Die Präsenz der Liebe, Du, braucht keine Räucherstäbchen. Schreibe einfach als das Gewahrsein des Hier und Jetzt an »dich«. Denn wenn du glaubst, du müsstest dich vorbereiten, übersiehst und verpasst du die vielen, vielen Momente, in denen die grenzenlose Weite des Gewahrseins sich unmittelbar und intuitiv an »dich« wendet, um dir den Frieden zu bringen, der dein Erbe ist.

Tag 361-365

Zum Abschied ein Willkommen

Diese fünf letzten Lektionen sollen eine Zeit der Stille und der direkten Erfahrung sein. Jeder Moment dieser Zeit wird zum »heiligen Augenblick« einfach dadurch, dass ich IHM die Führung überlasse. IHM – dem HEILIGEN GEIST, dem CHRISTUS in uns, meinem wahren SELBST. DU bist der Eingang und der Ausgang dieser letzten Tage des Jahres.

Nichts mehr soll zwischen mir und meinem Bruder stehen, was diese Erfahrung verhindern will. Mein Denken wird ruhig und akzeptiert den EINEN WILLEN, meine Wahrnehmung sieht DICH als das Eigentliche in allen Dingen, die durch die Vergebung in EINS zurückgekehrt sind. Gedankenstille und Frieden breiten sich in mir aus.

Die Stille der Gedanken ist kein Nicht-Denken. Manchmal ist sie schweigsam und manchmal beredt. Aber im Reden wie im Schweigen spricht sie nur noch von GOTTES LIEBE zu MIR.

Denken in Gedankenstille ist »verbunden sein in IHM« – was meinst du am Ende des Übungsbuchs zu dieser »Definition« der natürlichen Bewegung des Geistes, der im Glauben an die Trennung in so viele separate Geister gespalten und in so viele Richtungen unterwegs zu sein schien?

Wahres Denken aber ist die Verbindung des Geistes mit SICH SELBST geblieben, und transzendiert alle »speziellen Gedanken«, die wir in den Grenzen der Dualität »hegen«. Es ist die direkte Erfahrung von GOTTES WORT, das kein Symbol mehr ist, wie unsere Worte es sind, sondern DAS, in DEM du und ich gedacht sind – der liebende, unser Wohl wollende und um unser Einssein wissende Geist SELBST.

Wir wollen jedoch nicht vergessen, dass Worte nur Symbole von Symbolen sind. So sind sie zweifach von der Wirklichkeit entfernt.[1]

---

[1] *Kurs 2019, H-21.1:9-10*

Die Frage, ob wir also bei der Wahrheitssuche am besten gleich darauf verzichten sollten, Worte zu benutzen, beantwortet der Kurs mit einem eindeutigen Nein (vgl. H-21.4). So, wie die Zeit hier eine Funktion für unser Lernen hat, bis sie überflüssig wird, und wie alle Dinge dem HEILIGEN GEIST zur Verfügung gestellt werden können, um mit ihnen die Trennung zu heilen, kann auch jedem unserer Worte die Funktion der Vergebung gegeben werden:

> *Die Wahrheit dessen, was wir sind, ist nicht in Worten auszudrücken oder zu beschreiben. Doch kann unsere Funktion hier uns klar werden, und Worte können davon sprechen und sie auch lehren, wenn wir die Worte in uns durch das Beispiel belegen.*[1]

Die Bitte um das, was als meine Wirklichkeit zu mir kommen soll, ist gleichwohl ein »Gebet des Herzens« und keines der Worte (vgl. Ü-II.21.3). Ob die Wahrheiten des gespaltenen Geistes oder die Wahrheit des heilen Geistes zu mir kommen sollen, wird in der Tiefe davon entschieden, was ich im Herzen wirklich will, welche Worte auch immer ich dabei spreche. Meine Worte werden immer diesen Willen vermitteln, ob sie der Form nach »weltlich« oder »heilig« aussehen, spielt überhaupt keine Rolle. Wenn ich sie aber in ehrlicher Zuversicht dem HEILIGEN GEIST dienen lassen will, werden sie das tun.

> *Der Lehrer GOTTES muss allerdings lernen, Worte in einer neuen Weise zu benutzen. Allmählich lernt er, wie er seine Worte für sich auswählen lassen kann, indem er aufhört, für sich selbst zu entscheiden, was er sagen wird. Dieser Prozess ist nur ein Sonderfall der Lektion im Übungsbuch, in der es heißt: »Ich will zurücktreten und IHM die Führung überlassen.« Der Lehrer GOTTES akzeptiert die Worte, die ihm angeboten werden, und gibt, wie er empfängt. Er kontrolliert die Richtung seines Sprechens nicht. Er horcht und hört und spricht.*[2]

---

[1] *Kurs 2019, Ü-II.14.2:4-5*
[2] *Ebd., H-21.4:4-9*

Was dann gesagt wird, kommt mir oft irrelevant, unwichtig oder gelegentlich sogar peinlich vor (vgl. H-21.5). Das sollte mich nicht kümmern. Ich bin mir beispielsweise nie ganz sicher, für was genau diese Texte, die ich hier schreibe, eigentlich gut sind. Aber ich wähle, bevor ich schreibe, der Verbundenheit im Geist damit zu dienen. Das genug sein zu lassen, hat mir die Augen geöffnet für die Resonanz der Wunder.

So lass uns also nicht vergessen, dass wir unser Ziel miteinander teilen, denn es ist dies Entsinnen, das die Erinnerung an GOTT enthält und den Weg zu IHM und zum HIMMEL SEINES Friedens weist.[1]

Um in die lebendig sprechende Gedankenstille zu kommen, in der wir dieses gemeinsame Ziel in der Verbundenheit des Geistes spüren, mussten wir in diesem Jahr des (Ver-)Lernens die Identifikation mit unserem liebgewordenen »Ich« zumindest stark lockern. Was nichts anderes hieß, als dem alten Kameraden Egon zu kündigen und all seinen Versuchen, sich wieder mit der »Wahrheit der Trennung« und den »Vorteilen«, die sie uns verspricht, anzudienen, ein immer authentischeres »Nein« entgegenzuhalten.

Ein zentraler Aspekt dieser Lockerung der gewohnten Identifikation war die zunehmende Wahrnehmung des Körpers – der gewohnten Festung und Sicherheit des Ichs – als ein Bild im Geist, das keine Ursache sein kann, sich selbst nicht motivieren und auch nicht leiden, ängstlich werden oder dem Tod ausgeliefert sein kann, und auch nicht unser wahres Zuhause ist. Wenn diese »Belanglosigkeit des Körpers« eine »annehmbare Idee« (vgl. H-5.II.3:12) sein soll, brauchen wir eine tragfähige Alternative.

Stellen wir uns doch einfach an dieser Stelle noch einmal mit dem Kurs die Frage, was wir als unsere Sicherheit und Heimat erleben, wenn wir dem Körper absprechen, dies für uns sein zu können:

Wenn du kein Körper bist, was bist du dann? Du musst dir dessen bewusst sein, was der HEILIGE GEIST verwendet, um das Bild eines Körpers in deinem Geist zu ersetzen. Du musst etwas fühlen können,

---

[1] *Kurs 2019, Ü-LL.Einl.4:2*

auf das du deinen Glauben setzen kannst, wenn du ihn dem Körper entziehst. Du brauchst eine wirkliche Erfahrung von etwas anderem, von etwas, das sicherer und solider ist, deines Glaubens würdiger und wirklich da.[1]

Bist du mit mir, wenn ich sage: Dieses »Etwas«, das viel sicherer und solider ist als der Körper, tausendmal liebevoller und tatsächlich spürbar in seiner »Echtheit« und seinem wirklichen »Dasein«, ist unsere Verbundenheit in SEINER LIEBE?

Wenn Worte nur noch diese Wahrheit sprechen wollen, dann lassen sie mehr und mehr SEIN WORT hervortreten und das Einzige sein, was noch in der Stille der Gedanken zu hören ist. Alle Fragen sind gewichen, und nur noch ANTWORT ist da:

Würde ER SEINEN SOHN verletzen? Oder würde ER ihm eilends Antwort geben und sagen: »Dies ist MEIN SOHN, und alles, was MEIN ist, das ist sein«? Sei du gewiss, dass ER so antworten wird, denn dies sind SEINE EIGENEN Worte an dich. Und mehr als das kann niemand jemals haben, denn in diesen Worten ist alles, was da ist, und alles, was je sein wird durch alle Zeit hindurch, in alle Ewigkeit.[2]

Lassen wir den CHRISTUS, unser wahres SELBST, den Eingang und den Ausgang unserer Begegnungen, das A und O unserer Worte und die Wahrheit unserer Liebe sein. Danke, mein lieber Bruder im Geist, für deine Begleitung.

---

[1] *Kurs 2019, Ü-I.91.7*
[2] *Ebd., Ü-LL.Einl.6:2-5*

Nachklang

Dies ist ein Beginn ...

Wir sind am Ende des einen Jahres angekommen, in dem uns die täglichen Lektionen und die vorgegebenen Übungsstrukturen eine Hilfestellung gewesen sind, unseren Geist neu auszurichten – von der Angst weg zur Liebe, vom Tod zum Leben, von der letztendlichen Aussichtslosigkeit all unseres Bemühens um einen tragfähigen und permanenten inneren Frieden hin zu einer hellen, freudigen und friedlichen Perspektive.

Keine konkreten Lektionen werden nun mehr zugewiesen, weil keine mehr benötigt werden.[1]

Gregor hat ja »unterwegs« schon viele Vorschläge gemacht, wie in der »Zeit danach«, in einem »Leben ohne Lektionen«, die Erinnerung an die friedliche Mitte, den stillen Raum des Gewahrseins inneren Friedens aufrechterhalten oder leicht wieder geweckt werden kann. Wir sind also »gerüstet« für den weiteren Weg. Aber heißt dieses Verlassen unseres »Schulgebäudes«, das bedeutet, von jetzt an den »Lebenslektionen« auf unserem individuellen Weg und im wahrsten Sinne des Wortes »von selbst« zu begegnen, dass wir uns voneinander verabschieden müssen?

Wir haben in diesem Jahr gelernt, zu akzeptieren, dass wir vor jeder Entscheidung die Wahl treffen, von welcher geistigen Führung wir uns beraten lassen wollen: wie gewohnt vom Ego, das nur darauf aus ist, die Trennung zu bestätigen, oder von dem Inneren Lehrer, der um unsere Ungetrenntheit und unser Heilsein weiß und den der Kurs HEILIGER GEIST nennt.

Wer ein Jahr lang die Übungen gemacht hat, wird sicher sein, wem er seine geistige Führung anvertrauen will. Sozusagen an der »Schultür«, wo wir jetzt aus dem Lehrgebäude des Kurses verabschiedet werden, nennt der Kurs den »neuen Lehrer« – quasi als Handschlag der Vertrautheit – unseren FREUND.

---

[1] *Kurs 2019, Ü-II.Ep.3:1*

Dieser Kurs ist ein Beginn, kein Ende. Dein FREUND geht mit dir. Du bist nicht allein.[1]

Können wir also wirklich sagen, dass wir uns jetzt voneinander trennen müssen, wenn es derselbe FREUND ist, der mit dir und mit mir weitergeht?

So gehen wir von diesem Zeitpunkt an mit IHM und wenden uns an IHN um Führung und um Frieden und um sichere Weisung. Freude begleitet uns auf unserem Weg. Denn wir gehen heimwärts, zu einer offenen Tür, die GOTT unverschlossen hielt, um uns willkommen zu heißen.[2]

Wir können uns gar nicht mehr verpassen, sobald wir zu diesem FREUND »Ja« gesagt haben, denn ER spricht immer für dich *und* mich, wenn ich mich an IHN wende. ER war nur deshalb für uns so lange verborgen, weil wir unsere *Verbundenheit* vergessen hatten. Jetzt aber haben wir SEINE Hand der Freundschaft angenommen.

In Frieden werden wir auf SEINEM Weg weitergehen und IHM alle Dinge anvertrauen. In Zuversicht erwarten wir SEINE Antworten, während wir in allem, was wir tun, nach SEINEM WILLEN fragen. ER liebt GOTTES SOHN so, wie wir ihn lieben möchten. Und ER lehrt uns, wie wir ihn mit SEINEN Augen sehen und ihn so wie ER lieben können. Du gehst nicht allein.[3]

Auch Gregor und ich haben diesen FREUND mit uns gehen lassen, als wir unsere Bücher geschrieben haben. Wir haben uns in der Zeit des Schreibens nie inhaltlich abgesprochen, und das, obwohl wir gewusst haben, wie unterschiedlich unsere Ansätze und Denkweisen sind. Da ist immer ein grundsätzliches Vertrauen gewesen, dass unsere *geistige Ausrichtung* sicherstellen würde, dass wir im *Wesentlichen* zusammenfinden – in der unmittelbaren *Erfahrung* des inneren Friedens.

---

[1] *Kurs 2019, Ü-II.Ep.1:1-3*

[2] *Ebd., 5:5-7*

[3] *Ebd., 6:2-6*

Das »Zuweisen konkreter Lektionen« ist nicht mehr nötig von dem Moment an, wenn wir die Wahl zwischen dem Ego und dem HEILIGEN GEIST, der sich als FREUND bewährt hat, sicher getroffen haben und dauerhaft aufrechterhalten. Dann sind alle Dinge Lektionen, von denen GOTT möchte, dass wir sie lernen (vgl. Ü-I.193), dann wird alles zu einer Erfahrung der grenzenlosen Verallgemeinerbarkeit des Gelernten, der Weg ist klar und das Ziel schon erreicht.

Dein Tag ist nicht dem Zufall überlassen. Er wird durch das festgelegt, mit dem du ihn zu leben wählst und wie der Freund dein Glück wahrnimmt, um dessen Rat du angesucht hast.[1]

Am Ende des Übungsbuches tritt dieser gute FREUND noch einmal in der »Ich-Form« auf jeden von uns zu mit einer Zusicherung, die es leicht macht, die vertraute Struktur der Lektionen hinter sich zu lassen:

SEINE LIEBE umgibt dich, und dessen sei gewiss: dass ich dich niemals ungetröstet lassen werde.[2]

Auf einen weiteren gemeinsamen und freundschaftlichen Weg also, der uns nur zusammenführen kann. Leb wohl, und lass von dir hören!

Herzlich, Michael und Gregor

---

[1] *Kurs 2019, T-30.I.15:1-2*
[2] *Ebd., Ü-II.Ep.6:8*

Literaturverzeichnis

[Kurs 2019] Ein Kurs in Wundern: Textbuch, Übungsbuch, Handbuch für Lehrer, 14. Aufl., Freiburg, Br.: Greuthof, 2019

[Erg Kurs 2019] Die Ergänzungen zu *Ein Kurs in Wundern*: Psychotherapie, Das Lied des Gebets, 8. Aufl., Freiburg, Br.: Greuthof, 2019

[Young 2023] Young, Shinzen: Five Ways to Know Yourself, 2011-2023, https://www.shinzen.org/wp-content/uploads/2016/08/FiveWaystoKnowYourself_ver1.6.pdf, S. 40 (abgerufen 14.01.2024)

[CSNSC] Center for the Study of Non-Symbolic Consciousness: Layers of Depth in Fundamental Wellbeing, https://www.nonsymbolic.org/layers-of-depth-in-fundamental-wellbeing/ (abgerufen am 07.01.2024)

[Headless] The Headless Way, https://www.headless.org/ (abgerufen am 12.02.2024)

[Wunderstudien] Ein Kurs in Wundern und andere Richtungen: Der Finders Course, http://www.ggeissmann.de/FC-und-ACIM.pdf (abgerufen am 12.02.2024)

[X Tweet] Insane Reality Leaks [@InsaneRealitys]: Soldier enjoying an energy bar ... In X [Tweet], 15.09.2023. https://twitter.com/Insane-Realitys/status/1702557440535855515 (abgerufen: 19.02.2024)

[Sedona] Sedona Training Associates: The Sedona Method, Minnetonka, https://www.sedona.com/ (aufgerufen: 26.02.2024)

[MPE] Das »Minimal Phenomenal Experience«-Projekt: http://mpe-project.info (abgerufen: 19.03.2024)

[Dotts 2021] Dotts, Richard: Thoughtless Mindless Spiritless Forceless Manifestations, 1st Kindle Edition, 2021

[CE 2017] A Course in Miracles: Complete&Annotated Version, 1. Aufl., Sedona, AZ, USA: Circle of Atonement, 2017

Im Netz

http://spirituelles-willkommen.de

> Die Internetseite zu der Reihe »Ein spirituelles Willkommen«, mit Leseproben, Newslettern und Kontakt zu den Autoren.

http://soundcloud.com/spirituelles-willkommen

> Ausgesuchte Übungen aus unseren Büchern und aus anderen Quellen als Audio-Dateien.

https://www.youtube.com/@spirituelleswillkommen

> Der Youtube-Kanal zur Reihe »Ein spirituelles Willkommen« mit Übungen, Playlists und Sessions.

https://t.me/spirituelles_willkommen

> Der Telegram Kanal von Gregor und Michael – mit Kommentarmöglichkeit.

Ausführliches Inhaltsverzeichnis

Nachklang

Unser Hauptwerk

Gregor Geißmann und Michael Feuser
Ich hab' auf dich gewartet, Bruder
A5 Format, 468 Seiten
BoD – Books on Demand

Gebunden (Fadenbindung) – ISBN 978-3-7526-8677-7
Hardcover (Klebebindung) – ISBN 978-3-7526-6825-4
E-Book – ISBN 978-3-7534-0942-9

Verbindest du mit »Spiritualität« etwas, das einen wirksamen Weg aus individuellen Nöten und Ängsten aufzeigt? Hat sie auch bei unheilbaren Krankheiten wie der »Demenz« eine Bedeutung?

In diesem Buch zeigt dir Gregor Etappen und Phasen des Weges zu dem Ziel auf, dass wir nie verlassen haben. Michael demonstriert, wie sein spiritueller Hintergrund die geistige Ausrichtung bildet, die er in der Konfrontation mit der »Krankheit Demenz« in ihrer heilsamen Anwendbarkeit erlebt.

Die Tatsache, dass sich auch spirituelles Lernen in Phasen vollzieht, trifft in der »Krankheit Demenz« auf das vehemente Infragestellen des Sinns jeder zielgerichteten Bemühung. Genau an diesem Punkt kreuzen sich die Wege von Gregor und Michael, und hier erfahren sie die Versöhnung scheinbarer Widersprüche und die Heilsamkeit von Spiritualität, die den Mut hat, sich dem Alltag auszusetzen.

Der zweite Band der Reihe

Gregor Geißmann und Michael Feuser
Wohin mit der Angst, Bruder?
Format 12 x 19 cm, 306 Seiten
BoD – Books on Demand

Hardcover (Klebebindung) – ISBN 978-3-7543-7300-2
Taschenbuch – ISBN 978-3-7543-5255-7
E-Book – ISBN 978-3-7543-9978-1

Angst ist nicht nur ein meist unangenehmes Gefühl, sondern sie ist die Grundlage des Bewusstseins von uns allen, solange wir glauben, in einer Welt voneinander getrennter Einzelwesen und Dinge zu leben, die letztlich immer Tod und Zerstörung ausgeliefert sind.

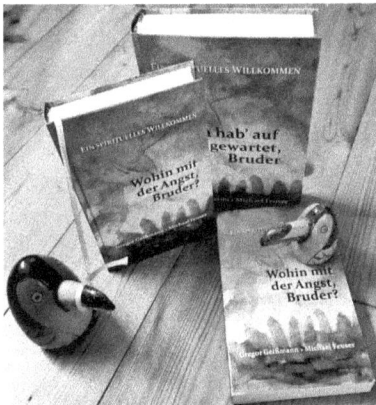

Gregor Geißmann und Michael Feuser betrachten die Angst in diesem Buch aus einer spirituellen Perspektive.

Seit über zwanzig Jahren sind sie miteinander unterwegs auf einer »Reise ohne Entfernung«, die in den geschützten, angstfreien Raum des Geistes führt, von wo aus der Blick auf die Welt, auch mit ihren sehr konkreten Ängsten, ein anderer ist: »Heilen ist Integration. Hier, im ›fundamentalen‹ Bewusstsein, beleuchtet die LIEBE die Welt und zeigt sie uns als Ausdruck tätiger Liebe. Und hier ist alle Angst vergangen«.

Der dritte Band der Reihe

Gregor Geißmann und Michael Feuser
Und wohin mit dem Schmerz, Bruder?
Format 12 x 19 cm, 196 Seiten
BoD – Books on Demand

Hardcover (Klebebindung) – ISBN: 978-3-7562-1225-5
Taschenbuch – ISBN: 978-3-7562-0410-6
E-Book – ISBN: 978-3-7562-6295-3

Schmerz – in welcher Form er auch immer erlebt wird – überzeugt uns unmittelbar und oft sehr eindrucksvoll von unserem Dasein in seiner körperlichen Begrenztheit, Bedrohtheit und letztendlichen Vergänglichkeit. Gregor Geißmann und Michael Feuser, seit über zwanzig Jahren miteinander unterwegs auf einer spirituellen „Reise ohne Entfernung", entdecken im Niederlegen des Widerstandes gegen den Schmerz die Möglichkeit einer alternativen, einer heilsamen Sicht: Im „Sein-Lassen" des Schmerzes eröffnet sich die Heilkraft des „ICH BIN" als dem bruchlosen Aufgehobensein in der LIEBE. Spiritualität als echte Lebenshilfe: „Der Weg nach innen geht mitten durch die Welt." Die Betrachtungen der Autoren werden durch zahlreiche Übungen begleitet, welche die „andere Sicht" unmittelbar erfahrbar werden lassen.

Milton Keynes UK
Ingram Content Group UK Ltd.
UKHW030719300824
447605UK00001B/20

9 783759 751232